W0045083

DAS GROSSE LESEBUCH DER MYSTIKER

Herausgegeben von
Wulfing von Rohr
und Diane von Weltzien

GOLDMANN VERLAG

Die Quellennachweise zu den einzelnen Texten
finden sich am Ende des Bandes

Originalausgabe

Umwelthinweis:
Alle bedruckten Materialien dieses Taschenbuches
sind chlorfrei und umweltfreundlich.

Der Goldmann Verlag
ist ein Unternehmen der Verlagsgruppe Bertelsmann

Made in Germany · 1. Auflage · 5/93
© dieser Ausgabe by Wilhelm Goldmann Verlag, München
Umschlaggestaltung: Design Team München
Satz: IBV Satz- und Datentechnik GmbH, Berlin
Druck: Presse-Druck Augsburg
Verlagsnummer: 12207
Ba · Herstellung: Stefan Hansen
ISBN 3-442-12207-4

Dieses Buch widmen die Herausgeber
Elisabeth Becker-Glauch
und Melitta von Goertzke

Inhalt

Vorwort

Seit dem Mittelalter und der Romantik war das Interesse an Mystik in unserer Kultur nicht mehr so groß wie heute. Nachdem sich spirituell ernsthaft suchende Menschen in ihrem Hunger nach geistigem Wissensgut zunächst vor allem den lebendiger scheinenden östlichen Schulen zugewandt haben, besinnen sie sich nun offenbar auf ihre eigenen religiösen Wurzeln und entdekken und erforschen in den Texten christlicher Mystiker einen eindrucksvollen Schatz tiefster Gotteserfahrung. Hier begegnen sie Weisheit, nicht Gelehrtheit, geistiger Erleuchtung, der Einung von Gott und Seele.

Mystiker, gleich welcher Religion, beschreiben in ihren Aufzeichnungen ihre unmittelbare Erfahrung jener Realität, die wir als » das Göttliche« bezeichnen, und gestatten es dem Leser somit, teilzuhaben an ihrer Verbindung zum geistigen Urgrund, an transzendentalen Wahrheiten, an ihrer meist in außerordentlichen Zuständen erlebnismäßig erfahrenen Erkenntnis von Gott. Auch heute noch sind Mystiker die Menschen, die lieber gesund sein wollen als krank, die in der Mystik die Voraussetzung sehen, in einer kranken Welt dennoch gesund zu leben. Sie haben sich für den vielleicht schwersten Weg der Selbst- und Gotteserkenntnis entschieden und widmen ihr gesamtes Streben dem Ziel, die acht Tore der Mystik zu passieren:

- das Tor des Schweigens im Sinne von Nicht-Sprechen,
- das Tor des Nicht-Tuns im Sinne von Nicht-Erzwingen,
- das Tor der Einheit im Sinne von Nicht-zwei-Sein,
- das Tor der Liebe ohne alle Vorbehalte,
- das Tor der Einsicht,
- das Tor der Freude ohne alle Ursachen,
- das Tor der Tiefe, wie sie nur in der Höhe zu finden ist,
- das Tor des Raumes.

Mystik bildet das Herzstück jeder großen Religion. Dynamisch, tolerant, ungebunden und stets durch neue Inspirationen beflügelt, steht sie jedoch zugleich auch immer im Mißverhältnis zu ihr. Religion sucht nach Regeln, die möglichst für eine ganze Gesellschaft Gültigkeit haben sollen. Mystik fördert die Erfahrung des einzelnen, die jenseits jeder Regelhaftigkeit steht. Religion ist in den eigenen Fesseln gebunden, Mystik aber ist frei.

Die Geschichte der christlichen Mystik beginnt mit ihrem Stifter Jesus Christus. Bei dem Begriff »christliche« Mystik handelt es sich allerdings eher um eine geographische denn um eine inhaltliche Eingrenzung, da die Nähe beispielsweise zur chinesischen oder japanischen Mystik, ohne daß eine gegenseitige Beeinflussung stattgefunden hat, oft deutlich zutage tritt. Diese Tatsache läßt die Vermutung zu – und sie wird von vielen Mystikern aller Epochen bestätigt –, daß die mystische Erfahrung keineswegs an eine bestimmte Religion gebunden ist und daß keine Religion eine nur ihr zuzuordnende eigene Mystik hat. Vielmehr scheint es so, daß Mystiker ein Verschmelzen aller Religionen, ein Zusammenwachsen aller Götter zu einem einzigen Gott erleben.

Nahezu alle Epochen der europäischen Kirchengeschichten haben ihre eigenen, zeittypischen Erscheinungsformen christlicher Mystik hervorgebracht. Das Neue Testament und die Apokryphen enthalten die ersten Zeugnisse von christlich-mystischer Gottesbegegnung. Die Zeit der Urkirche steht noch stark unter dem Einfluß der griechisch-platonischen Erkenntnismetaphysik, die auch die Seelen- oder personale Liebesmystik des Kirchenvaters Augustinus kennzeichnet. Dionysius Areopagitas, ein Mystiker des sechsten Jahrhunderts, dessen Identität sich wohl niemals entschlüsseln lassen wird, beschreibt in seinem Werk Gotteserfahrungen, die von den meisten seiner Nachfolger als außerordentlich bedeutsam erkannt und deshalb immer wieder zitiert worden sind.

Die ausgehende Antike und das frühe Mittelalter haben uns kaum Dokumente von solch tiefer Spiritualität hinterlassen. Vermehrt stoßen wir auf sie erst wieder ab dem elften Jahrhundert, wo die Betrachtungen des Bernhard von Clairvaux, die Mahnungen der Hildegard von Bingen und die Visionen der Mechthild von

Magdeburg einen entscheidenden religiösen wie auch politischen Umbruch widerspiegeln. Ein Zeitalter neuer Frömmigkeit beginnt. Zahlreiche neue Orden entstehen, deren Mitglieder in starkem Kontrast zur nun etablierten Kirche ihren Willen zur radikalen Ungesichertheit in der Welt leben und – wie einst die Jünger Jesu – ohne Besitz durch die Lande ziehen. Mit Franziskus von Assisi und der Gründung seines Bettelordens beginnt eine neue Blütezeit der Mystik, die in Deutschland in dem Dreigestirn Meister Eckehart, Heinrich Seuse und Johannes Tauler, deren Einfluß bis weit in das fünfzehnte Jahrhundert hineinreicht, einen bedeutenden Höhepunkt findet. Für Spanien machen Teresa von Avila und Johannes vom Kreuz das sechzehnte Jahrhundert zu einem goldenen Zeitalter der Mystik.

Nach den Wirren der Reformation und Gegenreformation erwacht auch in Deutschland das Interesse an der Mystik von neuem. Jakob Böhme, der lutherische, paracelsische und mystische Gedanken zu einem naturtheologischen System verschmilzt, und Angelus Silesius vor allem sind in dieser Zeit bedeutsam. Die Laien-Mystik spielt in der neuzeitlichen Mystik eine immer größere Rolle, da Konfessionalismus und die Vereinnahmung durch die Kirchen auf wachsende Ablehnung stoßen. Dies macht es nahezu unmöglich, deutlich voneinander abgrenzbare Strömungen zu erkennen oder etwa deren Vertreter zu benennen.

Die in diesem Band zusammengetragenen Texte wollen kein umfassendes Bild der christlichen Mystik wiedergeben. Ziel ist es auch nicht, die Geschichte der christlichen Mystik anhand von Textbeispielen zu schildern. Vielmehr sollen die nach rein subjektiven Gesichtspunkten ausgewählten, zum Teil sehr bewegenden Schilderungen von »den letzten Dingen« ein Impuls für die Arbeit an der eigenen geistigen Entwicklung sein, die allein dem irdischen Leben Sinn zu verleihen vermag und im Grunde nichts anderes ist als die Suche der Seele nach der Begegnung mit Gottes Wahrheit. Denn »zum Wesen der Mystik gehört«, so Albert Schweizer, »daß sie zeitlos ist und sich auf keine andere Autorität als die der Wahrheit, die sie in sich trägt, beruft«.

Diane von Weltzien, Ramsau

Unsere Flüge durch die Welten dieser Schöpfung
werden eines Tages zu Ende sein.
Der Mensch, wenn er gänzlich erschöpft ist,
wird schließlich zu Dir zurückkommen, o Gott.

Ich konnte weder ein Lächeln in den Blumen
noch Licht in den Sternen finden –
bis ich Dich traf, o Geliebter,
gab es nirgendwo Freude.

Wenn die Blumen der Kirchen, Moscheen und Tempel
zusammen erblühen,
wird Frühling sein
in Deinem Garten, o Herr.

Worte eines zeitgenössischen Mystikers und Dichters aus Indien,
des inzwischen hinübergegangenen früheren Präsidenten der
Weltgemeinschaft der Religionen, Sant Darshan Singh Ji Maharaj.
Sie zeugen davon, daß die Suche nach Sinn, die Sehnsucht nach
Selbsterkenntnis, die Hoffnung auf etwas, das größer ist als das
kurze Körperleben, auch heute Erfüllung finden kann. Es ist ja
kein exklusives Vorrecht längst vergangener Tage, daß einige wenige Auserwählte oder Eingeweihte Gottes Gegenwart als Wirklichkeit erfahren durften. Die universelle Botschaft der Mystik ist
vielmehr, daß das, was einem Menschen möglich ist, natürlich
auch allen anderen Menschen offen steht – wenn wir uns dafür
nur interessieren. Der »Westen« hat es sich da durch die Jahrhunderte etwas schwerer gemacht als der »Osten«. Bei uns gelten Lehren und Schriftworte, hierarchische Autorität und Dogmengläu-
bigkeit inzwischen mehr als das lebendige Vorbild, das persönlich
gelebte Vorbild von mystischen Meistern. Im Osten dagegen
bleibt es bis heute eine hochgeschätzte Tradition, daß Menschen
über die Welt von Eltern und Lehrern lernen, aber über den Geist,
die Schöpfung, das Selbst und über Gott von Mystikern, die prak-
tizieren, was sie lehren, Erfahrungen mit höheren Dimensionen
und inneren Welten haben und sie vermitteln können. Mystik ist
ja sehr viel mehr als die auch wichtige Ethik.

Selbsterkenntnis und Gotteserfahrung sind mehr als Moral.

Das Wort »Mystik« geht zurück, soweit die heutige Forschung, auf die griechischen Begriffe »mysterion« (Geheimlehre, Geheimkult, religiöses Geheimnis), »mystos« (verschwiegen) und »myein« (sich schließen, von Lippen und Augen). Damit haben wir einen Bedeutungskranz, der uns den Zugang zur Praxis der Mystik, zur konkreten Wirklichkeit und Verwirklichung dieses doch meist recht wenig verstandenen Wortes »Mystik« erleichtert. Es geht um ein Geheimnis, das sich über eine angewandte Lehre = einen Kult erschließt, wenn wir beginnen, uns nicht nach außen zu wenden, sondern nach innen, wenn wir also unsere Lippen und Augen verschließen.

Wie hieß es so treffend über dem Orakeltempel zu Delphi: »Mensch, erkenne dich selbst.« Auch dabei ging es nicht einfach um einen blinden Glauben, schon gar nicht um die Annahme irgendwelcher Dogmen, sondern um konkrete, erfahrbare, erlebbare, nachvollziehbare Prozesse der Bewußtseinsöffnung, Bewußtseinsentfaltung und Bewußtseinserweiterung.

»Wer seine Sinne ins Innere hat gebracht, der hört, was man nicht redet und siehet in der Nacht«, versichert uns Angelus Silesius. Damit sind die zwei entscheidenden und den meisten unter uns leider unbekannten Fähigkeiten unserer Seele genannt: nämlich das innere Wahrnehmungsvermögen ohne die Hilfe der physischen Augen und der physischen Ohren. Alle Mystiker aller Zeitepochen, Kulturen und Religionen haben immer wieder aufs neue auf ihre Weise deutlich gesagt: Wir Menschen sind dem Wesen nach Seele, Selbst, Bewußtsein. Diese Seele ist unser wahres ewiges Sein; Körper, Gefühle und Gedanken sind vorübergehende, begrenzte Sinneswerkzeuge und Ausdrucksmöglichkeiten. Der erste Sinn des Lebens besteht darin, sich als bewußtes Sein, als Seele zu erfahren. Dann vermögen wir auch – aber eben nur von der Seelenebene aus, nicht von der Ebene des Egos –, uns Gott zuzuwenden, und ihn/es/uns zu erkennen. In einer Deutung zur Herkunft des Wortes Religion heißt es, daß wir es hier mit der Aufforderung zur »Rück-Verbindung« = »Re-ligare« zu tun haben. Was soll, was kann rückverbunden werden? Der Einzelmensch mit seiner Schöpfungsquelle.

Das gelingt dann, wenn wir uns über die Äußerlichkeit erheben und mit dem sogenannten »dritten Auge« – Jakob Böhme nennt es das »umgewandte Auge« (also das nach innen gekehrte Auge) – nach innen blicken, um die überweltlichen Dimensionen des göttlichen Schöpfergeistes zu schauen. Im Neuen Testament ist der klare Hinweis zu finden: »Wenn dein Auge einfältig ist, wird dein ganzer Leib licht sein.«

Die Seele kann indes nicht nur die inneren Welten und das Licht Gottes schauen, sondern auch die himmlischen Klänge hören. Der griechische Mathematiker und eben auch Mystiker Pythagoras sprach von der »Musik der Sphären«, die Mystikerin Helena Blavatsky von der »Stimme der Stille«.

Meister Eckehart ermuntert uns, unsere Göttlichkeit zu erkennen und anzunehmen, mit den Worten, »Alles, was Gott Vater seinem eingeborenen Sohn in der menschlichen Natur gegeben hat, das hat er auch völlig mir gegeben. Hiervon nehme ich nichts aus, weder die Einung noch die Heiligkeit; sondern er hat allen ebenso gegeben wie mir.«

Das alles sind keine Worte des spirituellen Hochmuts, sondern hoffnunggebende, lichtvolle Einblicke von Menschen, welche die Hingabe, die Zeit, den Mut und die Sammlungsfähigkeit aufbrachten, auf den Grund ihrer eigenen Seele zu schauen.

Der zuvor bereits zitierte Mystiker Darshan Singh unterschied bewußt zwischen »negativer Mystik« und »positiver Mystik«. Als negative Mystik bezeichnete er die sogenannte Weltabkehr, die Weltverneinung, die falsche Askese. Das also, was wir mit Bildern von angeblich entsagungsvollen Menschen vor Augen haben, die Heim und Hof, Familie und Beruf verlassen, um in der vermeintlichen Abgeschiedenheit einer Berghöhle oder in der scheinbaren Ungebundenheit der stetigen Pilgerwanderung ihrer Vorstellung von »Erleuchtung« nachzuhängen.

Im krassen Gegensatz dazu steht die positive Mystik. Sie empfiehlt, sich ganzheitlich zu entwickeln, unser Potential des ganzen Menschen zu leben. Dazu gehören die Verwirklichung von physischer Gesundheit und Schönheit, emotionaler Tiefe und Empfindsamkeit, mentaler Konzentration und Denkfähigkeit – und schließlich als genauso wichtig, gewissermaßen als »gleichberechtigt«, die Entfaltung unserer »über-sinnlichen«, »über-weltlichen«, »über-materiellen« und »über-zeitlichen« Wesens-eigenschaften. Die positive Mystik lehrt und zeigt – anhand prak-tizierbarer Methoden –, daß wir uns hier im »richtigen« Leben als bewußte, ewige, von Liebe und Licht erfüllte Wesen erfahren kön-nen, die bewußte Mitarbeiter am schöpferischen Plan sind. Beruf und Familie, Hobbys und Wohnort, Sprache und Religionszugehö-rigkeit, Hautfarbe und Geschlecht sind keinerlei Hindernisse. Dies ist ja nachgerade ein Erkennungszeichen echter Mystiker: daß sie Liebe für alle hegen, jeden Menschen als göttlich anneh-men und sich damit über konfessionelle und andere dogmatische Begrenzungen erheben können.

All die Mannigfaltigkeit einer Schöpfung, die nicht auszuloten ist, und all die vielgestaltigen Ausdrucksformen der ungezählten lebendigen Wesen, welche Teil der Schöpfung sind, entspringen letztlich einer einzigen Kraft. »Unseren« europäischen, christlich genannten Mystikerinnen und Mystikern ging es um dasselbe, worum es allen anderen Mystikern ging und geht: zu dieser Ur-sprungsquelle zurückzufinden.

Menschen mit mystischen Erfahrungen wurden zumeist in den christlichen Kirchen genauso verlacht, ausgegrenzt oder sogar verfolgt, wie Mystikerinnen und Mystiker aller anderer Kultur-und Religionskreise. Hildegard von Bingen, die zur Mahnerin, wenn schon nicht Beraterin, von weltlichen und kirchlichen Herrschern wurde, ist eine der wenigen Ausnahmen, welche die Regel bestätigen.

Vergessen wir nicht, was diese bewußten Menschen vor allem bewegte: die eigene, praktische, tägliche Einstimmung unseres begrenzten menschlichen Seins auf das große, unsichtbare, jedoch so machtvolle schöpferische Bewußtsein, das alles gebiert, erhält und verwandelt.

Mit einem Bild läßt sich dies vielleicht besser ausdrücken. Alle Menschen, alle Geschöpfe, sind wie Strahlen einer einzigen Sonne, die immer weiter hinaus in das All gehen, dabei immer mehr sehen und erleben, und dabei doch immer schwächer wer-den in ihrem Licht – ohne allerdings die Verbindung je ganz zu ver-lieren. Mystikerinnen und Mystiker sind bewußte Menschen, die als Sonnenstrahl sich sozusagen entschieden haben, nicht mehr in die Weiten des Kosmos zu strahlen, sondern sich umzuwenden, um ihre Quelle zu finden und sich mit ihr wieder zu vereinigen. Das ist dann die »unio mystica«, von der die Mystik des europäischen Mittelalters so oft spricht.

Natürlich gilt auch dies: Wie wollen wir diese Erfahrungen beschreiben, wenn wir sie nicht selbst erleben? Und sogar, wenn wir sie erfahren, reichen Worte wohl niemals aus, um die selige Wonne der inneren Gewißheit auszudrücken, die freudige Erfüllung durch Licht und Sinn, wenn wir uns als Teil der Kraft entdecken dürfen, die wir Gott nennen mögen.

Sie kennen sicher die Worte, die dem chinesischen Mystiker Lao Tse zugeschrieben werden: »Wer redet, weiß nicht. Wer weiß, redet nicht.« Und: »Das Tao, das genannt werden kann, ist nicht das Tao.«

Dennoch brauchen wir Worte. Worte der Ermutigung, der Erinnerung, der Aufforderung. In diesem Sinne wünsche ich Ihnen, daß Sie sich von den Texten, vielmehr vom Geist der Texte, inspirieren lassen mögen, sich selbst nach innen zu wenden und zu beginnen, aus einer Hoffnung eine Wirklichkeit werden zu lassen, aus einem geschriebenen Wort eine ewige Musik. Durch Meditation, durch Kontemplation, durch Gebet, durch bewußtes Sein!

Zum Schluß möchte ich nicht versäumen zu danken: Darshan Singh und seinem Nachfolger Rajinder Singh, die Methoden gezeigt und Hilfen gegeben haben, um eigene mystische Erfahrungen des geistigen Lichts und der inneren Welten zu machen. Darüber hatte Sant Darshan Singh bei seinem letzten Besuch in Deutschland vor seinem Weggang mich eindringlich aufgefordert, bei der Herausgabe von Büchern mitzuwirken, die Menschen wahrhaft nutzen können. Ich danke Melitta von Goertzke, die mit mir in unzähligen Gesprächen geduldig und beharrlich auf Klarheit und Klärung drängte und mir viele alte Schriften zur Verfügung stellte. Last but not least danke ich herzlichst A. A., die positive Mystik lebt und so liebevoll den himmlischen Glanz von Sonne, Mond und Sternen spiegelt, vor allem den des Mondes…

Wulfing von Rohr, Santa Fe

AUGUSTINUS

Gebet zu Gott der Wahrheit

354–430
Ursprünglich ein »Heide«, Astrologe und Manichäer, wurde er 387
getauft und war ab etwa 395 Bischof von Hippo. Augustinus gilt als
wichtigster Kirchenlehrer des Abendlandes. Man weiß von ihm, daß
Grundlage für seine Überzeugungen und Lehren tiefe eigene mystische Erfahrungen waren.

Gott, der du der Gründer bist des Alls, das Eine gib vor allem, daß
ich recht zu dir bete; alsdann laß in meinem Tun mich würdig
werden, daß du mich erhörst; und endlich laß mich in dir die Freiheit finden. Gott, kraft dessen alles strebt zum Sein, was aus sich
selbst das Sein nicht hätte! Gott, der du auch das, was im Wechsel-
kampfe sich zugrunde richtet, nicht zugrunde gehen läßt! Gott,
der du aus dem Nichts diese Welt erschaffen hast, die aller Augen
als die herrlichste empfinden! Gott, der du nichts Böses schaffst
und das Sein erschaffst, um das Nichts, den Abgrund alles Bösen,
zu verhüten! Gott, der du die kleine Schar, die auf das wahrhaft
Seiende sich rettet, das Böse als ein Nichts erkennen läßt! Gott,
durch den das All mitsamt dem Widersinn vollendet ist! Gott,
dem der Mißklang auch der äußersten Gottferne nicht ein Mißklang ist, wenn das Verkehrte mit dem Rechten Einklang sucht!
Gott, den alles liebt, was lieben kann, geschah es bewußt, geschah
es unbewußt! Gott, in welchem alles gründet, dennoch unbe-
fleckt von aller Kreatur – von ihrer Schmach, die nicht die deine,
von ihrer Bosheit, die nicht dir zum Schaden, von ihrem Irrtum,

17

der dich nicht irre machen kann! Gott, du Vater der Wahrheit, Vater der Weisheit, Vater des wahren hohen Lebens, Vater der Glückseligkeit, Vater des Guten und des Schönen, Vater des geistigen Lichtes, Vater unseres Seelenmorgens, unserer Geistbestrahlung, Vater der Stimme, die dich bezeugend uns ermahnt, uns heimzuwenden zu dir!

Dich ruf ich an, Wahrheit-Gott, in dem und aus dem und durch den wahr ist alles, was da Wahres ist. Weisheit-Gott, in dem und aus dem und durch den weise ist alles, was da Weisheit hat! Gott, wahres, über alles starkes Leben, in dem und aus dem und durch den alles lebt, was da wahr und stark an Leben ist! Gott, Seligkeit, in dem und aus dem und durch den selig alles, was da selig ist! Gott, Gutheit und Schöne, in dem und aus dem und durch den gut und schön ist alles, was da gut und schön! Gott, geistig Licht, in dem und aus dem und durch den geistig leuchtet alles, was da geistig leuchtet! Gott, dessen Reich ist jene ganze Welt, von welcher Leibes Sinnlichkeit nichts weiß! Gott, aus dessen Reiche das Gesetz auch diesen Weltbereichen eingeschrieben! Gott, von dem ich abgegangen mir zum Falle; zu dem ich hingegangen mir zur Auferstehung; in dem zu bleiben sicher gründen heißt! Gott, den zu verlassen Tod, den wieder aufzusuchen Neugeburt, in dem zu wohnen Leben ist! Gott, den keiner verliert, er sei denn betrogen, den keiner sucht, er sei denn gemahnt, den keiner findet, er sei denn rein geworden! Gott, den preiszugeben gleich ist mit Verderben, auf den hin sich zu sammeln gleich ist mit Lieben, den zu sehen gleich ist mit Besitzen! Gott, zu dem hin der Glaube uns erweckt, zu dem die Hoffnung uns aufrichtet, mit dem die Liebe uns verbindet! Gott, durch den wir über den Feind obsiegen, dich flehe ich an. Gott, dem wir's zu danken haben, daß wir nicht ganz verderben! Gott, von dem die Mahnung kommt, daß wir wachen sollen! Gott, durch den wir von den Übeln Gutes hoffen! Gott, durch den wir das Böse fliehen und zum Guten trachten! Gott, durch den wir vor dem Widerwärtigen nicht wanken! Gott, durch den wir rechtlich dienen und auch rechtlich herrschen! Gott, durch den wir's erkennen, daß nicht unser sei, was wir uns eigen wähnten, und daß unser eigen sei, was wir nicht unser glaubten! Gott, durch den wir an des Bösen reizender Lockspeise uns nicht verhängen!

Gott, durch den wir ungeschmälert bleiben, wenn sie uns die Dinge schmälern! Gott, durch den unser besseres Teil sich behauptet wider unser niedres! Gott, durch den der Tod verschlungen wird in den Sieg! Gott, der du zur Umkehr uns bewegst! Gott, der du von dem uns entkleidest, was nicht ist und mit dem, was ist, uns bekleidest! Gott, der du uns vernehmlich machst! Gott, der du uns Festigkeit verleihst! Gott, der du uns in alle Wahrheit einführst! Gott, der du alles Gute zu uns sprichst, der du uns Heil widerfahren läßt und Unheil allerwärts verhütest! Gott, der du uns heimrufst auf den rechten Weg! Gott, der du uns geleitest an die Pforte! Gott, der du machst, daß den Klopfenden aufgetan werde! Gott, der du uns das Brot des Lebens gibst! Gott, durch den wir dürsten nach dem Trank, von dem getränkt wir immer dürsten! Gott, der du die Welt überführst von der Sünde, von der Gerechtigkeit und vom Gerichte! Gott, durch den wir unbeweglich fest sind vor den Glaubenslosen! Gott, durch den wir verwerfen den Irrtum derer, die da wähnen, daß die Seele nichts Gutes vermöge in deinen Augen! Gott, durch den wir uns bewahren vor der Anbetung ohnmächtig geringer Stoffe der Natur! Gott, der du uns läuterst und zu göttlicher Dinge Empfang uns bereitest – zu mir mit deiner Gnade komme du!

Armselig ist, was ich sage, aber du, du Einiger Gott, du komme mir zu Hilfe, eine, ewige, wahre Wesenheit, in der kein Widerstreit, keine Wirkung, kein Bruch der Ordnung, kein Mangel, kein Tod. In der der volle Einklang, der vollgewisse Selbstbesitz, die volle Wesenstreue, die volle Sattheit, das volle Leben. In der nichts zu wenig ist, nichts zu viel. In der Eines sind Zeugender und Gezeugter. Gott, dem alles dient, was zur Dienstbarkeit bestimmt ist, dem gefüge jede gute Seele. Nach deinen Satzungen kreisen die Pole, laufen die Gestirne ihre Bahn hin, stärkt die Sonne den Tag, sänftigt der Mond die Nacht, hält sich an Zeit und Weg in ihrem Umschwung die ganze Welt durch die Tage mit ihrem Wechsel von Tag und Nacht, durch die Monate mit ihrem Wachsen und Schwinden des Mondes, durch die Jahre mit ihrer Folge von Frühling, Sommer, Herbst und Winter, durch die Bahn der Sonne, die ihren Lauf beschreibt, durch die ungeheuren Kreise, in denen die Gestirne zurück zu ihrem Aufgang eilen, ja durch die ganze ordnungsgetreue Welt des belebten Stoffes. Gott, dessen Gesetz, fest ins Ewige gegründet, die rastlose Bewegung des Bewegten vor der Wirrnis bewahrt und mit Zügeln die schweifenden Welten immerfort zum Gleichnis der ewigen Ordnung bindet; Gott, durch dessen Gesetz die Seele frei ist in ihrer Wahl und nach der festen Notwendigkeit des allgemeinen Laufs der Dinge der Gute seinen Lohn, der Böse seine Strafe empfängt! Gott, von dem bis zu uns herab alle Güter fließen, von dem uns die Kraft kommt, allem Übel zu steuern! Gott, über dem nichts, außer dem nichts, ohne den nichts ist! Gott, unter dem alles ist, in dem alles ist, mit dem alles ist! Der du den Menschen gemacht hast nach deinem Bilde und Gleichnis, das jeglicher als dies erkennt, der in sich selber sieht! Erhöre, erhöre, erhöre mich, mein Gott, mein Herr, mein König, mein Vater, mein Urgrund, meine Hoffnung, mein Besitz, meine Ehre, mein Haus, mein Vaterland, mein Heil, mein Licht, mein Leben! Erhöre, erhöre, erhöre mich nach der Weise deines Geistes, die so wenige verstehen.

Du bist es, den allein ich liebe, dem allein ich folge, den allein ich suche, dem allein zu dienen ich bereit bin, weil du allein rechtens in der Herrschaft bist und ich keinem andern Rechte unterstehen will. Befiehl du, bitte ich, und gebiete, was du willst, aber mache heil und öffne du mein Ohr, damit ich deine Worte höre. Mache heil und öffne meine Augen, damit ich deine Winke sehe. Nimm weg von mir die Verblendung, daß ich dich erkenne. Sage mir, wohin ich soll, um dich zu sehen, und ich fasse Hoffnung, daß ich alles, was du mich geheißen, auch vollbringen werde. Nimm mich auf, ich bitte dich, der ich Zuflucht bei dir suche, Herr und milder Vater. Ja, schon habe ich Buße genug bezahlt, genug gedient deinen Widersachern, die du unter deinen Füßen hältst, und bin genug der Trugwelt zum Gespött geworden. Der ich von allem dort entfliehe, nimm mich auf als deinen Diener, da ich auch dort, dir fremd geworden, als Fremder nur gestanden. Es bleibt mir nichts, als heim zu dir zu kehren, ich fühl' es. Mache mir auf, der ich an deiner Tür klopfe, und lehre mich, wie man zu dir gelangt. Nichts hab ich sonst als meinen Willen, nichts weiß ich sonst, als daß man die Welt des Fließenden und Armseligen verachten, die Welt des Sicheren und Ewigen suchen müsse. Das will ich tun, Vater, weil ich nicht mehr als dieses weiß, aber den Weg zu dir nicht kenne. Du gib Bescheid, du zeige, du reiche mir die Wegzehrung. Wenn es der Glaube ist, der deine Zuflüchtigen dich finden läßt, so gib Glauben; wenn die Tugend, so gib Tugend; wenn Wissen, so gib Wissen. Mehre in mir den Glauben, mehre die Hoffnung, mehre die Liebe. O wie wunderbar und alleinherrlich deine Güte ist!

Um dich werbe ich, und ich frage abermals, wie du zu erwerben bist. Wo du fern bist, da ist Untergang, aber du bist nicht fern, denn du bist das Höchste Gut, das keinem ungefunden blieb, der es recht gesucht hat. Ein jeder aber hat es recht gesucht, den du das Rechte suchen lehrtest. Laß mich, Vater, dich suchen, erlöse mich vom Irrtum, und nichts anderes laß auf meiner Suche statt deiner mir begegnen. Wenn ich nichts anderes als dich ersehne, so laß mich, Vater, auch dich finden. Wenn aber noch Begehren nach dem Überfluß des Nichtigen in mir lebt, so mach du mich rein und fähig, dich zu sehen. Und auch das Heil dieses meines sterblichen Leibes, von dem ich ja nicht weiß, was er mir und meinen Nächsten noch frommen soll, befehle ich dir, weiser, guter Vater, und für ihn erbitte ich Zeitliches nach deinem Sinn. Nur darum bete ich zu deiner großen Milde, daß du ganz zu dir mich wendest und mich vor allem Hindernis auf meinem Weg zu dir bewahrst, daß du mich durch die Tage dieser Leiblichkeit rein, großgesinnt, gerecht und klug sein lässest, einen vollkommenen Jünger und Meister deiner Weisheit, der würdig ist, seine Wohnung zu nehmen in deinem seligen Reiche. Amen. Amen.

DIONYSIUS AREOPAGITAS

Vom Guten, vom Licht, von der Liebe und der Ekstase

Vermutlich 5. Jahrhundert
Der unbekannte griechische Verfasser bediente sich des Namens eines in der Apostelgeschichte (17,34) von Paulus in Athen getauften Apostelschülers. Im Mittelalter glaubte man an den apostolischen Ursprung seiner Schriften und maß ihnen ungeheure Bedeutung zu. Viele Theologen und Mystiker bis hin zu Thomas von Aquin bedienten sich ihrer, um auf ihnen ganze Gedankengebäude zu errichten. Auch heute haben die geheimnisvoll-rätselhaften und manchmal auch feierlich-schwerfälligen Texte nichts von ihrer Anziehungskraft verloren.

I

Laßt unsere Rede nun auf die Benennung (Gottes als) des Guten übergehen, welche die Theologen in vorzüglicher Weise der übergöttlichen Gottheit vor allem anderen gesondert zuschreiben, die urgöttliche Weisheit selbst, wie mir scheint, mit (dem Namen) der Güte bezeichnend, weil sie, das Gute selbst seiend, als wesenhaftes Gutes, die Güte in alle seienden Dinge einstrahlt. Denn wie die irdische Sonne, nicht überlegend und nicht nach freier Wahl, sondern durch ihr bloßes Sein alles mit Licht erfüllt, was nach seiner eigenen Beschaffenheit zur Aufnahme des Lichtes fähig ist, so sendet das Gute selbst – als ihr hochentrücktes Urbild über der Sonne wie über einem düsteren Abbild stehend – durch sein Bestehen selbst allem Seienden, jedem nach seinem Maße, die Strahlen

22

der ganzen Güte zu. Durch sie sind die geistig erkennbaren und die geistig erkennenden Wesenheiten, Kräfte und Wirkungen insgesamt entstanden, durch sie bestehen sie und besitzen sie unvergängliches und ungemindertes Leben, frei von Vernichtung, vom Tod, vom Stoff und von (der Wandelbarkeit des) Entstehens, und fern von der unbeständigen, fließenden, hierhin und dorthin schwankenden Veränderung; durch sie werden sie unkörperlich und unstofflich erkannt, und durch sie erkennen sie, als Geister, in überweltlicher Weise, und werden auf die ihnen gemäße Weise durch die Wesensbegriffe der Dinge erleuchtet und teilen das Eigene weitergebend den ihnen verwandten Wesen mit. Aus der Güte haben sie ihr Bleiben und ihren festen Bestand, ihr Zusammengehalten- und Bewahrtsein, sie ist der Herd alles Guten, nach ihr strebend erlangen sie Sein und Gut-Sein, und indem sie sich, soweit dies möglich ist, nach ihr (als ihrem Vorbild gestalteten und sie in sich) nachbilden, sind sie selbst guten Wesens und teilen, wie es die göttliche Satzung anordnet, den (Wesen) unter ihnen die Geschenke mit, die ihnen von dem Guten selbst zugeflossen sind.

II

Von daher (vom Guten) haben sie die überweltlichen Ordnungen, die Einigung mit sich selbst, die Einwohnung ineinander, die unvermischten Unterscheidungen, die das Niedrigere zum Höheren emporführenden Kräfte, die Fürsorge der im Sein älteren (Wesen) für die ihnen nachfolgenden, die Bewahrung der einer jeden eigentümlichen Kraft, die unabirrende Drehung um sich selbst, die Gleichförmigkeit und die Höhe des Strebens nach dem Guten und worüber sonst noch in dem Buche über die Eigenschaften und Ordnungen der Engel gesprochen worden ist; und was sonst noch zur himmlischen Hierarchie gehört, die den Engeln zukommenden Reinigungen, die überweltlichen Erleuchtungen und die Vervollkommnungen der Vollkommenheit der ganzen Engelwelt, das alles stammt aus der allverursachenden, quellhaften Güte, durch die ihnen geschenkt wurde, selbst gut zu sein und in ihrem eigenen Wesen die verborgene Güte zu offenbaren und Engel (d. h. Boten) zu sein, gleichsam wie helle Lichter das göttliche Schweigen nach außen hin aussprechend, die das im Unzugänglichen (innersten Heiligtum) Seiende verkünden, (aus ihm) herausstrahlend. Aber auch was nach den heiligen Geistern ist, die Seelen und die seelischen Güter, das alles ist und besteht durch die übergute Güte; daß sie geistig erkennend sind, daß sie wesenhaftes Leben unvergänglich besitzen, daß sie zum Leben der Engel emporsteigen können und durch sie (die Engel) als gute Führer des Weges zur Urgüte alles Guten emporgeführt werden, und nach ihrem Maße die von dort hervorquellenden Erleuchtungen mitgeteilt erhalten und an der Ausspendung des Gutseins, soweit dies möglich ist, teilhaben, und was alles sonst wir noch in dem Buch über die Seele aufgezählt haben. Aber selbst wenn wir über die unvernünftigen Seel- und Lebewesen sprechen sollen, die die Luft durchschneiden, die auf der Erde wandeln, die auf die Erde hingestreckt sind (kriechen), die im Wasser oder als Amphibien leben und die unter der Erde verborgen und gleichsam verschüttet leben, und überhaupt alles, was nur sinnlich empfindende Seele und Leben hat, auch dies alles ist vom Guten beseelt und belebt. Und alle Pflanzen haben ihre Wachstumskraft und ihre Bewegung vom Guten, und was es an unbeseeltem und unbelebtem Sein gibt, ist vom Guten und hat von ihm die Seinshaftigkeit empfangen.

III

Wenn aber das Gute auch über allem Sein ist – wie es auch (in Wahrheit) ist –, dann formt es auch das Ungeformte, und in ihm allein ist auch das Nichtseiende Seinsüberschwang, und das Nichtleben Lebensüberfülle, und das Nichtdenken überschwengliche Weisheit, und was überhaupt im Guten an überragender (d. h. selbst ungeformter) Formung des Ungeformten ist (ergänze: das ist im Guten als Nichtsosein »überragend« enthalten), und wenn es recht ist, so zu sagen, strebt selbst das Nichtseiende nach dem über allem Seienden (stehenden) Guten und bemüht sich, auch selbst im Guten, dem wahrhaft Überseienden, erfunden zu werden, durch die Verneinung und Absprechung alles (Seins in bezug auf das über allem Seiende).

IV

Was uns aber vorhin entgangen ist, als die Rede darauf kam: Das Gute ist auch Ursache der himmlischen Prinzipien und der Regeln (des Umlaufs der Gestirne) und ihrer unveränderlichen, ohne Mehrung (und Minderung) gleichbleibenden Wesenheit überhaupt, der – wenn man so sagen darf – unhörbaren Bewegung ihres erhabenen Himmelsumlaufs, der Ordnungen, der Wohlgestalt, des Lichtes und des Bestandes der Sterne, sowie der verschiedenartigen Vielbewegtheit einiger unter ihnen (der Planeten) und der periodischen Umschwünge der beiden Lichter, die die (heiligen) Sprüche die großen nennen, die immer wieder zu demselben Stande wiederkehren, und wonach wir Tage und Nächte gegeneinander abgrenzen, Monate und Jahre messen, wodurch die Zeit und die zyklischen Bewegungen in der Zeit bestimmt, gezählt, geordnet und in eine Folge gestellt werden. Was könnte man nicht alles schon vom Sonnenstrahle sagen: Vom Guten ist das Licht, und es ist Abbild der Güte. Daher wird auch das Gute mit Lichtnamen gepriesen, da ja im Abbild das Urbild aufscheint. Denn wie die Güte der jenseits von allem stehenden Gottheit von den höchsten Wesenheiten bis zu den niedrigsten (alles) durchdringt, und dabei doch so über allem steht, daß weder die höchsten mehr von ihrem Überschwung besitzen, noch die niedrigsten aus dem Umkreis ihrer Umfassung herausfallen, sondern es alles, was dafür empfänglich ist, erleuchtet, gestaltet, belebt, zusammenhält, vervollkommnet, und Maß, Ewigkeit, Zeit, Zahl, Ordnung, Inbegriff, Ursache und Ziel von allem ist –, so erleuchtet auch das sichtbare Abbild der göttlichen Güte, jener große, ganz glänzende, immerleuchtende Helios, ein schwacher Abglanz des (geistigen) Guten, mit seinem Lichte alles, was daran teilzuhaben vermag, und entfaltet den Glanz der Strahlen seines Lichtes, das er über aller Entfaltung in sich besitzt, auf die ganze sichtbare Welt hin, nach unten und nach oben; und wenn etwas nicht an ihm teilhat, so ist das nicht darum, weil seine Lichtspendung schwach wäre und nicht genug weit reichte, sondern weil das Aufnehmende ungeeignet ist, erleuchtet zu werden, und sich nicht der Einstrahlung des Lichtes eröffnet. An solchem freilich geht der Lichtstrahl vorbei und erleuchtet das Dahinterliegende, es ist kein sichtbares Ding, zu dem er infolge der überschwenglichen Größe seiner Lichtfülle nicht gelangen würde.

Aber es wirkt auch bei der Entstehung der sichtbaren Körper mit und bewegt sie zum Leben, nährt sie, macht sie wachsen, vervollkommnet, reinigt und verjüngt sie. Auch Maß und Zahl der Stunden und Tage, und der Zeit unter den Menschen ist das Licht. Denn dieses selbe Licht ist es, wenn es auch damals noch ungeformt (nicht in der Form der Sonne zusammengefaßt) war, von dem der göttliche Moses gesagt hat, daß es jene erste Dreiheit der Tage selbst, so wie wir die Tage verstehen (begrenzt und) bestimmt hat. Und wie alle Güte alles zu sich hin wendet und *Urversammlerin* ist alles Zerstreuten, da sie ja doch die ureinige und einigende Gottheit ist, und alles zu ihr hinstrebt als zum Urgrund, als zur Behüterin und zum Ziel (alles Seins) und das Gute, wie die (heiligen) Sprüche sagen, dasjenige ist, aus dem alles entstanden ist und Bestand hat, (aus ihm) hervorgegangen als aus der völligen, alles in sich befassenden Ursache, und in dem alles besteht, gehütet und umhegt wird wie in einem alles tragenden Fundament, und zu dem alles sich zurückwendet als zu dem wesenhaften Ziel eines jeden, wonach alles strebt, geistige und denkende Wesen durch ihre Erkenntnis, sinnliche Wesen durch ihre Sinneserkenntnis, der Wahrnehmung nicht teilhafte Wesen durch die eingeborene Bewegung ihrer lebendigen Strebekraft, die unbelebten und schlechthin nur seienden Dinge durch ihre Hinordnung auf das bloße Teilhaben am Sein überhaupt – so, auf genau entsprechende Weise sammelt das Licht ihres sichtbaren Abbildes alles Seiende und wendet alles zu sich, das Sehende, das Bewegte, das Beleuchtete, das Erwärmte und (alles) überhaupt irgendwie von seinem Glanze Erfaßte. Darum heißt es auch Helios (Sonne), weil er alles sammelt und das Zerstreute zusammenführt. Und alles Sichtbare strebt nach ihm, begehrend nach dem Sehen, dem Bewegtwerden, dem Beleuchtetwerden, Erwärmtwerden, und dem irgendwie vom Licht Erfaßtwerden. Nicht sage ich, nach der Lehre des Altertums, daß Helios ein *Gott* sei und ein Weltschöpfer, der diesen sichtbaren Kosmos selbst geformt hat, sondern (ich will nur sagen), daß das Unsichtbare Gottes von der Schöpfung der Welt an aus seinen Werken denkend erschlossen werden kann und so offenbar wird, und ebenso seine Macht und seine Göttlichkeit.

V

Doch darüber haben wir in der symbolischen Theologie gehandelt. Jetzt aber müssen wir die Benennung des Guten (mit dem Namen) des geistigen Lichtes preisen und sagen, daß Er, der Gute, geistiges Licht genannt wird, weil er jeden überhimmlischen Geist mit geistigem Licht erfüllt, und alles Unwissen und alles Irren vertreibt aus den Seelen, in denen er seine Wohnung aufschlägt, sie alle heiligen Lichtes teilhaftig machend und ihre geistigen Augen von dem Dunkel des Unwissens reinigend, das sich über sie gelagert hatte, und sie erweckend und eröffnend, die durch die Last der Finsternis geschlossen waren; zunächst teilt er ihnen einen mäßigen Schimmer mit, dann, wenn sie gleichsam schon von dem Lichte gekostet haben und stärker danach begehren, teilt er sich ihnen mehr mit und strahlt heller, weil sie mehr geliebt haben, und so hebt er sie immer mehr zur Höhe empor gemäß der Stärke ihres Emporstrebens.

VI

Geistiges Licht wird also das Gute, das über allem Licht ist, deshalb genannt, weil es der Quellstrahl und der überströmende Lichterguß ist, der jeden überweltlichen, umweltlichen und innerweltlichen Geist aus seiner eigenen Fülle erleuchtet und ihre ganzen Geisteskräfte ständig erneuert, der alles umfaßt, weil er sich über alles erstreckt und über alles hervorstrahlt, weil er über alles

erhaben ist und überhaupt als das Urlicht und Überlicht die Fülle
aller erleuchtenden Kräfte in sich umfaßt und überschwenglich
besitzt und alles Geistige und Denkende zusammenführt und
sammelt. Denn wie die Unwissenheit die Irrenden voneinander
(entfernt) und trennt, so versammelt und eint die Gegenwart des
geistigen Lichtes alles, was sie erleuchtet, macht es vollkommen
und wendet es hin zum wahrhaft Seienden, abgewendet vom viel-
fältigen Scheine, und verwandelt die Buntheit der Gesichte, oder
richtiger der (leeren) Einbildungen, in wahres, reines, einförmiges
Wissen und durchdringt es mit dem einen, einigenden Lichte.

VII

Das Gute wird von den heiligen Theologen auch als das Schöne gepriesen, und zugleich als die Schönheit, als die Liebe und als das
Liebenswerte, und was es sonst noch an göttlichen Namen der
Schönes bewirkenden und Gnade spendenden Anmut gibt. Das
Schöne und die Schönheit sind bei der alles in (seiner) Einheit zu-
sammenfassenden All-ursache nicht voneinander zu trennen. Bei
allen anderen Wesen nämlich muß man das, woran sie teilhaben,
von den Dingen unterscheiden, die dessen teilhaltig sind; wir sagen: sie sind schön, weil sie an der Schönheit teilhaben, und wir
nennen Schönheit die Teilhaftigkeit an der schönheitsbewirken-
den Ursache aller schönen Dinge. Das überwesenhafte Schöne
aber nennen wir einerseits Schönheit, weil von ihm den Dingen,
einem jeden in dem ihm gebührenden Maße, das Schönsein mitgeteilt wird, da es ja die Ursache aller Wohlgestalt und allen Glanzes
ist, und wie das Licht die schönheitbewirkenden Gaben seines
Lichtquelles auf alle Wesen ausstrahlt, und da es alles zu sich auf-
ruft, weshalb es auch Schönheit genannt wird, und da es alle Wesen ganz in sich versammelt – andererseits nennen wir es schön,
weil es ganz schön und überschön ist, immer gleichbleibend und
unwandelbar schön, nicht werdend und vergehend, nicht vermehrt noch vermindert, nicht in einer Hinsicht schön, in anderer
häßlich, nicht zeitweilig schön, zu anderer Zeit unschön, nicht in
bezug auf dieses schön, in bezug auf anderes häßlich, nicht hier

schön, dort nicht schön, nicht für einige schön, für einige häßlich, sondern an und für sich, in sich einförmig, immer-seiend schön, die urquellhafte Schönheit alles Schönen überschwenglich in sich enthaltend und vorbefassend. Denn in der einfachen, übernatürlichen (über der Natur der einzelnen Dinge stehenden) Natur des Schönen besteht alle Schönheit und alles Schöne einförmig und ursächlich vorher (vor allen seinen Wirkungen und Verursachungen), und von diesem Schönen haben es alle Wesen, daß sie auf die ihnen jeweils entsprechende Weise schön sind, durch dieses Schöne besteht alle Eintracht, Freundschaft und Gemeinschaft, durch das Schöne wird alles geeinigt; das Schöne ist Urgrund von allem als die alles bewirkende, alles bewegende und alles durch die Liebe zu seiner Schönheit zusammenhaltende Ursache, und es ist Ende von allem als die Zielursache des liebenden Strebens – denn des Schönen wegen geschieht und entsteht alles – und als die urbildliche (Ursache), weil nach ihm alles geformt und bestimmt wird. Deshalb ist auch das Schöne dasselbe wie das Gute, weil nach dem Guten und Schönen auf alle Weisen des Verursachens alles hinstrebt und kein Wesen ist, das nicht am Schönen und Guten teilhat. Ja, man muß sogar wagen, zu sagen, daß selbst das Nichtsein am Guten und Schönen auch teilhat, weil es Gott durch das Absprechen alles (bestimmten Seins) überwesenhaft zugeschrieben wird. Dieses *eine* Gute und Schöne ist in seiner Einheit Ursache des vielen Schönen und Guten. Aus ihm haben alle Dinge ihr Bestehen als Wesenheiten, ihre Einheit und ihre Unterschiedenheit, ihre Gleichheit und Verschiedenheit, ihre Ähnlichkeit und Unähnlichkeit, die Gemeinschaft des Gegensätzlichen, die Unvermischtheit des Geeinten, die Fürsorge der höheren Wesen für die geringeren, den Zusammenhang des Gleichrangigen, die Hinwendung der niedrigeren (Wesen zu den höheren) und ihr unverändertes, wohlbewahrtes Verharren und Bleiben (in ihrer Wesenheit): aus ihm haben sie ihre Gemeinschaft miteinander, ihre Eintracht, ihre Freundschaft zueinander, die doch nicht ihre Wesenheiten vermischt, die alles vereinigenden Harmonien, die Allvermischung und die unauflösliche Bindung der Wesenheiten, die unaufhörliche Kette des Werdens und Vergehens, allen Bestand und alle Bewegtheit sowohl des Geistes, als der Seelen, als der Körper; Bestand nämlich und Bewegtheit zugleich ist für sie alle das über aller Bewegtheit und über allem Stillstand stehende (Schöne und Gute), das jedes von ihnen in seiner eigenen Wesenheit beständig macht und zugleich zu der ihm eigenartigen Wirkungsweise bewegt.

VIII

Kreisend bewegen sich die seligen Geister um Gott, wenn sie von Einstrahlungen des Guten und Schönen erleuchtet werden; geradlinig, wenn sie sich der Fürsorge für die niedrigeren Wesen zuwenden, um sich selbst rotierend, wenn sie in der Einheit mit dem Guten und Schönen verharren (gekürzt).

IX

Bei den Seelen ist die kreisende Bewegung das Sich-Sammeln der Seele vom Äußern und das Sich-Zurückwenden (ἐπιστρέφουσα) zum Geistigen, das Um-sich-selbst-Rotieren das Erleuchtetwerden durch die geistige Erkenntnis, wenn auch nicht auf geistige und »einsseiende« Weise, sondern auf verstandesmäßige und diskursive Weise, die geradlinige Bewegung das Emporsteigen vom Sinnbildlich-Sinnlich-Äußeren zum Geistigen, Innerlichen, Einigen (gekürzt).

X

Sowohl diese (drei geistigen) als auch die sinnlich wahrnehmbaren Bewegungen (Formen), und viel mehr noch das Bleiben, Beharren und Bestehen eines jeden Dinges verursacht, erhält und beendet (als Ziel) das Schöne und das Gute, das über jedem Stehen und jeder Bewegung ist, aus dem, in dem, zu dem und dessentwegen alles besteht. Aus ihm, dank ihm ist alles Sein, alles Leben, sowohl des Geistes, als der Seele, als jeder Wesenheit, Kleinheit, Gleichheit, Größe, alle Maße und Entsprechungen der Dinge, die Harmonien und Mischungen, Ganzheit und Teil, jedes Eins und (jede) Vielheit, die Verbindungen der Teile, die Einheit der Menge, die Vollkommenheit der Gänze, das »Wie beschaffen«, das »Wieviel«, das »Wie groß«, das Unendliche, das Vergleichbare, die Unterschiedenheit, jede Unbestimmtheit, jede Bestimmung, jede Begrenzung, Ordnung und Überordnung, die Elemente, die Formen, Wesenheit, Kräfte, Energien und Beschaffenheiten, jede Sinneswahrnehmung, jede Vernunft, jedes Denken, jedes Erfassen, jede Einsicht, jede Einigung, und überhaupt alles was ist, ist aus dem Schönen und Guten, und ist im Schönen und Guten, und wendet sich zurück zum Schönen und Guten. Alles, was ist und entsteht, ist und entsteht durch das Schöne und Gute, blickt zu ihm hin, wird von ihm bewegt und gehalten, durch das (Gute und Schöne) und in ihm ist jede vorbildliche, jede als Ziel bewegende, jede bewirkende, jede formale, jede elementare Ursache, und überhaupt jeder Ursprung, jedes Bestehen, jedes Ende, und, um es zusammenfassend zu sagen, alles Sein ist aus dem Guten und Schönen, und alles Nicht-Seiende ist überwesenhaft im Guten und Schönen, und es ist überursprünglicher und überendhafter Ursprung und Ende jedes Seins. Denn aus Ihm, durch Ihn, in Ihm und zu Ihm hin ist alles, wie die heiligen Sprüche sagen (Röm. II,36). Allem Sein ist das Gute und das Schöne erstrebenswert, begehrenswert, liebenswert. Seinetwegen begehrt das Niedrige nach dem Höheren, sich zu ihm zurückwendend, (begehrt) das Gleichgeordnete nach dem Gleichgeordneten, der Gemeinschaft wegen (begehrt) das Höhere nach dem Geringeren, um Fürsorge dafür zu beweisen, (begehrt) ein jedes nach sich selbst, um seinen Bestand zu sichern, und alles, was irgend etwas tut und wirkt, tut und wirkt dies im Streben nach dem Schönen und Guten. Und die wahre Rede muß die Kühnheit haben, auszusprechen, daß selbst Er, der Verursacher des Alls, aus dem Überfluß seiner Güte heraus alles liebt, alles tut, alles vollkommen macht, alles im Sein erhält, alles zu sich wendet, und daß die göttliche Liebe selbst gut ist durch das Gute, weil sie Liebe zum Guten ist. Denn die Gutes bewirkende Liebe zum Seienden, die im Guten in Überfülle vor (allem Sein) bestand, ließ ihn nicht ohne Geschöpf in sich ruhen, sondern be-

wegte ihn aus seiner alles erzeugenden Seinsüberfülle heraus zur
Tat und zum Wirken.

XI

Der Gebrauch des Namens ἔρως für Liebe (neben ἀγάπη) wird ge-
rechtfertigt, in der Erwägung, daß es ja nicht auf den Namen an-
komme, sondern darauf, daß man den richtigen Sinn damit ver-
binde, und daß selbst die Heilige Schrift das Wort ἔρως (das eigentlich mehr Begehren bedeutet) für das Verhältnis der Seele zu Gott
verwendet (gekürzt).

XII

Ja, der Name ἔρως ist sogar der göttlichere, da selbst der heilige Ignatius sagt: Meine Liebe (Eros) ist gekreuzigt worden. Erst der
Mißbrauch des Wortes ἔρως hat es zur Bezeichnung des Begehrens
im schlechten Sinne gemacht. In Wirklichkeit ist der ἔρως im
weltlichen Sinne nur ein Abbild des wahren ἔρως, ein Abfall von
ihm. Eros bedeutet also die einigende und verbindende Kraft, die
in der Liebe wohnt, die das Gleichrangige zusammenordnet, das
Höhere zur Fürsorge für das Niedrigere antreibt und das Niedrigere durch die Hinwendung zum Höheren mit diesem verbindet
(gekürzt).

XIII

Die göttliche Liebe ist aber auch ekstatisch, da sie den Liebenden
nicht mehr sich selbst angehören läßt, sondern dem Geliebten.
Und das zeigt sich auch darin, daß die höheren Wesen durch ihre
Fürsorge den niedrigeren angehören, die gleichgeordneten durch
ihr Zusammenhalten (einander), die niedrigsten aber durch göttliche Rückwendung zu den ersten (den höheren angehören). Deshalb sagt auch der große Paulus, als ein von der göttlichen Liebe

Besessener und teilhabend an ihrer ekstatischen Gewalt, mit gott-begeistertem Munde: »Ich lebe, aber nicht mehr ich, sondern es lebt in mir Christus.« (Gal. 2,20) So spricht er als ein wahrhaft Lie-bender, der, wie er selber sagt, aus sich heraus zu Gott getreten ist und nicht mehr sein eigenes Leben, sondern das des Liebenden als ein überaus geliebtes lebt. Es muß aber auch das gewagt werden zu sagen, um der Wahrheit die Ehre zu geben, daß auch selbst der Ver-ursacher des Alls infolge der schönen und guten Liebe zum All in der Überfülle seiner liebenden Güte aus sich heraustritt (Ps. 115,11) durch die Fürsorge für das All der seienden Dinge, und selbst gleichsam bezaubert wird durch die Güte und die Zunei-gung und die Liebe, und aus dem Über-allem-Sein und Allem-ent-rückt-Sein herabgeführt wird zu dem In-allem-Sein durch die überwesenhafte ekstatische Macht der Liebe, ohne daß er doch da-bei aus sich herausträte. Deshalb nennen ihn auch die, die sich auf göttliche Dinge verstehen, einen Eiferer, weil sie damit sagen wol-len, daß seine gute Liebe zu den seienden Dingen groß ist und zum eifersüchtigen Wettstreit mit seinem liebenden Bestreben auf-weckt, und daß er eifersüchtig auf das bedacht ist, worum er be-müht ist, und daß er die seienden Dinge, derer er sich mit Fürsorge annimmt, eifersüchtig hegt. Liebenswertheit und Liebe gehört zum Schönen und Guten, und hat im Schönen und Guten seinen Sitz, und ist und entsteht durch das Schöne und Gute.

XIV

Was aber meinen die Theologen, wenn sie Ihn bald selbst Liebe und Zuneigung nennen, bald den Gegenstand der Liebe und der Zuneigung? Er ist Verursacher, gleichsam Ausstrahler und Urhe-ber des einen; das andere ist er selbst. Durch das eine bewegt er sich selbst, durch das andere bewegt er (was außer ihm ist und zu ihm strebt), weil er selbst Beweger seiner selbst und Beweger aller Emporführung zu ihm hin ist. In dem einen Sinn nennen sie ihn Gegenstand der Liebe und der Zuneigung, insofern er das Schöne und Gute ist. Liebe aber und Zuneigung (nennen sie ihn), weil er die bewegende Kraft ist, und die, die zu ihm selbst emporführt, dem Einzigen durch sich selbst Schönen und Guten, und gleichsam die Offenbarung seiner selbst durch sich selbst, und das Ausgehen der Güte aus dem über alles entrückten Einen, die liebende Bewegung, die einfach ist, durch sich selbst bewegt, durch sich selbst wirksam ist, im Guten wohnend, aus dem Guten zu den seienden Dingen hervorquellend und wieder zum Guten sich zurückwendend. So zeigt die göttliche Liebe auf besondere Weise ihre Anfangs- und Endlosigkeit, wie ein ewiger Kreislauf durch das Gute vom Guten im Guten zum Guten in unabänderlicher Drehung dahinwandelnd, an demselben Orte auf gleichförmige Weise zugleich immer fortschreitend, verbleibend und in sich zurückkehrend.

BERNHARD VON CLAIRVAUX

Aus den Predigten
über das »Hohelied«

1090–1153

Der Begründer des Klosters von Clairvaux, der mehrere Male das Bischofsamt ausgeschlagen hatte, war sein Leben lang ein gefragter Schlichter und Vermittler zwischen kirchlichen und weltlichen Fürsten. Bernhard lebte in der Zerreißprobe zwischen Aktivität und Kontemplation und ist in seiner Mystik daher ausgesprochen realistisch. Mit Vorzug predigte er über das biblische »Hohelied« der Liebe, da er den Menschen von Natur aus zur Liebe und Gemeinschaft geschaffen sah.

Drei Orte der Begegnung mit Gott (23. Predigt)

Ein Ort der Begegnung mit Gott, wo diese Begegnung noch mit Unruhe und Ruhelosigkeit verbunden ist.

Es gibt beim Bräutigam einen Ort, von wo aus er als Lenker der ganzen Welt seine Rechtssprüche fällt und seine Ratschlüsse faßt, wo er jedem Geschöpf seine Gesetze erläßt und Gewicht, Maß und Zahl festlegt. Dieser Ort liegt hoch und abgelegen, aber er ist durchaus nicht still. Denn obwohl der Herr von sich aus alles voll Süße anordnet (Weish. 8,1), ordnet er eben doch an. Kommt ein Kontemplativer zufällig an diesen Ort, so läßt er ihn nicht zur Ruhe kommen, sondern ermüdet ihn auf merkwürdige, wenn auch köstliche Weise mit all dem, was es zu erforschen und zu bestaunen gibt, und so bleibt er in der Unruhe.

Treffend bringt die Braut beides, nämlich den köstlichen Genuß dieser Art Kontemplation und die damit verbundene Ruhelosigkeit, zum Ausdruck, wenn sie sagt, sie schlafe, aber ihr Herz sei wach (Hld. 5,2). Ins Bild vom Schlaf faßt sie die Erfahrung der Ruhe süßen Staunens und stillen Bewunderns, ins Bild vom Wachen das Ermüdende einer ruhelosen Wißbegier und mühsamen Anstrengung. So sagt auch der selige Hiob: »Wenn ich schlafe, frage ich: Wann darf ich aufstehen? Und dann warte ich wieder auf den Abend.« (Hiob 7,4) Hörst du nicht aus diesen Worten heraus, wie die heilige Seele zuweilen diese Süßigkeit loswerden möchte, weil sie in gewisser Hinsicht mühsam zu tragen ist, und wie sie sich dann wiederum nach dieser Mühsal sehnt? Denn er hätte nicht gesagt: »Wann darf ich aufstehen?«, wenn er sich in dieser Ruhe seiner Kontemplation ganz und gar wohlgefühlt hätte, hätte sie ihm aber ganz gefallen, dann hätte er nicht wiederum auf die Stunde der Ruhe, nämlich auf den Abend, gewartet.

Dieser Ort, an dem man noch keine vollkommene Ruhe genießt, ist also noch nicht der Ort des Ruhelagers.

Ein anderer Ort der Begegnung mit Gott, wo die Begegnung furchterregend ist.

Es gibt noch einen anderen Ort. Von ihm aus wacht der gerechte Richter mit unbeweglicher, alles durchdringender, äußerst strenger Aufmerksamkeit über die vernünftige, aber verdorbene Schöpfung. Dieser aufmerksame Gott ist furchtbar in seinen Ratschlüssen über die Menschenkinder (Ps. 66,5). An diesem Ort sieht der von Furcht erfüllte Beschauer, wie Gott nach seinem gerechten, aber unergründlichen Gericht den Verworfenen weder ihre Vergehen tilgt, noch von ihnen Gutes annimmt, wie er sogar die Herzen verhärtet, damit sie nicht etwa bereuen, zur Vernunft kommen, umkehren und sich von ihm heilen lassen (Jes. 6,10; Apg. 28,27). Er tut das nicht ohne bestimmten und ewigen Grund. Ein solches Urteil ist besonders schrecklich, weil es in Ewigkeit unabänderlich feststeht.

Man muß sich sehr fürchten, wenn man liest, was der Prophet darüber schreibt. Gott sagt zu seinen Engeln: »Lassen wir den Übeltäter laufen.« (Jes. 26,10) Als sie betroffen fragen: »Soll er also nicht (durch dein Eingreifen) lernen, Gerechtigkeit zu üben?«, gibt er zur Antwort: »Nein.« Und er fügt zur Begründung an: »Er hat im Land der Heiligen Übles getan; deshalb soll er die Herrlichkeit des Herrn nicht schauen.«

Wie könnte man also an diesem Ort Ruhe suchen, wenn man hier vor Augen hat, daß der Herr, dessen Ratschlüsse abgrundtief sind, solche Menschen in der Gegenwart verschont und laufen läßt, um sie in der Ewigkeit nicht zu verschonen? Dieser Anblick vermittelt den Schrecken vor dem Gericht, nicht die Geborgenheit der Ruhekammer. »Schaudererregend ist dieser Ort« (Gen. 28,17), bar aller Ruhe. Ich werde durch und durch von Schrecken gepackt, wenn ich im Geist an ihn entrückt werde, und immer wieder beschäftigt mich die bohrende Frage: »Wer weiß von sich, ob er liebens- oder hassenswert ist?« (Koh. 9,1)

Kein Wunder, wenn ich, ein vom Wind umhergetriebenes Blatt, ich dürrer Stoppel (Hiob 13,25), den Halt verloren habe, wo selbst jener höchste Beschauer zugibt, fast seien seine Füße gestrauchelt, fast seine Schritte ausgeglitten (Ps. 72,2), als er sich ereiferte wegen der Frevler, weil er sah, in welchem Frieden die Sünder leben (Ps. 72,3). Weshalb? »Sie teilen nicht die Mühsal der Menschen und werden nicht wie andere Menschen gezüchtigt. Deshalb hält sie der Hochmut gefangen« (Ps. 72,5–6), damit sie nicht in Demut Buße tun, sondern wegen ihres Hochmuts mit dem hochmütigen Teufel und seinen Engeln der Verdammnis anheimfallen. Sie teilen zwar nicht die Mühsal der Menschen, aber sie werden die Mühsal der Dämonen teilen, wenn der Richter zu ihnen sagt: »Fort mit euch, ihr Verfluchten, in das ewige Feuer, das dem Teufel und seinen Engeln bereitet ist.« (Mt. 25,41)

Und trotzdem ist auch das ein Ort Gottes, ja es ist nichts anderes als das Haus Gottes und die Pforte des Himmels (Gen. 28,17). Denn hier ist von Gott als dem Furchterregenden die Rede; hier ist sein Name heilig und furchtbar (Ps. 111,9), und deshalb ist hier das Eingangstor zu seiner Herrlichkeit; denn »der Anfang der Weisheit ist die Furcht des Herrn« (Ps. 111,10).

Die Furcht Gottes ist der Anfang der Weisheit: denn Gott fürchten heißt, von ihm lebendig gepackt sein.

Laß dich nicht davon verwirren, daß ich als Anfang der Weisheit gerade diesen und nicht den zuvor genannten Ort bezeichnet habe. Dort *hören* wir die Weisheit, wie sie sozusagen in ihrem Hörsaal als Lehrmeisterin über alles ihre Vorträge hält; *hier* nehmen wir sie zugleich in uns auf. *Dort* werden wir zwar *belehrt*, *hier* aber werden wir *ergriffen*. Der Unterricht bringt Gelehrte hervor, die innere Liebesbeziehung Weise. Die Sonne schenkt nicht allen, denen sie leuchtet, ihre Wärme. So erfüllt auch die Weisheit nicht alle, denen sie Unterricht gibt, mit jenem Feuer, das zur Tat schreiten läßt.

Es ist ein Unterschied, ob man von vielen Reichtümern *weiß* oder ob man sie *besitzt*; und nicht das Wissen davon macht einen selbst reich, sondern der Besitz. Und so ist es auch ein Unterschied, ob man von Gott *weiß*, oder ob man von der Furcht Gottes *ergriffen* ist. Nicht das Erkennen macht weise, sondern die Furcht, die einen packt. Würdest du jemanden, den sein Wissen aufbläht, weise nennen? Nur einer, der von Weisheit nicht die leiseste Ahnung hat, würde jene weise nennen, die Gott zwar erkannt, ihm aber nicht als Gott die Ehre gegeben und ihm nicht gedankt haben (Röm. 1,21). Ich schließe mich lieber der Meinung des Apostels an, der deutlich sagt, ihr Herz sei bar aller Weisheit gewesen. Und so stimmt es wirklich, daß »der Anfang der Weisheit die Furcht des Herrn« ist (Ps. 111,10), denn erst dann bekommt die Seele Geschmack an Gott, wenn er sie mit seiner Furcht erfüllt, und nicht schon, wenn er ihr ein Wissen über sich beibringt. Wenn du Gottes Gerechtigkeit fürchtest, wenn du seine Allmacht fürchtest, dann bekommst du ein Geschmacksvermögen für den gerechten und allmächtigen Gott. Denn Furcht haben, das heißt auf den Geschmack gekommen sein. Und so macht der Geschmack (sapor) den Menschen zum Weisen (sapientem), wie ihn dies Wissen zum Wissenden und der Reichtum zum Reichen macht.

Welche Aufgabe hat also der erste Ort? Er bereitet lediglich auf die Weisheit vor. Du wirst dort vorbereitet, um hier eingeführt werden zu können. Die Vorbereitung besteht darin, daß man die inneren Zusammenhänge erkennt. Aber daraus entsteht leicht die Geschwulst der Überheblichkeit, falls das Wissen nicht von der Furcht in Zucht genommen wird. So heißt es mit Recht, der Anfang der Weisheit sei die Furcht des Herrn, weil diese Furcht zunächst der Krankheit der Torheit einen Riegel vorschiebt. An diesem ersten Ort wird also gezeigt, wo der Zugang zur Weisheit ist, und hier am zweiten wird der Eingang zu ihr geöffnet. Aber weder dort noch hier ist die Ruhe vollkommen, denn dort erscheint Gott sozusagen in der Sorge um vieles, hier sozusagen im Zorn. Suche also die Ruhekammer nicht an diesen Orten; denn der eine gleicht mehr dem Hörsaal eines Lehrers, der andere mehr dem Amtsraum eines Richters.

Ein dritter Ort der Begegnung mit Gott: hier schenkt die Begegnung Ruhe und Frieden im Angesicht des Erbarmens Gottes.
Aber es gibt einen Ort, wo man Gott wirklich in seiner ganzen Stille und Ruhe gewahr wird. Das ist der Ort, wo Gott uns nicht als Richter oder als Lehrer, sondern wo er uns als Bräutigam begegnet. Möge das doch auch meine Ruhekammer werden – denn wie es anderen geht, weiß ich nicht –, wenn mir zuteil wird, irgendwann darin eingeführt zu werden! Aber ach; das wird zu seltener Stunde nur einen Augenblick wahr. Da leuchtet dann ganz hell »das Erbarmen des Herrn von Ewigkeit und bis in Ewigkeit über denen auf, die ihn fürchten« (Ps. 103,17). Selig, wer dann sagen kann: »Ich gehöre zu diesen Menschen, die dich fürchten und die deine Gebote halten.« (Ps. 119,63) Fest steht Gottes Vorsatz, fest steht sein Friedensspruch über denen, die ihn fürchten. Er sieht über ihre schlechten Seiten hinweg und belohnt ihre guten, so daß ihnen auf wunderbare Weise nicht nur ihre guten, sondern auch ihre schlechten Eigenschaften zum Guten mitwirken. O einzig wirklich »glücklich der, dem der Herr die Sünde nicht anrechnet!« (Ps. 32,2) Denn es gibt niemanden, der keine Sünde hat. »Alle haben gesündigt, und alle entbehren der Herrlichkeit Gottes.« (Röm. 3,22) »Wer aber wollte sich gegen die Auserwählten Gottes zum Ankläger erheben?« (Röm. 3,33) Mir genügt es zur vollen Gerechtigkeit, daß mir allein der gnädig ist, gegen den allein ich gesündigt habe (Ps. 51,6). Alles, was er mir nicht anzurechnen beschlossen hat, ist, als wäre es nie dagewesen. Gottes Gerechtigkeit besteht darin, nicht zu sündigen; die Gerechtigkeit des Menschen besteht darin, Gottes Verzeihung zu erlangen. Ich erkannte dies, und da ging mir auf, wie wahr jener Ausspruch ist:

»Jeder, der aus Gott geboren ist, sündigt nicht, denn seine himmlische Abkunft bewahrt ihn davor.« (1 Joh. 5,18) Vom Himmel abzustammen, bedeutet: von Ewigkeit vorherbestimmt sein. Durch diese Vorherbestimmung hat Gott seine Erwählten schon vor der Grundlegung der Welt in seinem geliebten Sohn geliebt und beschenkt (Eph. 1,4). Sie sollten in seinem Heiligtum vor ihm erscheinen und seine Macht und Herrlichkeit schauen (Ps. 63,3), als Ebenbilder dessen, dessen Miterben sie sein sollten (vgl. Röm. 8,29).

Diese Auserwählten also sah ich, als hätten sie niemals gesündigt, denn wenn sie sich auch in der Zeitlichkeit etwas hatten zuschulden kommen lassen, so ist das in der Ewigkeit nicht mehr zu sehen, weil die Liebe des Vaters eine Menge Sünden zudeckt (1 Petr. 4,8). So habe ich glücklich genannt, »deren Frevel vergeben und deren Sünden bedeckt sind« (Ps. 32,1; Röm. 4,7), als mich plötzlich selbst ein Vertrauen überkam und eine Freude in mich einströmte, deren Maß weit die Furcht überstieg, die ich zuvor am Ort des Schreckens (Dtn. 32,10), das heißt am Ort der zweiten Schau, verspürt hatte. Und so kam ich mir selbst wie einer dieser Glücklichen vor. O wenn das nur angedauert hätte! Komm wieder, Herr, komm wieder »und besuche mich mit deinem Heil, damit ich das Glück deiner Auserwählten schaue und mich freue über die Freude deines Volkes!« (Ps. 196,4–5)

Ruhen in der Schau des ruhenden Gottes.
O du Ort wahrer Ruhe! Nicht zu Unrecht habe ich dich als Ruhekammer bezeichnet. Hier schaut man Gott nicht wie im Zorn erregt oder wie von Sorgen zerrissen, sondern hier erweist sich sein Wille als gut, als wohlgefällig und vollkommen. Diese Schau schreckt nicht, sondern beruhigt voll Milde; sie weckt keine unruhige Neugier, sondern stillt; sie ermüdet nicht die Sinne, sondern läßt sie zur Ruhe kommen. Hier ruht man wirklich. Der stille Gott erfüllt alles mit Stille: und ihn in seiner Ruhe schauen, heißt selbst ruhen. Es heißt den König schauen, wenn er sozusagen seine täglichen Amtsstunden als Richter in Streitsachen beendet und die Menge von sich fortgeschickt hat; wenn er alle lästigen Sorgen von sich abstreift und eine Bleibe für die Nacht sucht,

40

eine Ruhekammer, in die er nur wenige mitnimmt, die er einer solchen intimen Nähe und Vertrautheit für würdig hält. Da ruht er nun, um so sorgenfreier, je zurückgezogener; da gibt er sich um so heiterer, um so sorgenfreier, je zufriedener sein Blick nur solche sieht, denen seine Liebe gilt.

Wenn einmal einer von euch in einer glücklichen Stunde in dieses geheime Gemach und in dieses Heiligtum Gottes entrückt wird, dann ist er dort geborgen. Nichts lenkt ihn dort ab und verwirrt ihn; kein umherschweifender Sinn, keine quälende Sorge, kein nagendes Schuldbewußtsein, und selbst nicht die Phantasie, die noch schwerer zum Schweigen zu bringen ist, behelligt ihn mit ihren plastischen Bildern. Wer von dort zu uns zurückkommt, kann sich rühmen und sagen: »Der König hat mich in seine Ruhekammer geführt.« (Hld. 1,3)

Ich möchte nicht ohne weiteres behaupten, hier handle es sich bereits um jene Ruhekammer, über die die Braut in Jubel ausbricht. Jedenfalls ist es eine Ruhekammer, und eine Ruhekammer des Königs. Und von den drei Orten, die wir mit drei verschiedenen Arten der Schau in Verbindung gebracht haben, ist nur dieser Ort wirklich von Frieden erfüllt (Ps. 76,3).

Zusammenfassung: die drei verschiedenen Orte der Begegnung mit Gott.

Es ist nun deutlich gezeigt worden, daß am ersten Ort wenig und am zweiten Ort gar keine Ruhe zu finden ist, denn am ersten Ort erscheint Gott als Wunderbarer, der unserer Wißbegier eine Menge Fragen und Aufgaben stellt, und am zweiten Ort erscheint er als Furchterregender, der uns in unserer Schwachheit beben läßt. Aber an diesem dritten Ort zeigt er sich nicht mehr als Furchterregender oder Wunderbarer, sondern als Liebenswerter, in Heiterkeit und Stille, in Süße und Milde, voll Erbarmen für alle, die ihn erblicken.

Die Sprache der Liebe (67. Predigt)

Die Sprache des Herzens.

»Mein Geliebter ist mein, und ich bin seins« (Hld. 2,16), sagt die Braut. Nicht mehr? Ihre Rede bleibt in der Schwebe; oder besser: sie setzt aus. Auch der Hörer bleibt in der Schwebe; er bekommt nichts mitgeteilt, sondern horcht auf.

Was bedeutet das, daß sie sagt: »Er ist mein, und ich bin seins?« Wir wissen nicht, was sie sagt (Joh. 16,18), weil wir nicht empfinden, was sie empfindet.

O heilige Seele, was bedeutet das: der Deine sei dein, und du seist sein? Sag mir doch bitte, was bedeutet dieses zärtliche und liebevolle Hin und Her von Vertrauen und Anvertrautwerden? Er ist dein, und du bist sein. Er ist dein was? Du bist sein was? Bist du ihm das gleiche, was er dir ist, oder etwas anderes? Wenn du zu uns sprichst und von uns verstanden werden möchtest, dann sag doch bitte klar und deutlich, was du meinst (Joh. 10,24). Oder gehört, wie der Prophet sagt, dein Geheimnis dir (Jes. 24,16)?

Ja, so ist es: In diesem Wort voller Zuneigung hat sich ihr Herz mitgeteilt, nicht ihr Verstand; und deshalb hat sie nicht zum Verstand gesprochen. Wozu hat sie also gesprochen? Zu nichts. Die Gegenwart des Geliebten hat die Braut wunderbar erquickt, seine ersehnten Worte haben sie ganz aus der Fassung gebracht, und jetzt sind sie vorbei, und sie kann einfach nicht schweigen und kann zugleich nicht in Worten ausdrücken, was sie empfindet. So hat sie nicht mit der Absicht gesprochen, sich auszudrücken, sondern sie konnte einfach nicht schweigen. Ihr Herz war so voll, daß ihr Mund zu sprechen anfing (Lk. 6,45), aber nicht in Fülle.

Die Empfindungen des Herzens haben ihre eigenen Stimmen. Sie verraten sich durch diese Stimme, auch wenn sie es gar nicht wollen. So verrät zum Beispiel die Furcht, daß das Herz verängstigt ist, der Schmerz, daß es leidet, die Liebe, daß es froh ist. Wenn ein Leidender weint, ein Trauriger schluchzt, ein Verwundeter stöhnt, und wenn Menschen in Angst plötzlich losschreien: dann ist das nicht eine Sache der Gewohnheit; nicht die Vernunft löst das aus, nicht eine kluge Überlegung ordnet das an; das ist nicht das Ergebnis vorherigen gründlichen Erwägens. Nein, so etwas geschieht nicht auf Geheiß des Verstandes, sondern es bricht aus spontaner Erregung hervor.

Die Liebe drängt ins Wort; ihre Sprache ist spontan, ursprünglich, jenseits aller Logik.

So ist es auch bei der ungestüm flammenden Liebe, vor allem bei der göttlichen: wenn sie nicht mehr an sich halten kann, fragt sie nicht mehr nach Ordnung, nach Gesetz, nach Wahl und Zahl der Worte, sondern sie sprudelt einfach hervor. Nur eines zählt dabei für sie: daß sie selbst dadurch keine Minderung erfährt. Sie sucht nicht lange nach Worten, nicht einmal nach klar geformten Ausdrücken, sondern es genügen ihr dazu stammelnde Seufzer.

So ist es auch bei der Braut, die von heiliger Liebe brennt, und zwar in einem unglaublichen Maß: sie muß unbedingt von dieser übermäßigen Glut in ihrem Inneren etwas ausstoßen und kann dabei nicht darauf achten, was sie sagt und wie sie es sagt. Was ihr gerade in den Mund kommt, teilt sie unter dem Druck der Liebe nicht eigentlich mit, sondern stößt es einfach heraus. Kann ein derart erquickter, ein derart erfüllter Mensch anders als so sich erleichtern?

Lies noch einmal gründlich den Text dieses Hochzeitsgesangs vom Anfang bis hierher durch und sieh zu, ob der Braut bisher schon jemals bei all den Besuchen und Anreden des Bräutigams eine solche Fülle geschenkt worden ist wie dieses Mal, und ob sie schon jemals aus seinem Mund nicht nur so viele, sondern auch so beglückende Worte erhalten hat. Wen wundert es, daß sie nun eher etwas hervorstößt, als daß sie ein klares Wort spricht, wo ihre Sehnsucht derart mit Gütern erfüllt worden ist (Ps. 103,5)? Und solltest du den Eindruck haben, sie habe dennoch ein Wort formuliert, dann nimm an, es sei spontan hervorgesprudelt und nicht zuvor überdacht und genau überlegt worden. Die Braut hat den Ausspruch des Propheten nicht wie etwas Gestohlenes auf sich angewandt (vgl. Phil. 2,6): »Mein Herz sprudelt ein gutes Wort hervor« (Ps. 45,2), sondern sie war tatsächlich des gleichen Geistes voll wie er. »Mein Geliebter ist mein, und ich bin sein.« (Hld. 2,16)

Nichts folgt weiter; keine weitere Ausführung. Was heißt das?

Es ist ein spontaner Ausbruch. Was suchst du in einem solchen jähen Ausbruch logische Wortverbindungen, feierliche Sätze? Von welchen Gesetzen oder Regeln läßt du deinen spontanen Ausbruch fesseln? Er entzieht sich deinem mäßigen Zugriff, er erwartet von dir keine geschickte Anordnung, er fragt nicht danach, ob er gelegen kommt und den rechten Eindruck macht. Er bricht, wann er will, aus deinem Inneren hervor und fragt nicht danach, ob du einverstanden bist, ja nicht einmal, ob du es vorher weißt; er reißt sich selbst los und läßt sich nicht schicken.

Das Wesentliche erfährt man nicht mit dem Verstand, sondern mit der Zuneigung des Herzens.
»Mein Geliebter ist mein, und ich bin sein.« (Hld. 2,16) Zweifellos lodert an dieser Stelle die gegenseitige Liebe zweier Herzen; aber diese Liebe bedeutet für das eine Herz das höchste Glück, für das andere eine wunderbare Zuneigung. Denn dieser Einklang, diese Umarmung geschieht nicht zwischen zwei Gleichgestellten.

Wer könnte im übrigen mit Bestimmtheit von sich behaupten, er kenne genau das Geschenk der Liebe, dessen die Braut sich rühmt und das sie ihrerseits verschenkt? Das kann nur, wer verdient hat, etwas Ähnliches in seinem Herzen zu erfahren, indem er zu einer außerordentlichen Reinheit des Herzens und Heiligkeit des Leibes gelangt ist. Das Wesentliche erfährt man ja nur in der liebevollen Zuneigung; man kann nicht mit dem Verstand daran rühren, sondern nur durch ein Gleichförmigwerden. Und so können nur wenige sagen: »Wir spiegeln mit enthülltem Antlitz die Herrlichkeit Gottes und werden in das gleiche Bild verwandelt, von Klarheit zu Klarheit, angeleitet vom Geist des Herrn.« (2 Kor. 3,18)

Wie der Mensch mit Gott
eins werden kann (71. Predigt)

Vereinigung von Gott und Mensch als gegenseitiges Sich-Essen.
Ein guter Familienvater ist, wer sich um seine Hausgenossen sorgt, besonders in schlechten Tagen; wer darauf bedacht ist, ihnen in einer Hungerszeit Nahrung zu verschaffen (Ps. 33,19), sie mit dem Brot des Lebens und der Einsicht zu versorgen (Sir. 15,3) und sie so auf das ewige Leben hin zu ernähren. Ich glaube aber, wenn er sie mit Nahrung versorgt, ist das für ihn selbst Nahrung, und zwar eine Speise, die ihm äußerst gut schmeckt: unser Reiferwerden. »Denn, daß wir stark werden, freut den Herrn.« (Neh. 8,10)

So nährt er sich also, wenn er andere ernährt, und er ernährt andere, wenn er sich selbst nährt. Mit seiner geistlichen Freude schenkt er uns neue Kraft, und unser geistliches Vorankommen schenkt ihm neue Freude.

Meine Bekehrung ist seine Nahrung, mein Heil ist seine Nahrung, ich selbst bin seine Nahrung. Ißt er denn nicht Asche wie Brot (Ps. 102,10)? Und da ich ein Sünder bin, bin ich Asche, um von ihm gegessen zu werden. Wenn ich zurechtgewiesen werde, werde ich gekaut; wenn ich unterwiesen werde, werde ich geschluckt; wenn ich verändert werde, werde ich gekocht; wenn ich umgewandelt werde, werde ich verdaut; wenn ich ihm gleichgeformt werde, werde ich mit ihm vereint.

Wundert euch darüber nicht; er ißt uns, und er wird von uns gegessen, je enger wir mit ihm verbunden sind. Und es gibt keine andere Möglichkeit für uns, völlig mit ihm geeint zu werden. Denn wenn ich ihn esse, aber nicht von ihm gegessen werde, ist er zwar in mir, aber ich bin noch nicht in ihm. Und wenn ich von ihm gegessen werde, aber ich ihn nicht esse, hat er mich zwar in sich, aber er ist noch nicht in mir. In beiden Fällen ist die Vereinigung nicht vollkommen. Erst wenn er mich ißt, um mich in sich zu haben, und wenn er umgekehrt von mir gegessen wird, damit ich ihn in mir habe, ist die Vereinigung vollständig und fest. Dann bin ich in ihm, und er ist genauso in mir.

Gott Vater und Gott Sohn sind auf andere Weise eins, als der Mensch mit Gott eins werden kann.

Soll ich dir das Gesagte durch einen Vergleich erläutern? Erhebe deine Augen jetzt zu einem subtileren Ineinander-Übergehen, das aber doch mit diesem hier vergleichbar ist.

Wenn der Bräutigam im Vater wäre, aber der Vater nicht auf die gleiche Weise in ihm; oder wenn der Vater im Bräutigam wäre, aber der Bräutigam nicht auf die gleiche Weise in ihm, dann wagte ich zu sagen: in diesem Fall bliebe auch ihr Einssein unvollkommen, selbst wenn es bereits ein Einssein wäre. Nun ist aber er im Vater, und der Vater ist in ihm (vgl. Joh. 14,11); ihr Einssein hinkt nicht mehr, sondern er und der Vater sind wirklich und vollkommen eins. So darf auch die Seele, deren Freude es ist, Gott anzuhangen (Ps. 73,28), erst dann annehmen, sie sei vollkommen mit ihm eins, wenn sie spürt, daß er in ihr und daß sie in ihm bleibt. Sie kann dann allerdings trotzdem nicht sagen, sie sei genauso eins mit Gott, wie der Vater und der Sohn eins sind, obwohl »wer Gott anhängt, *ein* Geist mit ihm ist.« (1. Kor. 6,17) Letzteres habe ich gelesen, ersteres nicht. Ich spreche nicht von mir, der ich nichts bin. Aber niemand, außer ein Verrückter, niemand von der Erde und niemand vom Himmel, kann sich die Aussage des Einziggeborenen zu eigen machen: »Ich und der Vater sind eins.« (Joh. 10,30) Und dennoch, obwohl ich Staub und Asche bin (Gen. 18,27), scheue ich mich nicht, unter Berufung auf die Heilige Schrift zu behaupten: »Ich bin *ein* Geist mit Gott.« Die Voraussetzung dafür ist allerdings, daß ich aus sicheren Erfahrungen die Überzeugung gewonnen habe, Gott so anzuhangen wie einer derjenigen, die in der Liebe und deshalb in Gott bleiben, weshalb auch Gott in ihnen bleibt (1 Joh. 4,16), so daß sie also gewissermaßen Gott essen und von Gott gegessen werden. Denn ich glaube, von einem solchen Anhangen ist gesagt: »Wer Gott anhängt, ist *ein* Geist mit ihm.« (1 Kor. 6,17) Was folgt daraus? Der Sohn sagt: »Ich bin im Vater, und der Vater ist in mir« (Joh. 14.11) und: »Wir sind eins.« (Joh. 10,30) Der Mensch sagt: »Ich bin in Gott, und Gott ist in mir, und wir sind *ein* Geist.«

Vater und Sohn sind ihrem Wesen nach eins, der Mensch kann mit Gott im Geist eins werden.

Aber essen sich etwa der Vater und der Sohn, um ineinander und folglich eins zu sein, so wie Gott und der Mensch sozusagen durch gegenseitiges Einander-Essen ineinander übergehen und so, wenn auch nicht eins, doch *ein Geist* werden? Keineswegs. Gott und der Mensch sind nicht auf die gleiche Weise ineinander wie der Vater und der Sohn, und darum ist auch in diesen beiden Beziehungen die Einheit nicht von gleicher Art.

Vater und Sohn sind nicht nur auf unaussprechliche, sondern auch auf unbegreifliche Weise ineinander. Sie können sich gegenseitig fassen und voneinander fassen lassen. Und zwar können sie sich gegenseitig auf eine solche Weise fassen, daß sie sich nicht teilen müssen, und sie sind füreinander auf eine solche Weise faßbar, daß sie sich nicht nur Anteil aneinander geben. Es ist, wie die Kirche in einem Hymnus singt:

> Im Vater ist der ganze Sohn,
> ganz ist der Vater in dem WORT.

Der Vater ist im Sohn, an dem er stets sein Wohlgefallen hat (Mt. 17,5). Der Sohn ist im Vater; er war schon immer aus ihm geboren und ist niemals von ihm getrennt. Nun ist aber durch die Liebe der Mensch in Gott und Gott im Menschen, wie Johannes sagt: »Wer in der Liebe bleibt, bleibt in Gott, und Gott bleibt in ihm.« (1 Joh. 4,16)

Diese Übereinstimmung ist der Grund dafür, daß Gott und Mensch zwei in *einem* Geist sind, ja, daß sie *ein* Geist sind. Siehst du den Unterschied? Im *Wesen* gleich zu sein, ist nicht dasselbe wie gleichen *Sinnes* zu sein.

Der Unterschied zwischen Einheit und Einssein.

Wenn du genau darauf achtest, deuten dir die Worte »ein« und »eins« schon zur Genüge den Unterschied zwischen Einheit und Einssein an, denn für Vater und Sohn wäre es unangemessen, sie als »einen« zu bezeichnen, und für Mensch und Gott wäre es unangebracht, zu sagen, sie seien »eins«. Man kann nicht sagen, Vater und Sohn seien »einer«, denn der eine ist der Vater, der andere der Sohn. Aber man kann sagen, sie seien »eins«, denn das sind sie, weil beide ein und dieselbe Substanz besitzen, und nicht jeder eine besondere für sich. Im Gegensatz dazu kann man von Mensch und Gott nicht sagen, sie seien eins, denn sie sind nicht aus *einer* Substanz oder Natur. Doch kann man in einem sicheren und unbedingt richtigen Sinn sagen, sie seien *ein* Geist, wenn sie von der Liebe zusammengeschweißt werden. Dabei ist mit »Einheit« kein Verschmelzen der Wesenheiten, sondern ein Zusammenneigen der Willen bezeichnet.

Bei Gott: Wesenseinheit; bei Gott und Mensch: Einssein im Wollen der Liebe.

Damit ist wohl genügend deutlich geworden, daß die beiden Weisen des Einsseins nicht nur unterschiedlich, sondern von ganz verschiedener Art sind. Die eine besteht innerhalb *einer* Wesenheit, die andere verknüpft verschiedene Wesenheiten. Was liegt weiter auseinander als die Einheit mehrerer Individuen und die innere Einheit eines Einzigen? So grenzen, wie gesagt, die Ausdrücke »ein« und »eins« zwei verschiedene Weisen des Einsseins voneinander ab: als »eins« bezeichnen wir die Wesenseinheit zwischen Vater und Sohn, und mit dem Wort »ein« (Geist) beschreiben wir das Einssein von Gott und Mensch, das keine Wesenseinheit ist, sondern ein Übereinstimmen im Wollen der Liebe. Man kann dann auch mit Vorbehalt ganz richtig vom Vater und vom Sohn sagen, sie seien »einer«, zum Beispiel: *ein* Gott, *ein* Herr, und so weiter mit anderen Bezeichnungen, die sich auf jede Person einzeln und nicht zugleich auf die anderen beziehen. Dagegen ist ihre Gottheit und Herrlichkeit nicht von unterschiedlicher Art, genausowenig wie ihr Wesen, ihr Sein oder ihre Natur. Denn wenn du alle diese Bezeichnungen in liebender Hingabe betrachtest, sind sie bei den göttlichen Personen nicht unterschiedlich oder unter sich aufgeteilt, sondern sie sind eins. Nein, ich habe zu wenig gesagt: sie sind auch eins mit ihnen.

Einssein im strengen und im abgeleiteten Sinn.

Wie steht es nun mit jenem Einssein, von dem wir lesen, es mache viele Herzen zu einem und viele Seelen zu einer (Apg. 4,32)?

Meiner Ansicht nach verdient das gar nicht eigentlich den Namen »Einssein«, wenn man es mit demjenigen Einssein vergleicht, das nicht viele vereinigt, sondern ausschließlich Einen bezeichnet. Folglich ist das einzigartige und höchste Einssein dasjenige, das nicht durch Vereinigung mehrerer zustande kommt, sondern von Ewigkeit her besteht. Es ist nicht erst das Ergebnis jenes geistigen Einander-Essens, von dem oben die Rede war, denn es kommt nicht erst *zustande*, sondern ist einfach *da*. Noch viel weniger darf man es für das Ergebnis irgendwelcher Verbindung von Wesenheiten oder einer Übereinstimmung der Willen halten, da diese gar nicht bestehen. Denn, wie gesagt, die göttlichen Personen haben eine einzige Wesenheit und einen einzigen Willen. Wo aber nur etwas Einziges ist, ist es unsinnig, von Übereinstimmung, Zusammensetzung, Verbindung oder etwas Ähnlichem zu sprechen. Es bedarf mindestens zweier Willen, um eine Übereinstimmung herstellen zu können; mindestens zweier Wesenheiten, um eine Verbindung oder Vereinigung durch Übereinstimmung schaffen zu können. Nichts dergleichen ist zwischen Vater und Sohn, denn sie haben nicht zwei Wesenheiten und keine zwei Willen. Beides ist bei ihnen ein und dasselbe; oder vielmehr, wie ich mich erinnere, oben gesagt zu haben, beides ist bei ihnen und mit ihnen eins, und daher bleiben sie auf eine ebenso unbegreifliche wie unvergleichliche Weise ineinander und sind wirklich und einzigartig *eins*. Wollte jemand trotzdem sagen, zwischen Vater und Sohn herrsche Übereinstimmung, so habe ich nichts dagegen, vorausgesetzt, er verstehe darunter nicht eine Einheit zweier Willen, sondern das Einssein des Willens von Vater und Sohn.

Die Vereinigung von Gott und Mensch: eine Vereinigung im Wollen und in der Liebe.
Was nun Gott und den Menschen betrifft, so bleiben sie, weil sie sich durch einen jeweils eigenen Willen und eine eigene Wesenheit auszeichnen und voneinander unterscheiden, in einem ganz anderen Sinn ineinander, das heißt, sie bleiben ihrem Wesen nach unvermischt, aber dem Willen nach werden sie gleichgestimmt. Diese Einigung besteht für sie also in einer Vereinigung der Willen und in einer Übereinstimmung in der Liebe. Das ist eine glückli-

che Einigung, wenn du sie erfährst; es ist eigentlich gar keine, wenn du sie mit derjenigen zwischen Vater und Sohn vergleichst. Wer sie erfahren hat, sagt: »Gott anzuhangen ist mein Glück.« (Ps. 73,28) Es ist wahrhaftig ein Glück, wenn du ihm in jeder Hinsicht anhängst. Wer aber hängt vollkommen an Gott? Nur wer als Geliebter Gottes in Gott bleibt und umgekehrt als Liebhaber Gottes ebenso Gott in sich hineinzieht. Wo sich also der Mensch und Gott in jeder Hinsicht gegenseitig abhängen – was nur durch innigste gegenseitige Liebe, gleichsam durch eine wechselseitige Einverleibung möglich ist –, da möchte ich ohne Bedenken sagen, Gott weile im Menschen, und der Mensch weile in Gott.

Der Mensch ist jedoch von Ewigkeit her in Gott, denn Gott liebt ihn von Ewigkeit her – vorausgesetzt, er gehört zu denen, die sagen können: »Er hat uns geliebt und reich beschenkt in seinem geliebten Sohn vor Grundlegung der Welt.« (Eph. 1,4–5) Umgekehrt ist Gott im Menschen von dem Augenblick an, wo Gott vom Menschen geliebt wird. Wenn es sich so verhält, dann ist der Mensch sogar dann in Gott, wenn Gott noch nicht im Menschen ist; aber Gott ist nicht in dem Menschen, der nicht in Gott ist. Der Mensch kann nicht in der Liebe bleiben, ohne selbst geliebt zu werden, selbst wenn es ihm gelingen sollte, als Ungeliebter eine Zeitlang zu lieben. Er kann aber auch die Liebe verweigern, wenn er schon geliebt wird. Wie könnte es sonst heißen: »Er hat uns zuerst geliebt?« (1 Joh. 4,10) Erwidert der Mensch die vorausgehende Liebe Gottes mit seiner Liebe, dann ist der Mensch in Gott, und Gott ist im Menschen. Wer aber niemals liebt, ist offensichtlich niemals geliebt worden; und folglich ist weder er in Gott, noch ist Gott in ihm.

Soviel soll gesagt sein, um den Unterschied deutlich zu machen zwischen jener Verbindung, in der Vater und Sohn eins sind, und derjenigen, in der die Gott anhangende Seele *ein* Geist mit ihm ist. Sonst könnte jemand meinen, den Ehrenvorzug, den der Einziggeborene Sohn hat, genieße auch der Mensch als Adoptivsohn Gottes, wenn er einerseits über den Menschen liest: »Wer in der Liebe bleibt, bleibt in Gott und Gott in ihm« (1 Joh. 4,16) und andererseits vom Sohn: »Ich bin im Vater, und der Vater ist in mir.« (Joh. 14,10)

FRANZ VON ASSISI

Ermahnungsworte

1182–1226
Nach einem Bekehrungserlebnis (1208/9), trennte sich Franziskus von allen weltlichen Gütern, kleidete sich in das Gewand der Bettelmönche und zog Buße predigend umher. Den Anhängern, die ihm schon bald folgten, gab er eine Lebens- und Ordensregel. Die Gründung eines Zweiten (Klarissinnen) und Dritten Ordens folgte schon bald. Sein fröhliches Wesen war bestimmt von stärkster Selbstlosigkeit und opferbereiter Liebe zu Gott. In einer Zeit, in der der Klerus in Pomp und Machtgier verkam, fanden zahllose, nach Gotteserfahrung sich sehnende Menschen zu ihm.

Von dem Leibe des Herrn

Jesus der Herr hat zu seinen Jüngern gesagt: »Ich bin der Weg, die Wahrheit und das Leben. Niemand kommt zum Vater, außer durch mich. Wenn ihr mich erkannt hättet, so würdet ihr auch meinen Vater erkannt haben, aber von nun an werdet ihr ihn erkennen, und ihr habt ihn gesehen. Philippus sprach zu ihm: Herr, zeige uns den Vater, und es genügt uns. Jesus sprach zu ihm: So lange Zeit bin ich bei euch, und ihr habt mich noch nicht erkannt, Philippus? Wer mich sieht, sieht auch den Vater.« (Joh. 14,6–9) Der Vater »wohnt in einem unnahbaren Lichte« (1. Tim. 6,16) und »Gott ist ein Geist« (Joh. 4,24) und »Niemand hat Gott je gesehen.« (Joh. 1,18) Da Gott ein Geist ist, so kann er auch nur durch den Geist geschaut werden; denn »der Geist ist es, der lebendig

51

macht, das Fleisch aber nützt nichts« (Joh. 6,64). Aber auch der Sohn, weil er dem Vater ähnlich ist, wird von niemand anders gesehen als der Vater oder als der Heilige Geist. Darum sind sie verdammt worden alle jene, die unsern Herrn Jesus Christus in seiner Menschheit gesehen, ihn aber nicht nach dem Geiste und nach der Gottheit sahen und nicht glaubten, daß er der Sohn Gottes war. So werden auch jetzt noch alle jene verdammt, die das Sakrament des Leibes Christi sehen, das durch die Worte des Herrn in den Händen des Priesters unter der Gestalt des Brotes und des Weines auf dem Altare konsekriert wird, die es aber nicht sehen nach dem Geiste und nach der Gottheit und nicht glauben, daß dasselbe wahrhaftig der allerheiligste Leib und das Blut unseres Herrn Jesus Christus ist. Der Allerhöchste hat dies bezeugt, indem er sagt: »Dies ist mein Leib und das Blut des Neuen Bundes« (Mark. 14,22–24), und: »Wer mein Fleisch ißt und mein Blut trinkt, der hat das ewige Leben.« (Joh. 6,55)

Darum ist es der Geist des Herrn, der in seinen Gläubigen wohnt, der den allerhöchsten Leib und das Blut des Herrn empfängt; alle übrigen, die diesen Geist nicht haben und es doch wagen, den Leib des Herrn zu empfangen, »essen und trinken sich das Gericht.« (1. Kor. 11,29) Deshalb »Menschenkinder, wie lange noch seid ihr harten Herzens?« (Psalm 4,3) Warum erkennt ihr die Wahrheit nicht und glaubt ihr nicht an den Sohn Gottes? (Joh. 9,35) Sehet, jeden Tag erniedrigt er sich, wie damals, als er vom königlichen Throne in den Schoß der Jungfrau kam, jeden Tag kommt er selbst zu uns und erscheint in demütiger Gestalt, jeden Tag steigt er vom Schoße des Vaters herab auf den Altar in die Hände des Priesters. Und wie er den heiligen Aposteln erschien im wahren Fleische, so zeigt er sich auch jetzt uns im geheiligten Brote. Und wie sie durch den Anblick seines Fleisches nur seine Menschheit sahen, durch den Glauben aber ihn als ihren Gott erkannten, indem sie ihn mit den Augen des Geistes betrachteten, so sollen auch wir, indem wir mit den leiblichen Augen Brot und Wein sehen, erkennen und fest glauben, daß dies sein heiligster Leib und sein lebendiges und wahrhaftiges Blut ist. Und auf diese Weise ist der Herr immer mit seinen Gläubigen, wie er selber sagt: »Siehe, ich bin bei euch alle Tage, bis an das Ende der Welt.« (Matth. 28,20)

Von dem Laster des Eigenwillens

Der Herr sprach zu Adam: »Von allen Früchten des Paradieses darfst du essen, aber vom Baume der Erkenntnis des Guten und des Bösen sollst du nicht essen.« (1. Mos. 2,16–17) Von allen Früchten des Paradieses konnte also Adam essen, und solange er nicht gegen den Gehorsam handelte, sündigte er auch nicht. Jener aber verkostet von dem Baume der Erkenntnis des Guten, der seinen Willen als sein Eigentum betrachtet und sich des Guten rühmt, das der Herr durch ihn spricht und tut. Dieser hört auf die Einflüsterung des bösen Feindes, er übertritt das Gebot Gottes und findet den Apfel der Erkenntnis des Bösen; darum muß er auch die Strafe seines Ungehorsams über sich ergehen lassen.

Von dem vollkommenen und dem unvollkommenen Gehorsam

Der Herr sagt im Evangelium: »Wer nicht entsagt, was er besitzt, kann mein Jünger nicht sein« (Luk. 14,33); und: »Wer seine Seele retten will, der wird sie verlieren.« (Matth. 16,25) Jener verläßt alles, was er besitzt, und verliert seinen Leib und seine Seele, der sich selbst vollständig dem Gehorsam in die Hände seines Obern übergibt. Alles, was er tut und spricht, sofern er nur weiß, daß es gut ist und dem Willen seines Obern nicht zuwider, ist wahrer Gehorsam. Und wenn auch der Untergebene manchmal Besseres und seiner Seele Nützlicheres erkennt, als das, was ihm der Vorgesetzte befiehlt, so soll er seinen Willen Gott zum Opfer bringen, die Befehle seines Vorgesetzten aber soll er mit allem Fleiß ausführen. Denn das ist wahrer und liebevoller Gehorsam, der Gott und dem Nächsten gefällt.

Wenn aber der Vorgesetzte dem Untergebenen etwas befiehlt, was gegen sein Gewissen wäre, so braucht er nicht zu gehorchen; jedoch soll er deshalb seinen Obern nicht verlassen. Und wenn er durch seine Handlungsweise von andern Verfolgung zu leiden hat, so soll er sie noch mehr wegen Gott lieben. Denn, wer es vorzieht, eher Verfolgung zu leiden, als sich von seinen Brüdern zu trennen, der bleibt im vollkommenen Gehorsam; denn er gibt seine Seele für seine Brüder (vgl. Joh. 15,13). Es gibt in der Tat viele Ordensleute, die unter dem Scheine, Besseres zu erkennen, als das, was ihre Vorgesetzten befehlen, hinter sich schauen (vgl. Luk. 9,62) und zu dem Auswurfe ihres eigenen Willens zurückkehren (vgl. Sprichw. 26,11). Diese sind Mörder, und durch ihre bösen Beispiele richten sie viele Seelen zugrunde.

Daß niemand sich das Amt eines Obern anmaßen soll

»Ich bin nicht gekommen, um bedient zu werden, sondern um zu dienen« (Matth. 20,28), sagt der Herr. Jene, die über andere gesetzt sind, sollen sich ihres Amtes nicht mehr rühmen, als wenn sie dazu bestimmt wären, ihren Mitbrüdern die Füße zu waschen. Und je mehr sie verwirrt werden durch den Verlust ihrer Würde als durch den Auftrag, die Füße zu waschen, desto mehr setzen sie ihre Seele der Gefahr aus.

Daß niemand sich rühmen soll außer im Kreuze des Herrn

Betrachte, o Mensch, die Würde, zu welcher dich der Herr erhoben hat; denn dem Leibe nach hat er dich geschaffen und gebildet nach dem Ebenbilde seines geliebten Sohnes, und dem Geiste nach hat er dir sein eigenes Bildnis eingeprägt (vgl. 1, Mos. 1,26). Und alle Geschöpfe, die unter dem Himmel sind, dienen ihrem Schöpfer, erkennen ihn und gehorchen ihm auf ihre Weise besser als du. Die bösen Geister ebenfalls haben ihn nicht gekreuzigt, aber du hast ihn mit ihnen gekreuzigt, und du kreuzigst ihn immer noch, indem du den Lastern und den Sünden frönst. Weswegen kannst du dich also rühmen? Denn, wenn du auch so klug und so weise wärest, daß du dir alle Wissenschaften angeeignet hättest, und wenn du fähig wärest, alle Sprachen zu verstehen und mit großem

Scharfsinne die himmlischen Dinge zu durchforschen, so könntest du dich alles dessen nicht rühmen. Ein einziger böser Geist hat ja von den himmlischen Dingen mehr gewußt und weiß jetzt noch mehr von den irdischen Dingen, als alle Menschen zusammen, wenn auch vielleicht irgendein Mensch vom Herrn selber eine besondere Kenntnis der höchsten Weisheit erhalten hätte. Desgleichen, wenn du an Schönheit und Reichtum all die übrigen Menschen übertreffen, Wunder wirken und sogar die Teufel austreiben würdest, so wäre dies alles außer dir gelegen, es wäre nicht dein eigen und du könntest dich desselben nicht rühmen. Nur in einem Dinge können wir uns rühmen, nämlich in unseren Schwachheiten (vgl. 2. Kor. 12,5) und in dem täglichen Tragen des Kreuzes unseres Herrn Jesu Christi.

Von der Nachfolge des Herrn

Brüder, haben wir alle acht auf unsern guten Hirten, der, um seine Schafe zu retten, den Kreuzestod erlitten hat. Die Schafe des Herrn sind ihm nachgefolgt in Trübsal, Verfolgung und Schmach, in Hunger und Durst, in Krankheit und Versuchung und in anderen Heimsuchungen (vgl. Joh. 10,11; Hebr. 12,2; Joh. 10,4; Röm. 8,35). Für all dies haben sie das ewige Leben empfangen. Darum ist es eine große Schande für uns Diener Gottes, daß wir Ehre und Ruhm ernten wollen, indem wir die Werke der Heiligen auf dem Lehrstuhle und auf der Kanzel verkündigen.

Daß die Wissenschaft mit guten Werken verbunden sein soll

Der Apostel sagt: »Der Buchstabe tötet, der Geist aber macht lebendig.« (2. Kor. 3,6) Jene werden durch den Buchstaben getötet, die nur die Worte wissen wollen, um unter den andern weiser zu erscheinen, und um große Reichtümer zu erwerben, die sie alsdann ihren Verwandten und Freunden hinterlassen können. Und jene Ordensleute werden durch den Buchstaben getötet, die dem

Geiste der heiligen Schriften nicht folgen wollen, sondern sich nur bestreben, deren Wortlaut zu wissen und sie andern zu erklären. Und jene sind durch den Geist der heiligen Schriften belebt, die nicht einfach dem Buchstaben nach den Text auslegen, sondern durch Wort und Beispiel das Gelernte dem allerhöchsten Herrn, von dem alles Gute kommt, wieder zurückgeben.

Die Sünde der Scheelsucht soll man meiden

Der Apostel sagt: »Niemand kann sagen: *Herr Jesus,* außer im Heiligen Geiste« (1. Kor. 12,3); und: »Keiner ist es, der Gutes tut, kein einziger.« (Psalm 52,4) Wer immer also seinen Bruder beneidet um des Guten, das der Herr in demselben redet und wirkt, begeht gleichsam die Sünde der Gotteslästerung, weil er den Allerhöchsten selbst beneidet, der alles Gute redet und wirkt.

Von der Nächstenliebe

Der Herr sagt im Evangelium: »Liebet eure Feinde; tuet Gutes denen, die euch hassen, und betet für die, welche euch verfolgen und verleumden.« (Matth. 5,44) Jener liebt wahrhaftig seinen Feind, der nicht trauert über das von ihm erlittene Unrecht, sondern der aus Liebe zu Gott sich betrübt über die von seinem Bruder begangene Sünde, und der so durch Werke ihm seine Liebe offenbart.

Von der körperlichen Abtötung

Viele, die da sündigen oder ein Unrecht zu leiden haben, beschuldigen den bösen Feind oder den Nächsten. Dies ist aber nicht recht; denn ein jeder hat seinen Feind in seiner Gewalt, seinen Leib nämlich, durch den er sündigt. Darum ist glücklich jener Diener, der einen solchen Feind stets unter seiner Botmäßigkeit gefangenhält und sich weise vor ihm in acht nimmt; denn während er so handelt, wird kein anderer, weder ein sichtbarer noch ein unsichtbarer Feind, ihm zu schaden imstande sein.

Daß niemand sich durch böses Beispiel verführen lassen soll

Dem Diener Gottes soll nichts mißfallen als die Sünde. Wenn jemand auf irgendeine Weise gesündigt hat und der Diener Gottes aus einem andern Grunde als aus Liebe sich aufregt und entrüstet, so häuft er die Schuld auf sich selber (Röm. 2,5). Jener Diener Gottes, der sich um nichts aufregt und entrüstet, lebt recht und ohne Sünde. Und glücklich, wer nichts für sich zurückbehält, sondern dem Kaiser gibt, was des Kaisers ist und Gott, was Gottes ist (Matth. 22,21).

Wie der Geist des Herrn erkannt wird

Auf folgende Weise kann man erkennen, ob der Diener Gottes den Geist des Herrn besitzt. Wenn nämlich, da der Herr durch ihn etwas Gutes wirkt, das Fleisch, das ein Feind alles Guten ist, sich deshalb nicht erhebt, sondern wenn er im Gegenteil sich in seinen eigenen Augen verächtlicher dünkt und geringer als alle übrigen Menschen.

Von der Geduld

Solange dem Diener Gottes alles nach Wunsch geht, kann man nicht erkennen, wieviel Geduld und Demut er besitzt. Wenn aber die Zeit kommt, wo jene, die seine Wünsche erfüllen sollten, sich ihm widersetzen, dann besitzt er so viel Geduld und Demut, als er unter jenen Umständen zeigt und nicht mehr.

Von der Armut des Geistes

Selig sind die Armen im Geiste, denn ihrer ist das Himmelreich (Matth. 5,3). Viele sind dem Gebete und dem Gottesdienste treu ergeben, sie fasten fleißig und töten ihren Körper ab. Sagt man ihnen aber ein beleidigendes Wort, oder entzieht man ihnen irgendeine Sache, so werden sie alsbald geärgert und verwirrt. Diese sind nicht arm im Geiste; denn der wahrhaft Arme im Geiste haßt sich selber und liebt jene, die ihm auf die Wange schlagen (Matth. 5,39).

Von den Friedfertigen

Selig die Friedfertigen, denn sie werden Kinder Gottes genannt werden (Matth. 5,9). – Jene sind wahrhaftig friedfertig, die bei allem, was sie auf dieser Welt leiden, aus Liebe zu unserem Herrn Jesus Christus in ihrer Seele und in ihrem Äußern den Frieden bewahren.

Von der Reinheit des Herzens

Selig, die reinen Herzens sind, denn sie werden Gott anschauen (Matth. 5,8). – Reinen Herzens sind jene, welche die irdischen Dinge verachten und die himmlischen suchen, die da beständig anbeten und schauen den Herrn, den lebendigen und wahren Gott, mit reinem Herzen und reiner Seele.

Von dem demütigen Diener Gottes

Selig, der Diener Gottes, der sich nicht mehr erhebt wegen des Guten, das der Herr durch ihn redet und wirkt, als wegen dem, das er durch einen anderen redet und wirkt. Es sündigt der Mensch, der mehr von seinem Nächsten empfangen will, als er selbst Gott, seinem Herrn, zu geben gewillt ist.

Von dem Mitleid
mit dem Nächsten

Selig der Mensch, der seinen Nächsten mit all seiner Schwachheit erträgt, so wie er selbst wünschte, in einem ähnlichen Falle ertragen zu werden.

Von dem glücklichen und dem
unglücklichen Knechte

Selig der Knecht, der alles Gute seinem Herrn wieder zurückgibt; denn wer etwas für sich zurückbehält, der verbirgt in sich selber das Geld seines Herrn (Matth. 25,18), und das, was er zu besitzen wähnte, wird ihm genommen werden (Luk. 8,18).

Von dem guten und
demütigen Ordensmann

Selig der Diener, der sich nicht für besser hält, wenn er von den Menschen gelobt und erhoben wird, als wenn sie ihn für gering, einfältig und verächtlich halten; denn soviel ist der Mensch, als er vor Gott ist und nicht mehr. Weh jenem Ordensmanne, der da von andern zu einem Ehrenamte erhoben wurde und von demselben nicht mehr herabsteigen will. Selig hingegen jener, der nicht durch seinen Willen zu einer Würde gelangt ist und stets wünscht, zu den Füßen anderer zu sein.

Von dem glücklichen und dem
eitlen Ordensmanne

Glücklich jener Ordensmann, der da weder Lust noch Freude findet, als in heiligen Gesprächen und in den Werken des Herrn, und der durch dieselben in Freude und Heiterkeit die Menschen der

Gottesliebe entgegenführt. Weh aber jenem Ordensmanne, der sich an müßigen und eitlen Gesprächen ergötzt und dadurch die Menschen zum Lachen reizt.

Von dem leichtsinnigen und geschwätzigen Ordensmanne

Selig jener Diener, der nicht spricht, um der Belohnung willen, der nicht alles mitteilt, was er weiß, und nicht schnell ist zum Reden (Sprichw. 29,20), sondern weise überlegt, was er reden und antworten soll. Weh jenem Ordensmanne, der das Gute, das der Herr ihm geoffenbart, nicht in seinem Herzen behält und andern nicht durch seine Werke zeigt, sondern vielmehr in Erwartung eines Lohnes dasselbe durch Worte andern zu offenbaren wünscht. Dadurch nämlich erhält er seinen Lohn, und die ihn anhören, tragen wenig Nutzen davon.

Von der wahren Zurechtweisung

Selig der Diener, der die Zurechtweisung, die Anklage und den Tadel so geduldig von andern erträgt, als wenn all dies von ihm selber käme. Selig der Diener, der sich der Zurechtweisung bereitwillig fügt, bescheiden gehorcht, sich demütig anklagt und gerne Genugtuung leistet. Selig der Diener, der da nicht gleich zur Entschuldigung bereit ist, sondern demütig die Schande und die Zurechtweisung wegen eines Fehlers, den er ohne Schuld begangen hat, auf sich nimmt.

Von der wahren Demut

Selig jener, der bei seinen Untergebenen so demütig befunden wird, als wäre er bei seinen Vorgesetzten. Selig der Diener, der stets unter der Rute der Zurechtweisung bleibt. Ein treuer und kluger Diener ist jener, der sich beeilt, sich selbst für alle seine

Fehler zu bestrafen, innerlich durch die Reue und äußerlich durch die Beichte und durch Werke der Genugtuung.

Von der wahren Liebe

Selig jener Bruder, der seinen kranken Mitbruder, der ihm nicht nützlich sein kann, ebenso liebt, als wenn er gesund ist und fähig, ihm Dienste zu leisten. Selig der Bruder, der seinen Mitbruder ebenso liebt und fürchtet, wenn er fern von ihm ist, als wenn er sich bei ihm befindet, und der hinter seinem Rücken nichts sagt, was er nicht mit Liebe in seiner Gegenwart sagen könnte.

Daß die Diener Gottes
die Kleriker ehren sollen

Selig der Diener Gottes, der sein Vertrauen den Klerikern schenkt, die da recht und nach der Weise der heiligen römischen Kirche leben. Und wehe denen, die sie verachten; denn obschon auch die Kleriker Sünder sind, so darf sie doch niemand richten, weil der Herr selber allein sich das Gericht über sie vorbehalten hat. Denn so wie ihr Amt, das darin besteht, sich mit dem allerhöchsten Leibe und dem Blute unseres Herrn Jesu Christi zu befassen, den sie allein anfassen und andern spenden, erhabener ist als alle übrigen Ämter, so ist auch die Sünde, die gegen sie begangen wird, größer als jene gegen alle übrigen Menschen dieser Welt.

Von den Tugenden,
welche die Laster vertreiben

Wo Liebe ist und Weisheit, dort ist weder Furcht noch Unwissenheit. Wo Geduld und Demut sich befinden, dort herrscht weder Zorn noch Verwirrung. Wo Armut mit Freude verbunden ist, dort ist weder Habsucht noch Geiz. Wo Ruhe und Überlegung sind, dort ist weder Sorge noch Zerstreuung. Wo die Furcht des Herrn das Haus bewacht, dort findet der Feind keinen Weg zum Eingang. Wo Barmherzigkeit und Mäßigkeit herrschen, dort ist weder Überfluß noch Hartherzigkeit.

Daß man das Gute verbergen soll, um es nicht zu verlieren

Glückselig der Knecht, der sich für den Himmel jene Güter sammelt, die der Herr ihm zeigt, und der, auf eine (jenseitige) Belohnung hoffend, sie den Menschen nicht offenbaren mag, weil der Allerhöchste selbst seine Werke offenbaren wird, wenn es ihm gefällt. Glückselig der Knecht, welcher die Geheimnisse des Herrn in seinem Herzen bewahrt.

HILDEGARD VON BINGEN

Wisse die Wege –
Aus Briefen und »Scivias«

1098–1179
Die Benediktiner-Nonne und spätere Äbtissin verfaßte ein umfangreiches literarisches Werk, das sich sowohl der Mystik, den Visionen ihrer inneren Schau und der Religion widmet, als auch wissenschaftliche und medizinische Erkenntnisse beschreibt. Sie stand in einem regen Briefwechsel mit kirchlichen und weltlichen Herrschern und Würdenträgern ihrer Zeit.

a. Briefe

Hildegard an Abt Bernhard von Clairvaux

Verehrungswürdiger Vater Bernhard, wunderbar stehst du da in hohen Ehren aus Gottes Kraft. Schreckenerregend bist du für die unziemliche Torheit dieser Welt. Mit dem Banner des heiligen Kreuzes fängst du voll hohen Eifers in brennender Liebe zum Gottessohn die Menschen, damit sie im Christenheer Krieg führen wider die Wut der Heiden. Ich bitte dich, Vater, beim lebendigen Gott, höre mich, da ich dich frage.

Ich bin gar sehr bekümmert ob dieser Schau, die sich mir im Geiste als ein Mysterium auftat. Niemals schaute ich sie mit den äußeren Augen des Fleisches. Ich, erbärmlich und mehr als erbärmlich in meinem Sein als Frau, schaute schon vor meiner Kindheit an große Wunderdinge, die meine Zunge nicht aussprechen könnte, wenn nicht Gottes Geist mich lehrte zu glauben.

Milder Vater, du bist so sicher, antworte mir in deiner Güte, mir, deiner unwürdigen Dienerin, die ich von Kindheit an niemals in Sicherheit lebte, nicht eine einzige Stunde. Bei deiner Vaterliebe und Weisheit forsche in deiner Seele, wie du im Heiligen Geiste belehrt wirst, und schenke deiner Magd aus deinem Herzen Trost.

Ich weiß nämlich im Text den Sinn der Auslegung des Psalters, des Evangeliums und der anderen Bücher, der mir durch diese Schau gezeigt wird. Wie eine verzehrende Flamme rührt sie mir an Herz und Seele und lehrt mich die Tiefen der Auslegung. Doch Schriften in deutscher Sprache lehrt sie mich nicht; die kenne ich nicht. Ich kann nur in Einfalt lesen, weiß aber nicht den Text zu zergliedern. So antworte mir: was dünkt dich von alledem? Ich bin ja ein Mensch, der durch keinerlei Schulwissen über äußere Dinge unterwiesen wurde. Nur innen in meiner Seele bin ich unterwiesen. Deshalb spreche ich wie im Zweifel. Aber da ich von deiner Weisheit und Vaterliebe höre, werde ich getröstet. Denn keinem Menschen wagte ich es zu sagen – weil es unter den Menschen, wie ich die Leute sagen höre, viele Spaltungen gibt –, nur einem Mönche [Volmar], den ich geprüft und in seinem klösterlichen Wandel erprobt gefunden habe. Ihm habe ich alle meine Geheimnisse geoffenbart, und er hat mich getröstet mit der Sicherheit: sie seien erhaben und schauererregend.

Um der Liebe Gottes willen begehre ich, Vater, daß du mich tröstest. Dann werde ich sicher sein.

Ich sah dich vor mehr als zwei Jahren in dieser Schau als einen Menschen, der in die Sonne blickt und sich nicht fürchtet, sondern sehr kühn ist. Und ich habe geweint, weil ich so sehr erröte und so zaghaft bin.

Gütiger Vater, mildester, ich bin in deine Seele hineingelegt, damit du mir durch dein Wort enthüllst, ob du willst, daß ich dies offen sagen oder Schweigen bewahren soll. Denn große Mühen habe ich in dieser Schau, inwieweit ich das, was ich gesehen und gehört habe, sagen darf. Ja bisweilen werde ich – weil ich schweige – von dieser Schau mit schweren Krankheiten aufs Lager niedergeworfen, so daß ich mich nicht aufrichten kann. Trauernd klage ich deshalb vor dir: Ich werde so leicht niedergeschlagen vom fallenden Hebebaum der Kelter in meiner Natur, der aus der Wurzel stammt, die durch Teufelseinfluß in Adam entsprang, so daß er ausgewiesen wurde in die heimatlose Welt.

Nun aber erhebe ich mich und eile zu dir. Ich sage dir: *du* wirst nicht niedergeschlagen, sondern du richtest ständig den Baum empor und bist Sieger in deiner Seele. Und du richtest nicht allein dich selbst, sondern auch die Welt zum Heile auf. Du bist der Adler, der in die Sonne blickt.

Ich bitte dich bei der strahlenden Klarheit des Vaters und bei Seinem wunderbaren Wort und bei der süßen Tränengabe der Zerknirschung – dem Geist der Wahrheit – und bei dem heiligen Schall, durch den die ganze Schöpfung schallt: bei Ihm, dem Worte, aus dem die Welt geworden ist. Bei der Hoheit des Vaters, der in zarter Erweckungskraft das Wort in den Schoß der Jungfrau sandte, aus der es das Fleisch sog, wie der Honig ringsum von der Wabe umbaut wird.

Und dieser Schall, die Kraft des Vaters, falle in dein Herz und richte deine Seele auf, daß du nicht bei den Worten dieses Menschen [Hildegard] teilnahmslos erstarrst, da du doch alles bei Gott, beim Menschen oder beim Geheimnis selbst suchst, bis du durch den Spalt deiner Seele so weit vordringst, daß du all dies in Gott erkennst. Leb wohl, leb wohl in deiner Seele, und sei ein starker Kämpfer in Gott. Amen.

Auf diesen Brief erhielt die Seherin folgende Antwort:

Abt Bernhard von Clairvaux an Hildegard

Für die in Christo geliebte Tochter Hildegard betet Bruder Bernhard, genannt Abt von Clairvaux, wenn das Gebet eines Sünders etwas vermag.

Da du von unserer Wenigkeit weit anders zu denken scheinst, als unser Gewissen sich selbst einschätzt, so glauben wir dies einzig deiner Demut beimessen zu sollen. Doch habe ich keineswegs übersehen, den Brief deiner Liebe zu erwidern, obwohl die Menge der Geschäfte mich zwingt, es kürzer zu tun, als ich gern möchte. Wir freuen uns mit dir über die Gnade Gottes, die in dir ist. Und was uns angeht, so ermahnen und beschwören wir dich, daß du sie als Gnade erachtest und ihr mit der ganzen Liebeskraft der Demut und Hingabe entsprichst. Du weißt ja, daß »Gott den Stolzen widersteht, den Demütigen hingegen Gnade gibt«. Im übrigen, was sollen wir noch lehren oder ermahnen, wo schon eine innere Unterweisung besteht und eine Salbung über alles belehrt? Vielmehr bitten und verlangen wir inständig, daß du unser bei Gott gedenkest und auch derer, die uns in geistlicher Gemeinschaft in Gott verbunden sind.

Hildegard an Papst Anastasius IV.

O du leuchtende Wehr, Gipfel der leitenden Gewalt in der herrlichen, zur Christusbrautschaft bestellten Stadt, höre den, dessen Leben ohne Anfang ist und nie in Ermattung dahinschwindet.

O Mensch, das Auge deines Erkennens läßt nach, und du bist müde geworden, die stolzen Prahlereien der Menschen zu zügeln, die deinem Herzen anvertraut sind. Warum rufst du die Schiffbrüchigen nicht zurück, die sich aus schwerer Gefahr nur durch deine Hilfe erheben können? Und warum schneidest du die Wurzel des Bösen nicht ab, die die guten, nützlichen, die wohlschmeckenden, süßduftenden Kräuter erstickt? Die Königstochter Gerechtigkeit, die himmlische Braut, die dir anvertraut ward, vernachlässigst du. Denn du duldest, daß diese Königstochter zu Boden geworfen wird. Ihr Diadem und der Schmuck ihres Gewandes werden zerrissen durch die Sittenroheit der Menschen, die wie Hunde bellen und wie Hühner, welche manchmal in der Nacht zu gackern anfangen, alberne Töne von sich geben. Heuchler sind sie, die mit ihren Worten einen trügerischen Frieden zur Schau tragen, innerlich aber im Herzen mit den Zähnen knirschen, wie der Hund, der die ihm bekannten Freunde mit dem Schwanz anwedelt, den erprobten Krieger hingegen, der sich für das Königshaus einsetzt, mit den Zähnen beißt. Warum duldest du die schlechte Lebensführung der

Menschen, die in der Finsternis der Torheit sind, alles Schädliche an sich ziehen, so wie die Henne, die nachts schreit, sich selbst Schrecken einjagt? Die so handeln, wurzeln nicht im Guten.

Höre also, o Mensch, den, der die scharfe Unterscheidung überaus liebt. Hat Er doch ein starkes Werkzeug der Geradheit eingesetzt, das wider das Böse kämpfen soll. Das tust du aber nicht, wenn du das Böse, welches das Gute ersticken will, nicht mit der Wurzel ausrottest. Vielmehr duldest du, daß das Böse sich stolz erhebt, und zwar aus Furcht vor den bösen Nachstellern im nächtlichen Hinterhalt, die das Geld des Todes mehr lieben als die schöne Königstochter, die Gerechtigkeit.

Alle Werke aber, die Gott gewirkt, strahlen hellstes Licht aus. Höre, o Mensch! Bevor die Welt entstand, sprach der himmlische Vater in Seinem Innern das Wort: »O Mein Sohn!« Und die Weltkugel entstand, da sie den Klang, der vom Vater ausging, aufnahm. Noch lagen die verschiedenen Arten der Geschöpfe im Dunkel verborgen. Doch als – wie geschrieben steht – Gott sprach: »Es werde!«, traten die verschiedenen Geschöpfesarten hervor. So wurden durch das Wort des Vaters und um des Wortes willen alle Geschöpfe im Willen des Vaters gebildet.

Gott sieht und weiß alles voraus. Das Böse hingegen kann weder beim Aufstehen noch beim Fallen durch sich etwas tun noch erschaffen noch wirken, denn es ist nichts. Nur als trügerisches Wunsch- und aufrührerisches Phantasiegebilde ist es zu werten, so daß der Mensch Böses tut, wenn er trügerisch und aufrührerisch handelt.

Gott sandte Seinen Sohn in die Welt, um durch Ihn den Teufel, der das Böse umfangen, gezeugt und dem Menschen eingeflüstert hatte, zu überwinden und dadurch den Menschen, der durch das Böse dem Verderben verfallen war, zu erlösen. Deshalb verabscheut Gott die verkehrten Werke wie Unzucht, Mord, Raub, Aufruhr, Tyrannei und die Heucheleien der Gottlosen. Denn Er hat all dies durch Seinen Sohn zertreten, der die Beute des höllischen Tyrannen ganz und gar auseinandertrieb.

Daher, o Mensch, der du auf dem päpstlichen Throne sitzest, verachtest du Gott, wenn du das Böse nicht von dir schleuderst, vielmehr es küssend umfängst, da du es bei verdorbenen Menschen stillschweigend duldest. Die ganze Erde ist in Verwirrung infolge der immer neuen Irrlehren, da der Mensch das liebt, was Gott zunichte gemacht hat. Und du, o Rom, liegst wie in den letzten Zügen. Du wirst so erschüttert werden, daß die Kraft deiner Füße, auf denen du bist jetzt gestanden, dahinschwindet. Denn du liebst die Königstochter, die Gerechtigkeit, nicht mit glühender Liebe, sondern wie im Schlafestaumel, so daß du sie von dir treibst. Darum will auch sie von dir fliehen, wenn du sie nicht zurückrufst. Trotzdem werden die hohen Berge dir noch die Kraft ihrer Hilfe bieten, dich aufrichten und stützen mit den starken Stämmen ihrer hohen Bäume, so daß du nicht ganz und gar zusammensinkst in deiner Ehre, das heißt in der Würde der Christusvermählung. So bleiben dir wenigstens noch einige Flügel deiner Schönheit, bis der Schnee mannigfacher Spötteleien kommt, die viel Torheit ausblasen. Hüte dich also, dich mit dem Brauch der Heiden einzulassen, damit du nicht fällst.

Höre also Ihn, der lebt und nicht aus dem Weg geräumt werden kann: Die Welt ist jetzt voller Ausschweifung, später wird sie in Traurigkeit sein, dann so sehr in Schrecken, daß die Menschen sich nichts daraus machen, getötet zu werden. Bei all dem sind bald Zeiten der Ausgelassenheit, bald der Zerknirschung, bald Zeiten, wo es blitzt und donnert von allerlei Bosheiten. Denn das Auge stiehlt, die Nase wittert, der Mund tötet. Vom Herzen aber geht Heilung aus, wenn das Morgenrot wie der Glanz eines ersten Aufgangs sichtbar wird. Unsagbar ist, was dann in neuem Verlangen und neuem Eifer folgt.

Er aber, der ohne Minderung groß ist, hat jetzt ein kleines Zelt berührt, damit es Wunder schaue, unbekannte Buchstaben bilde und eine unbekannte Sprache erklingen läßt. Und es ward ihm gesagt: »Das, was du in der Sprache, die dir von oben her kundgetan wurde, aussagst – nicht in gewohnter menschlicher Ausdrucksweise, denn diese ward dir nicht gegeben –, soll der, der die Feile hat, eifrig glätten, damit es für die Menschen den entsprechenden Klang erhalte.«

Du aber, o Mensch, der du zum sichtbaren Hirten bestellt bist, steh auf, eile schneller zur Gerechtigkeit, so daß du vor dem großen Arzt nicht angeklagt wirst, du habest Seine Herde nicht vom

Schmutz gereinigt noch sie mit Öl gesalbt. Wenn aber der Wille um die Vergehen nicht weiß und der Mensch das Begehrte nicht an sich reißt, wird er gar nicht dem schweren Gerichte verfallen. Die Schuld dieser Unwissenheit aber wird durch Geißeln gereinigt.

Daher, o Mensch, steh auf geradem Wege, und Gott wird dich retten. In die Würde des Segens und der Auserwählung wird er dich zurückführen, und du wirst ewig leben.

Eine Antwort auf dieses Schreiben ist uns nicht überliefert.

Hildegard an König Konrad III.

Der allen das Leben gibt, spricht: Selig sind die, die in würdiger Weise sich dem Leuchter[-amt] des höchsten Königs unterwerfen. Für sie hat Gott in weitschauender Vorsehung Sorge getragen, so daß Er sie nicht aus Seinem Schoße entläßt. O König, verbleibe darin und wirf allen Schmutz aus Deinem Geist hinaus. Denn Gott erhält jeden, der Ihn in Hingabe und Lauterkeit sucht. Gleicherweise führe auch du deine Regierung und erweise den Deinen vorsorglich jedwede Gerechtigkeit, damit du von der göttlichen Regierung nicht abweichest.

Höre: In gewisser Weise wendest du dich ab von Gott. Die Zeiten, in denen du lebst, sind leichtfertig wie ein Weib. Sie neigen sich auch einer feindseligen Ungerechtigkeit zu, die danach strebt, die Gerechtigkeit im Weinberg des Herrn zu vernichten. Nach diesen werden noch schlimmere Zeiten kommen, in denen die wahren Israeliten gegeißelt werden und der katholische Stuhl durch Irrlehre erschüttert wird. Deshalb werden die letzten Zeiten [voll von] Gotteslästerungen sein, gleich einem verwesenden Leichnam. Der Weinberg des Herrn raucht von Leid. Zeiten werden anbrechen, die stärker sind als die zuvor. Die Gerechtigkeit Gottes wird sich wieder etwas aufrichten, und die Ungerechtigkeit des geistlichen Standes wird als durchaus verwerflich erkannt. Aber noch wird man nicht wagen, scharf und eindringlich zur Zerknirschung aufzurufen. Doch dann stehen andere Zeiten bevor: Der Reichtum der Kirche wird verschleudert, der geistliche Stand wie vom Wolf zerfleischt und aus Heimat und Vaterland vertrieben. Sehr viele von ihnen werden alsdann in die Einsamkeit gehen, in tiefer Herzenszerknirschung ein Leben der Armut führen und demütig Gott dienen.

Die ersten Zeiten sind in bezug auf die Gottesgerechtigkeit schmutzig, die nächsten geradezu ekelhaft. Die folgenden werden sich ein wenig zur Gerechtigkeit erheben, die dann anbrechenden wie ein Bär alles zerreißen und unrechtmäßig Schätze für sich anhäufen. Aber die weiteren werden das Merkmal männlicher Stärke aufweisen: Alle Salbenmischer (pigmentarii [= Bischöfe]) werden mit Furcht, Scham und Weisheit der ersten Morgenröte der Gerechtigkeit zueilen. Auch die Fürsten werden eines Herzens sein und, wie ein Kriegsmann, das Banner der Eintracht hissen gegen die Zeiten, die in die größten Irrtümer abirrten. Diese wird Gott zerstören und vertilgen, nach Seinem Wissen und Gefallen.

Und wiederum spricht Er, der alles weiß, zu Dir, o König: Wenn du dies hörst, o Mensch, reiß dich zusammen gegen deinen Eigenwillen und bessere dich, damit du geläutert in die Zeiten gelangst, in denen du über deine Tage nicht mehr zu erröten brauchst.

Dieses Schreiben dürfte der erste »prophetische« Brief Hildegards sein.

Hildegard an Kaiser Friedrich I.

Es ist wunderbar, daß der Mensch einer solch anziehenden Persönlichkeit bedarf, wie du, König, es bist. Höre: Ein Mann stand auf einem hohen Berge, blickte in alle Täler hinein und schaute, was jeder darin tat. Er hielt einen Stab in der Hand und teilte alles richtig ein, so daß grünte, was dürr war, und aufwachte, was schlief. Der Stab nahm aber auch die Last des Stumpfsinns von denen, die sich in großem Stumpfsinn befanden. Als der Mann sein Auge nicht öffnete, kam ein schwarzer Dunst, der die Täler überdeckte, Raben und andere Vögel rissen alles ringsum auseinander.

Nun, o König, schau sorgsam zu! Alle Länder sind umdunkelt von den Ränken der vielen, die durch die Schwärze ihrer Sünden die Gerechtigkeit auslöschen. Räuber und Abirrende zerstören den Weg des Herrn. O du König, bezwinge mit dem Zepter der Barmherzigkeit die trägen, unsteten und wilden Sitten. Denn du hast einen ruhmreichen Namen, weil du König in Israel bist. Gar ruhmreich ist dein Name. Sieh also zu, daß, wenn der höchste Richter dich anblickt, du nicht angeklagt wirst, du habest dein Amt nicht richtig erfaßt, und du dann erröten müßtest – das sei fern! Es ist offenkundig: gerecht ist es, daß der Gebieter seine Vorgänger im Guten nachahmt. Denn schwarz sind die lässigen Sitten der Fürsten, die in Ausgelassenheit und Schmutz daherlaufen. Davor fliehe, o König! Sei vielmehr ein bewaffneter Streiter, der dem Teufel tapfer widersteht, damit Gott dich nicht stürze und dadurch Schande über dein irdisches Reich komme. Gott bewahre dich vor dem ewigen Untergang, deine Zeiten seien nicht dürr. Gott schütze dich, mögest du leben in Ewigkeit! Wirf also die Habsucht ab und wähle Enthaltsamkeit: das ist es, was der höchste König liebt.

Hildegard preist in dem Brief, der als Begrüßungsschreiben nach der Königswahl geschrieben sein könnte, den ruhmreichen Namen des Herrschers und stellt ihm mit dem Hinweis auf den höchsten König einen Fürstenspiegel vor Augen.

Am 18. Juni 1155 empfing Friedrich von Papst Hadrian die erstrebte Kaiserkrone, und zwar heimlich, ohne Wissen der Römer, die sowohl dem Papst wie Barbarossa feindlich gesinnt waren.

Friedrich handelte ganz und gar im Bewußtsein seiner hohen, einzigartigen Herrscherwürde. Das kommt auch in seinem Schreiben an Hildegard prägnant zum Ausdruck.

Kaiser Friedrich I. an Hildegard

Friedrich, durch Gottes Gnade römischer Kaiser und ständiger Mehrer des Reiches, entbietet Frau Hildegard von Bingen seine Gunst und alles Gute.

Wir machen deiner Heiligkeit bekannt: Das, was du uns vorausgesagt hast, als wir dich bei unsrem Aufenthalt in Ingelheim gebeten hatten, vor uns zu erscheinen, halten wir bereits in Händen.
Aber trotzdem werden wir nicht aufhören, in allen Unternehmun-
gen uns für die Ehre des Reiches abzumühen. Daher ermahnen wir
deine Liebe aufs inständigste, du wollest mit deinen dir anvertrau-
ten Schwestern für uns zum allmächtigen Gott deine Bitten em-
porsenden, damit, wenn wir uns in irdischen Geschäften abmü-
hen, Er uns so zu Sich wende, daß wir Seine Gnade zu erlangen
vermögen. Du darfst aber die sichere Überzeugung haben, daß wir
bei jedwedem Anliegen, das du uns vorträgst, weder auf die
Freundschaft noch auf den Haß irgendeiner Person Rücksicht
nehmen werden. Vielmehr haben wir uns vorgenommen, einzig
im Blick auf die Gerechtigkeit gerecht zu urteilen.

Aus dem Schreiben erfahren wir von der Begegnung des höchsten
weltlichen Herrschers mit der Seherin Hildegard in Ingelheim,
der alten, von Barbarossa wiederhergestellten Kaiserpfalz. Was
mag der Kaiser in seinen Händen halten, wie Hildegard es ihm
dort vorausgesagt hat? Wir wissen es nicht. Der Zeitpunkt der Zu-
sammenkunft in Ingelheim und der Inhalt des Gesprächs sind
uns nicht bekannt.

Es ist uns ein Hildegardbrief überliefert, von dem man mit Si-
cherheit weiß, daß er an Friedrich I. gerichtet ist, obgleich die
Briefhandschrift keinen Adressateneintrag hat. In diesem Schrei-
ben bringt Hildegard dem Herrscher nachdrücklich zum Be-
wußtsein, daß er Diener Gottes ist. *Da er von Gott den Namen*
Richter und Lenker *empfangen hat, muß er Ihn auch in Seiner*
Barmherzigkeit nachahmen und gleich Ihm die Wege der Wahr-
heit und Gerechtigkeit aufzeigen.

Hildegard an Kaiser Friedrich I.

O Diener Gottes, der du von Ihm unter dem ehrenvollen Namen »Richter« und »Lenker« eingesetzt bist, Seine Herde zu leiten und zu schützen, höre: Gott gab dem ersten Menschen das Gesetz. Weil Adam dieses durch Ungehorsam übertrat – nicht eingedenk, daß er den Bund mit Ihm auf Gesetzesbeobachtung geschlossen hatte –, verfiel er der Todesstrafe. Er wurde aus dem leuchtenden Land der Freuden auf diese finstere, von den Nebeln der Trübsale bedeckte Erde verstoßen. Daher stellen ihm die bösen Geister immerfort nach. Sie lassen nie davon ab, ihm auf all seinen Wegen die Schlingen des Betruges zu legen, um ihn, den sie durch gerechtes Gottesurteil aus dem Paradies in die Verbannung verstoßen wissen, unselig in den Schlund des Todes mit sich hinabzuwälzen.

O Diener Gottes, von Ihm erschaffen und durch das Blut Seines Sohnes erlöst, achte mit höchstem Eifer darauf, daß du nicht durch die Nachstellungen dieser boshaften Geister um deiner Sünden willen in den obgenannten Schlund stürzest. Ahme auch du den höchsten Richter und Lenker in Seiner Barmherzigkeit nach. Den, der Ihn gänzlich verachtet, begräbt Er durch Sein Gericht im Tod, niemals aber verurteilt Sein väterliches Erbarmen den, der, von wahrer Reue über seine Sünden erschüttert, vertrauensvoll zu Ihm aufseufzt.

Fürwahr, den höchsten Richter und Lenker, dessen göttlicher Macht alles unterworfen ist, mußt du fürchten und lieben, steht ja doch geschrieben: »Ihn sollen loben die Könige der Erde und alle Völker, die Fürsten und alle Richter der Erde.« Denn Er regiert, umfängt und ernährt die ganze Welt – wie ein Vater seinen Sohn, der aus sich nichts vermag –, da Er für alle Bedürfnisse ihrer Bewohner in väterlicher Liebe sorgt. Denn wie Er im Anfang die Erde schuf, so läßt Er allzeit ihre Früchte sprießen.

Er, der alles beherrschende Gott, lenkt auch die Wege der Gerechtigkeit und die Vorschriften Seiner Gesetze. Er ist auch der Weg der Wahrheit, ohne jedwede Ungerechtigkeit. Niemand kann auf diesem Wege irren noch zuschanden werden. Denn alle Gewalt und Herrschaft geht allein von dem aus, der alles in rechter Ordnung verteilt, und empfängt von Ihm ihren Namen. Demgemäß sollen sie [die Herrscher] die Völker regieren, zurechtweisen und richten. Die Wege der Wahrheit und Gerechtigkeit sollen sie aufzeigen. Wer dies zu tun verachtet, wird dafür von Ihm, dem höchsten Richter, zur Rechenschaft gezogen. Denn Gott ist der gerechte Richter über alle, die zur Hochzeit Seines Sohnes berufen sind. Als Kinder der Hochzeit nimmt Er sie mit Freude auf. Doch verfügt Er ebenso durch gerechtes Gericht, daß die, welche die Werke des Todes tun, vom strafenden Tod verschlungen werden, weil sie die Werke des Lebens nicht gewirkt haben.

O Diener Gottes, der du nach ihm genannt wirst, möge der Heilige Geist dich belehren, daß du gemäß Seiner Gerechtigkeit lebst und richtest. Wenn du das getan, wirst du von deinen Feinden niemals überwunden werden, wie auch David nie überwunden werden konnte, weil er alle seine Gerichte in Gottesfurcht vollzog. Vertraue jedoch auf Gott und ahme Jakob nach, der milde und gerecht war und den Zehnten aller Güter, die er besaß, Gott darbrachte. Und deine Feinde werden dich nicht überwältigen. Suche Seine Gerechtigkeit, beobachte Seine Vorschriften auf allen Wegen und bei all deinen Richtersprüchen und mach Ihn dir geneigt durch Almosen und fromme Gebete.

Und wisse, daß ich Gott aus ganzem Herzen bitten werde, Er möge dich trösten durch einen Ihm wohlgefälligen Erben und wunderbar an dir Seine Barmherzigkeit erweisen, damit du durch ein gutes und gerechtes Leben in dieser Zeitlichkeit verdienst, nach dem Tod von Ihm hinübergeführt zu werden in die ewigen Freuden.

Hildegard an Kaiser Friedrich I.

O König, es ist dringend notwendig, daß du in deinen Handlungen vorsichtig bist. Ich sehe dich nämlich in der geheimnisvollen Schau wie ein Kind, einen unsinnig Lebenden vor den lebendigen Augen [Gottes]. Noch hast du Zeit, über irdische Dinge zu herrschen. Gib acht, daß der höchste König dich nicht zu Boden streckt wegen der Blindheit deiner Augen, die nicht richtig sehen, wie du das Zepter zum rechten Regieren in deiner Hand halten mußt. Darauf hab acht: Sei so, daß die Gnade Gottes nicht in dir erlischt!

Von schneidender Schärfe sind die wenigen Worte, die Hildegard in ihrem vierten Brief dem Kaiser zuruft. Furchtlos steht sie dem höchsten weltlichen Herrscher gegenüber und stellt ihm das Gottesurteil vor Augen:

Hildegard an Kaiser Friedrich I.

Der da IST, spricht: Die Widerspenstigen zerstöre Ich, und den Widerstand derer, die MIR trotzen, zermalme Ich durch Mich selbst. Wehe, wehe diesem bösen Tun der Frevler, die Mich verachten! Das höre, König, wenn du leben willst! Sonst wird Mein Schwert dich durchbohren!

b. Aus »Scivias«

Vorrede

Und siehe! Im dreiundvierzigsten Jahre meines Lebenslaufes schaute ich ein himmlisches Gesicht. Zitternd und mit großer Furcht spannte sich ihm mein Geist entgegen.

Ich *sah* einen sehr großen Glanz. Eine himmlische Stimme erscholl daraus. Sie sprach zu mir: »Gebrechlicher Mensch, Asche von Asche, Moder von Moder, sage und schreibe, was du siehst und hörst! Doch weil du schüchtern bist zum Reden, einfältig zur Auslegung und ungelehrt, das Geschaute zu beschreiben, sage und beschreibe es nicht nach der Redeweise der Menschen, nicht nach der Erkenntnis menschlicher Erfindung noch nach dem Willen menschlicher Abfassung, sondern aus der Gabe heraus, die dir in himmlischen Gesichten zuteil wird; wie du es in den Wundern Gottes siehst und hörst. So tu es kund wie der Zuhörer, der die Worte seines Meisters erlauscht und sie ganz, wie der Meister es meint und will, wie er es zeigt und vorschreibt, weitergibt. So tu auch du, o Mensch! Sage, was du siehst und hörst, und schreibe es, nicht wie es dir noch irgendeinem andern Menschen gefällt, sondern schreibe es nach dem Willen dessen, der alles weiß, alles sieht, alles ordnet in den verborgenen Tiefen seiner geheimen Ratschlüsse.«

Und wieder hörte ich die Stimme vom Himmel zu mir sagen: »So tue denn diese Wunder kund! Und schreibe sie, also belehrt, und sprich:«

»Im Jahre 1140 der Menschwerdung Jesu Christi, des Gottessohnes, als ich zweiundvierzig Jahre und sieben Monate alt war, kam ein feuriges Licht mit Blitzesleuchten vom offenen Himmel hernieder. Es durchströmte mein Gehirn und durchglühte mir Herz und Brust gleich einer Flamme, die jedoch nicht brannte, sondern wärmte, wie die Sonne den Gegenstand erwärmt, auf den sie ihre Strahlen legt. Nun erschloß sich mir plötzlich der Sinn der Schriften, des Psalters, des Evangeliums und der übrigen katholischen Bücher des Alten und Neuen Testaments. Doch den Wortsinn ihrer Texte, die Regeln der Silbenteilung und der [grammatischen] Fälle und Zeiten erlernte ich dadurch nicht.

Die Kraft und das Mysterium verborgener, wunderbarer Gesichte erfuhr ich geheimnisvoll in meinem Innern seit meinem Kindesalter, das heißt, seit meinem fünften Lebensjahr, so wie auch heute noch. Doch tat ich es keinem Menschen kund, außer einigen wenigen, die wie ich im Ordensstande lebten. Ich deckte alles mit Schweigen zu bis zu der Zeit, da Gott es durch seine Gnade offenbaren wollte.

Die Gesichte, die ich schaue, empfange ich nicht in traumhaften Zuständen, nicht im Schlafe oder in Geistesgestörtheit, nicht mit den Augen des Körpers oder den Ohren des äußeren Menschen und nicht an abgelegenen Orten, sondern wachend, besonnen und mit klarem Geiste, mit den Augen und Ohren des inneren Menschen, an allgemein zugänglichen Orten, so wie Gott es will. Wie das geschieht, ist für den mit Fleisch umkleideten Menschen schwer zu verstehen.

Als ich die Mädchenjahre überschritten hatte und zu dem erwähnten gereiften Alter gekommen war, hörte ich eine Stimme vom Himmel sagen: Ich bin das lebendige Licht, das alles Dunkel durchleuchtet. Den Menschen, den Ich erwählt [Hildegard] und den Ich, wie es Mir gefiel, machtvoll erschüttert habe, stellte Ich in große Wunder hinein, mehr noch als die Menschen der alten Zeiten, die viele Geheimnisse in Mir schauten. Doch warf Ich ihn zur Erde nieder, damit er sich nicht in Geistesaufgeblasenheit erhebe. Die Welt hatte keine Freude und kein Ergötzen an ihm und fand ihn ungeschickt für weltliche Geschäfte, denn Ich habe ihn von trotziger Verwegenheit befreit. Furcht erfüllte ihn, und er zittert in seinen Mühen. Er leidet Schmerzen in seinem Marke und in den Adern seines Fleisches. Sinn und Gefühl sind ihm beengt, und schweres Leiden duldet er in seinem Körper, so daß keine Sicherheit in ihm wohnt, er sich vielmehr in allem als schuldig erachtet. Die Ritzen seines Herzens habe Ich umzäunt, damit sein Geist sich nicht in Stolz und Ehrsucht erhebe, sondern aus alldem mehr Furcht und Schmerz als Freude und Lust schöpfe.

So sann er denn aus Liebe zu Mir in seiner Seele nach, wo er den fände, der ihm helfend entgegenkomme. Und er fand einen und liebte ihn in der Erkenntnis, daß er ein treuer Mensch sei, der gleich ihm sich um den Auftrag Gottes mühe. Und er hielt ihn fest. Gemeinsam arbeiteten sie im hochstrebenden Eifer, meine verborgenen Wunder kundzutun.

Er aber [der von Mir Erwählte] erhob sich nicht über sich selbst, sondern neigte sich in der Selbsterhöhung der Demut und in der Zielstrebigkeit guten Wollens seufzend dem zu, den er gefunden.

Du also, o Mensch, der du all dies nicht in der Unruhe der Täuschung, sondern in der Reinheit der Einfalt empfängst, hast den Auftrag, das Verborgene zu offenbaren.

Schreibe, was du siehst und hörst!«

All dieses sah und hörte ich, und dennoch – ich weigerte mich zu schreiben. Nicht aus Hartnäckigkeit, sondern aus dem Empfinden meiner Unfähigkeit, wegen der Zweifelsucht, des Achselzuckens und des mannigfachen Geredes der Menschen, bis Gottes

Geißel mich auf das Krankenlager warf. Da endlich legte ich, bezwungen durch die vielen Leiden, Hand ans Schreiben. Ein adeliges Mädchen von guten Sitten und der Mann, den ich, wie oben gesagt, heimlich gesucht und gefunden hatte, waren meine Zeugen. Als ich nun zu schreiben begann und alsbald, wie anfangs berichtet, die Gabe tiefsinniger Schriftauslegung in mir wirksam fühlte, kam ich wieder zu Kräften und stand von meiner Krankheit auf. Nur mit Mühe brachte ich in zehn Jahren dieses Werk zustande und vollendete es.

In den Tagen des Erzbischofes Heinrich von Mainz des Römischen Königs Konrad und des Abtes Kuno vom Disibodenberg, unter dem Papste Eugenius sind diese Gesichte und Worte an mich ergangen. Und ich sagte und schrieb dies nicht nach der Erfindung meines Herzens oder irgendeines Menschen, sondern wie ich es in Himmelskundgebungen sah, hörte und empfing durch die verborgenen Geheimnisse Gottes.

Und wiederum hörte ich die Stimme vom Himmel. Sie sprach:
So rufe denn und schreibe also:

Der Leuchtende

Ich schaute – und sah etwas wie einen großen, eisenfarbigen Berg.
Darauf thronte ein so Lichtherrlicher, daß seine Herrlichkeit meine Augen blendete. Von beiden Schultern des Herrschers ging, Flügeln von wunderbarer Breite und Länge gleich, ein matter Schatten aus. Vor Ihm, zu Füßen des Berges, stand ein Wesen, das über und über mit Augen bedeckt war – so sehr, daß ich wegen der Augen nicht einmal die menschlichen Umrisse erkennen konnte. Vor diesem Wesen stand ein anderes, im Kindesalter, mit mattfarbenem Gewand und weißen Schuhen. Über sein Haupt ergoß sich von dem, der auf dem Berge saß, solchen Lichtes Fülle, daß ich des Mägdleins Antlitz nicht zu schauen vermochte. Auch gingen von dem, der auf dem Berg saß, viele lebendige Funken aus, die die Gestalten mit sanftem Glühen lieblich umflogen. Der Berg selbst hatte sehr viele kleine Fenster, in denen Menschenhäupter, teils bleich, teils weiß, erschienen.

*Und siehe, der auf dem Berg saß, rief mit starker, durchdrin-
gender Stimme und sprach:*

Gebrechlicher Mensch, Staub vom Staub der Erde, Asche von
Asche, rufe und sage, wie man in die Erlösung, die alles wiederher-
stellt, eingeht, damit die unterrichtet werden, die, obgleich sie
den innersten Gehalt der Schriften kennen, ihn dennoch nicht
aussprechen oder verkünden wollen. Denn sie sind lau und
schwerfällig, die Gerechtigkeit Gottes zu beobachten. Ihnen tue
die verschlossenen Geheimnisse kund, die sie furchtsam in ver-
borgenem Acker fruchtlos vergraben. Ergieße dich wie ein überreicher Quell, und ströme geheimnisvolle Lehre aus, damit durch
die Flut deiner Wasser die aufgerüttelt werden, die um der Sünde
Evas willen dich [als Frau] für verächtlich halten. Denn du empfängst diese [Geistes-]Schärfe und Tiefe nicht von einem Menschen. Von dem himmlischen, furchtbaren Richter wird sie dir
von oben her gegeben, wo dieses starke Licht unter den Leuchtenden mit heller Klarheit flammen wird.

Erhebe dich also, rufe und sprich, was dir durch die so starke
Kraft göttlicher Hilfe kund wird, denn der, der seine ganze Schöpfung mit Macht und Milde regiert, durchströmt die, die Ihn fürchten und Ihm mit hingebender Liebe im Geiste der Demut dienen,
mit dem Lichte himmlischer Erleuchtung und führt sie, wenn sie
auf dem Wege der Gerechtigkeit verharren, zu den Freuden der
ewigen Schau.

Erkenne nun, was du siehst:

Der große, eisenfarbene Berg bedeutet die Kraft und Ständigkeit
des ewigen Reiches Gottes, das durch keinen Angriff hinfälliger
Veränderlichkeit zerlöst werden kann. *Der auf dem Berge in so
hellem Lichte thront, daß die Herrlichkeit deine Augen blendet,*
sinnbildet im Reiche der Seligkeit den Beherrscher des ganzen
Erdkreises im Blitzesleuchten unvergänglichen Lichtes, in göttlicher Hoheit. Unfaßbar ist Er dem menschlichen Geiste. Aber *von
seinen beiden Seiten geht, Flügeln von wunderbarer Breite und
Länge gleich, ein matter Schatten aus.* Das ist der treuhegende,
milde Schutz, der in Ermahnung und Züchtigung die Geschöpfe
beseligend umschirmt und die unaussprechliche Gerechtigkeit

im endlichen Sieg ausgleichender Weisheit gerecht und gütig offenbart.

Vor Ihm steht zu Füßen des Berges ein Wesen, über und über mit Augen bedeckt. Es ist die »Furcht des Herrn«, die vor Gott steht. In *Demut* schaut sie auf das Reich Gottes, ganz eingehüllt in die durch-dringende Schau guter und gerechter Zielstrebigkeit. Eifer und Beständigkeit wirkt sie in den Menschen. *So groß ist die Menge der Augen, daß du ihretwegen nicht einmal die menschlichen Umrisse an ihr erkennen kannst,* denn durch ihr unentwegtes Schauen schüttelt sie jedes Vergessen der göttlichen Gerechtigkeit, das häufig den Geist des Menschen einschläfert, von sich ab, und kein neugieriges Forschen, das den Sinn der Sterblichen entnervt, erschüttert ihre Wachsamkeit.

Daher erscheint auch vor ihr ein anderes Wesen, im Kindesalter, mit mattfarbenem Gewand und weißen Schuhen. Wenn nämlich die Furcht des Herrn vorangeht, folgen ihr die Armen im Geiste. Denn die Furcht des Herrn ist in der Hingabe der *Demut* der starke Halt für die Beseligung durch die *Armut im Geiste.* Nicht auf Prahlerei und Herzenshochmut sinnt sie, sondern liebt Einfalt und Nüchternheit des Geistes. Sie schreibt nicht sich, sondern Gott ihre guten Werke zu – darauf deutet ihr mattfarbenes Gewand – und folgt getreulich – mit weißen Schuhen – den lichten Spuren des Gottessohnes. *Über ihr Haupt ergießt sich von dem, der auf dem Berge sitzt, solchen Lichtes Fülle, daß du des Mägdleins Antlitz nicht zu schauen vermagst.* Denn mit so großer Macht und Kraft der Beseligung durchströmt die lichte Heimsuchung dessen, der jedes Geschöpf preiswürdig beherrscht, diese Tugend, daß dein unzureichendes, sterbliches Sinnen die Spannweite solcher Seligkeit nicht zu fassen imstande ist. Hat doch Er selbst, der die Reichtümer des Himmels besitzt, Sich in Demut unter die Armut gestellt.

Wenn endlich *von dem, der auf dem Berge sitzt, viele lebendige Funken ausgehen, die die beiden Gestalten mit sanftem Glühen lieblich umfliegen,* so bedeutet dies, daß vom allmählichen Gott mannigfaltige, überstarke und in göttlicher Herrlichkeit leuchtende Kräfte kommen, um die, die wahrhaft Gott fürchten und getreulich die Armut im Geiste lieben, helfend und schützend zu umgeben und sie mit der sänftigenden Glut ihres Wirkens zu umfangen.

Darum sieht man auch *im Berge selbst sehr viele Fensterchen, in denen Menschenhäupter, teils bleich, teils weiß, erscheinen.* Denn der hocherhabenen, abgrundtiefen, alles durchschauenden Erkenntnis Gottes kann das Streben der menschlichen Handlungen nicht verhehlt noch verborgen werden. Sie tragen das Zeugnis ihrer Lauheit oder Reinheit in sich selbst. Manchmal ermatten nämlich die Menschen in ihren Herzen und Taten und überlassen sich schmachvollem Schlafe. Manchmal sind sie angeregt und wachen in Ehre, wie Salomon nach meinem Willen bezeugt: »Eine lässige Hand schafft Not, aber die Hand der Starken sammelt Schätze.« (Spr. 10,4)

Das heißt: Schwach und arm macht sich der Mensch, der nicht Gerechtigkeit wirken noch die Bosheit vernichten noch seine Schulden lösen will. In seinem Müßiggang hat er keinen Teil an den wunderbaren Werken der Seligkeit. Wer aber die heldenstarken Werke des Heiles tut und den Weg der Wahrheit läuft, der gräbt sich einen Quell unversieglicher Herrlichkeit, durch den er sich die kostbaren Schätze auf Erden und im Himmel erwirbt.

Wer immer Erkenntnis im Heiligen Geiste und die Flügel des Glaubens besitzt, der gehe nicht achtlos an meiner Ermahnung vorüber, sondern er koste, umfange und trage sie in seiner Seele!

Nur in der Bejahung der eigenen Unzulänglichkeit, in Demut und heiliger Furcht öffnet sich der geschaffene Geist für das flutende Licht des urlebendigen und wird Gefäß des sich mitteilenden Gottes. Einfalt, Nüchternheit und Wahrheit sind die Grundpfeiler dieser geistigen Haltung, göttliche Erkenntnis und tiefinnere Beseligung ihr überreicher Besitz. – Nun löst die zweite Schau die erste große Frage aus dem Werdegang der Menschheit: Woher stammt das Böse? Gut ist der Mensch vom guten Gott geschaffen, und doch spürt er in sich und um sich eine Macht, die nicht von der ewigen Liebe kommen kann. Mit tausend Gefahren umlauert, sie von »unten« her sein gottgeschenktes Leben. Woher stammt diese Macht, und wer hat sie gerufen?

Mensch und Kosmos

Danach sah ich ein riesenhaftes Gebilde, rund und schattenhaft. Wie ein Ei spitzte es sich oben zu, wurde in der Mitte breiter und nach unten zu wieder schmäler.

Seine äußerste Schicht ringsum war lichtes Feuer. Darunter lagerte eine finstere Haut. In dem lichten Feuer schwebte ein rötlich funkelnder Feuerball, so groß, daß das ganze Gebilde von ihm sein Licht empfing. Drei Leuchten brannten der Reihe nach über ihm. Sie gaben ihm Halt durch ihre Glut, damit er nicht versinke. Zuweilen hob sich der Feuerball empor, und viel Feuer sprühte ihm entgegen, so daß seine Flammen weiter hinausloderten. Zuweilen neigte er sich nach unten. Doch kam ihm von daher viel Kälte entgegen, und rasch zog er seine Flammen wieder zurück. Von der lichten Feuerzone, die rings das Gebilde umgab, ging ein Wind mit seinen Wirbeln aus. Auch aus der finsteren Haut, die darunter lagerte, brach ein Wind und blies mit seinen Wirbeln da- und dorthin durch das Gebilde. In dieser Haut glühte ein solch schauerlich düsteres Feuer, daß ich es nicht anzuschauen vermochte. Es wütete so stark, daß die ganze Haut davon erschüttert ward, denn es war voll von Getöse, Sturmgebrause und spitzigen Steinen, groß und klein.

Wenn es zu toben begann, dann gerieten auch das lichte Feuer, die Winde und die Luft in Aufruhr. Sie entsandten ihre Blitze, die dem Getöse zuvorkamen, denn das Feuer verspürte sogleich in sich die erste Regung des Getöses.

Unter der finsteren Haut flutete der reinste Äther. Er hatte keine Haut unter sich, doch erblickte ich in ihm eine sehr große, weißglänzende Feuerkugel. Deutlich sichtbar standen über ihr zwei Leuchten, die sie hielten, auf daß sie die ihr vorgezeichnete Bahn nicht überschreite. Und eine Menge kleinerer Lichtkugeln waren durch den Äther verstreut. In sie entleerte sich zuweilen die Feuerkugel. Dabei verlor sie ihren hellen Schein. Doch alsbald kehrte sie unter den früher erwähnten rotfunkelnden Feuerball zurück und entzündete an ihm aufs neue ihre Flammen, um sie dann wieder unter die Kugeln auszustrahlen. Auch von dem Äther brach ein Wind aus und durchjagte das ganze Gebilde.

Unterhalb des Äthers sah ich dunstige Luft und darunter eine weiße Haut. Der Dunst flutete hin und her und versorgte das ganze Gebilde mit Feuchtigkeit. Manchmal ballte er sich plötzlich zusammen. Dann entströmten ihm heftig rauschende Platzregen. Dann wieder dehnte er sich gelinde aus und träufelte wohltuendes, sanft herabfallendes Naß. Auch in ihm nahm ein Wind seinen Ursprung und wehte mit seinen Wirbeln überallhin durch das Gebilde.

Inmitten all dieser Elemente schwebte eine gewaltige Sandkugel, so von ihnen ringsum gehalten, daß sie nach jeder Seite vor dem Herabfallen gesichert war. Doch wenn zuweilen die Elemente und die Winde einander schüttelten, brachten sie durch ihre Wucht auch die Kugel ein wenig ins Schwanken.

Darauf sah ich zwischen Norden und Osten einen riesigen Berg. Seine Nordseite lag im Finstern, während die dem Osten zugekehrte Fläche in hellem Lichte erstrahlte, so jedoch, daß weder das Licht der Finsternis, noch die Finsternis das Licht berühren konnte.

Nun hörte ich wieder die Stimme vom Himmel. Sie sprach zu mir:

Gott, der das All durch seinen Willen ins Dasein rief, hat jegliches geschaffen, damit sein Name erkannt und geehrt werde. Aber nicht das Sichtbare und Zeitliche allein tut Er durch seine Schöpfung kund, sondern auch das Unsichtbare und Ewige. Darauf deutet das Gesicht, das du schaust.

Das riesenhafte Gebilde, das dir erscheint – rund und schattenhaft, eiförmig nach oben zugespitzt, in der Mitte breiter und nach unten zu wieder schmäler – weist den Glaubenden hin auf den allmächtigen Gott, der unfaßbar in seiner Majestät, unerforschlich in seinen Geheimnissen, die Hoffnung aller Gläubigen ist...

Die äußerste Schicht ringsum ist lichtes Feuer, und darunter lagert eine finstere Haut. Das sinnbildet, daß Gott die Menschen, die sich außerhalb des wahren Glaubens stellen, im Feuer seiner Rache ausglüht, die andern aber, die im katholischen Glauben verharren, im Feuer der Tröstung läutert. So wirft Er die Finsternis teuflischer Verkehrtheit nieder, wie es auch geschah, als der von Gott geschaffene »Lichtträger« sich wider Ihn zu stellen wagte. Zurückgeschlagen, stürzte er in ewiges Verderben.

Ein rötlich funkelnder Feuerball schwebt in diesem Feuer, so groß, daß das ganze Gebilde von ihm sein Licht empfängt. Mit dem Glanze seiner Herrlichkeit weist er auf den Eingeborenen in Gott, dem Vater: den Unnennbaren, die Sonne der Gerechtigkeit im Blitzesleuchten brennender Liebe. In solcher Herrlichkeit strahlt Er, daß jegliches Geschöpf von der Klarheit seines Lichtes erhellt wird.

Drei Leuchten brennen der Reihe nach über dem Feuerball. Sie geben ihm Halt durch ihre Glut, damit er nicht versinke. Dienend künden sie – im Geheimnis der Dreieinigkeit –, daß eben dieser Sohn Gottes vom Himmel zur Erde niederstieg. Die Engel im Himmel verließ Er und tat den Menschen, die in Seele und Körper wesen, das Himmlische kund. Lobpreisend werfen sie in der Gefolgschaft seiner lichten Klarheit allen schadenbringenden Irrtum ab, wenn sie Ihn als den wahren Gottessohn, der Fleisch ward aus der wahren Jungfrau, anerkennen. So kündete Ihn der Engel, und der Mensch, der in Seele und Körper lebt, nahm Ihn mit gläubiger Freude auf.

Darum hebt sich zuweilen der Feuerball empor, und viel Feuer sprüht ihm entgegen, so daß seine Flammen weiter hinauslodern. Sie zeigen die Stunde an, da der Eingeborene Gottes zur Erlösung und Erhebung des Menschengeschlechtes nach dem Willen des Vaters Fleisch annehmen sollte. Wundersam wirkte da der Heilige Geist aus der Kraft des Vaters himmlische Geheimnisse in der seligen Jungfrau, und Glorienschein umleuchtete die Jungfräulichkeit, weil Gottes Sohn aus der Züchtigung eines Mägdleins den einzigartigen Glanz jungfräulicher Fruchtbarkeit entsandte. Denn in der adeligen Jungfrau wurde die Erfüllung aller Sehnsucht, die Menschwerdung Gottes, Wirklichkeit.

Zuweilen neigt sich der Feuerball nach unten. Doch kommt ihm von daher viel Kälte entgegen, und rasch zieht er seine Flammen wieder zurück. Das besagt: Als der Eingeborene Gottes, aus der Jungfrau geboren, sich milde zur Armut des Menschen neigte, begegneten Ihm viele Leiden, und Er gab seinen Leib in mannigfache Not. Doch nachdem Er Sich im Fleische der Welt geoffenbart hatte, ging Er von der Welt hinüber und fuhr in Gegenwart Seiner Jünger zum Vater auf, wie geschrieben steht: »Vor ihren Augen ward Er erhoben, und eine Wolke entzog Ihn ihren Blicken...« (Apg. 1,19)

Aber du siehst weiter, daß *von der Feuerzone, die rings das Gebilde umgibt, ein Wind mit seinen Wirbeln ausgeht.* So ergeht von dem allmächtigen Gott, der das All der Welt mit seiner Macht erfüllt, im rechten Predigtwort die wahre Kunde, die Ihn, Gott, den Lebendigen und Wahren, den Menschen offenbart in der Wahrheit.

Aber *auch aus der Haut darunter bricht ein anderer Wind mit seinen Wirbeln.* Denn auch von der Teufelsraserei, die nicht in Unkenntnis Gottes ist und Ihn fürchtet, geht überböses Gerücht mit nichtswürdigem Gerede aus. Und wie *diese Winde, die da und dorthin durch das Gebilde blasen,* gehen unter den Völkern vielfach hohle und unnütze Reden herum.

Auch glüht in dieser Haut ein solch schauerlich düsteres Feuer, daß du es nicht anzuschauen vermagst. Das ist grauenhafter Menschenmord, der aus den überbösen, nichtswürdigen Neidereien des alten Verräters mit solch verheerender Brunst hervorbricht, daß menschlicher Verstand sein Wüten nicht begreifen kann. *So stark wütet dieses Feuer, daß die ganze Haut davon erschüttert wird.* Denn solches Morden umgreift mit seinen Schrecken alle teuflischen Bosheiten. Drang es doch schon in den Erstlingen [des Menschengeschlechtes], vom Zorn zum Haß aufquellend, zum Brudermorde durch. *Darum ist das Feuer auch voll von Getöse, Sturmgebraus und spitzigen Steinen, groß und klein.* Denn der Menschenmord ist voll von Habgier, Raserei und spitzen Härten, die erbarmungslos wüten in großen wie in kleineren Schandtaten.

Aber wenn es zu toben beginnt, geraten auch das lichte Feuer, die Winde und die Luft in Aufruhr. Wenn Menschenmord in Blutgier knirscht, dann erwachen die himmlischen Gerichte, die Stürme fliegenden Zornes und die Wallungen wogender Geschicke in der Rache gerechten Gerichtes. Und *sie entsenden ihre*

Blitze, die dem Getöse zuvorkommen, denn das Feuer verspürt sogleich in sich die erste Regung des Getöses. So wirft die Hoheit des offenbar werdenden Gottesgerichtes siegreich die Gottlosigkeit nieder. Denn noch ehe dieses rasende Wüten offen zutage tritt, schaut es die göttliche Majestät mit dem sehenden Auge, vor dem alles Wesen nackt ist.

Doch unter der finsteren Haut flutet der reinste Äther, der keine Haut unter sich hat. Gerade unter den Nachstellungen des alten Verräters strahlt hellicht der Glaube auf. Kein Schwanken, wie es der Ungläubigkeit eigen ist, erschüttert seine Gewißheit, denn er gründet nicht in sich, sondern streckt sich nach Christus aus.

Darum siehst du auch in dem Äther eine sehr große, weißglänzende Feuerkugel. Sie sinnbildet in wahrer Schau die unbesiegte Kirche, die im Glauben den weißen Glanz lichtklarer Unschuld und hoher Ehre – wie dir gezeigt wird – ausstrahlt. *Und wie deutlich sichtbar über der Kugel zwei Leuchten stehen, die sie halten, auf daß sie die ihr vorgezeichnete Bahn nicht überschreitet,* so ziehen zwei Testamente, von oben stammend – das Alte und das Neue –, die Kirche zu den göttlichen Vorschriften der himmlischen Geheimnisse empor. Sie geben ihr Halt, damit sie nicht im Wandel wechselnder Sitten sich verderblich auslasse. Denn beide, der Alte wie der Neue Bund, bezeugen ihr die Seligkeit des himmlischen Erbes.

Eine Menge kleinerer Lichtkugeln sind durch den Äther verstreut, in die die große Feuerkugel sich zuweilen entleert, so daß sie ihren hellen Schein verliert. Viele und glänzende Werke der Hingabe werden in der Reinheit des Glaubens sichtbar, in die die Kirche mit der reifenden Zeit die Schönheit ihrer Wunder hinüberleitet, mag auch sie selber zeitweise Unterdrückung dulden. In Trauer liegt sie dann, aber mit Staunen sieht sie den lichten Widerschein ihres früheren Wirkens in vollkommenen Menschen.

Doch kehrt die Feuerkugel alsbald unter den früher erwähnten rotfunkelnden Feuerball zurück und entzündet an ihm aufs neue ihre Flammen, um sie dann wieder unter die kleineren Kugeln auszustrahlen. So eilt die Kirche, wenn sie niedergetreten wird, unter den Schutz des Eingeborenen Gottes. Von Ihm empfängt sie die Tragkraft göttlicher Stärkung und tut aufs neue die Liebe zum Himmlischen in seligen Werken kund. *Denn auch von dem Äther bricht ein Wind mit seinen Wirbeln aus und durchjagt das ganze Gebilde.* Das ist die siegesstarke Kunde der wahren und vollkommenen Lehre, die zur Hilfe der Menschen von der Einheit des Glaubens ausströmte und mit großer Schnelligkeit bis an die Grenzen des ganzen Erdkreises vorstieß. *Darum siehst du auch unterhalb des Äthers dunstige Luft und darunter eine weiße Haut. Hin und her flutet der Dunst und versorgt das ganze Gebilde mit Feuchtigkeit.* Das deutet, wie dir in wahrhaftigster Schau gezeigt wird, auf die Wasser der Taufe, die sich unter dem reinen Äther, das heißt unter dem Glauben, wie er in den Vätern der alten und neuen Zeit lebendig war, ausbreitete. Fest gegründet in der Unschuld seliger Beständigkeit und durch göttliche Hauchung überallhin getragen, brachte sie dem ganzen Erdkreis – in denen, die glauben – die Fluten des Heils. *Manchmal ballt sich der Dunst plötzlich zusammen. Dann entströmen ihm heftig rauschende Platzregen. Dann wieder dehnt er sich gelinde aus und träufelt wohltuendes, sanft herabfallendes Naß.* So stauten sich gleichsam die Wasser der Taufe und strömten überreich aus der Geistestiefe der Wahrheitsboten in ihrer schnell dahineilenden Predigt. Und in drängender Wortfülle [geistbegabter] Rede wurden sie den aufhorchenden Menschen kund. Zu anderen Zeiten aber hielten sie gleichsam an sich – in der milden Anpassung und helfenden Rücksicht der Prediger –, um durch gelinde Befeuchtung die Völker zu gewinnen.

Darum nimmt auch in diesem Dunstkreis ein Wind seinen Ursprung und weht mit seinen Wirbeln überallhin durch das Gebilde. Denn vom Wogendrang der Taufe, die den Glaubenden das Heil bringt, geht mit den Worten siegesstarker Predigt die Wahrheitskunde aus und durchflutet die ganze Welt mit der Kunde ihrer Beselingung, wie schon jetzt in den Völkern ersichtlich ist, die den Unglauben verlassen und sich verlangend dem katholischen Glauben öffnen.

Doch inmitten all dieser Elemente schwebt eine gewaltige Sandkugel, so von ihnen ringsum gehalten, daß sie nach jeder Seite vor dem Herabfallen gesichert ist. In klarer Sicht weist diese auf den Menschen, der mitten in der Kraft der [vernunftlosen] Gottesgeschöpfe als das [einzige] Wesen besinnlicher Tiefe steht. Aus Erdenlehm geheimnisvoll in vieler Herrlichkeit geschaffen, ist er von der Kraft aller Geschöpfe so umgeben, daß er auf keine Weise von ihnen getrennt werden kann. Denn die Elemente der Welt sind für den Menschen geschaffen und bieten ihm ihre Dienste dar. Der Mensch hingegen thront in ihrer Mitte und beherrscht sie nach göttlicher Verfügung, wie David, von meinem Geiste berührt, gesagt hat: »Mit Herrlichkeit und Ehre hast Du ihn gekrönt und ihn über die Werke deiner Hände gesetzt.« (Ps. 8) Das besagt: Du, Gott, hast wunderbar das All geschaffen. Den Menschen aber hast Du mit dem goldenen Purpurdiadem des Verstandes und dem Ehrengewande sichtbarer Schönheit gekrönt. Als Fürsten hast Du ihn auf den Gipfel der Vollkommenheit deiner Werke gestellt, die Du alle in deiner Schöpfung gerecht und gut geordnet hast. Denn vor den anderen Geschöpfen hast Du den Menschen mit großen, staunenswerten Würden begabt.

Doch wenn zuweilen die Elemente und die Winde einander schütteln, bringen sie durch ihre Wucht selbst die Kugel ein wenig ins Schwanken. Wenn die Gottesgeschöpfe in ihrem Zeitenlauf einander in der Kündigung der Schöpfungswunder begegnen, so daß Wunder an Wunder sich reiht mit gewaltigem Offenbarungsklang, dann spürt der Mensch, von der Größe dieser Wunder niedergeworfen, eine Erschütterung seines Geistes und Leibes, und überwältigt erwägt er die Schwäche seiner Gebrechlichkeit.

Weiter siehst du zwischen Norden und Osten einen riesigen Berg, dessen Nordseite im Finstern liegt, während die dem Osten zugewandte Fläche in hellem Lichte strahlt. Das ist der [Sünden-]Fall des [ersten] Menschen, der sich riesengroß zwischen Teufelsbosheit [Norden] und Gottesgüte [Osten] türmt. Durch bitterböse Täuschung hat er in den Verworfenen viele Leiden der Verdammnis und durch das ersehnte Heil in den Erwählten reichstes Glück der Erlösung gewirkt.

So jedoch, daß weder das Licht die Finsternis noch die Finsternis das Licht berühren kann. Denn niemals verbinden sich die Werke des Lichtes mit den Werken der Finsternis, noch steigen die Werke der Finsternis zu den Werken des Lichtes empor. Mag auch der Teufel viele Male durch böse Menschen das Licht zu verdunkeln sich mühen, wie er es in den Heiden, Irrlehrern und Lügenpropheten und all denen tut, die sich durch trügerische Vorspiegelungen von ihnen fangen lassen. Indem sie Dinge wissen wollen, die sie nicht wissen sollen, ahmen sie den nach, der danach schnaubte, dem Allerhöchsten gleich zu sein. Aber sie folgen damit dem, der ihnen nach ihrem Willen die Lüge als Wahrheit vortäuscht. Mit Mir sind sie nicht, und Ich bin nicht mit ihnen. Denn sie wandeln meine Wege nicht, sondern lieben fremde Pfade, da sie beim vernunftlosen Geschöpf zu erforschen suchen, was es ihnen über die Zukunftsursachen trügerisch kündet... Diese Menschen versuchen Mich durch ihre gottlose Kunst... Können sie etwa durch ihre Untersuchungen die Lebenszeit, die ihnen von ihrem Schöpfer zugeteilt ist, verlängern oder verkürzen? Gewiß nicht, weder einen Tag noch eine Stunde. Oder können sie die Vorherbestimmung Gottes ändern? Durchaus nicht. Ihr Elenden! Zwar erlaube Ich den Geschöpfen manchmal, daß sie euch auf das, was ihr zu leiden habt, hinweisen, aber diese Bedeutung kommt ihnen dann nur deshalb zu, weil sie Mich, Gott, fürchten, wie der Knecht, der die Macht seines Herrn kundtut, und wie Ochs und Esel und die übrigen Tiere, die den Willen ihres Herrn dadurch offenbaren, daß sie ihn in ihrem Dienste getreulich erfüllen. Ihr Toren, wenn ihr Mich der Vergessenheit überliefert, wenn ihr nicht auf Mich schauet, Mich nicht anbetet, sondern aus dem Geschöpf, das doch geringer ist als ihr, herausklügeln wollt, was es euch künde und anzeige, dann verwerfet ihr Mich in widerspenstigem Sinn, da ihr das schwache Geschöpf an Stelle eures Schöpfers verehrt. Deshalb sage ich dir: O Mensch, warum verehrst du das Geschöpf, das dich nicht trösten, dir nicht helfen, dir kein Glück bringen kann, wie es die Sterndeuter, die die Todeskonstellationen errechnen und den Heiden in ihrem Unglauben nachfolgen, behaupten. Sie sagen, daß die Sterne euch Menschen das Leben gäben und all eure Handlungen bestimmen. Ihr Elenden, wer hat die Sterne gemacht? Manchmal wohl sollen die Sterne, weil Ich es so erlaube, den Menschen etwas andeuten, wie auch mein Sohn im Evangelium sagt: »Es werden Zeichen sein an der Sonne, dem Mond und den Sternen.« (Lk. 21,25) Das heißt:

Zum Dienst des Menschen geben diese Leuchten ihr Licht, und durch ihren Kreislauf künden sie die Zeiten der Zeiten. Deshalb werden auch die tränenreichen, gefahrbringenden Zeiten am Ende der Tage an ihnen erkennbar sein, weil Ich gestatte, daß der Strahl der Sonne, der Glanz des Mondes und das Licht der Sterne dereinst verbleichen, damit die Herzen der Menschen dadurch erschüttert werden. So wollte Ich auch, daß durch einen Stern die Menschwerdung meines Sohnes angezeigt werde. Aber der [einzelne] Mensch hat nicht seinen eigenen Stern, der seinen Lebenslauf bestimmt, wie törichtes, irrendes Volk zu behaupten wagt. Es dienen vielmehr alle Sterne allem Volke zu gemeinsamem Nutzen.

Daß jener Stern [zu Bethlehem] heller leuchtete als die übrigen, wies darauf hin, daß mein Eingeborener vor den übrigen Menschen in jungfräulicher Geburt sündenlos geboren war. Einen anderen Dienst leistete er meinem Sohne nicht, als daß er seine Menschwerdung allem Volke getreulich anzeigte, denn alle Sterne und Geschöpfe fürchten Mich und vollziehen einzig meine Befehle. Aber in sich enthalten sie keinerlei [geheimnisvolle] Vorausdeutung... Wenn der Künstler eine Münze gießt, so prägt er sie in die ihm gefällige Form. Dann weist die Münze ihre Prägung dar und hat doch die Gestaltungskraft nicht in sich selber. Sie weiß es nicht, wenn der Künstler ihr eine andere Prägung geben will, und unterscheidet nicht die längere oder kürzere Dauer ihrer Gestalt. So tun auch die Geschöpfe nur meinen Willen kund, wenn es Mir so gefällt. Was soll das? O Mensch, wenn ein Stein vor dir läge und du würdest dir einbilden, er sei ein Orakel, und du würdest ihn anstarren und entweder dein Glück oder dein Unglück aus ihm herauslesen und du würdest je nach deinem Phantasiegebilde traurig oder beglückt ausrufen: »Weh mir, ich werde sterben, welch ein Unglück!« oder »Heil mir, ich werde leben, welch ein Glück!«, würde der Stein dir dann etwas eintragen? Könnte er dir etwas nehmen oder geben? Er vermöchte dir nicht zu schaden und nicht zu nutzen. So können weder die Sterne noch das Feuer noch die Vögel noch andere derartige Geschöpfe, wenn du sie auch noch so sehr ausforschest, dir Hilfe oder Verderben bringen. Aber Ich werde, wenn du im Vertrauen auf das dir untergebene Geschöpf Mich, deinen Schöpfer, verwirfst, nach meinem gerechten Gerichte dich aus meinen Augen verstoßen und das Reich meiner Seligkeit dir vorenthalten.

Ich will nicht, daß du die Sterne, das Feuer, die Vögel und andere Geschöpfe über die Zukunft befragest. Wenn du in dieser eigenwilligen Absicht deinen Blick auf sie richtest, so mißfallen deine Augen Mir, und Ich werde dich hinwegfegen wie den gefallenen Engel, der die Wahrheit verließ und jählings hinabstürzte in den Abgrund der ewigen Verdammnis. O Mensch, wo warst du, als die Sterne und die übrigen Geschöpfe gemacht wurden? Hast du etwa zu ihrer Bildung Gott deinen Rat gegeben? Die Anmaßung solchen Forschens ist eine Folge der ersten Spaltung, als die Menschen Gott so beiseite schoben, daß ein Volk um das andere sich mit stolzem Sinn den Geschöpfen zuwandte, um aus ihnen die Zukunftszeichen zu lesen. Da erhob sich der Irrtum Baals, als die Getäuschten das Geschöpf Gottes als Gott anbeteten. Teufelstrug hatte sie dazu verleitet, und sie selber hatten ihn heraufbeschworen, da sie in der Gier nach verbotenem Wissen mehr auf das Geschöpf als auf den Schöpfer schauten.

Aber noch schlimmere Dinge traten zutage: Mit Satans Hilfe fingen die Menschen an, sich dem Wahnsinn magischer Künste auszuliefern. Den Teufel selbst sehen und hören sie, während er sie mit Worten und Zeichen betrügt, so daß sie ein Geschöpf für ein anderes halten, als es in Wirklichkeit ist... Schwer schuldbar sind sie in diesem bösen Treiben, denn sie verleugnen dadurch Mich, ihren Gott, und laufen dem alten Verführer nach.

O Mensch, im Blute meines Sohnes habe Ich dich gesucht, nicht in Bosheit und Härte, sondern in großer Gerechtigkeit. Du aber verläßt Mich, den wahren Gott, und folgst dem Lügner. Ich bin die Gerechtigkeit und Wahrheit. Deshalb ermahne Ich dich in Treue, ermuntere dich in Liebe und führe dich zurück durch Buße, damit du, obgleich mit blutenden Sündenwunden bedeckt, dich aus dem Sturz deiner Zerrüttung erhebest...

Und warum befragt ihr Toren das Geschöpf über eure Lebenszeit? Keiner von euch kann die Tage seines Lebens wissen, daran vorbeikommen oder darüber hinwegspringen. Von Mir ist euch die Zeit des Lebens gesetzt. Ist deine Heilszeit erfüllt, dann wirst du die gegenwärtige Weltzeit eintauschen gegen die, die keine

Grenze kennt. Ist ein Mensch so stark, daß er mehr als andere in Mir brennt..., so raffe Ich seinen Geist nicht aus seinem Körper hinweg, bevor er seine köstlichen Früchte in lieblichem Duft zur Reife gebracht hat. Sehe Ich aber einen Menschen in so großer Schwäche, daß er ob schwerer Körperleiden und unter den Lokkungen des bösesten Feindes mein Joch nicht zu tragen vermag, so nehme Ich ihn fort, bevor er mit welkender Seele zu vertrocknen beginnt. Denn Ich weiß alles. Alle Gerechtigkeit biete Ich dem Menschen zum Pfand, damit keiner sich entschuldigen kann. Auch wenn Ich das Todesgericht nur scheinbar über ihn kommen lasse, als ob er stürbe, und er soll doch noch weiterleben, so tue ich es deswegen, weil kein Mensch leben oder über seine Lebensdauer verfügen kann als allein gemäß der Frucht, die Ich in ihm erschaue und gemäß meinem Willen, mit dem Ich ihm zu leben gestatte, wie Job durch Mich bezeugt: »Du hast ihm die Grenzen festgesetzt, unüberschreitbar.« (Job 14,5) Das heißt: Du, der Du über allen bist und alles vorausweißt, bevor es geschieht, Du hast im Geheimnis deiner Majestät die Grenzen des Menschenlebens hinterlegt. Weder Wissen noch Klugheit noch List irgendeines Wesens vermag sie hinauszurücken, in keinem Alter, nicht in der Kindheit, nicht in der Jugend, nicht im Greisentum, wenn Du es in der Vorsehung deiner geheimen Ratschlüsse verfügst. Du, der die Menschen zur Ehre seines Namens erschaffen wollte. Denn vor der Grundlegung der Welt habe Ich, o Mensch, um dich gewußt... Weshalb verachtest du Mich? Habe Ich dir nicht meine Propheten gesandt und meinen Sohn für dein Heil an das Holz des Kreuzes gegeben? Habe Ich nicht meine Apostel beauftragt, dir durch die Frohbotschaft den Weg der Wahrheit zu zeigen? Du hast also keine Entschuldigung, als hätte Ich nicht alles Gute für dich bereitgelegt. Weshalb schiebst du Mich beiseite?... Du Tor! Überlege, wer Ich bin... Gott über alles und in allem. Aber du willst Mich zu einem Hörigen machen, der seinen Herrn fürchtet. Du willst, daß Ich deinen Willen tue, während du meine Gebote verachtest. Ein solcher Gott wäre kein Gott. Gott braucht nicht Ratschläge am Anfang noch Furcht am Ende. Die Himmel hallen wider von meinem Lob. Denn sie hängen an meinem Blick und gehorchen Mir nach der Ordnung, die Ich ihnen gesetzt. Sonne,

Mond und Sterne halten ihre Zeiten ein. Winde und Regen laufen durch die Lüfte, wie es ihnen bestimmt ist. Aber du, der Mensch, hältst meine Satzungen nicht, sondern läufst deinem Eigenwillen nach... Dummheit ist es, wenn du Mich stellen und mir ins Gesicht schleudern willst: »Wenn es Gott gefällt, daß ich gerecht und gut bin, warum macht Er mich dann nicht gerecht?« Damit willst du Mich fangen, wie ein mutwilliger Bock einen Hirsch anfällt. Das mächtige Geweih des Hirsches wird ihn aufgabeln und durchbohren. So werde auch Ich tun, wenn du dich unterfängst, durch deinen Wandel mit Mir dein Spiel zu treiben. Meine Hörner sind die Vorschriften des Gesetzes. Durch sie werde Ich dich zunichte machen in meinem gerechten Gerichte. Wie Posaunen sollten sie dir in den Ohren tönen. Du aber folgst ihnen nicht, sondern läufst dem Wolfe nach, den du so in deiner Gewalt zu haben glaubst, daß er dir nicht schaden könne. Aber der Wolf wird dich verschlingen, da er sich sagt: »Dieses Schaf ist vom Wege abgeirrt. Es wollte seinem Hirten nicht folgen. Mir ist es nachgelaufen, darum verschlinge ich es, denn es hat mich erwählt und seinen Hirten verlassen.« O Mensch, Gott ist gerecht. Deshalb hat Er alles, was Er im Himmel und auf Erden gemacht hat, in gerechter Ordnung grundgelegt.

Ich bin der große Arzt für alles Siechtum und handle wie ein Arzt, wenn er den heilsbegierigen Kranken sieht. Ist die Krankheit leicht, so hilft er ihm schnell. Zu einem Schwerkranken aber spricht er: »Gold und Silber fordere ich. Nur um diesen Preis werde ich dich gesund machen.« So tue auch Ich, o Mensch. Kleinere Sünden wasche Ich ab, wenn der Mensch in Seufzen und Tränen und gutem Willen sich zu Mir kehrt. Für schwere Schulden aber verlange Ich: Tue Buße, o Mensch, und bessere deine Sitten, so werde Ich dir Barmherzigkeit erzeigen und dir das ewige Leben schenken. Die Sterne und die anderen Geschöpfe erforsche nicht über dein Schicksal, den Teufel bete nicht an, noch rufe zu ihm, noch befrage ihn über etwas. Denn wenn du mehr wissen willst, als du sollst, wirst du von dem alten Verführer betrogen, wie er den ersten Menschen, der nach zu Hohem strebte, hintergangen und zu Fall gebracht hat. Doch eines wußte der Teufel nicht: daß der Mensch erlöst werden würde durch den Sohn Gottes, der den

Tod tötete und die Macht der Hölle brach. Im Anfang besiegte der Teufel den Menschen durch ein Weib, und am Ende der Zeiten zertrat Gott den Teufel durch das Weib, das den Sohn Gottes gebar, und dieser vernichtete auf wunderbare Weise die Werke des Teufels, wie mein geliebter Jünger Johannes bezeugt: »Dazu ist der Sohn Gottes erschienen, daß er die Werke des Teufels zerlöse…« (1 Joh. 3,8)

Wer immer Erkenntnis im Heiligen Geiste und die Flügel des Glaubens besitzt, gehe nicht achtlos an meiner Ermahnung vorüber, sondern er koste, umfange und trage sie in seiner Seele!

Die Engel

Alsdann sah ich in der Höhe himmlischer Geheimnisse zwei Reihen erhabener, in großer Herrlichkeit leuchtender Geister. Die der ersten Reihe waren an der Brust beflügelt und hatten Antlitze wie Menschen, in denen wie in einem ungetrübten Wasserspiegel Menschengesichter erschienen. Die der zweiten Reihe hatten ebenfalls Flügel an der Brust und Antlitze wie Menschen. In ihnen leuchtete wie in einem Spiegel das Bild des Menschensohnes auf. Weiter konnte ich, weder bei ihnen noch bei den ersten, die Gestalt nicht unterscheiden.

Diese [beiden] Reihen schlossen sich in Kranzesform um fünf andere Reihen. Von ihnen hatten die Geister der ersten Reihe wieder Antlitze wie Menschen, und von der Schulter an abwärts blitzten sie in hellem Glanz. Die der zweiten Reihe standen da in so lichter Klarheit, daß ich sie nicht anzuschauen vermochte. Weißem Marmor gleich erschienen die Geister der dritten Reihe. Sie hatten Häupter wie Menschen, und über ihnen sah ich Feuerflammen. Eine eisenfarbige Wolke umhüllte von der Schulter an abwärts ihre Gestalt. Die Geister der vierten Reihe hatten Antlitze wie Menschengesichter und Füße wie Menschenfüße. Auf ihrem Haupt trugen sie einen Helm und waren mit marmorgleichen Tuniken bekleidet. Die der fünften Reihe endlich hatten gar nichts Menschenähnliches, sondern erglühten wie das Morgenrot. Weiter konnte ich von ihrer Gestalt nichts erkennen.

Doch auch diese [fünf] Reihen schlossen sich – wieder in Form eines Kranzes – um noch zwei weitere Reihen. Die der ersten Reihe sah ich voller Augen und Flügel. In jedem Auge erschien ein Spiegel und darin ein Menschengesicht. Die Schwingen hatten diese Geister wie zum Fluge in die himmlischen Höhen erhoben. Die Geister der zweiten Reihe brannten wie Feuer. Sie hatten sehr viele Flügel, und auf diesen erschienen, wie in einen Spiegel eingezeichnet, die Sinnbilder aller Rangstufen der verschiedenen Stände in der Kirche. Weder bei diesen Geistern noch bei den ersteren konnte ich Weiteres von ihrer Gestalt erkennen.

Alle diese Reihen tönten in jeglicher Art von Musik und kündeten in wundersamen Harmonien die Wunder, die Gott in heiligen Seelen wirkt. Es war ein Hochgesang der Verherrlichung Gottes.

Und wiederum hörte ich die Stimme vom Himmel. Sie sprach zu mir:

Der allmächtige, unaussprechliche Gott, der vor aller Zeit war, der keinen Anfang hatte noch auch nach dem Ende der Zeiten aufhören wird zu sein, hat jegliches Geschöpf nach seinem Willen wunderbar ins Dasein gerufen und jedem nach seinem Willen wunderbar seine Aufgabe gesetzt. Die einen hat Er der Erde, die anderen dem Himmel zugewiesen. Er hat die seligen Engel zum Heile der Menschen und zur Ehre seines Namens berufen. Die einen hat Er bestimmt, den Menschen in ihren Nöten zu helfen, die andern, ihnen die Gerichte seiner geheimen Ratschlüsse zu offenbaren.

Du siehst daher in der Höhe himmlischer Geheimnisse die beiden Reihen erhabener, in großer Herrlichkeit leuchtender Geister. In der entrückten Höhe, die Fleischesblick nicht durchdringt, die aber der Blick des innerlichen Menschen erschaut, wird dir die Bedeutung dieser beiden Reihen klar. Sie sinnbilden, daß Leib und Seele des Menschen Gott dienen müssen, bei dem ihnen mit den Himmelsbürgern das Licht ewiger Beseligung leuchtet.

Die Geister der ersten Reihe sind an der Brust beflügelt und haben Antlitze wie Menschen, in denen wie in einem ungetrübten Wasserspiegel Menschengesichter erscheinen. Das sind die Engel. Flügeln gleich spannen sie das Verlangen, das sich aus der Tiefe ihrer Erkenntnis ringt. Nicht als ob sie Flügel hätten wie die Vögel, sondern schnell, wie der Gedanke des Menschen dahinfliegt, drängt ihre Sehnsucht sie, den Willen Gottes zu erfüllen. Daß sie Antlitze haben, deutet auf die Schönheit ihres vernünftigen Geistes, in dem Gottes alldurchforschender Blick zugleich die Werke der Menschen erschaut. Denn wie der Knecht, kaum daß er den Befehl seines Herrn vernimmt, ihm nachkommt, so haben die Engel auf die Erfüllung des göttlichen Willens in den Menschen acht und stellen deren Handlungen in sich selber Gott dar.

Die Geister der zweiten Reihe haben ebenfalls Flügel an der Brust und Gesichter wie Menschen. In ihnen leuchtet wie in einem Spiegel das Bild des Menschensohnes auf. Das sind die Erzengel. Auch sie sind in der Sehnsucht ihres Erkennens auf den Willen Gottes hingerichtet und offenbaren in sich die Schönheit des vernünftigen Geistes. Auf eine ganz reine Weise verherrlichen sie das fleischgewordene Wort Gottes, da sie die verborgenen Ratschlüsse Gottes schauen und durch ihre Botendienste dem Geheimnis der Menschwerdung den Weg bereiten durften.

Weder bei ihnen noch bei den ersten kannst du Weiteres von ihrer Gestalt erkennen, denn viele tiefe Geheimnisse umschließt das Sein der Engel und Erzengel, die der vom sterblichen Leibe beschwerte Menschenverstand nicht zu begreifen vermag.

Die beiden Reihen schließen sich in Kranzesform um fünf andere Reihen. Das bedeutet, daß Leib und Seele des Menschen die fünf Sinne, die durch die fünf Wunden meines Sohnes gereinigt sind, mit starker Kraft zügeln und auf den geraden Weg der inneren Gebote leiten müssen.

Von diesen Geistern haben die der ersten Reihe wieder Antlitze wie Menschen, und von der Schulter an abwärts erstrahlen sie in hellem Glanz. Das sind die »Kräfte«. Sie steigen auf in den Herzen der Gläubigen und bauen in ihnen mit brennender Liebe den hohen Turm ihrer Werke. So spiegeln sie in ihrem geistigen Sein die Werke der Auserwählten und führen diese durch ihre Kraft zum guten Ende helleuchtender Seligkeit. Wenn nämlich den Auserwählten die Klarheit innerer Erkenntnis aufgeht, so schütteln sie alle Bosheit ihrer Sünden ab wegen des Lichtes, das von den »Kräften« nach meinem Willen auf sie herabstrahlt und sie umleuchtet. Tapfer kämpfen sie wider die Nachstellungen des Teufels. Alle diese Schlachten wider die höllische Heerschar stellen die Kräfte unaufhörlich Mir, ihrem Schöpfer, dar. Denn die Menschen tragen in sich den Entscheidungskampf der Bejahung und der Verneinung. Inwiefern? Der eine bekennt Mich, der andere leugnet Mich. Die Frage bei diesem Kampfe ist: Gibt es einen Gott oder nicht? Darauf antwortet der Heilige Geist im Menschen: Es ist ein Gott, der dich erschaffen hat. Er hat dich auch erlöst. Solange die Frage diese Beantwortung im Menschen findet, wird die Kraft Gottes ihn nicht verlassen, denn auf solches Fragen und Antworten folgt die Buße. Wo aber die Frage im Menschen nicht ist, da ist auch nicht die Antwort des Heiligen Geistes. Ein solcher Mensch stößt die Gabe Gottes zurück, und ohne Frage nach Buße stürzt er sich in den Tod. Alle diese Kämpfe bringen die »Kräfte« Gott dar, denn diese Geister sind vor Gott ein Siegel, an dem offenbar wird, in welcher Absicht Gott verehrt oder verleugnet wird.

Die Geister der zweiten Reihe stehen da in so lichter Klarheit, daß du sie nicht anzuschauen vermagst. Es sind die »Mächte«. Sie deuten an, daß die Huld und Schönheit der göttlichen Macht von der Ohnmacht der Sterblichen, Sündenbefangenen nie begriffen noch berührt werden kann, denn nie zerfällt die Macht Gottes.

Weißem Marmor gleich erscheinen die Geister der dritten Reihe. Sie haben Häupter wie Menschen, und über ihnen siehst du Feuerflammen. Eine eisenfarbige Wolke umhüllt von der Schulter an abwärts ihre Gestalt. Das sind die »Fürstentümer«. Sie sind die Urbilder derer, die aus Gottes Gabe in der Welt über die Menschen herrschen. Mit der unangetasteten Kraft der Gerechtigkeit sollen sie sich umkleiden, damit sie nicht dem Wankelmut der Unbeständigkeit verfallen. Sie sollen auf ihr Haupt schauen, das Christus ist, und ihre Regierung nach seinem Willen zum Nutzen der Menschen führen. In glühendem Eifer für die Wahrheit sollen sie lauschen auf die über ihnen waltende Gnade des Heiligen Geistes, damit sie bis zu ihrem Ende fest und beständig in der Kraft der Gerechtigkeit verharren.

Daher haben auch die Geister der vierten Reihe Antlitze wie Menschenantlitze und Füße wie Menschenfüße. Auf ihrem Haupte tragen sie einen Helm und sind mit marmorgleichen Tu-

niken bekleidet. Es sind die »Herrschaften«, die zur Darstellung bringen, daß der Herr aller Dinge die Vernunft des Menschen, die befleckt in menschlicher Verwesung lag, von der Erde zum Himmel erhob, als er seinen Sohn auf die Erde sandte, der den alten Verführer durch seine Gerechtigkeit niedertrat. Ihn also, der das Haupt aller Gläubigen ist, sollen seine Getreuen getreulich nachahmen, ihre Hoffnung auf das Himmlische setzen und stark werden im hochherzigen Verlangen nach guten Werken.

Die Geister der fünften Reihe haben gar nichts Menschenähnliches, sondern erglühen wie das Morgenrot. Es sind die »Throne«. Ihre Erscheinung will besagen, daß die Gottheit Sich zur Menschheit neigte, als der Eingeborene Gottes zum Heile der Menschen einen Menschenleib anzog, unberührt von aller Menschenschuld. Denn vom Heiligen Geiste empfangen, nahm Er ohne jeden Makel der Befleckung Fleisch an aus der Morgenröte, aus der seligen Jungfrau.

Weiter kannst du von ihrer Gestalt nichts erkennen. Denn zahlreich sind die Geheimnisse himmlischer Verborgenheiten, die die menschliche Gebrechlichkeit nicht zu ergründen vermag.

Daß aber auch diese Reihen zwei weitere Reihen in Form eines Kranzes umschließen, deutet darauf hin, daß die Gläubigen, die in dem Bewußtsein, daß sie durch die fünf Wunden des Sohnes Gottes erlöst sind, die fünf Sinne ihres Leibes auf das Himmlische richten, zur Liebe Gottes und des Nächsten hineilen. Denn in dem Maße, wie sie das eigene Herzensbegehren hintansetzen und ihre Hoffnung allein auf das Ewige richten, umkreisen sie mit jeglicher Zuneigung des Geistes Gott und den Nächsten in der Liebe.

Die Geister der [nun folgenden] ersten Reihe siehst du voller Augen und Flügel. In jedem Auge erscheint ein Spiegel und darin ein Menschengesicht. Die Schwingen haben diese Geister wie zum Fluge in die himmlischen Höhen erhoben. Das sind die »Cherubim«. Sie sinnbilden das Wissen Gottes. In ihm schauen sie die Mysterien himmlischer Geheimnisse und verhauchen, so wie Gott es will, ihr innerstes Hinstreben [zu Ihm]. In der Tiefe ihres Wissens erschauen sie mit reinstem, durchdringendem Blick wunderbar die Menschen, die in der Erkenntnis des wahren Gottes gleich ihnen die Flügel ihrer Herzenssehnsucht in gutem und gerechtem Streben auf den spannen, der über allen ist. Stärker ist in solchen die Liebe zum Himmlischen als das Trachten nach dem Vergänglichen. So tun es diese Geister im Fluge ihrer Sehnsucht dar.

Die Geister der zweiten Reihe brennen wie Feuer. Sie haben sehr viele Flügel, und auf diesen erscheinen, wie in einen Spiegel eingezeichnet, die Sinnbilder aller Rangstufen der verschiedenen Stände in der Kirche. Das sind die »Seraphim«. Wie sie selbst in flammender Liebe zu Gott brennen und ihr ganzes Begehren auf seine Anschauung gerichtet ist, so stellen sie in diesem ihrem Sinnen und Trachten die weltlichen und geistlichen Würden dar, die in dem geheimnisvollen Leben der Kirche in vieler Reinheit blühen, denn in ihnen offenbaren sich wunderbar die geheimen Ratschlüsse Gottes. So mögen alle, die mit der Aufrichtigkeit eines reinen Herzens liebend das himmlische Leben suchen, in Liebe zu Gott entbrennen. Ihn mit ganzer Begier umfangen, damit sie zu den Freuden derer gelangen, die sie gläubig nachahmen.

Daß du aber weder bei ihnen noch bei den früheren nichts Weiteres von ihrer Gestalt erkennen kannst, bedeutet, daß in den seligen Geistern viele Geheimnisse sind, die der Mensch nicht wissen soll. Denn solange er sterblich ist, kann er das Ewige nicht vollkommen erkennen.

All diese Reihen tönen, wie du hörst, in jeglicher Art von Musik und künden in wundersamen Harmonien die Wunder, die Gott in heiligen Seelen wirkt – ein Hochgesang der Verherrlichung Gottes. In beschreiblichem Jubel frohlocken die seligen Geister durch Gottes Kraft über die Wunder, die Er in seinen Heiligen tut.

Denn das ist der herrlichste Gottespreis, wenn diese Seelen Gott suchen in den Tiefen der Heiligkeit, jubelnd in der Freude des Heils, wie David, mein Knecht, der himmlische Geheimnisse schauen durfte, sagt: »Rufe des Jubels und des Heiles ertönen in den Zelten der Gerechten.« (Psalm 117) Das heißt: Das Lied der Freude und Seligkeit darüber, daß das Fleisch überwunden ist und der Geist zu unversieglichem Heile emporsteigt, wird in den Wohnungen derer vernommen, die die Ungerechtigkeit abschütteln und Gerechtigkeit wirken. Obschon sie auf teuflische Einflüsterung das Böse tun könnten, vollziehen sie doch durch den Hauch

Gottes das Gute. Zwar trägt der Mensch häufig eine falsche Freude zur Schau, wenn er ungehörig die Sünde vollbracht und seine Begierde befriedigt hat. Aber es ist ihm nicht zum Heil, weil es dem Gebote Gottes zuwider ist. Doch zum Freudenreigen in der Beseligung des wahren Heiles wird zugelassen, wer das Gute glühend verlangt, im Eifer vollbringt und, solange er im Körper weilt, die Wohnung derer liebt, die sich vom Irrpfad der Lüge fernhalten und den Weg der Wahrheit laufen.

Wer immer Erkenntnis im Heiligen Geiste und die Flügel des Glaubens besitzt, der gehe nicht achtlos an meiner Ermahnung vorüber, sondern er koste, umfange und trage sie in seiner Seele. Amen.

Gotteslob und dienendes Mitwirken beim Werk der Erlösung ist Aufgabe der Engel. Sie dürfen trösten, helfen, mahnen, sie sollen Führer und Vorbild sein. Aber tilgen können sie die Eine große Not, die Sünde, nicht. Erlösung ist Totenerweckung, neue Mitteilung des göttlichen Lebens, das der Paradiesmensch freventlich verscherzt hat. Das erste Buch Scivias hat die Erlösungsbedürftigkeit des Menschen aufgedeckt, zugleich mit seiner Ohnmacht, sich selbst zu erlösen. – Nun kündet das zweite Buch »in wahrhaftiger Schau« das »feurige Werk« der Erlösung.

Der Erlöser

Und ich, ein Mensch, der ich nicht glühe nach der Art der starken Löwen, noch auch durch ihren Unterricht belehrt wurde, sondern in der Zartheit der gebrechlichen Rippe verblieb, *sah,* durchweht von geheimnisvollem Hauch, ein helleuchtendes Feuer, ein Feuer, das unbegreiflich, unauslöschlich, ganz lebendig, ganz Leben war. Dieses Feuer trug in sich eine Flamme von eherner Farbe, die mit sanftem Wehen glühend brannte. Sie war dem Feuer so untrennbar vereint wie die innersten Lebensorgane dem Menschen. Jetzt blitzte die Flamme auf, wurde weißglühend, und siehe, da entstand plötzlich eine dunkle Luftkugel von gewaltiger Größe. Auf sie zuckte die Flamme mehrmals hin, und jedesmal sprühte ein Funke hervor. Dadurch wurde die Kugel zur Vollendung geführt. Himmel und Erde leuchteten in voller Gestaltung auf. Nun streckte sich die Flamme, die inmitten des Feuers glühend brannte, nach einem kleinen Klumpen lehmiger Erde aus, der auf dem Grunde der Luftkugel lag. Sie erwärmte ihn, und er wurde zu Fleisch und Blut; sie hauchte ihn an, und er richtete sich auf als ein lebendiger Mensch.

Nachdem dieses geschehen, reichte das leuchtende Feuer durch die Flamme, die mit sanftem Wehen glühend [in ihm] brannte, dem Menschen eine blendendweiße Blüte, die an der Flamme haftete, wie der Tau am Grashalm hängt. Der Mensch nahm ihren Duft mit der Nase wahr. Aber er kostete sie nicht mit seinem Munde und berührte sie nicht mit seinen Händen. Er wandte sich von ihr ab und stürzte in undurchdringliche Finsternis, aus der er sich nicht erheben konnte. Die Finsternis aber wuchs und wuchs und breitete sich in der ganzen Luftkugel aus.

Doch nun gingen in der Dunkelheit drei große Sterne in gemeinsamem Glanze auf. Viele andere folgten ihnen, kleine und große, in lichter Helle funkelnd. Zuletzt erschien ein sehr großer Stern, der in wundersamem Leuchten strahlte und seinen Glanz auf die obenerwähnte Flamme richtete.

Aber auch auf der Erde erschien ein Licht und erglühte wie das Morgenrot. In dieses ergoß sich auf wundersame Weise die Flamme, doch ohne sich von dem obengenannten leuchtenden Feuer zu trennen. Dadurch ward in dem Morgenrot ein hoher, starker Wille entfacht. Als ich aber das Heraufsteigen dieses Willens sorgfältiger beschauen wollte, wurde mir beim Hinschauen ein geheimes Siegel vorgeschoben, und ich vernahm eine Stimme aus der Höhe, die zu mir sprach: »Von diesem Geheimnis darfst du nicht mehr schauen, als dir gestattet wird, damit das Wunder des Glaubens gewahrt bleibe.« Darauf sah ich, wie aus dem Glanze des Morgenrotes ein Lichtmensch hervorging, der sein Licht gegen die obenerwähnte Finsternis ergoß, aber von ihr zurückgestoßen wurde. Blutrot und dann erbleichend führte er darauf einen so mächtigen Schlag gegen die Finsternis, daß der andere Mensch, der [ohnmächtig] in ihr darniederlag, davon emporgezogen, aufrecht und mit Licht umkleidet, aus der Finsternis hervorging. Alsbald umleuchtete nun den Sohn der Morgenröte so große Herrlichkeit, daß die menschliche Zunge sie nicht zu beschreiben vermag. Dann schwebte er empor in die höchste Höhe einer unermeßlichen Glorie, wo er in der Fülle jeglicher Fruchtbarkeit voll des Wohlduftes herrlich erstrahlte.

Und aus dem lebenden Feuer erscholl eine Stimme, die zu mir sprach:

Gebrechliche Erde, als Weib unerfahren in jeglicher Lehrweisheit fleischlicher Wissenschaft. Du verstehst nicht, Schriften zu lesen wie gelehrte Männer. Du bist einzig berührt von meinem Lichte, das dein Innerstes durchglüht wie eine brennende Sonne. Rufe und künde und schreibe diese meine Geheimnisse, die du siehst und hörst in geheimnisvoller Schau. Sei nicht schüchtern, sondern rede das, was dir im Geiste eingeht, wie Ich es durch dich rede, damit diejenigen von Scham ergriffen werden, die meinem Volke den geraden Weg zeigen sollten, aber wegen ihrer Sittenverderbnis sich der Pflicht entziehen, offen die Gerechtigkeit, um die sie wohl wissen, zu predigen. Denn sie wollen sich der bösen Lust nicht enthalten, von der sie so beherrscht sind, daß sie vor dem Angesicht des Herrn fliehen und erröten, die Wahrheit zu reden. Deshalb rede du, klein im Geiste, aber in deinem Innern belehrt durch meinen geheimnisvollen Hauch, wenn du auch um der Sünde Evas willen dem Manne untergeordnet bist. Rede und tu kund mein feuriges Werk, das dir in wahrhaftigster Schau gezeigt wird!

Der lebendige Gott erschuf alles durch sein Wort. Durch dasselbe Wort, das Fleisch annahm, führte Er auch sein Geschöpf, den elenden Menschen, der sich in Finsternis gestürzt hatte, zur verheißenden Erlösung zurück.

Auf Gott also, den Allmächtigen und Lebendigen, deutet *das helleuchtende Feuer*. Seine lichteste Klarheit wird durch keine Bosheit je verdunkelt. *Unbegreiflich* ist Er, da Er durch keinerlei Teilung je geteilt werden kann. Ohne Anfang und ohne Ende, wird Er von dem Funken geschöpflicher Erkenntnis nie erfaßt, wie Er ist. *Unauslöschlich* ist Er als die Fülle, die an kein Ende kommt. *Ganz lebendig*, denn vor Ihm ist kein Ding so verborgen, daß Er es nicht weiß. *Ganz Leben*, denn alles, was lebt, empfängt von Ihm das Leben…

Du siehst aber weiter, daß *dieses Feuer eine Flamme von eherner Farbe in sich trägt, die mit sanftem Wehen glühend brennt. Sie ist dem Feuer so untrennbar vereint wie die innersten Lebensorgane dem Menschen.* Das ist das unendliche Wort, das im Vater ist, vor aller Zeit, ehe die Schöpfung wurde, das aber in der Glut seiner Liebe, im Laufe der dahineilenden Zeiten wunderbar ohne Befleckung und Sündenbeschwer durch die sprossende Gnadenkraft des Heiligen Geistes in der Morgenröte seliger Jungfräulichkeit Mensch werden sollte. Doch wie Es vor der Annahme des Fleisches unteilbar im Vater war, so blieb Es auch nach der Menschwerdung untrennbar in Ihm, denn wie der Mensch nicht ohne die innersten Lebensorgane ist, so konnte auch das lebendige Wort Sich nicht vom Vater trennen.

Und warum wird Er »Wort« genannt? Wie durch das raumgebundene Wort, das im staubgeborenen Menschen vergänglich ist, der Befehl des Gesetzgebers klug erkannt und dem Wissenden und Verstehenden klar wird, aus welchen Hintergründen sein Auftrag kommt, so wird durch das raumlose Wort, das in dem unauslöschlichen Leben, von dem Es lebt, in Ewigkeit unvergänglich ist, wahrhaft die Kraft des Vaters erkannt. Denn all die mannigfaltigen Geschöpfe der Welt spüren und erkennen in Ihm den Ursprung, in dem sie geschaffen sind. Und wie im Wort eines Amtsträgers die Macht und die Würde dieses Menschen kundwird, so leuchtet in dem Wort, das alles umgreift, die Heiligkeit und Güte des Vaters.

Daß nun diese Flamme, wie du siehst, aufblitzt, deutet darauf hin, daß das Wort gleichsam aufblitzend seine innere Kraft offenbarte, als in Ihm alle Kreatur erweckt ward. *Weißglühend erschien die Flamme,* als das Wort in der Morgenröte und glänzenden Weiße der Jungfräulichkeit Fleisch annahm. Da träufelten aus Ihm alle Tugendkräfte in der Erkenntnis Gottes, und der Mensch schöpfte neues Leben in der Rettung der Seelen.

Die dunkle, gewaltig große Luftkugel, die nun plötzlich entsteht, bedeutet das Weltengebilde. Dunkel ist es, weil unvollkommen in seiner ersten Erschaffung, noch nicht crleuchtet durch die

Fülle der Geschöpfe. Rund erscheint es, weil es unter der unfaßbaren Macht Gottes steht, der ihm niemals fern ist, und auf dessen Wink es wie in einem Augenblick, getragen vom göttlichen Willen, [aus dem Nichts] hervorkam.

Auf dieses nun zuckte die Flamme mehrmals hin – wie ein Schmied [der auf den Amboß schlägt] –, *und jedesmal sprühte ein Funke hervor. So wird die Luftkugel zur Vollendung geführt:* Himmel und Erde leuchten in voller Gestaltung auf. In der Erschaffung der dienstbaren Kreatur offenbarte das hocherhabene Wort, das alles geschöpfliche Sein überragt, die wirkende Macht seiner Kraft, da Es [Funken gleich] die mannigfaltigen Gestalten der Wesen aus dem Weltengebilde hervorgehen hieß, alle leuchtend im wunderbaren Ursprung ihrer Erweckung – gleich dem Schmied, der aus Erz seine Gebilde wohlgeformt erstellt. Und so blitzen sie alle auf in der Schönheit ihrer Fülle, oben und unten. Zierde und Festigkeit verbinden sie in der Vollkommenheit ihrer Ausrüstung. Die oberen strahlen vom Leuchten der unteren und die unteren vom Glanz der oberen.

Daß aber daraufhin *die Flamme, die inmitten des Feuers glühend brennt, nach einem Klumpen lehmiger Erde sich ausstreckt, der auf dem Grunde der Luftkugel liegt,* das bedeutet, daß nach der Erweckung der übrigen Geschöpfe das Wort Gottes im starken Willen des Vaters und in der Liebe der hocherhabenen Huld [im Heiligen Geiste] seinen Blick auf das arme und hinfällige Erdgebilde von weicher und zarter Gebrechlichkeit neigte, aus dem alle Menschen, die bösen wie die guten, geschaffen werden sollten. Noch war der Lehm in der Tiefe seiner Unempfindlichkeit und Schwere festgehalten. Noch hatte nicht der wirkmächtige, lebensspendende Hauch ihn erweckt. Da *erwärmt ihn die Flamme – das Wort –, und er wird zu Fleisch und Blut.* In [sprossender] Grüne gießt sie ihm Wärme ein, denn die Erde ist die Fleischesmaterie des Menschen. Sie nährt ihn mit ihrem Saft wie die Mutter ihre Kinder mit Milch. *Und die Flamme haucht ihn an, und er –* der Lehm – *richtet sich auf als ein lebendiger Mensch.* Auf solch wunderbare Weise erweckt ihn das Wort durch göttliche Kraft und führt [aus dem toten Lehm] den in Seele und Leib wesenden Menschen hervor.

Nachdem dieses geschehen, reicht das leuchtende Feuer durch die Flamme, die mit sanftem Wehen glühend [in ihm] brennt, dem Menschen eine blendendweiße Blüte, die an der Flamme haftet, wie der Tau am Grashalm hängt. Denn nach der Erschaffung Adams gab ihm Gott der Vater, der die lichteste Klarheit ist, durch sein Wort im Heiligen Geiste das süße Gebot verklärenden Gehorsams, der dem [ewigen] Worte anhaftet als die flutende Lebenskraft der Fruchtbarkeit. Durch das Wort träufelte vom Vater im Heiligen Geiste der milde Tau der Heiligkeit und brachte große und viele Frucht wie der reine Tau, der auf das Gras herniederfällt und es zu reichem Sprossen erweckt. *Zwar nahm der Mensch den Duft der Blüte mit der Nase wahr, aber er kostete sie nicht mit seinem Munde und berührte sie nicht mit seinen Händen,* das heißt, er sog zwar mit der Erkenntnis der Weisheit gleichsam wie mit einem [geistigen] Geruchssinn die Vorschrift des Gebotes ein. Aber er nahm sie nicht mit dem Munde – mit der Kraft innersten Umfangens – in sich auf und führte sie nicht mit den Händen – durch die erfüllende Tat – zur beseligenden Auswirkung. Vielmehr *wandte er sich ab und stürzte in undurchdringliche Finsternis, aus der er sich nicht erheben konnte.* Vom Teufel betört, kehrte er dem göttlichen Gebot den Rücken und stürzte in den klaffenden Rachen des Todes, weil er Gott weder im Glauben noch im Werke gesucht hatte. Von der Last der Sünde niedergehalten, konnte er sich nun nicht mehr zur wahren Erkenntnis Gottes erheben, bis der Sündenlose kam, der dem Vater vollkommen gehorchte.

Die Finsternis aber wuchs und wuchs und breitete sich in der ganzen Luftkugel aus. Das ist die Macht des Todes, die sich mit der Ausbreitung der Laster ständig mehrt in der Welt. Denn in der Mannigfaltigkeit der Leidenschaften verstrickt sich die Erkenntnis des Menschen [immer tiefer] in die Abscheulichkeit aufbrechender, übelriechender Sünden.

Daß aber *in der Dunkelheit drei große Sterne in gemeinsamem Glanze aufgehen und viele andere ihnen folgen, kleine und große, in lichter Helle funkelnd,* das sind im Hinweis auf die hocherhabene Dreieinigkeit die großen Leuchten [des Alten Bundes] Abraham, Isaak und Jakob, einander verbunden im Glaubenswerk und in Fleischeseinheit. Als Vorbilder [der messianischen Fülle] schlagen sie die Finsternis der Welt zurück. Und viele Propheten folgten ihnen, die kleinen und die großen, und sie alle entsenden in zahlreichen staunenswerten Wundern ihre Strahlen.

Der sehr große Stern aber, *der alsbald erscheint, in wundersamem Leuchten strahlt und seinen Glanz auf die obenerwähnte Flamme richtet,* ist der größte Prophet, Johannes der Täufer. In treuester, frohbereiter Hingabe ließ er die Großtaten [Gottes] aufstrahlen und kündete in ihnen das wahre Wort, das heißt den wahren Sohn Gottes. Er wich der Bosheit nicht, sondern schüttelte sie in den Werken der Gerechtigkeit kraftvoll und stark von Sich ab.

Doch nun *erscheint auch auf der Erde ein Licht, erglühend wie das Morgenrot. In dieses ergießt sich auf wundersame Weise die Flamme, ohne sich von dem leuchtenden Feuer zu trennen.* Das will besagen, daß Gott an Stelle [natürlichen] Sprossens den hellen Glanz funkelnden Lichtes [in die Jungfrau] säte, in den Er aus der Fülle seiner Liebessehnsucht sein Wort entsandte. Und doch trennte Es sich nicht von Ihm. Er gab Es hin als die fruchtbringende Frucht. Er ließ Es hervorgehen als den großen Quell, auf daß jede gläubige Kehle, die davon kostet, fürder nicht mehr in Durst verschmachte. Und *so ward in dem Morgenrot ein hoher, starker Wille entfacht.* Denn in der Klarheit dieser funkelnden Lichthelle wurde die Lebensfülle des großen, urewigen Ratschlusses erschaut, so daß alle vorausgesandten Scharen [der Propheten] darüber staunten und in lichtester Wonne erschauerten.

Dir aber, o Mensch, wird, da du von der überragenden Größe dieses Ratschlusses nach Menschenweise *mehr zu wissen verlangst, ein Siegel der Verhüllung entgegengehalten,* denn du darfst die Geheimnisse Gottes nicht tiefer erforschen wollen, als die göttliche Majestät sie aus Liebe zu denen, die Ihr in treuem Glauben anhangen, zu offenbaren geruht.

Doch du siehst weiter, wie *aus dem Glanze des Morgenrotes ein Lichtmensch hervorgeht, der sein Licht gegen die Finsternis ergießt, aber von ihr zurückgestoßen wird. Blutrot und dann erbleichend führt er darauf einen so mächtigen Schlag gegen die Finsternis, daß der andere Mensch, der* [ohnmächtig] *in ihr darnie-*

derliegt, davon emporgezogen, aufrecht und mit Licht umkleidet aus der Finsternis hervorgeht. Der Sohn der Morgenröte ist das Wort Gottes, das in der strahlenden Weiße unversehrter Jungfräulichkeit unverletzt empfangen und ohne Schmerz geboren, Sich dennoch nie vom Vater trennte. Denn als der Sohn Gottes auf Erden aus der Mutter geboren wurde, erschien Er im Himmel im Vater, so daß die Engel alsbald erzitterten und frohlockend honigfließende Lobgesänge anstimmten. Er, der ohne Sündenmakel in der Welt wandelte, entsandte lichteste Beseligung – durch Lehre und Erlösung – in das Dunkel des Unglaubens. Doch vom ungläubigen Volke verworfen und zum Leiden geführt, vergoß Er sein leuchtendes Blut und kostete die Nacht des Todes an seinem Leibe. Aber gerade dadurch überwand Er den Teufel und befreite seine Auserwählten aus [der Macht] der Hölle, von der sie niedergestreckt und hingehalten waren. Er berührte sie durch seine Erlösung und führte sie barmherzig zu ihrem Erbe, das sie in Adam verloren hatten, zurück. Da tönten die himmlischen Pauken und Zithern und jeglicher Klang von Musik in unbeschreiblicher Harmonie und Schönheit, denn der Mensch, der im Verderben gelegen, ward aufgerichtet in Seligkeit. Durch göttliche Macht befreit, war er dem Tode entronnen, wie Ich durch Oseas, meinen Propheten, gesprochen habe: »…Aus der Hand des Todes werde Ich sie befreien, vom Tode sie erkaufen. Ich werde dein Tod sein, o Tod, dein Biß, o Hölle!« (Os. 13,14)…

Und nun siehst du, wie der Lichtmensch, der Sohn der Morgenröte, von so großer Herrlichkeit umleuchtet wird, daß die menschliche Zunge sie nicht zu beschreiben vermag. Den adeligen Leib des Gottessohnes, der aus der lieblichsten Jungfrau geboren wurde und drei Tage – zum Hinweis auf die drei Personen in der einen Gottheit – im Grabe lag, berührte die Herrlichkeit des Vaters, und so empfing Er seinen Geist zurück und erstand in strahlendster Unsterblichkeit, die nie ein Mensch wird ausdenken oder beschreiben können. Ihn stellte der Vater mit enthüllten Wunden den himmlischen Chören dar: »Dieser ist mein geliebter Sohn (Mt. 3,17), den Ich gesandt habe, damit Er sterbe für das Volk!« Darüber erwachte bei ihnen eine unermeßliche Freude, die alles menschliche Begreifen übersteigt. Denn nun ist die böse Vergangenheit, in der Gott nicht mehr erkannt wurde, niedergerungen. Die menschliche Vernunft, die durch die Einflüsterung des Teufels darniederlag, ist zur Erkenntnis Gottes erhoben. Durch höchste Beseligung ist dem Menschen der Weg der Wahrheit eröffnet, und er ist vom Tode zum Leben zurückgeführt.

Aber wie die Söhne Israels nach ihrer Befreiung aus Ägypten erst nach vierzigjähriger Wüstenwanderung in das Land, das von Milch und Honig floß, einzogen, so zeigte sich der Sohn Gottes nach seiner Auferstehung in Liebe noch vierzig Tage seinen Jüngern und den heiligen Frauen, die nach Ihm seufzten und mit heißer Sehnsucht Ihn zu schauen verlangten. Er wollte sie dadurch im Glauben stärken, damit sie nicht zweifelten und etwa sprächen: »Wir haben den Herrn nicht gesehen, deshalb können wir nicht glauben, daß Er unser Heil ist.«

Immer wieder erschien Er ihnen, um sie vor dem Falle zu bewahren.

Dann aber schwebte Er empor in die höchste Höhe einer unermeßlichen Glorie, wo Er in der Fülle jeglicher Fruchtbarkeit voll des Wohlduftes herrlich erstrahlt. Der Sohn Gottes stieg hinauf zum Vater, der, zugleich mit eben diesem Sohne und dem Heiligen Geiste auf der alles überragenden und überstrahlenden Höhe unaussprechlicher Freude und unbeschreiblichen Jubels thront. Dort erscheint Er nun glorreich in der strömenden Fülle blitzender Helligkeit und Seligkeit seinen Getreuen, die mit reinem und einfältigem Herzen glauben, daß Er wahrer Gott-Mensch ist. Denn nun beginnt [in ihnen] die neue Braut des Lammes sich zu bilden in der mannigfaltigen Zier all der Tugendkräfte, mit denen der mannhafte Streit des ganzen gläubigen Volkes gegen die listige Schlange sie [durch die Jahrhunderte hindurch] schmücken wird.

Wer wachenden Auges sieht und gespannten Ohres hört, der reiche diesen geheimnisvollen Worten, die Mir, dem Lebendigen, entströmen, den umarmenden Kuß!

Das Wort, durch das der Vater im Heiligen Geiste das All der Dinge ins Dasein rief, ist Fleisch geworden. Dadurch ist die Quelle göttlichen Lebens selbst in das Menschengeschlecht eingesenkt. Adam war nur ein Empfangender gewesen. Seine geistli-

che Vaterschaft hätte im Weitergeben bestanden. Christus trägt das Leben als ureigensten Besitz in Sich selbst, denn Er ist Gott, und als Mensch leitet Er es hinüber in die, die mit Ihm ein Fleisch und Blut geworden sind durch seine Geburt aus der Jungfrau. Schon ist in Ihm die menschliche Natur erhoben auf den Thron zur Rechten des Vaters: der Lehm der Erde in den Schoß der Gottheit. – Nicht mehr als Flamme erscheint in der nächsten Schau die zweite göttliche Person, sondern in verklärter Menschengestalt.

MECHTHILD VON MAGDEBURG

Das fließende Licht
der Gottheit

ca. 1210–ca. 1285
Sie war Begine (Beginen waren im Mittelalter ohne klösterliche Regeln, aber gemeinschaftlich in Armut und Keuschheit lebende
Frauen), die ihre letzten Lebensjahre in einem Zisterzienserkloster
verbrachte. Ihr kindlich unbefangener Glaube, kosmische Visionen
und die innere Gewißheit, bräutliche Geliebte Gottes zu sein, kenn-
zeichnen Inhalt und Stil ihres Werkes.

Vom Himmelreich und den neun Chören und
wer den leeren Raum füllen wird.
Vom Thron der Apostel, Sankt Marien und Christ.
Vom Lohn der Prediger, Märtyrer und Jungfrauen,
und von den ungetauften Kindern

Die Seele sprach also zu ihrem Verlangen:
»Eia, fahr hin und sieh, wo mein Lieber weilt.
Sag ihm, ich möchte minnen.«

Da fuhr das Verlangen eilig von hinnen,
Denn es ist von Natur aus schnell,
Und kam zu der Höhe
Und rief:
»Großer Herr, tu auf
Und laß mich ein!«

Da sprach der Herr:
»Was willst du, daß du so heftig drängst?«
»Herr, ich künde Dir:
Meine Herrin kann nicht lange so leben.
Würdest Du fließen, so könnte sie schwimmen.
Der Fisch kann im Sand nicht lange treiben
Und dabei frisch bleiben.«

»Fahr wider, ich laß dich nicht herein,
Du bringest mir denn die hungrige Seele,
Nach der mich verlangt vor allen Dingen.«

Als der Bote wiederkam
Und die Seele den Willen des Herrn annahm,
Eia, wie selig sie da über sich kam.
Sie erhob sich im gleitenden Fluge
Und in lustvollem Zuge.

Da erschienen ihr sehr rasch zwei geschmückte Engel; die sandte ihr Gott in herzlicher Liebe entgegen. Und sie sprachen zu ihr: »Frau Seele, was sucht Ihr so weit oben? Ihr seid ja noch mit der finsteren Erde bekleidet.«

Da sprach sie: »Je, ihr Herren, schweigt davon nur still und grüßt mich ein wenig huldvoller! Ich will minnen gehn. Je tiefer ihr zur Erde sinkt, um so mehr verbergt ihr euren holden Himmelsglanz. Und je höher ich steige, je glänzender scheine ich.« Da nahmen sie die Seele zwischen sich und führten sie fröhlich von hinnen.

Und die Seele schaute der Engel Land,
Da ist sie ohne Gefahr bekannt.
Der Himmel wurde ihr aufgeschlossen:
Da stand sie, in ihrem Herzen zerflossen
Und sah ihren Liebsten an und sprach:
»O Herr, ich sehe Dich und muß Dich preisen
Ob Deiner wundervollen Weisheit.
Wo bin ich hingekommen?

Bin ich in Dir verloren?
Ich kann der Erde nicht gedenken
Noch irgend meines Herzeleids.
Ich dachte, wenn ich Dich erschaute,
Dir von der Erde viel zu klagen.
Nun hat mich, Herr, Dein Anblick erschlagen,
Du hast mich ganz über meinen Adel emporgetragen.«

Dann kniete sie nieder und dankte ihm für seine Gnaden und nahm die Krone von ihrem Haupte und legte sie auf die rosenfarbenen Narben seiner Füße und bat, daß sie ihm näher treten dürfe. Da nahm er sie in seine göttlichen Arme und legte seine väterliche Hand auf ihre Brust und schaute in ihr Antlitz. In dem Kusse wurde sie dann entrückt in die höchste Höhe über alle Chöre der Engel.

Die kleinste Wahrheit,
Die ich dort gesehen, gehört und erkannt,
Gleicht nicht der höchsten Wahrheit,
Die auf Erden je ward genannt.

Ich sah dort unerhörte Dinge, wie meine Beichtväter sagen, obwohl ich der [heiligen] Schrift ungelehrt bin. Ich fürchte aber Gott, wenn ich schwiege, und fürchte aber [auch] unverständige Menschen, wenn ich schreibe. Liebe Leute, was kann ich dafür, daß mir dies geschieht und oft geschehen ist? In der demütigen Einfalt und in der verlassenen Armut und in der drückenden Schmach hat mir Gott seine Wunder gezeigt.

Da sah ich die Schöpfung und die Ordnung des Gotteshauses, das er selber mit seinem Munde erbaute. Dahinein setzte er das Liebste, das er mit seinen Händen erschuf. Die Schöpfung des Hauses heißt Himmel. Die Chöre dort innen heißen die Reiche, darum nennt man es insgesamt Himmelreich.

Das Himmelreich hat in seiner Satzung ein Ende, aber an seinem Wesen wird nie ein Ende gefunden. Der Himmel umfaßt die Chöre, und zwischen dem Himmel und den seligen Chören sind die weltlichen Sünder geordnet, immer in ähnlicher Höhe den

Chören, daß sie sich bessern und bekehren. Die Chöre sind so fein und heilig und wunderbar, daß ohne Keuschheit und Minne und Verzicht auf alle Dinge niemand dort hineingelangt. Denn es waren alle heilig, die dort herausfielen und danach müssen sie alle heilig sein, die wieder hineinkommen.

Alle getauften Kinder bis sechs Jahre füllen den Zwischenraum nicht höher als bis zum sechsten Chor. Danach, bis zu den Seraphinen werden die Jungfrauen den Raum füllen, die sich in kindischer Absicht beflecken und die Tat in Wirklichkeit nicht verübten und die sich in der Beichte reinigten. Sie können sich davon doch nicht (ganz) erholen, denn sie haben die Lauterkeit verloren. Die aber reine geistliche Jungfrauen sind, werden nach dem Jüngsten Tag den Raum über den Seraphinen füllen, wo Luzifer und seine Nächsten [durch die Kraft des Allerhöchsten] verstoßen wurden.

Luzifer beging drei Hauptsünden zugleich: Haß, Hoffart und Geiz. Diese schlugen den Chor so geschwind in den Abgrund, als man Alleluja ausrufen kann. Da erschrak das ganze Reich, und alle Säulen des Himmels erzitterten, und es stürzten auch einige. Diese Abgeschiedenheit ist noch frei und leer. Niemand ist dort drinnen. Sie ist ganz lauter in sich selbst und glänzt von Wonne Gott zu Ehren. Darüber wölbt sich der Thron Gottes in (aller) Gotteskraft in blühender, leuchtender, feuriger Klarheit bis hernieder zum Himmel der Cherubim, so daß der Gottesthron und der Himmel ein herrliches Haus bilden, das die neun Chöre und den abgeschiedenen Raum (des Luzifer) einschließt.

Über diesem Gottesthron ist nichts weiter als Gott, Gott, Gott, der unermeßlich große Gott. Oben am Throne sieht man den Spiegel der Gottheit, das Bild der Menschheit, das Licht des Heiligen Geistes und erkennt, wie die drei ein Gott sind und wie sie sich in eins fügen. Mehr kann ich hiervon nicht sagen.

Luzifers Platz wird Johannes Baptista einnehmen und in dieser seligen Abgeschiedenheit über den Seraphim seine Herrlichkeit besitzen; und allen lauteren Jungfrauen ist mit ihm dieses ferne Land noch vorbehalten. Unsere heilige Frau Maria braucht am Throne (Gottes) keine Lücke zu füllen, denn sie hat mit ihrem Kinde aller Menschen Wunden geheilt, und es war ihnen die

Gnade gewährt, die sie behalten wollten und konnten. Ihr Sohn ist Gott und sie ist Göttin; es kann ihr niemand gleichkommen. Die Apostel wohnen dem Gottesthron am nächsten und haben die Abgeschiedenheit von den Seraphim zum Lohne, in dem Maße sie rein sind. Johannes der Täufer ist auch am Throne (Gottes) ein Fürst. Die Engel wohnen nicht höher als im Chore der Seraphim; darüber werden nur Menschen sein. Die heiligen Märtyrer, Gottesprediger und geistlich Liebenden kommen in die Chöre, wenngleich sie keine Jungfrauen sind. Ja, sie kommen wahrlich zu den Cherubinen. Bei ihnen sah ich unverhofft die Herrlichkeit der Prediger, wie sie (ihnen) in der Zukunft erstrahlen wird. Ihre Sitze sind wunderbar, ihr Lohn ist übergroß. Die vordersten Stühle sind zwei brennende Lichter. Sie bezeichnen die Liebe und das heilige Vorbild und die reine innere Absicht. Die Lehne der Sitze ist so angenehm frei und in wonnevoller Ruhe so süß, daß sie zum strengen Gehorsam, dem (die Prediger) auf Erden untertan waren, in kein Verhältnis gesetzt werden kann.

Die Füße (der Sitze) sind mit manch kostbarem
   Gestein geschmückt.
Überaus schön; ich wäre wahrlich entzückt,
Würde mir eine so wundervolle Krone.
Diese haben sie für die Mühsal
Ihrer Füße im Erdental.

O Prediger, wie regt ihr eure Zungen jetzt so unwillig, und wie schwerfällig neigt ihr euer Ohr zu des Sünders Mund!

Ich sah vor Gott, was im Himmel geschehen wird: Ein Odem wird aus eurem Munde hervorgehen. Er wird sich erheben aus den Chören vor dem Thron und wird den himmlischen Vater für die Weisheit verherrlichen, die er euren Zungen verlieh und den Sohn für seine ehrenvolle Gesellschaft grüßen, da er selbst ein Prediger war, und dem Heiligen Geist für seine Gnade danken, da er ein Herr aller Geschenke ist. Dann werden die Gottesprediger und die heiligen Märtyrer und die minnenden Jungfrauen sich erheben, denn ihnen ist die größte Herrlichkeit gegeben an einzigartigen Gewändern, lieblichen Gesängen und an wundervollen Kränzen, die sie tragen Gott zu Ehren.

Der Jungfrauen Gewand ist weiß und lilienrein,
Der Prediger-Gewand ist feurig, klar wie der Sonnenschein,
Der Märtyrer-Gewand ist leuchtend, rosenrot,
Denn sie erlitten mit Jesus den blutigen Tod.
Der Jungfrauen-Kranz steht in Farbenpracht schön,
Der Märtyrer Krone ist groß zu sehn.

Der Prediger Kranz ist voll von Blumen, das sind die Gottesworte, durch die sie die große Ehre erlangten. In diesem Schmuck singen und jubilieren die Seligen dieser drei Stände im Angesichte der Heiligen Dreifaltigkeit und tanzen im holden Reigen.

Da fließt auf sie von Gott
Eine dreifaltig spielende Flut,
Die erfüllet ihr Gemüt.
Und sie besingen die Wahrheit,
Selig ohne Beschwerlichkeit,
Wie sie Gott an ihnen aufzeigt.

Also singen die Prediger: »O auserwählter Herr, wie folgten Deiner verschwenderischen Güte in williger Armut und haben Deine verirrten Schafe heimgeholt, die Deine gedungenen Hirten abseits vom rechten Wege ließen.«

Also singen die Märtyrer: »Herr, Dein unschuldiges Blut vollendete unseren Tod, daß wir Deiner seligen Marter Mitleidende sind.«

Die Seligen, die jetzt im Himmel schweben
Und so wonnevoll dort leben,
Sind alle umfangen von einem Lichte
Und sind durchflossen von einer Minne
Und sind vereint in einem Willen.
Doch ist ihnen die Ehre und Würde noch vorenthalten,
Die sie beim Einnehmen der herrlichen Sitze erhalten.
Sie ruhen in der Gotteskraft
Und fließen in die Wonne
Und halten sich in Gottes Atemzug
Wie die Luft in der Sonne.

Aber nach dem Jüngsten Tage, da Gott sein Abendmahl einnehmen will, wird man den Bräuten Sitze bei ihrem Bräutigam bereiten, und dann wird Lieb zu Lieb kommen, der Leib zur Seele, und dann volle Herrschaft in der ewigen Herrlichkeit besitzen.

O du anmutiges Lamm und wonnevoller Jüngling Jesus, des himmlischen Vaters Kind, wenn Du Dich alsdann erhebst und alle neun Chöre durchziehst und den Jungfrauen liebend zuwinkst, dann folgen sie Dir feierlich zu dem allerwonnevollsten Ort, von dem ich niemandem je etwas sagen kann. Wie sie dann mit Dir spielen und sich in Deiner Minnelust verzehren, das ist von so himmlischer Süßigkeit und so zarter Innigkeit, daß ich dergleichen nicht kenne.

Auch die Witwen folgen in herrlicher Lust. Und im süßen Anschauen lassen sie sich aufs höchste befriedigen und können sehen, wie das Lamm sich den Jungfrauen vereinigt.

Die Eheleute werden auch minniglich schauen in dem Maße, als es ihrem Adel nach sein kann. Denn je mehr man sich hier mit irdischen Dingen sättigt, desto mehr wird uns die himmlische Wonne entzogen.

Die Chöre haben alle ein besonderes Leuchten in ihrem Glanz und der Himmel seinen eigenen Schein. Das Leuchten ist so einzig herrlich, daß ich darüber nicht schreiben mag noch kann. Den Chören und dem Himmel ist von Gott große Würde verliehen. Von jedem kann ich nur ein Wörtlein sagen, das nur soviel enthält, als eine Biene Honig an ihren Füßen aus einem vollen Stock tragen kann.

In dem ersten Chore ist die Seligkeit
  Das Höchste, was sie haben
  Unter allen Gaben.
In dem zweiten Chore die Sanftmütigkeit,
In dem dritten Chore die Lieblichkeit,
In dem vierten Chore die Süßigkeit,
In dem fünften Chore die Fröhlichkeit,
In dem sechsten Chore der Reichtum,
In dem achten Chore die Würde,

In dem neunten Chore das Minnebrennen,
In der seligen Abgeschiedenheit ist die reine Heiligkeit.

Das Höchste an dem Thron ist das machtvolle Ansehen und die starke Herrschaft. Das Höchste über allem, was je im Himmel ward, ist das Staunen, das Höchste was ist: daß sie schauen können, was jetzt ist und immer sein wird.

Eia, die herrliche Macht und die süße Ewigkeit und das klare Durchschauen aller Dinge und die besondere Vertraulichkeit, die zwischen Gott und jeder Seele ohne Unterlaß hin- und hergeht, ist von so unaussprechlicher Zartheit; hätte ich aller Menschen Weisheit und aller Engel Stimme, ich könnte sie nicht aussprechen.

Die ungetauften Kinder unter fünf Jahren empfangen eine besondere Würde, die ihnen Gott aus seinem Reiche verleiht.

Aber sie haben nicht den Leib
Von Erwachsenen von dreißig Jahren.
Weil sie keine Christen mit Christus waren.
Sie haben keine Kronen,
Denn Gott kann ihnen nichts lohnen.
Er hat ihnen jedoch seine Güte gegeben,
Daß sie in großem Frieden leben.
Das Höchste, was sie haben,
Ist die Fülle der Gnaden.
Sie singen also:
Wir preisen den, der uns erschaffen,
Wenngleich wir ihn nie sahen.
Müßten wir Leid ertragen,
Würden wir immer klagen.
Nun aber dürfen wir uns wohl gehaben.

Nun werden sich einige Leute verwundern, wie ich sündiger Mensch dazu komme, eine solche Rede zu schreiben. Ich sage euch aber fürwahr: hätte es Gott vor sieben Jahren in außerordentlicher Gnade in meinem Herzen nicht angeregt, ich schweige noch und hätte es nie getan. Bisher aber gerichtе es mir durch

Gottes Güte nie zum Schaden. Dies kommt von dem Spiegel meiner unverhohlenen Nichtigkeit, die ganz deutlich vor meiner Seele offenliegt, und von der Vorzüglichkeit der Gnade, die in der wahren Gottesgabe liegt.

Je höher die Seele erhoben wurde, desto weniger Wohlgefallen soll sie dem Leibe im Tun und Reden erzeigen. Man soll auch den Kummer vor seinen Augen nicht klagen, denn er ist von Natur aus ein Feigling. Man soll ihn (vielmehr) wie einen alten Pfründer halten, der nicht mehr am Hofe dienen kann, und gewähre ihm nur Gott zuliebe ein Almosen. Dies ist wahrlich nützlich: denn je ärger der Hund, um so fester das Halsband.

Nun lieber Herr, möchte ich diese Rede Deiner überreichen Güte anheimstellen und bitte Dich, mein Viellieber, mit seufzendem Herzen und mit weinenden Augen und mit elender Seele, daß sie nie ein Pharisäer liest, und ich bitte Dich weiter, viellieber Herr, daß Deine Kinder diese Rede so verstehen, wie Du sie, Herr, in der rechten Wahrheit hervorgebracht hast.

Wie die Seele klagt,
daß sie keine Messe und keine Tagzeiten hört.
Wie Gott sie lobt in zehn Dingen

So klagte eine verlassene Seele, als Gott ihr seine inbrünstige Liebe entzogen hatte und sie in bitterem Leiden liebte: O weh, wie schwer kann es ein reicher Mann ertragen, daß er nach üppigem Reichtum in große Armut verwiesen wird! Und (sie) sprach: Eia, Herr, nun bin ich sehr arm an meinem kranken Leib und bin sehr elend an meiner armen Seele, weil nach der geistlichen Regel niemand die Tagzeiten vor mir liest und niemand Dein heiliges Meßamt vor mir feiert.

Da sprach der liebende Mund,
Der meine Seele küßte wund,
In seinen erhabenen Worten,
Die ich niemals würdig hörte:
Du bist meiner Sehnsucht Liebesfühlen,

Du bist meiner Brust ein süßes Kühlen,
Du bist ein inniger Kuß meines Mundes,
Du bist eine selige Freude meines Fundes,
Ich bin in dir, du bist in Mir,
Wir können einander nicht näher sein,
Denn wir sind beide in eins geflossen
Und sind in *eine* Form gegossen
Und verbleiben so ewig unverdrossen.

Eia, Geliebter, wie sprichst Du so zärtlich zu mir! Doch wage ich niemals, fröhlich an diese Worte zu denken, weil mir der tote Hund, mein Leib, ohne Unterlaß in Elendigkeit zustinkt und meine anderen Feinde mich ständig anfallen, und ich, Herr, nach meiner Kraft und Erkenntnis nicht weiß, wie es mir am Ende ergehen wird. Nur allein bei Deiner Anschauung, da weiß ich nichts von Leid, sosehr hast Du mich, Herr, mir selber genommen und bist in mich unversehens eingegangen. Was Du mir dann gelobt hast, möge geschehen und Dir noch mehr Ruhme werden!

Also antwortete unser Herr:
Meine Herablassung in die Tiefe
Mein Wandel in die Breite
Mein Verlangen nach der Höhe
Mein Warten in die Länge

Abermals muß Ich dich lehren:
Den edlen Jungfrauen kostet ihre Zucht viel Schmerzen,
Sie müssen sich zwingen an all ihren Gliedern,
Und müssen gar oft vor der Erzieherin beben.
So ist es Meinen Bräuten auf Erden an ihrem Leib gegeben.
Aus Liebe zu dir ward Ich auf Erden mit Leiden umfangen,
Meine Feinde hielten vor Meinen Augen wütend den Tod beihanden,
Und Ich litt unsägliche Armut in Schanden.
In allem vertraute ich auf des Vaters unendliche Güte.
Hiernach richte dein Gemüte.

Willst du Gott recht nachfolgen,
dann mußt du sieben Dinge haben

Wer Gott folgen will in unermüdlichem Streben, der darf nicht
stille stehen.
Er soll sich häufig durch Betrachten erheben
Er soll bedenken, was er in der Sünde war,
Wie (schwach) er jetzt in den Tugenden sei
Und was aus ihm noch werden kann bei einem Fall.
Er soll klagen und loben und bitten Tag und Nacht.
Wenn die treue Braut erwacht, denkt sie an ihren Geliebten.
Kann sie ihn dann nicht haben, so beginnt sie zu weinen.
Eia, wie häufig das den Bräuten Gottes geistlicherweise wider-
fährt!

Von sieben offensichtlichen Feinden
unserer Seligkeit,
die siebenfachen Schaden anrichten

Untauglichkeit ist an uns eine sehr schädliche Eigenschaft.
Schlechte Gewohnheit schadet uns auch an jedem Ort.
Irdische Gier vertilgt in uns das heilige Gotteswort.
Häßlicher Hader aus Eigenwillen begeht an uns manch unheilvol-
len Mord.
Feindschaft des Herzens vertreibt uns den Heiligen Geist.
Zorniges Gemüt kann nimmer bestehen,
Doch lautere Gottesliebe kann an niemand vergehen.
Wollen wir diesen Feinden nicht entfliehen,
Werden sie uns das Himmelreich entziehen.
Denn ein Vorhimmel ist uns beschieden,
Wenn wir heilig leben hienieden.

Gönnen wir aber diesen Feinden Klugheit und Gewalt über uns,
dann berauben sie uns der sieben Gaben des Heiligen Geistes und
löschen in uns das wahre Licht der echten Gottesliebe aus. Sie ver-

binden uns auch die Augen der heiligen Erkenntnis und führen uns als Verblendete in die sieben Hauptsünden. Wo führt dann der Weg anders hin, als in den ewigen Abgrund?

Von den sieben Dingen, die jeder Priester haben soll

Der himmlische Vater hat mir sieben Dinge gesagt, die ein jeder
    Priester Gottes an sich haben soll, und sprach:
Sie sollen rein an sich selbst und ihr Rüstzeug soll tadellos sein.
Liegt hieran kein Zweifel, so soll man keine Bedenken hegen.
Sie sollen alle Furcht von sich legen
Und sollen das jüdische Gesetz vergessen,
Sie sollen mein Lamm lebendig essen
Und sollen mein Blut seufzend trinken,
Dann können sie seiner großen Leiden recht gedenken.
Trägt der Priester aber in sich Schuld,
Dann essen zwar meine Kinder das Himmelsbrot,
Aber Judas fährt zur Hölle.
Und ist das Rüstzeug, das zur Messe gehört, nicht ganz vollkom-
    men,
Bleibt der Gottestisch leer, und den Kindern wird die Speise ge-
    nommen.
Kommen sie schließlich ob dem Alter in Bedrängnis ihres Leibes,
Dann ist es besser, daß sie ihr Blut vergießen als Meines.

Von dem Anfang aller Dinge, die Gott aus Minne erschaffen hat

Eia, Vater aller Güte,
Ich unwürdiger Mensch danke Dir für alle Treue,
Mit der Du mich aus mir selber in Deine Wunder geführt hast,
Also Herr, daß ich in Deiner vollkommenen Dreifaltigkeit
Den hohen Rat hörte und sah,
Der vor unserer Zeit geschah.

Als Du, Herr, in Dir selber warst beschlossen
Und die unsägliche Wonne noch zu niemandem war geflossen,
Da strahlten die drei Personen so herrlich zusammen,
Eine jede konnte durch die andere flammen,
Und sie waren doch ganz beisammen.

Der Vater war geziert in sich selbst mit dem männlichen Sinn der
    Allmächtigkeit,
Und der Sohn war dem Vater gleich in unendlicher Weisheit,
Und der Heilige Geist war beiden gleich in voller Freigebigkeit.
Da spielte der Heilige Geist dem Vater ein Spiel in seligem Über-
    schwang.
Und schlug auf die (Harfe der) Heilgen Dreifaltigkeit und sang:
»Herr, lieber Vater, Ich will aus Dir selbst einen gütigen Rat Dir
    geben:
Wir wollen nicht länger so unfruchtbar leben.
Laß uns haben ein geschaffenes Reich
Und bilde die Engel Mir gleich,
Daß sie seien ein Geist mit Mir.
Der Mensch soll das andere sein.
Denn, lieber Vater, Freude heißt das allein,
Daß man lebe in liebendem Verein
In unsäglicher Wonne vor Deinem Augenschein.«

Da sprach der Vater: »Du bist ein Geist mit Mir.
Was Du rätst und willst, gefällt auch Mir.«

Als der Engel erschaffen war,
– Ihr wißt wohl, wie es geschah –
Gab der Heilige Geist den Engeln von seinem Überfluß,
Daß sie uns dienen und sich erfreuen all unsrer Lust;
Wäre der Engel Fall unterblieben,
Der Mensch wäre doch erschaffen worden.

Da sprach der ewige Sohn in großer Zartheit:
»Lieber Vater, auch Meine Natur soll Frucht bringen.
Wenn Wir Wunderbares beginnen,

Bilden Wir den Menschen nach Mir.
Wenngleich Ich großen Jammer voraus sehe,
Ich werde den Menschen doch ewiglich minnen.«

Da sprach der Vater: »Sohn,
Auch Mir bewegt gewaltige Lust
Meine göttliche Brust,
Und ich töne ganz von Minne.
Wir wollen fruchtbar werden,
Auf daß man Uns wiederminne
Und Unsre große Herrlichkeit ein wenig erkenne.
Ich will Mir selbst eine Braut erschaffen.
Die soll Mich mit ihrem Munde grüßen
Und mit ihrem Ansehn verwunden,
Dann erst geht es recht an ein Minnen.«

Da sprach der Heilige Geist zum Vater:
»Ja, lieber Vater, die Braut werd Ich Dir zu Bette bringen.«

Da sprach der Sohn:
»Du weißt es wohl, Ich werde noch sterben vor Minnen.
Doch wollen wir alles in großer Heiligkeit fröhlich beginnen.«
Da neigte sich die Heilge Dreifaltigkeit zur Schöpfung aller Dinge
Und schuf uns, Leib und Seele, in unaussprechlicher Minne.
Adam und Eva waren gebildet und adlig erschaffen nach dem ewi-
   gen Sohn,
Der aus dem Vater geboren ist ohne Anfang.
Da gab der Sohn an Adam von seiner himmlischen Weisheit
Und von seiner irdischen Mächtigkeit,
Damit er besitze in vollkommener Minne
Wahre Erkenntnis und heilige Sinne,
Und daß er gebieten könnte aller irdischen Kreatur.
Das ist nun verloren an unserer Natur.
Dann gab Gott aus herzlicher Liebe Adam
Eine feine, edle und zarte Jungfrau,
Das war Eva.
Und verlieh ihr seine minniglich ehliche Gehaltenheit,
Die er selber zu Ehren seines Vaters zeigt.

Ihre Leiber sollten lauter sein,
Denn Gott schuf ihnen keine Glieder der Schande,
Und sie waren gekleidet im Engelsgewande.
Ihre Kinder sollten sie gewinnen
Im heiligen Minnen,
Wie die Sonne spielend in das Wasser scheint
Und das Wasser doch unzerbrochen bleibt.
Aber als sie aßen von der verbotenen Speise,
Wurden sie schmählich verändert am Leibe,
So, wie wir ihn jetzt noch erfahren.
Hätte uns die Heilge Dreifaltigkeit so häßlich erschaffen,
Brauchten wir uns wegen des Ursprungs der edlen Schöpfung
    nicht zu schämen.
Der himmlische Vater schenkte der Seele seine göttliche Minne
Und sprach: »Ich bin der Gott aller Götter,
Du aber bist der Geschöpfe Göttin.
Und Ich gelobe es dir in die Hände,
Daß Ich Mich niemals von dir wende.
Willst du dich nicht selber verderben,
Sollen Meine Engel dir ewig dienstbar werden.
Ich stell dir den Heiligen Geist als Kämmerer zu Seiten,
Dann kannst du nicht unwissend in Todsünden gleiten.
Und Ich verleihe dir die freie Willenswahl.
Nun, Lieb vor allem Lieb, sei wachsam allzumal.
Du mußt beachten ein leichtes Gebot,
Auf daß du gedenkest, Ich sei dein Gott.«
Die überaus reine Speise,
Die Gott ihnen gelobte im Paradiese
Sollte in großer Heiligkeit in ihrem Leibe verbleiben.
Doch als sie die unrechte Speise gegessen,
Die ihrem reinen Leibe nicht angemessen,
Ward ihnen Vergiftung so voll zuteil,
Daß sie die Reinheit der Engel verloren,
Und die jungfräuliche Keuschheit vergaßen.
Da schrie die Seele in großer Finsternis jahrelang nach ihrem Lieb
Mit jammervoller Stimme und rief:
»O lieber Herr, wo ist Deine übersüße Minne?

Wie sehr verwarfst Du Deine ehliche Königin!
So ist es nach der Propheten Sinn!
O großer Herr, wie kannst Du ertragen diese lange Not,
Ohne zu töten unseren Tod?
Oh, möchtest Du doch geboren werden?
Aber, Herr, Deine ganze Schöpfung ist stets vollkommen,
Und so ist es auch Dein Zorn.«

Da erhob sich abermals ein hoher Rat
In der Heiligsten Dreifaltigkeit,
Und der ewige Vater sprach:
»Meine Schöpfung ist mir leid,
Denn ich gab meiner Heiligsten Dreifaltigkeit
Eine überaus herrliche Braut zu eigen,
Ihr sollten die Engel als Diener sich neigen.
Ja, hätte Luzifer seinen Ruhm behalten,
Sie würde über ihn als Göttin walten.
Denn ihr ganz allein war das Brautbett bereitet.
Aber sie wollte mir nicht länger gleichen.
Nun ist sie verdorben und greulich verkommen.
Wer hätt diesen Unflat an sich genommen?«

Eia, da kniete der ewige Sohn vor seinem Vater nieder und sprach:
»Lieber Vater, das will ich tun. Willst Du Mir Deinen Segen geben? Ich will gerne die blutige Menschheit an Mich nehmen, und Ich will des Menschen Wunden mit dem Blute Meiner Unschuld salben, und Ich will alle Wunden der Menschen verbinden mit einem Tuche der elenden Schmach bis an mein Ende, und Ich will Dir, lieber Vater, des Menschen Schuld mit menschlichem Tode entgelten.«

Da sprach der Heilige Geist zum Vater: »O allmächtiger Gott, laß Uns eine glanzvolle processio halten und laß Uns in großer Herrlichkeit unvermischt von dieser Höhe niedersteigen. Ich bin doch zuvor Mariens Kämmerer gewesen.«

Da neigte sich der Vater in großer Minne vor ihrer beider Willen und sprach zum Heiligen Geiste: »Du sollst Mein Licht vor Meinen lieben Sohn in alle die Herzen tragen, die er mit Meinen Worten bewegen wird, und Du, Sohn, sollst Dein Kreuz auf Dich nehmen. Ich werde mit Dir wandeln auf allen Deinen Wegen, und ich werde Dir eine reine Jungfrau zur Mutter geben, damit Du die edle Menschennatur um so ruhmvoller tragen kannst.« Da ging die glanzvolle Prozession in Freuden hernieder in den [mystischen] Tempel Salomons. Dort wollte der allmächtige Gott neun Monate Herberge nehmen.

Von der Passion der minnenden Seele, die sie für Gott erleidet. Wie sie aufersteht und in den Himmel fährt.

In wahrer Liebe und im Weinen und Sehnen nach Gott wird die
    minnende Seele verraten.
Sie wird verkauft im heiligen Begehren nach seiner Liebe,
Sie wird gesucht mit der Schar vieler Tränen nach ihrem lieben
    Herrn, den hätte sie so gern.
Sie wird gefangen bei der ersten Erfahrung.
Wenn Gott sie küßt in süßer Vereinung.
Sie wird ergriffen von manchen heiligen Gedanken,
Wie sie ihr Fleisch ertöte, um nicht zu wanken.
Sie wird gebunden mit des Heiligen Geistes Gewalt,
Und ihre Wonne wird sehr mannigfalt.
Sie wird geschlagen mit großer Ohnmacht,
Da sie das ewige Licht nicht unaufhörlich zu ertragen vermag.
Sie wird vor Gott geschleppt, zitternd und geschändet,
Weil der Sündenmakel ihr Gott sooft entfremdet.
Sie beantwortet alles in heiliger Weise
Und kann es nicht ertragen,
Jemandem Arges zu sagen.
Sie wird geohrfeigt vor Gericht,
Wenn der Teufel sie geistlich anficht.
Sie wird zu Herodes gesandt,
Wenn sie sich selbst als wertlos und unwürdig kennt
Und sich verachtet mit den großen Herrn ihrer Gedanken.
Sie wird Pilatus zurückgegeben,

Wenn sie beginnt, irdische Dinge zu pflegen.
Sie muß erschreien und wird geschlagen mit großen Sehren,
Will sie sich wieder dem Leib zukehren.
Sie wird entkleidet aller Dinge,
Wenn Gott sie gewandet mit dem Seidenkleid strahlender Minne.
Sie wird mit vielfacher Treue huldvoll gekrönt,
Wenn sie begehrt, daß Gott nie belohnt
Ihre Leiden alle,
Es sei denn zu seinem höchsten Lobe.
Sie wird verspottet mit heiliger Einfalt,
Wenn sie so tief in der Gottheit aushält,
Daß ihr die irdische Weisheit entfällt.
In großer Verachtung beugt man vor ihr die Knie,
Wenn sie in zarter Demut den Geschöpfen zu Füßen liegt.
Ihre Augen werden verbunden mit ihres Leibes Unedelkeit,
Wenn sie tief in seinem Dunkeln befangen bleibt.
Ihr Haupt wird geschlagen mit Rohren,
Vergleicht man ihre große Heiligkeit einem Toren.
Sie trägt ihr Kreuz auf seligen Wegen,
Hat sie sich Gott im Leid wahrhaft ergeben.
Der Hammer der starken Minnegelübde nagelt ans Kreuz sie an,
Daß die ganze Schöpfung sie nicht mehr zurückrufen kann.
Sie dürstet auch sehr am Kreuz der Minne,
Denn sie tränke gern den lauteren Wein aller Gotteskinder.
So kommen sie alle
Und schenken ihr Galle.
Ihr Leib wird getötet
In der lebendigen Minne,
Aber ihr Geist wird erhöhet
Über alle menschlichen Sinne.
Nach diesem Tode fährt sie machtvoll zur Hölle
Und tröstet die betrübten Seelen mit ihrem Gebete
Aus Gottes Güte
Ohne ihres Leibes Mitwissenschaft.
Ihre Seite durchsticht ein Blinder,
Der unwissend ist in der Minne,
Mit einem süßen Speere,

Da entfließt ihrem Herzen manch heilige Lehre.
Sie hängt auch am Kreuz der hohen Minne
Hoch im süßen Hauche des Heiligen Geistes,
Vor der ewigen Sonne der lebendigen Gottheit,
So daß sie an allen irdischen Dingen verdorrt.
In einem heiligen Ende wird sie vom Kreuze genommen
Und spricht zum Vater: »Empfang meinen Geist,
Nun ist alles vollkommen.«
Man schließt sie ins Grab tiefer Demütigkeit,
Da ist sie sich größter Unwürdigkeit
Unter allen Geschöpfen bewußt.
Froh aufersteht sie am Ostertage,
Wenn sie mit dem Geliebten eine süße Minneklage
Im engen Brautbett gesungen hat.
Dann tröstet sie ihre Jünger des Morgens früh mit Marien,
Wenn sie von Gott die wahre Gewißheit empfängt,
Daß ihre Sünden alle in Minnereue getilgt sind.
Sie kehrt zu den Jüngern zurück bei verschlossener Pforte,
So oft sie ihre fünf Sinne belehrt über Gottes heilige Worte.
So zieht sie fort aus Jerusalem, der heiligen Christenheit,
Begleitet von manchen Tugendscharen,
Und der Leib betrübt sich; nach all seiner Unedelkeit
Würd er gern mit all seinem Sein sich selbst willfahren.
Und sie spricht: »Ich bin euer Meister, ihr sollt mir folgen
Und mir in allen Dingen gehören.
Führe ich nicht zum Vater,
Ihr verbliebet immer wie Toren.«
Sie fährt auch zum Himmel auf,
Wenn Gott sie heilig verzückt
Und aller irdischen Dinge entrückt.
Sie wird empfangen in weißen Wolken heilger Beschirmung,
Wenn sie liebend auffährt und freudig wiederkommt ohne jeden
    Kummer.
Dann kommen die Engel wieder und trösten die Männer von Gali-
    läa,
Wenn wir der Freude Gottes gedenken und auch an ihr heiliges
    Vorbild.

Diese Marter leidet eine jede Seele, die in heiliger Ordnung
Ihres ganzen Tuns wahrhaftig durchflossen ist von wahrer Liebe
zu Gott.

Zwischen Gott und der minnenden Seele
sind alle Dinge schön

Wenn die liebende Seele in den ewigen Spiegel schaut, dann
spricht sie: Herr, zwischen Dir und mir sind alle Dinge schön, und
zwischen dem Teufel und seiner Braut der verdammten Seele,
sind alle Dinge häßlich und durch und durch scheußlich. Wenn
diese an den liebevollen Jesus denkt, erschaudert sie, und all ihre
Höllenpein erneuert sich.

Von sechzehn Arten der Minne

Die verschwenderische Minne aus heiliger Barmherzigkeit,
Vertreibt eitle Ehre und böse Krankheit.
Die wahre Minne aus göttlicher Weisheit,
Bringt Sättigung und verzehrt unrühmliche Begierlichkeit.
Die demütige Minne aus heiliger Einfalt
Besiegt die Hoffart allein,
Und führt die Seele mit Gewalt
In die heilige, wahre Erkenntnis ein.
Von der beständigen Minne aus guten Sitten
Wird keine Falschheit gelitten.
Die große Minne der kühnen Tat
Weiß in allen Dingen guten Rat.
Die wissende Minne von Gottes Vertraulichkeit,
Blendet die Erde ohne Beschwerlichkeit.
Die gebundene Minne in heilger Gewohnheit,
Ruht nimmer und lebt in sich doch ohne Mühseligkeit.
Die eindringende Minne von strömender Überflut,
Liegt gänzlich still, und alles ist ihr bitter denn alleine Gott.
Die rufende Minne aus edler Ungeduld,

Schweigt nimmer und hat selig vergessen alle Schuld.
Die kündende Minne, von Gott belehrt,
Neigt sich noch zum Kinde unbeschwert.
Die herrliche Minne, von großer Gewalt,
Verjüngt die Seele, wird der Leib auch alt.
Die liebreiche Minne von offener Gabe,
Vertilgt des bitteren Herzens Klage.
Die gewaltige Minne aus reicher Kost,
Erfährt in Gott die süßeste Lust.
Die verborgene Minne birgt kostbaren Schatz
Des guten Willens in heiliger Tat.
Die klare Minne von spielender Flut,
Bereitet der Seele süße Not,
Sie tötet sie auch ohne Tod.
Die wendische Minne aus Übermacht,
Ist die, die niemand zu deuten vermag.

Von zwanzig falschen Tugenden.
Wer darinnen wohnt, lebt in der Lüge

Ich habe einen Meister, das ist der Heilige Geist. Er lehrt mich
sehr sanft, was er will, und das andere enthält er mir vor. Er spricht
also:

Die Weisheit ohne Festigung des Heiligen Geistes
Wird zuletzt ein Berg des Hochmutes.
Der Friede ohne Band des Heiligen Geistes,
Wird sehr schnell eine leere Tollheit.
Demut ohne Feuer der Minne
Endet zuletzt in offensichtlicher Falschheit.
Gerechtigkeit ohne Tiefe der Demut vor Gott
Wandelt sich auf der Stelle in fürchterlichen Haß.
Armut mit beständiger Begehrlichkeit,
Ist in sich selber eine sündhafte Üppigkeit.
Grauenhafte Furcht aus wahrer Schuld
Bringt entsetzliche Ungeduld.

Einem schönen Gehaben mit Wolfsnatur
Kommen die Weisen gar schnell auf die Spur.
Heiliges Verlangen aus voller Wahrheit
Wird keinem zuteil ohne Mühseligkeit.
Ein herrliches Leben ohne zu kämpfen,
Wird für nützliche Dinge sehr träge.
Vermessene Tugend ohne Gottes Gnaden
Wird mit dem Hochmut niedergeschlagen.
Erhabene Gelübde ohne treue Tat,
Ist Falschheit und Teufels Rat.
Große Zuversicht ohne wahre Sicherheit der Seele
Und des Heiligen Geistes Fülle,
Führt die Seele zuletzt in unseligen Tod.
Große Geduld ohne Neigung des Herzens zu Gott
Ist heimliche Schuld.
Denn alle, die in allen Dingen
Nicht in Gottes Wahrheit hangen,
Werden gewiß dem ewigen Gott
In großer Schande entfallen.
Die Minne, ohne die Mutter der Demut
Und ohne den Vater der heiligen Furcht,
Die ist von allen Tugenden verwaist.

Mit acht Tugenden geh zu Gottes Tisch.
Mit Lösepfändern löst ein Mensch siebzigtausend Seelen
aus dem greulichen Fegefeuer, das mannigfaltig ist.

O ihr überaus törichten Beginen, was seid ihr so vermessen, daß
ihr von unserm allmächtigen Richter nicht zittert, wenn ihr Gottes Leib sooft in blinder Gewohnheit empfangt! Obwohl ich die
Geringste unter euch bin, muß ich mich schämen, erröten und beben. An einem Festtage war ich so verschüchtert, daß ich (den Leib
des Herrn) nicht zu empfangen wagte, weil ich mich meiner besten Frömmigkeit vor seinen Augen schämte. Da bat ich meinen
Viellieben, er möge mir hierin seine Herrlichkeit erzeigen. Da

sprach er: »Wahrlich gehst du vor mir in demütigem Klagen und in heiliger Furcht her, dann muß ich dir folgen wie die hohe Flut der tiefen Mühle. Gehst du mir aber entgegen mit blühender Sehnsucht fließender Minne, so muß ich dir begegnen und dich mit meiner göttlichen Natur berühren als meine einzige Königin.«

Ich muß mich selber künden, soll ich Gottes Güte wahrhaft vollenden, [da ich in anderer Weise das Lob Gottes nicht verbreiten kann]. Und das hindert mich wahrlich nicht mehr, als es einen heißen Ofen hindert, wenn man ihn ganz mit weißen Semmeln füllt.

Da ging ich zum Tische Gottes mit einer edlen Schar. Sie schützte mich gar treulich und hielt mich doch in großer Furcht.

Die Wahrheit rügte mich,
Die Furcht schalt mich,
Die Scham geißelte mich,
Die Reue verurteilte mich,
Das Verlangen zog mich,
Die Minne führte mich,
Der Christenglaube schirmte mich,
Die reine Absicht zu allen Dingen leitete mich,
Und alle meine guten Werke schrien: Wehe! über mich.
Der gewaltige Gott empfing mich,
Seine reine Menschheit vereinte sich mit mir,
Sein Heiliger Geist tröstete mich.

Das sprach ich: »Herr, nun bist Du mein, denn Du bist mir heute gegeben, auch nach der Schrift, in der es heißt: puer natus est nobis. Nun begehre ich, Herr, Deinen Ruhm und nicht meinen Nutzen, so daß heute Dein hehrer Leib den Armen Seelen zum Troste gereiche. Du bist wahrlich mein; deswegen sollst Du, Herr, heute den Gefangenen ein Lösepfand sein.« Da gewann sie große Macht, daß sie ihn führte mit seiner Kraft und sie an eine so furchtbare Statt kamen, wie sie mein Auge nie schaute. Ein schreckliches Bad war dort bereitet, gemischt von Feuer und von Pech, aus Pfuhl, Rauch und Gestank. Ein dicker, finsterer Nebel war darüber gezogen wie eine schwarze Haut. Darinnen lagen die Seelen wie die Kröten im Kot. Ihre Gestalt war menschengleich, sie waren aber Geister und hatten des Teufels Aussehen an sich. Sie sotten und brieten miteinander. Sie schrien und hatten unendliche Qual um ihres Fleisches willen, das sie so tief zu Fall gebracht hat. Das Fleisch hat ihren Geist verblendet, darum sotten sie am meisten.

Da sprach des Menschen Geist: »O Herr, wie groß ist die Zahl dieser Armen? Du bist mein wahres Lösepfand, Du mußt Dich nun erbarmen.«

Da sprach unser Herr: »Ihre Zahl geht über Menschenverstand, du kannst sie nicht begreifen, solange dein Fleisch irdischen Teil an dir hat. Sie alle sind zerbrochene Gefäße gewesen und haben auf Erden das geistliche Leben vergessen. Sie sind von allen Ständen und aus allen Ländern.«

Da fragte der menschliche Geist: »Eia, Herr, wo sind die Klausner? Von ihnen werde ich hier keinen gewahr.«

Da antwortete unser Herr: »Ihre Sünden waren heimlich, darum sind sie auf diesem Grunde allein mit den Teufeln gebunden.«

Da wurde die Seele des Menschen sehr traurig und legte sich zu den Füßen unseres viellieben Herren und begehrte in großem Flehen liebevoll und sprach: »Vsllieber, Du weißt wohl, was ich erbitte.« Da sprach unser Herr: »Mit Recht hast du mich hierher gebracht. Ich lasse sie nicht unbedacht.«

Da stand um sie herum eine große Schar von Teufeln, die sie in dem ungesegneten Bade quälten. Es ging auch die Zahl derer über mein Vermögen, die sie rieben und wuschen und sie fraßen, sich sättigten und sie mit feurigen Geißeln schlugen. Da sprach der Menschengeist zu ihnen: »Höret, ihr Sündenfresser! Sehet an das Lösepfand! Ist es euch so kostbar, daß ihr euch mit ihm begnügt?«

Da erschraken sie zitternd in furchtbarer Scham und sprachen: »Ja, führt sie von hinnen! Wie unselig wir sind, wir müssen euch doch Wahrheit zugestehen!« Da gab unser Herr den Armen Seelen aus seinem göttlichen Herzen einen beseligenden Segen. Da huben sie sich auf in großer Freude und Liebe. Die fremde Seele sprach: »Eia, lieber Herr, wo werden sie sich nun hinkehren? Da sprach unser Herr: »Ich werde sie auf einen Blumenberg bringen, wo sie mehr Wonne finden, als ich sagen kann.« Da diente ihnen unser Herr und war ihr Kämmerer und ihr viellieber Gefährte. Dann sagte mir unser Herr, daß ihrer siebzigtausend wären. Und die Seele fragte abermals, wie lange ihre Pein dauerte. Da sprach unser Herr: Seit dreißig Jahren sind sie von ihrem Leibe getrennt, und zehn Jahre sollten sie noch in der Pein sein, wäre nicht ein so edles Pfand für sie gegeben. Die Teufel flohen, sie wagten nicht, es zu nehmen.

»Vielleber«, sprach abermals die Seele, »wie lange werden sie hier bleiben?« Unser Herr antwortete und sprach: »Solange, als es uns gut dünkt.«

Von Propheten, die dies Buch erleuchten

Unser Herr hat mir gelobt, er wolle dieses Buch mit fünf Lichtern erleuchten:

Moses große Vertrautheit und seine heilige Mühe und besondere Schmach, die er ohne Schuld ertrug und seine herrlichen Wunderzeichen und seine beseligende Lehre und das auserwählte Minnereden, das er oft mit dem ewigen Gott auf dem hohen Berge pflog, dies alles soll ein Licht sein, und Gott hat und wird mir dieses geben, daß ich unter seinem Schirm ohne schuldhafte Scham durch die böse Hinterlist aller meiner Feinde hindurchgehen und minniglich schweben werde, so wie Moses mit seinen Freunden durch das rote Meer. Und Pharao und seine Freunde können uns nicht allzuweit nachfolgen. O weh, wie ertranken sie in diesem Meer! Eia, erbarme dich, lieber Herr, daß unsere Feinde sich bekehren!

König *David* ist in diesem Buche das zweite Licht mit dem Psalter, darin er uns lehrt und klagt und bittet, mahnt und Gott lobt.

Salomons Worte leuchten – seine Werke aber nicht, weil er selber verfinstert ist – im Buche Cantica, darin die Braut so trunken kühn ist, und der Bräutigam so überaus zart zu ihr spricht: »Ganz schön bist du, meine Freundin und kein Flecken ist an dir.«

Jeremias leuchtet auch sein Teil, da er von unserer Frauen Geheimnis spricht.

Denn also hat es Gott mir gezeigt: ihn zierte die lautere Keuschheit und die Höhe der Liebe, und daß er die Marter ertrüge in christlichem Glauben, den er niemals sah mit fleischlichen Augen.

Daniel leuchtet auch in wunderbarer Weisheit. Gott gab ihm aus Gnade mitten unter seinen Feinden die Speise für Leib und Seele. In gleicher Weise ist es mir Unwürdigem in meinen Nöten geschehen. Das haben meine Feinde in wenig gesehen, und können es nicht leiden; darum schaffen sie mir viele Pein.

Von den drei Teilen der Hölle.
Wie Luzifer und sechzehn verschiedene Leute gequält werden.
Ihnen wird keine Hilfe. Von Luzifers Kleid

Ich habe gesehen eine Stadt,
Ihr Name ist ewiger Haß.
Sie ist erbaut in den tiefsten Abgründen
Aus vielen Steinen der Hauptsünden.
Die Hoffart war der erste Stein,
Und Luzifer kann wohl Beweis dafür sein.
Ungehorsam, üble Geizigkeit,
Unmäßigkeit und Unkeuschheit,
Das waren vier Steine gar schwer,
Die brachte zuerst unser Vater Adam her.
Zorn, Falschheit und Mord,
Diese drei Steine sind seit Kain dort.
Lüge, Verrat, Verzweiflung an Gott
Geben sich selbst den Tod.
Mit diesen vier Steinen mordete sich der unselige Judas.
Die Sünde von Sodoma und Scheinheiligkeit
Sind die tragenden Eckgesteine;
Sie stützen den Bau alleine.
Die Stadt wurde erbaut seit vielen Jahren,
Weh allen, die ihre Helfer waren.

Je mehr sie dorthin senden:
Sie werden, wenn sie selbst dort landen
Empfangen mit noch größeren Schanden.

Die Stadt ist so verkehrt, daß gerade die Höchsten an die niedrigste und unedelste Stelle gesetzt sind. Luzifer sitzt von seiner Schuld gebunden im tiefsten Abgrund. Ihm fließt ohne Unterlaß aus seinem feurigen Herzen und aus seinem Munde alle Sünde, Pein, Krankheit und Schande, womit die Hölle, das Fegfeuer und diese Erde so jämmerlich befangen sind. Im niedrigsten Teil der Hölle ist das Feuer und die Finsternis und Gestank und Schauder und die verschiedensten härtesten Sündenstrafen; und dort leben Christen, nach ihren Werken geordnet. Im mittleren Teile der Hölle sind verschiedene mäßigere Sündenstrafen. Dort befinden sich die Juden, nach ihren Werken geordnet. Im obersten Teil der Hölle sind die geringsten Sündenstrafen. Dort sind die Heiden, nach ihren Werken geordnet.

Die klagen also:
O weh, hätten wir erkannt ein Gebot,
Litten wir nicht ewig so große Not!

Die Juden klagen also:
O weh, wären wir Gott gefolgt nach Moses Lehr,
Wären wir nicht verdammt so sehr.
Die Christen klagen noch viel mehr,
Weil sie die große Ehr
Durch ihren eigenen Willen verloren,
Zu der sie Christus in großer Liebe erkoren.
Luzifer müssen sie immer im großen Jammer ansehen
Und offen in aller Schuld bloß vor ihn gehen.
O weh, wie schändlich werden sie von ihm empfangen!
Er grüßt sie schauerlich und spricht bitter:
Ihr Verfluchten mit mir,
Welche Freuden sucht ihr hier?
Ihr hörtet nie Gutes von mir sagen,
Wie könnt' es euch nun so wohl behagen?

Er ergreift den Hochmütigen zuerst
Und drückt ihn unter seinen Schwanz und spricht:
»Ich bin nicht so tief gesunken,
Daß ich dich nicht noch unterkriegte.
Alle Sodomiten fahren ihm durch seinen Hals
Und wohnen in seinem Bauch.

Wenn er den Atem einzieht,
Fahren sie in seinen Bauch.
Wenn er hustet,
Fahren sie wieder heraus.
Die falschen Heiligen setzt er auf seinen Schoß
Und küßt sie gar schauderhaft und spricht: »Ihr seid mir
    Genoß.
Ich war auch mit schöner Falschheit überzogen,
Davon seid ihr alle betrogen.«
Den Wucherer benagt er immerdar
Und beweist mit einem Pfand, daß er nie barmherzig war.
Den Räuber beraubt er selber
Und befiehlt ihn dann seinen Gesellen,
Daß sie ihn jagen und schlagen
Und kein Erbarmen mit ihm haben.
Der Dieb wird an seinen Füßen aufgehängt,
Daß der Hölle eine Leuchte brennt –
Die Unseligen sehen darob doch nicht besser.
Die hier zusammen Unkeuschheit trieben,
Müssen vor Luzifer derart gebunden liegen.
Kommt aber einer alleine an,
Dann ist der Teufel sein Kumpan.
Die ungläubigen Lehrer sitzen zu Luzifers Füßen,
Auf daß sie ihren unreinen Gott recht ansehen müssen.
Sie halten mit ihm eine Disputation
Und tragen Schimpf und Schande davon.
Den Geizhals frißt er,
Denn er gierte nach immer mehr.
Hat er ihn dann hinuntergeschluckt,
Wird er unter dem Schwanz herausgedruckt.

Die Mörder werden blutig vor ihm sein
Und stecken feurige Schwerthiebe vom Teufel ein.
Die hier des grimmigen Hasses pflogen,
Werden dort zu seinem Riechfaß erhoben
Und hängen immer vor seiner Nase.
Die hier Unmaß an Essen und Trinken treiben
Werden ewig im Hunger vor Luzifer bleiben
Und essen glühende Steine,
Und trinken Schwefel und Pech.
Dort wird Bitternis für Süße gegeben,
Wir sehen dort, was wir hier tun im Leben.
Der Träge wird mit allen Peinen beladen,
Der Zornige wird mit feurigen Geißeln geschlagen.
Der bitter arme Spielmann,
Der im Übermut sündhafte Eitelkeit wecken kann,
Weint in der Hölle an Tränen mehr
Denn alles Wasser im Meer.

Ich sah unter Luzifer der Hölle Grund, das ist harter, schwarzer
Felsstein. Er soll das Gebäude immer tragen. Obwohl die Hölle
weder Grund noch Ende hat, so hat sie doch nach der göttlichen
Ordnung beides: Tiefe und Ende.

Wie die Hölle dröhnt
Und in sich selber stöhnt,
Und wie die Teufel sich mit den Seelen schlagen
Und wie sie brennen und braten
Und wie sie schwimmen und waten
Im Gestank und Morast
Und in den Würmern und im Pfuhl
Und wie sie baden in Schwefel und Pech,

das könnten weder sie selbst noch alle Kreaturen wirklich beschreiben. Als ich durch Gottes Gnade ohne eigenes Bemühen
diese Qual gesehen hatte, wurde mir Armen vom Gestank und
von überirdischer Hitze so weh, daß ich weder sitzen noch gehen
konnte. Ich war drei Tage lang meiner fünf Sinnen ohnmächtig,
wie ein Mensch, den der Donner erschlagen hat. Aber meine Seele

litt dabei keine Not, denn es hat sie nicht jene Krankheit dorthin gebracht, die da heißt der ewige Tod. Doch wäre es möglich, daß eine reine Seele bei ihnen sein könnte, es wäre ihnen ein ewiges Licht und ein großer Trost.

Die unschuldige Seele gibt ihrer Natur nach stets Licht und
    Schein,
Denn sie ward aus dem ewigen Lichte geboren ohne Pein.
Doch nimmt sie des Teufels Bildnis an,
Dann verliert sie ihr strahlendes Licht.
Kann in der ewigen Hölle durch Gebet und Almosen
Den Verdammten irgend ein Trost zukommen?
Das habe ich nicht vernommen.
Denn sie haben stets so grimmigen Mut,
Daß ihnen schaudert vor allem Gut.
Nach dem Jüngsten Tag wird Luzifer
Ein neues Kleid bekommen,
Das hat sich von selber gesponnen,
Aus dem Mist aller kotigen Sünden,
Die er Menschen oder Engeln je konnte künden.
Denn er ist das erste Gefäß aller Sünden.
Er ist dann gebunden,
Und doch ist sein Grimm und seine Schrecklichkeit
Allen Seelen und Teufeln so viel mitgegeben,
Daß man nirgends seine Gegenwart vermißt.

Er soll sich zuweilen ganz groß aufblähen, und sein Rachen sperrt sich weit auf. Dann verschluckt er in einem Atemzuge die Christen, Juden und Heiden. Und so haben sie ihren vollen Lohn in seinem Bauch und feiern dort ihr besonderes Fest. Wehe dann, Seele und Leib, Menschenmund vermag hierüber nichts zu sagen. Es ist alles nichts gegen die endlose Qual, die ihnen da geschieht. Denn wahrlich, ich kann es nicht aushalten, solange daran zu denken, als man ein Ave Maria spricht. O weh, so schauerlich ist es da!
    Oben hat die Hölle ein Haupt, das ist so häßlich und hat viele, mannigfaltige, gräßliche Augen, aus denen Flammen schlagen, die die Armen Seelen umhüllen, die dort in der Vorburg hausen,

aus der Gott Adam und andere unserer Väter geführt hat. Dies ist nun das größte Fegefeuer, in das ein Sünder geraten kann. Dort sah ich Bischöfe und Vögte und große Herren in andauernder Qual mit unbeschreiblichen Schmerzen. Alle, die hierher gelangen, denen hat Gott gerade noch die ewige Hölle genommen. Denn ich habe da niemanden gefunden, der bei seinem Ende je lauter gebeichtet hätte mit seinem fleischigen Munde. Denn als ihnen durch das Wesen des Todes die äußeren Sinne genommen wurden, da lag der Leib zwar (schon) still, aber noch hatten beide, Seele und Leib, einen Willen. Sie verloren die irdische Finsternis, und Gott gab ihnen im Verborgenen wahre Erkenntnis. O wie eng ist da der Weg zum Himmel! Da sprachen Leib und Seele noch in Gemeinschaft vor der Trennung: »Wahrer Gott, begnade mich! Meine Sünden sind mir wahrlich leid!« Dies ist eine kurze Stunde, in der Gott gar viele offensichtlich verlorene Seelen verborgenerweise wiedergefunden hat. Ich habe aber gefunden, daß dies immer nur Menschen geschieht, die irgend etwas Gutes mit gutem Willen vollbracht haben. Die Teufel führen die befleckten Seelen vom Leichnam zum Fegefeuer, denn die reinen Engel können sie nicht berühren, solange sie nicht gleich ihnen in Klarheit glänzen.

Eine Seele kann aber von Freunden auf Erden Hilfe haben,
Daß sich die Teufel wohl hüten,
Gegen die Seele immer zu wüten.
Ist sie sehr schuldig,
Wird ihr jedoch andere Pein zuteil.
Das kann sie alles viel besser ertragen,
Als wenn Teufel sie plagen
Und sie ohne Unterlaß zum Spotte haben.

Als unsere heiligen Väter zur Hölle fuhren, war das, was sie mit sich nahmen: wahre Hoffnung auf den christlichen Glauben mit heiliger Gottesliebe und große demütige Tugend und getreues Streben. Obwohl alle zur Hölle fuhren, waren sie doch für den Himmel vorbereitet. Da konnte ihnen in der Hölle nichts schaden, denn das, was sie mit sich führten, konnten sie dort entzünden.

Dies war die Minne.
Die soll ewig brennen
In allen Gotteskindern,
Kommen sie (auch) nie ins Himmelreich.
Dies hat Gott also bestimmt:
Was jeder vom Erdreich mit sich nimmt,
Muß er dort essen und trinken.
Aber die Säumigen, die mit großen Sünden
Von hinnen fahren, ohne Buße zu finden,
Können es ohne Verdammung nirgends so furchtbar haben
Als vor der Hölle Mund,
Aus der zu aller Stund
Luzifers Atem qualvoll herausschlägt
Und sie ganz schmerzlich durchgeht,
Daß die Armen sich so einen
In den Flammen
Und dem mannigfaltigen Grimme,
Wie die Seligen vereint sind
In der süßen erkannten Gottesminne.
Von Frauen sah ich dort innen
Nur hohe Fürstinnen,
Die hier allerlei Sünden
Gleich denen ihrer Fürsten minnten.
Die Hölle hat auch auf dem Haupt einen Mund,
Der ist offen zu jeder Stund.
Allen, die in den Mund kommen,
Wird der ewige Tod nie mehr genommen.

Von Gottes Barmherzigkeit, von seiner Versuchung und Gerechtigkeit

Ich habe so unermeßliche Barmherzigkeit von Gott gehört
und gesehen, daß ich sprach:
»Herr, wie kann das geschehen?
Noch ist die Gerechtigkeit Deiner Barmherzigkeit Genoß.
Warum ist Deine Güte so überaus groß?«

Da sprach unser Herr ein hoffnungsvolles Wort:
»Ich sage dir bei Meiner göttlichen Treue,
Es sind mehr in der heiligen Christenheit,
Die vom Munde zum Himmel fahren,
Als die in die ewige Hölle fahren.
Dennoch über die Gerechtigkeit stets ihre Macht,
Was immer ihr für Schuld vorgebracht.
(Das) wird ihr von Mir nicht genommen;
Ich will aber zuerst als ein Vater zur beschwerten Seele kommen,
Hab Ich nur irgend etwas Gutes unzweifelhaft von ihr vernommen.
Dies kommt von der großen Versuchung,
Die mich zu Meinem Kinde führt.«

Da sprach die Seele: »Eia, Viellieber,
Wolltest Du mir Deine ›Versuchung‹ erklären,
Daß Deine Lust und mein Verlangen sich finden.«

Da sprach unser Herr:
»Nun höre, wie Ich versucht bin!
Meine Verschwendung und Gütigkeit,
Meine Treue und Barmherzigkeit,
Bedrängen Mich so sehr,
Daß Ich sie fließen lasse
Über die Berge des Hochmutes
Und über die Täler der Demut
Und über die Büsche der Uneinigkeit
Und über die ebenen Wege der Reinheit.
Meine Güte reißt mich noch heftiger hin,
Als den schlechten Menschen sein böser Sinn.
Aber größer ist meine Gerechtigkeit
Als aller Teufel Bosheit.«

Da sprach die Seele:
»Herr, Deine Gerechtigkeit
Ordnet Dir alles gut in lebendiger Wahrheit,
Sie schenkt mir unsägliches Glück ohne Herzeleid.

Wohin sie auch immer sich hinneigt,
Es frohlockt doch stets die Wahrheit.«

Die Kraft des Begehrens nimmt die Worte.
Jungfrauen kann Gott nicht entbehren.
Gottes Angesicht, seine Umarmung und Lust
überwindet tausend Tode

Wer je im heißen Feuer der Liebe brannte, kann es nicht ertragen,
daß er durch irgendwelche Sünden stark erkalte.
  »Eia, Viellieber, wann wird Dich bewegen, was mich bewegt?«
Also sprach eine verbannte Seele. Da antwortete ihr der Vielliebe
und sprach, als wüßte er nicht, was sie wolle: »Was bewegt dich?«
Da sprach sie: »Herr, die Stärke des Verlangens hat mir die
Stimme zum Sprechen genommen.« Da sprach er: »Die Jungfrauen können nicht gut freien, denn ihre Schamhaftigkeit ist von
Natur aus etwas Edles.« Da klagte sie: »O weh, Herr, noch bist Du
mir allzulange ferne. Könnte ich Dich, Herr, durch Bezauberung
gewinnen, daß Du an nichts Wohlgefallen fändest!

  Ei, dann ginge es an ein Minnen!
  Und Du müßtest mich dann bitten,
  Daß ich bliebe bei Sinnen.«

  Da antwortete er und sprach:
  »O du unbefleckte Taube!
  Vergönne Mir, dich noch zu sparen.
  Das Erdreich kann deiner noch nicht entbehren.«

  Da sprach sie: »Eia, Herr,
  Könnte mir das einmal geschehen,
  Dich nach Herzenslust zu sehen,
  Und mit Armen zu umfangen:
  Deine göttliche Lust der Minne,
  Müßte meine Seele durchdringen,

143

Soweit es Menschen auf Erden erringen.
Was ich dafür leiden wollte:
Kein Menschenaug hat es je gesehen.
Ja, tausend Tode wärn mir nicht zu schwer
So weh ist mir nach Dir, o Herr!
Nun will ich in der Treue harren.
Vermagst Du, Herr, es zu ertragen,
Dann laß mich lang in Sehnsucht nach Dir gehen.
Ich weiß es wohl, es muß doch, Herr,
Die erste Lust nach mir in Dir entstehen.«

MECHTHILD VON HACKEBORN

Das Wandlungswunder
der Liebe

1241–1299
Die adelige Zisterzienserin war in Helfta Freundin und Vertraute der
heiligen Gertrud der Großen und Hausgenossin der Begine Mechthild von Magdeburg. In den letzten acht Jahren ihres Lebens, ans
Krankenbett gefesselt, berichtete Mechthild ihren Mitschwestern von
ihren Offenbarungen. Die heilige Gertrud und eine andere Ordens-
schwester schrieben das Erzählte auf und machten es so der Nachwelt zugänglich.

Rechtfertigung der Heiligung

Am Fest der Verkündigung Mariä, da die Jungfrau Christi im Gebet war und in der Bitterkeit ihrer Seele ihre Sünden betrachtete,
sah sie sich angetan mit einem Aschengewand, und es fiel in ihr
Gebet das Wort: »Gerechtigkeit ist der Gurt seiner Lenden« (Is.
11,5), und sie begann nachzudenken, was sie tun würde, wenn der
Herr, mit Gerechtigkeit gegürtet, in Majestät und göttlicher
Macht erschiene, ihr, die so nachlässig gewesen war... Da erblickte sie den Herrn auf hohem Throne sitzend, und vor seinem
wundersamen Anblick wurde die Asche zunichte, sie aber stand
in seiner Gegenwart leuchtend wie Gold. Da begriff sie, daß alles
Gute, was sie versäumt, durch den heiligen Wandel Christi und
seine vollkommenen Werke nachgeholt sei, und all ihre Unvollkommenheit durch die allerhöchste Vollkommenheit des Sohnes
Gottes vervollkommnet. Wenn also Gott mit dem Auge der Erbar-

145

mung eine Seele anblickt und sich über sie neigt, um ihr zu vergeben, dann werden alle ihre Vergehen ewigem Vergessen überantwortet. Da sie nun von Gott so hohe Gaben empfangen: aller Sünden Vergebung, alles Lohnes Ergänzung, schöpfte sie Sicherheit
und Kühnheit daraus, bettete sich an die Brust ihres Geliebten, Jesus, und wechselte unsagbare Worte mit ihm.

Und sie sah aus dem Herzen Gottes etwas ausgehen wie ein goldenes Brunnenrohr, durch welches sie den Herrn lobpries. Und sie
bat den Herrn, er möge sich würdigen, sein eigener Lobpreis zu
werden. Sogleich vernahm sie die holde Stimme des höchsten
Sängers, Christi, die also anstimmte: »Lob sagt unserem Gott, ihr
seine Heiligen alle!« (Ps. 29,5) Und da sie erstaunt war, wie Gott
selber das singen konnte, wurde ihr beim Worte »Lob« von Gott
her eingegeben, wie es geschehen mag, daß Gott sich in sich selber
lobt mit vollkommenem Lob ohne Ende. Im Worte »sagt« erkannte sie, daß Gott aus seinem göttlichen Vermögen der Seele
die Macht verleiht, alle Geschöpfe im Himmel und auf Erden zum
Lobpreis ihres Schöpfers einzuladen. Im Worte »unserem Gott«
aber verstand sie, daß der Sohn, sofern er Mensch ist, den Vater als
Gott verehrt, wie er selber sagt: »Zu meinem Gott und zu eurem
Gott.« (Joh. 20,17) Im Worte »ihr seine Heiligen alle« ersah sie,
daß alle Geheiligten im Himmel und auf Erden vom höchsten
Heiligenden Christus geheiligt werden.

Sie sah auch die seligste Jungfrau zur Rechten ihres Sohnes ein
goldenes Gürtelband, voll goldener Zymbeln hängend, durch alle
Ordnungen der Engel und Chöre der Heiligen schlingen. Jeder von
ihnen rührte an die Zymbeln und gab einen wundersamen Klang
und lobte Gott für alle Gaben und Gnaden, die er überschwenglich
jener Seele verliehen hatte. Und die Seele lobte aus allen ihren
Kräften Gott für das ihr Verliehene. Der Herr aber rief sie zu sich
und legte seine Hände auf ihre Hände, und er gab ihr dadurch alle
Arbeiten und Werke, die er in seiner heiligen Menschheit verrichtet hat. Dann legte er seine gütigsten Augen an ihre Augen, und er
gab ihr dadurch, was er mit seinen heiligen Augen ausgeübt und
auch die vielen Tränen, die er vergossen. Dann paßte er seine Ohren den Ohren der Seele an und gab ihr, was immer er durch die
Ohren ausgeübt. Dann drückte er seinen rosenfarbenen Mund

dem Mund der Seele ein und übergab ihr die Ausübung des Lobes, der Danksagung, des Gebetes und der Verkündigung, als Ergänzung alles dessen, was sie versäumt. Zuletzt vereinigte er sein sanftes Herz mit dem Herzen der Seele und teilte ihr mit alle von ihm geübte Betrachtung, Andacht und Liebe, und er beschenkte sie reich mit allen Gütern. Dergestalt wurde die Seele als ganze Christus einverleibt und schmolz in der Gottesliebe wie Wachs vor dem Feuer, und ganz in Gott eingenommen nahm sie wie das Wachs vom Siegel sein Gleichbild an.

An des Menschen Statt

An einem Freitag, während die Klostergemeinde kommunizierte, die Magd Christi aber krank im Bett lag und in Armut des Geistes aus innerstem Herzen tief zum Herrn aufseufzte, sah sie den Herrn eilends von seinem Thron aufstehen und sprechen: »Wegen dem Elend der Armen und dem Seufzen der Bedürftigen erhebe ich mich.« (Ps. 11,6) Und während er aufstand, standen gleichzeitig auch alle Heiligen auf und brachten Gott zur Tröstung jener Seele allen Dienst dar, den sie Gott auf Erden erwiesen und alles, was sie gelitten hatten, zu ewigem Lob. Und darüber hinaus brachte Jesus der Herr auch all das Seine Gott dem Vater dar mit den Worten: »›Ich will es ihr zum Heile rechnen‹ (ebd.), nämlich in mir selbst und durch mich selbst will ich all ihr Begehren erfüllen.« So entrichtete er vollgültiges Lob an ihrer Statt Gott dem Vater.

Sie verstand auch von Gott her, daß, sooft eine Seele in Geistesarmut zu Gott seufzt, in der Sehnsucht ihn zu loben oder eine Gnade zu erwerben, alle Heiligen sogleich sich erheben, Gott an Statt der Seele allzumal loben oder ihr die Gnade erflehen. Wenn sie aber schmerzlich aufstöhnt ob ihrer Sünden, dann flehen sie für sie um Vergebung; und Christus läßt es nicht genug sein; er erhebt sich selber mit dem Wort: »Ich will es ihr zum Heil rechnen«, das heißt: durch mich selbst will ich ihr Begehr erfüllen, für sie Gott den Vater lobpreisen, oder was immer sie wünscht gnädig an ihrer Statt ergänzen.

Danach sprach der Herr: »Wenn ein einziger Seufzer mit solchen Ehrerweisen aufgenommen wird, kann dann noch irgendeine Traurigkeit in der Seele des Armen zurückbleiben?«

Ein andermal, als sie wiederum in Sehnsucht nach dem Herrn zu ihm seufzte, sagte er zu ihr: »Was hast du jetzt wieder? Sieh, sooft du dich nach mir sehnst, ziehst du mich in dich. Denn ich habe mich mitteilsamer und leichter erreichbar gemacht als alle andern Dinge. Kein Ding ist ja so klein und gemein, nicht einmal ein Faden oder ein Strohhalm, daß man es durch den bloßen Willen erwerben kann; mich aber kann der Mensch durch den bloßen Willen oder einen einzigen Seufzer bekommen.«

Inbegriff des Lobes

Da ihr der Herr einmal im Gebet erschien, frug sie ihn, ob es wahr sei, daß er während seines Erdenlebens die kirchlichen Tagzeiten gebetet habe. Er antwortete ihr gnädig: »Ich hielt sie nicht nach eurer Weise durch Singen von Psalmen und Gebeten, doch habe ich täglich und stündlich Gott dem Vater das Lob dargebracht. Ich habe überhaupt alle Observanzen der Gläubigen — wie ich die Taufe als erster empfing — in mir selber für sie gehalten und erfüllt, indem ich so in mir alle Werke der an mich Glaubenden im voraus heiligte und aufrundete. Ich sprach ja zu meinem Vater: »Für sie heilige ich mich, auf daß sie heilig seien in mir.« (Joh. 17,19) Und wie ihr euerseits in den sieben Tagzeiten das Gedächtnis dessen feiert, was ich in den gleichen Stunden gelitten habe, so wußte ich in meiner Weisheit alles voraus, was ich leiden würde; nach dem Zeugnis des Evangelisten: »Jesus wußte alles, was über ihn kommen würde.« (Joh. 18,4)

Die fließende Lampe

Während einer Messe wurde sie durch verschiedene hindernde Gedanken des Verkostens Gottes beraubt. Sie bat die Mittlerin zwischen Gott und den Menschen, die Jungfrau Maria, ihr die Gegenwart ihres geliebten Sohnes zu erbitten. Auf ihre Fürbitte hin, so glauben wir, erblickte sie den König der Glorie, Jesus den Herrn, auf hohem kristallenem rein-durchsichtigem Thron, von dessen Vorderseite zwei wundersame lautere Bächlein, wonnigen Anblicks, ausgingen. Sie begriff, daß diese die Gnaden der Sündenvergebung und der geistlichen Tröstung seien, die beide bei jeder Messe auf Grund der göttlichen Vorsehung in besonderer Weise und leichter verliehen werden. Während der Opferung der geweihten Hostie nun stand der Herr vom Throne auf, und man konnte sehen, wie er sein heiliges Herz gleich einer helleuchtenden, bis oben gefüllten und überströmenden Lampe hochhob. Diese Lampe floß nach allen Seiten und mit so drängender Gewalt über, daß große Tropfen vom strömenden Überfluß wiederaufspritzten, und dennoch ward die Fülle der Lampe in nichts vermindert. Darin ward zu erkennen gegeben, daß, wiewohl aus der Fülle des Herzens Christi allen übergenugsam Gnade gespendet wird, entsprechend eines jeglichen Fassungskraft, gleichwohl der Herr in sich selber die überreiche, allselige Fülle bleibt und niemals irgendwelchen Abbruch erleidet. Nun sah sie auch, wie die Herzen aller, die zugegen waren, ebenfalls als Lampen wie durch eine Schnur mit dem Herzen des Herrn verbunden waren, manche davon standen aufrecht und brannten voll Öl, andere waren leer und hingen umgestürzt nach unten. Sie verstand, daß die brennenden und aufgerichteten Lampen die Herzen derer bezeichneten, die mit Andacht und Sehnsucht der Messe beiwohnten, die umgestürzten aber die Herzen derer, die es versäumten, sich durch Andacht zu erheben.

Seine Liebe rundet auf

Einstmals, als sie sich ihrer Krankheit wegen unnütz vorkam und ihr Strafleiden für fruchtlos hielt, sagte der Herr zu ihr: »Lege alle deine Leiden in mein Herz hinüber, und ich will sie so ausgezeichnet aufrunden, als je eines Menschen Leiden hat erhoben werden können. Denn wie die Gottheit alle Leiden meiner Menschheit in sich hinüberzog und sich einte, so will ich alle deine Leiden gänzlich in meine Gottheit hinübernehmen, sie mit meiner Passion zusammen zu einer einzigen Sache machen, und dir teilgeben an der Verherrlichung, die Gott der Vater meiner verklärten Menschheit für alle meine Leiden zuteil werden ließ. Befiehl deine Schmerzen der Liebe und sprich: O Liebe, in der gleichen Gesinnung, mit der du mir das aus dem Herzen Gottes zugetragen hast, übergebe ich es dir, mit der Bitte, es in der höchsten Dankbarkeit zur letzten Vervollkommnung zu empfehlen.

Begehrst du mich zu loben und vermagst du es nicht in deinen Leiden, so bitte, daß ich mit dem Lob, womit ich am Kreuze Gott den Vater gelobt habe, und in der Dankbarkeit, mit der ich ihm danksagte für seinen Willen, daß ich zum Heil der Welt all dies erdulde, und in der Liebe, womit ich meine Leiden gern und willig litt, nun auch für dein Leiden lobe und benedeie. Wie mein Leiden in Himmel und Erde unendliche Frucht trug, so wird auch dein Schmerz oder jegliche Drangsal, die mir dergestalt anbefohlen wird, in Einigung mit meiner Passion so fruchtbar, daß sie allen Himmlischen Ehre, allen Gerechten auf Erden vermehrten Lohn, den Sünden Vergebung, den Seelen im Fegfeuer Erleichterung verschafft. Denn was vermöchte mein göttliches Herz nicht in ein Besseres umzuwandeln? Alles Gute, das Himmel und Erde enthalten, fließt ja hervor aus der Güte meines Herzens.«

Der Mantel der Natur

Einmal erschien ihr der Herr während einer Messe, da man zur Opferung sang: »Herr Jesu Christe, König der Glorie.« Er stand zur Rechten des Altars, bekrönt und mit Königsornat angetan. Sie verwunderte sich und hätte gerne gewußt, was die Tauben und Adler und die Edelsteine in der Krone des Herrn bedeuten. Der Herr entgegnete: »Die Demut aller, der Glaube aller, die Geduld aller, die Hoffnung aller: sie schimmern gleich edlen Steinen in meiner Krone. Die Tauben und die Adler aber, die die Krone überragen, bezeichnen die Einfältigen und die Liebenden.«

Während des Kanons aber sah sie eine Art goldenes Podium, das an den Altar anstieß. Der Herr stieg darauf und stand nun auf dem Altar. Er trug über seinem Mantel einen langen Pelz, der bis zu den

Knien reichte. Als sie darüber staunte, wurde ihr gesagt, dies bedeute, daß alle Haare der Menschen, der Tiere und der Pflanzen durch die Menschheit Christi in der heiligsten Dreifaltigkeit schimmern, darum, weil der Sohn Gottes die Menschheit von der Erde her zu sich empor übernahm, denn aus der Erde stammt sie. Am Mantel aber schimmerten die menschlichen Seelen als ein wundersamer Schmuck.

Der Herr stand auf dem Altar und deckte mit seinem Mantel den Priester, und die vom Priester konsekrierte Hostie ward in des Herrn Herz emporgenommen und in ihn verwandelt. Da fiel sie ihm zu Füßen und küßte seine Wunden; der Herr aber beugte sich liebend über sie und sprach: »Mein Verlangen beugt sich über euch mit allem, was in mir gut ist.«

Verwandlung unseres Unwerts

Da sie einmal während der heiligen Messe müde war und einschlief, klagte sie trauernd ihre Nachlässigkeit dem Herrn. Der entgegnete ihr: »Wenn du nichts in dir fändest, was dir mißfiele, wie wolltest du dann meine Güte dir gegenüber erkennen?« Da erinnerte sie sich eines Menschen, den sie in Traurigkeit wußte; und während sie für ihn betete, um vom Herrn eine passende Antwort seinetwegen zu erhalten, sagte ihr der Herr unter vielen andern Worten auch dies: »Und warum will dieser Mensch nicht in Empfang nehmen, was ich ihm zu geben so bereit bin? Meinen ganzen heiligen und schuldlosen Wandel auf Erden gebe ich ihm mit Freuden, damit er denselben sich aneigne und aus dem Meinigen auffülle, was immer ihm abgeht.« Sie darauf: »Wenn es Dir so wohlgefällt, liebreichster Gott, daß der Mensch das Deine sich raubt, so sag mir bitte, wie er dies anstellen soll.« Er erwiderte: »Er soll seine Wünsche, seine Absichten und Gebete Gott dem Vater darbringen, dann steigt es vor Gott in solcher Angenommenheit auf und wird sosehr eins, wie der einheitliche Rauch verschiedener zugleich entzündeter Spezereien unmittelbar zum Himmel dringt... Alles andere Gebet, wiewohl es zum Himmel aufsteigt, wird ohne diese Vereinigung mit meinem Gebet nicht so wohlgefällig von Gott in Empfang genommen. Und gleicherweise soll der Mensch alle seine Mühe und jede Arbeit in der Einigung mit meinen Mühen und Arbeiten verrichten. Dadurch werden seine Werke so geadelt wie Kupfer mit Gold verschmolzen vom eigenen Unwert weg verwandelt wird in den Adel des Goldes. Und wie eine Handvoll Getreide zu einem großen Haufen Weizen hinzugeworfen vermehrt wird, so werden des Menschen Werke, die in sich selber ein Nichts sind, durch Einfügung in meine Werke gemehrt und in ein Besseres umgewandelt.«

Rosen aus dürrem Holz

Da sie eine Zeitlang an schwerem Kopfweh litt, brachte sie einmal während dem Hochamt zur Zeit der Opferung ihre Schmerzen dar, gleichzeitig wie sie die heilige Hostie dem Herrn zu ewigem Lob darbot. Alsbald erschien ihr der Herr; er hielt in seinen zarten Händen einen Reifen dürren Holzes, an welchen er die schönsten Rosen knüpfte. Sie verwunderte sich sehr, was das wohl bedeute, daß der Herr um das dürre Holz so blühende Rosen binde. Da hörte sie, wie er sprach: »Sieh, wenn ich diesem abgestorbenen Holz frische Rosen einfüge, so entnimm daraus, wie nie eines Sünders Herz durch den Rost der Sünde so abstirbt, daß er nicht, wenn er einen Schmerz oder eine leibliche Krankheit, wie klein sie auch sein mag, in der Gesinnung erdulde, daß er aus Liebe und Lob meines Namens auch gern einen stärkeren Schmerz erlitte, falls dies mir gefiele – daß er nicht zur selben Stunde durch solche Gesinnung wieder aufgrünte und so des göttlichen Erbarmens teilhaft würde.

Ich sage dir, kein Sünder ist so arg, daß, wenn er wahrhaft bereut, ich ihm nicht zur selben Stunde all seine Schuld vergebe und mein Herz mit so viel Huld und Milde über ihn neige, als hätte er nie gefehlt.« Sie sagte: »Wenn das so ist, liebster Gott, wie kommt es dann, daß der arme Mensch es gar nicht merkt?« Der Herr darauf: »Es kommt daher, daß er den innern Geschmack der Sünde noch nicht ganz verloren hat. Wenn einer, der Buße getan hat, den Lastern so stark widerstünde, daß aller Geschmack und alle Lust an der Sünde ausgerottet würden, er würde zweifellos die Süße des göttlichen Geistes durch und durch empfinden.«

Wandlung vergeblicher Tränen

Eine Frau wurde gar viel beschwert, weil sie infolge einer gewissen Krankheit ihre Tränen nicht zurückzuhalten vermochte. Fünf Jahre beinah hatte sie so sehr geweint, daß, wenn Gottes Erbarmen ihr nicht beigestanden wäre, sie darob billig das Augenlicht und den Verstand verloren haben müßte. Und so bat sie sie (Mechthild) und andere, dafür zu beten, daß Gottes Güte sie von dieser Trübsal befreie. Mechthild aber tröstete sie in freundlichem Mitleid und betete noch achtsamer für sie vor dem Herrn, und so wurde jene nach kurzem befreit. Als sie den Herrn frug, wie es möglich sei, daß jene so rasch von ihrer Traurigkeit weg verwandelt wurde, erwiderte ihr der Herr: »Aus meiner reinen Güte habe ich sie erlöst.« Und er fügte bei: »Sag ihr aber in meinem Namen, sie möge mich bitten, daß ich aus meiner Güte heraus auch ihre früheren Tränen verwandle, als ob sie dieselben aus Liebe zu mir und aus Andacht und Reue über ihre Sünden vergossen hätte.« Als jene das vernahm, begann sie sich zu verwundern, wie so unnütz vergossene Tränen in so heilige möchten verwandelt werden. Da sprach der Herr: »Sie soll einzig an meine Güte glauben, und so viel sie mir glaubt, so viel werde ich in ihr ergänzen.«

Gott wirkt in unserer Ohnmacht

Als sie einmal während der Krankheit die Kommunion empfing, sagte sie zum Herrn: »Ach, liebster Gott, wie hab ich dich jetzt in meine Seele gerufen, ohne zuvor gebetet oder etwas Gutes getan zu haben!« Der Herr antwortete ihr: »Mein Vater wirkt bis zur Stunde, und auch ich wirke.« (Joh. 5,17) Mein Vater wirkt mit seiner Macht in dir ein Werk, zu dem du mit deinen Kräften nicht hinreichst, und ich wirke in meiner göttlichen Weisheit in dir ein Werk, das deine Fassungskraft übertrifft. Und der Heilige Geist wirkt in seiner unermeßlichen Güte in dir ein Werk, das du noch nicht zu fühlen und zu schmecken vermagst.«

Ergänzung durch Lob

Als sie für einen Bedrängten betete, sah sie ihn vor dem Herrn stehen. Und der Herr sprach: »Sieh, dem vergebe ich alle seine Sünden; er aber soll alle seine Schulden und Nachlässigkeiten durch Lobpreisen ergänzen. Wenn in der Präfation das Wort kommt: ›Durch ihn loben die Engel deine Majestät‹, dann lobe er mich vereint mit jenem überhimmlischen Lob, wodurch die anbetungswürdige Dreieinigkeit sich gegenseitig lobt und gelobt wird, und das ausfließt in die seligste Jungfrau und von da in alle Engel und Heiligen. Er bete ein ›»Vater unser‹« und bringe es dar vereint dem Lob, womit Himmel und Erde und alle Kreatur mich lobt und benedeit. Und er flehe darum, daß durch mich, Jesus Christus, Sohn Gottes, sein Gebet übernommen werde, weil durch mich alles, was Gott dem Vater dargebracht wird, zu höchstem Wohlgefallen emporsteigt. So werden alle seine Sünden und Nachlässigkeiten durch mich aufgerundet.«

Lieber umsonst

Als sie einmal in bitteren Gedanken alle ihre Jahre überdachte, und wie saumselig sie gelebt, und wieviel Gnade Gottes sie nutzlos vertan, auch daß sie, die Gott als Braut Zugeweihte, diesen Vorzug durch ihre Sünden befleckt, sprach der Herr zu ihr: »Wenn du die Wahl hättest, ob du alle Güter, die ich dir verliehen habe, durch Werke und Tugenden aus Eigenem dir verdient haben möchtest, oder ob ich sie dir alle umsonst geschenkt hätte: was würdest du wählen?« Sie erwiderte: »Ach, mein Herr, die kleinste Gabe, die du mir umsonst gewährst, ist mir lieber, als wenn ich mir die Verdienste aller Heiligen mit den größten Tugenden und Arbeiten verdienen könnte.« Und der Herr: »Dafür sei in Ewigkeit gesegnet.«

Lieber die Liebe

Ein andermal, da sie bitteren Herzens überdachte, wie viel von Gott geschenkte Zeit sie unnütz vertan und Gottes Gaben als Undankbare fruchtlos verzehrt, sprach die Liebe zu ihr: »Verwirre dich nicht. Ich werde alle deine Schulden wieder einholen und alle deine Versäumnisse aufrunden.« Aber obwohl ihr dieses Geschenk groß erschien, konnte sie dennoch dadurch nicht getröstet werden, ihr Schmerz über den Verlust so großer Güter war zu heftig, und darüber, daß sie Gott, den Verleiher so unzähliger Güter, nicht glühend genug geliebt habe, so untreu dem war, der ihr und in allem dauernd der Treueste ist. Da sagte ihr der Herr: »Wenn du mir vollkommen treu bist, dann soll es dir viel lieber sein, daß meine Liebe deine Säumnisse ergänzt, als daß du es selber tust, auf daß diese Liebe daraus Lob und Ehrung gewinne.«

Gott mäßigt sich in uns

Eines Tages war sie traurig, weil sie sich so überflüssig vorkam, da sie, durch Krankheit verhindert, ihrer Ordenspflicht nicht nachkommen konnte. Da vernahm sie, wie der Herr zu ihr sprach: »Wohlan, sei mir gut, damit ich die Glut meines göttlichen Herzens in dir kühle.« An diesem Wort begriff sie, daß jeder, der Schmerzen und innere Leiden, Traurigkeit und Niedergeschlagenheit oder sonst eine Trübsal in Vereinigung mit der Liebe, womit Christus auf Erden viel Schmerzen und Beschwer und zuletzt einen schmachvollen Tod erlitt, willig und gern auf sich nimmt, darin einigermaßen die Glut des göttlichen Herzens mäßigt, das mit so unschätzbarer Sehnsucht das Heil des Menschen sucht. Und da es jetzt seine Leiden nicht mehr in sich selbst erdulden kann, würdigt es sich, sie in seinen Liebhabern, die ihm in treuer Liebe anhangen, zu ergänzen.

Als habest du alle Liebe

Als sie ein Zeichen aufschrieb, daß sie kommunizieren wolle, sprach sie zum Herrn: »Schreibe, o mildester Herr, meinen Namen in dein Herz, und deinen süßen Namen durch kräftige Erinnerung an das meine.« Da sprach der Herr zu ihr: »Willst du kommunizieren, so empfange mich mit solcher Meinung, als habest du alle Sehnsucht und alle Liebe, die je in einem Menschenherzen brannte, und in dieser höchsten Liebe tritt zu mir heran. Ich aber will diese Liebe in dir entgegennehmen, nicht so, wie sie in dir ist, sondern als ob sie wahrhaft so groß wäre, wie du sie zu haben verlangst.«

Die Gnade weitergeben

Agnes, die selige Jungfrau, erschien an ihrem Fest der Magd Christi. Sie schien vom Altar mit einem goldenen, schön geschmückten Rauchfaß herzukommen und inzensierte jede einzelne Schwester und erfüllte den ganzen Chor mit wohlriechendem Rauch … Und als bei der Matutin die lieblichen Worte der heiligen Agnes wiederholt wurden, wurde jene, die dies sah, traurig und klagte zu Gott, daß sie, im Ordenskleid von Jugend auf, Christus doch nicht wie diese selige Jungfrau geliebt habe. Da sagte der Herr zur heiligen Agnes: »Gib ihr alles, was du hast.« Da begriff sie, daß Gott den Heiligen diese Würde verleiht, alles was er in ihnen gewirkt hat und was sie für Christus erduldet haben, ihren Liebhabern und Verehrern, die Gott für sie loben und danksagen oder seine Gaben in ihnen lieben, schenken zu können. Und als Sankt Agnes es getan, wurde jene mit unaussprechlicher Freude erfüllt und bat die Königin des Himmels, um dieses Geschenkes willen ihren Sohn zu loben. Diese sagte zu ihr: »Bete mir ein Ave Maria.« Sie aber sprach, unter göttlicher Eingebung, dieses Lob: *Gegrüßt seist du*, aus des Vaters Allmacht, gegrüßt aus des Sohnes Weisheit, gegrüßt aus des Heiligen Geistes Güte, liebliche *Maria*, die du Himmel und Erde hell werden läßt. *Du bist voll der Gnade*, und gießest sie in alle ein, die dich lieben. *Der Herr ist mit dir*, der Eingeborene des Vaters, der Einziggeborene deines jungfräulichen Herzens, dein schönster Freund und Bräutigam. *Du bist gebenedeit unter den Weibern*, die du Evas Fluch vertrieben und ewigen Segen erlangt hast. *Benedeit ist die Frucht deines Leibes*, der Herr und Schöpfer aller Dinge, der alles benedeit und heiligt, alles einigt und reich macht.« Da gab ihr die selige Jungfrau alles, was sie besaß, sogar ihre jungfräuliche Mutterschaft, daß sie aus Gnade eine geistliche Mutter werden durfte, so wie Maria aus Natur es war.

Gott fruchten

Ein andermal, nach der heiligen Kommunion, sagte der Herr zu ihr: »Ich in dir und du in mir, in meiner Allmacht wie der Fisch im Wasser.« Und sie: »O mein Herr, Fische werden oft durch Netze aus dem Wasser gezogen; wie, wenn das auch mir zustößt?« Darauf der Herr: »Du kannst aus mir nicht herausgezogen werden; sondern wirst in meinem göttlichen Herzen nisten.« Und sie: »Was wird mein Nest sein?« Der Herr erwiderte: »Demut angesichts jeder Gabe und Gnade, die ich dir verleihe: versenke dich immerdar im Abgrund wahrer Demut.« Und die Seele: »Fische fruchten im Wasser; was wird meine Frucht sein?« Der Herr zu ihr: »Wenn du mich dem himmlischen Vater anbietest zur Freude und Ehre aller Heiligen, dann wird ihre Freude und ihr Lohn so gemehrt, als ob sie mich leiblich auf Erden empfinden; und das ist deine Frucht.« Nun dachte die Seele nach, wie solches in den Patriarchen und Propheten sich verwirklichen möchte, da sie den Leib des Herrn auf Erden nicht empfangen hatten. Der Herr sprach: »Was die Apostel besaßen, das haben auch die Patriarchen und Propheten durch Glaube und Hoffnung bekommen, und so gehört es ihnen jetzt ebenso wahrhaftig wie den Aposteln.«

Strömend im Herzen

Während ihrer Krankheit kam die Fastenzeit; sie hatte beschlossen, im Geiste mit dem Herrn zusammen in der Wüste zu bleiben. Eines Nachts, da ihr deuchte, mit dem Herrn in der Wüste zu sein, frug sie ihn, wo er diese erste Nacht verbringen wolle. Der Herr zeigte ihr einen wunderschönen, aber hohlen Baum, der der Baum der Demut genannt wurde, und sprach: »Hier werde ich übernachten.« Mit diesen Worten trat er in den hohlen Baum ein. Da frug sie: »Und ich, wo soll ich bleiben?« Und der Herr: »Kannst du nicht in meinen Schoß fliegen und da ruhen, so wie die Vögel zu tun pflegen?« Und alsogleich sah sie sich selbst in Gestalt eines Vögleins, das in des Herrn Schoß flog und dort aufs ungestörteste ruhte. Sie sprach zum Herrn: »Mildester Herr, lege deinen Finger auf mein Haupt, damit ich so einschlafe.« Und der Herr: »Weißt du nicht, daß die kleinen Vögel, wenn sie schlafen wollen, den Kopf in die Federn stecken?« Sie aber: »Herr, was sind denn meine Federn?« Er erwiderte: »Deine Sehnsucht ist eine rote Feder, denn sie brennt immer; deine Liebe ist eine grüne Feder, denn sie grünt und wächst sich aus. Deine Hoffnung ist eine feuerfarbene Feder, denn unablässig begehrst du nach mir.«

Dann sah sie kleine Tropfen aus dem Herzen des Herrn träufeln, die sie mit ihrem Schnabel gierig auffing und woraus sie eine nie erfahrene und unaussprechliche Wonne gewann.

In einer anderen Nacht frug sie den Herrn abermals, wo er übernachten wolle. Er erwiderte: »Am Fuß dieses einsamen Berges.« Er führte sie dahin, und sie sah dort den Born der Barmherzigkeit aus der Wurzel des Berges entspringen, und daneben stand eine silberne Schale. Er sagte zu ihr: »Aus diesem Born kredenze allen, so wie es dir selber gefällt.« Sie darauf: »Bitte, Herr, tu du es an meiner Stelle; ich bin ungeeignet zu diesem Werk, hinfällig und schwach wie ich bin.« Da traten statt ihrer die heiligen Engel herzu und kredenzten aus der Quelle: zuerst der glorreichen Jungfrau Maria zur Mehrung ihrer ganzen Seligkeit. Und während sie trank, gaben alle Tropfen in ihrem Mund einen so wundersamen lieblichen Laut, daß alle Bewohner des seligen Jerusalem in neuer

Freude jubelten. Dann bekamen die Patriarchen, die Propheten, die Apostel, die Märtyrer, die Bekenner, die Jungfrauen, die Witwen, die Eheleute und alle Bürger des Himmels, und sämtliche tranken auf gleiche Weise, und die einzelnen Tropfen erklangen wie vorher bei der Jungfrau Maria zum Lobe Gottes.

Dann schenkten sie aus dem gleichen Born der Barmherzigkeit auch der streitenden Kirche aus: zuerst dem apostolischen Herrn, den Kardinälen, Erzbischöfen, Bischöfen und allen geistlichen Personen. Nachher den Kaisern, den Königen, den Fürsten und allen Richtern und Lenkern der Gläubigen, schließlich allen auf Erden Lebenden insgesamt.

Dann schenkten die Engel, in Stellvertretung für die Braut Christi, auch den Seelen im Fegfeuer vom Quell der Barmherzigkeit aus. Alle tranken daraus, doch empfanden nicht alle jenen Laut und jene Süßigkeit wie die triumphierende Kirche.

Schließlich bot der Herr selber in seiner Güte allen erwähnten Personen der streitenden wie der triumphierenden Kirche auf die Bitte seiner Dienerin hin aus seinem Herzen einen Nektartrank in einer kleinen Schale.

In der folgenden Nacht wurde sie abermals im Geist zum erwähnten Quell der Erbarmung geführt und sah daraus einen gewaltigen Strahl der demütigen Dankbarkeit entspringen, und dieser Strahl ging durch das Herz Jesu Christi, um von da ganz lauter in den gleichen Quell zurückzuströmen. Das ist so zu verstehen: Da die Gaben Gottes gar verschieden sind und nicht alle Menschen die gleichen Gaben erhalten, und »die Gaben eingeteilt werden« (1. Kor. 12,4), soll jeder auf die ihm von Gott verliehenen Gaben sorgsam achthaben und sie mit Dankbarkeit zu Gott zurückgießen, indem er sich alles Guten und des Daseins selbst unwert erachtet, und in seiner Erniedrigung immer sagen: »Ich bin geringer als alle deine Erbarmungen.« (Gen. 32.10) Und er soll sich weiter kein Gut wünschen, es sei denn allein zum Lobe Gottes, und er soll die Gewißheit haben, daß alles ihm Zustoßende, Freudiges wie Leidiges, ihm von Gott aus übergroßer Liebe verliehen sei, und so mit Danksagung, geeint der Dankbarkeit Jesu Christi, wie durch sein heiliges Herz hindurch, alle Gottesgaben zu ihrem Ursprung zurückgießen.

ANGELA VON FOLIGNO

Von fünf Tröstungen

1248–1309
Nach einem alltäglichen Leben als Mutter und Gattin wurde sie 1291
bekehrt und in den Dritten Orden des heiligen Franziskus aufgenommen. Durch große Leiden geläutert, wurde sie dort zu höchster Ver-
geistigung und zu schauender Gottesweisheit geführt. Ihren Lebens-
bericht schrieb ihr Beichtvater nach ihrem Diktat für die Nachwelt auf.

Gelobt sei Gott, der Vater unseres Herrn Jesu, der uns in jeglicher
Bedrängnis tröstet. Hat er sich doch gewürdigt, mich Sünderin in
aller Trübsal zu trösten; denn in jener Zeit des Aufschreiens, wovon ich vorhin beim achtzehnten Schritte meiner Bekehrung er-
zählt habe, und nach der wunderbaren Erleuchtung beim Beten
des Vaterunsers, fühlte ich auf folgende Art eine große Tröstung
durch die Süßigkeit Gottes: Ich wurde nämlich erleuchtet und
hingerissen, die gebenedeite Vereinigung der Gottheit und
Menschheit Christi, wie auch die Gottheit und Menschheit in
Christus zu schauen. Ich empfand in diesem Schauen und in dem
Genuß des Schauens einen gewaltigen Trost, größer als ich ihn je
erfahren hatte, ja er war dermaßen, daß ich einen großen Teil jenes
Tages auf den Füßen in meiner Zelle stehen blieb, wo ich wie be-
täubt, eingeschlossen und allein betete; und mein Herz war so
überwältigt von jenem Genuß, daß ich lautlos dahinschwand.
Eine Gefährtin, die zu mir kam, meinte, ich stürbe. Aber mich är-
gerte die Störung durch sie.
  Einmal, als ich in jener Betrachtung verharrte und am Abend be-

tete, es war vor der Verteilung meines Letzten an die Armen, obgleich mir nur wenig zu geben übriggeblieben war, glaubte ich
nicht, etwas von Gott zu empfinden. Ich wandte mich deshalb
wehklagend zu Gott mit den Worten: »Herr, das, was ich tue, tue
ich nur, um Dich zu finden. Werde ich also finden, nachdem ich
das vollbracht habe?« Und mehr dergleichen sagte ich im Gebete.
Die Antwort lautete: »Was willst du?« »Weder Gold noch Silber«,
erwiderte ich, »ja gäbest Du mir die ganze Welt, ich würde nichts
anderes wollen als Dich!« Da sagte er: »Bemühe dich fleißig, be-
eile dich, denn wenn du alsbald tun wirst, was du vorhast zu tun,
wird die ganze Dreifaltigkeit zu dir einkehren.« Noch viele andere
Versprechen wurden mir gegeben; ich wurde aus aller Trübsal gezogen und mit wahrer göttlicher Armut entlassen. Ich wartete
nun ab, daß es geschehen würde, wie mir gesagt worden war. Aber
in einigem Zweifel über das mir in dem Gesichte an Großem Gesagte und Verheißene, teilte ich meiner Gefährtin mit; nichtsdestoweniger hatte er mich mit wahrer göttlicher Armut entlassen.

Darauf ging ich zum heiligen Franziskus nach Assisi, und auf
dem Wege wurde mir das gegebene Versprechen erfüllt; dennoch
hatte ich nicht alles von dem wenigen, das mir übriggeblieben, unter die Armen verteilen können, weil ein heiliger Mann, der es be-
sorgen sollte, inzwischen gestorben war. Dieser auf mein Drängen
durch die Gnade Gottes bekehrte Mann starb auf dem Wege sein
Eigentum zu veräußern, um die Bedürftigen mit dem Erlös zu erfreuen. Gott hat viele Wunder durch ihn gewirkt, und sein Grab
wird in Ehren gehalten.

Als ich also zum heiligen Franziskus von Assisi ging, bat ich ihn
den Weg entlang, er möge für mich bei Gott erwirken, daß ich
seine Regel, wie ich vor kurzem gelobt hatte, streng beobachte;
auch möge er mir die Gnade erlangen, etwas anderes, mehr Besonderes von Christus zu empfinden, in Armut leben und meine Tage
in Armut beschließen zu dürfen. Dies hatte mich schon früher, in
der Hoffnung auf ein rascheres Teilhaftwerden der Freiheit der Armut, zu einer Wanderung nach Rom veranlaßt, wo ich den heiligen Petrus bitten wollte, für mich die Gnade der wahren Armut zu
erwirken. Daher ward mir, wie ich auf das bestimmteste glaube,
um der Verdienste des heiligen Petrus und des heiligen Franziskus

willen durch die göttliche Gnade die Gabe der wahren Armut verliehen. Während ich nun, wie vorhin erwähnt, betend auf dem Wege fortschritt und zwischen die Höhle und den engen Weg kam, der jenseits der Höhle gegen Assisi hinaufführt, wurde mir daselbst folgendes gesagt: »Du hast meinen Dienstknecht Franziskus angerufen, aber ich wollte dir einen andren Boten senden. Ich bin der Heilige Geist, der zu dir kommt, damit ich dir einen Trost gewähre, wie du niemals einen gekostet hast. Innerlich werde ich dich bis zum heiligen Franziskus begleiten, und die anderen, die mit dir sind, werden nur wenig davon merken. Den ganzen Weg über will ich mit dir reden, auch soll der Rede kein Ende sein; du wirst auf nichts anderes hören als auf mich, denn ich habe dich gefesselt und werde nicht von dir ablassen, bis du zum zweiten Male zum heiligen Franziskus kommst; nach dieser Tröstung werde ich dann von dir scheiden. Aber ein anderes Mal werde ich mich nicht von dir trennen, wenn du mich lieb hast.« Und er begann folgende Worte zu äußern, um mich zur Liebe zu ihm anzutreiben: »Meine Tochter, du mein Süßestes! Meine Tochter, du mein Tempel! Meine Tochter, du meine Lust! Halte mich lieb, denn du wirst innig von mir geliebt, inniger als du mich liebst.« Wiederholt sprach er zu mir: »Tochter mein, meine süßeste Braut«, indem er hinzufügte: »Ich liebe dich mehr als irgendeine andere im Tale von Spoleto. Nachdem ich mich also mit dir vereint, in dir geruht habe, sollst du ebenfalls dich mit mir vereinigen, ruhen in mir. Ich war mit den Aposteln, sie schauten mich mit leiblichen Augen, aber sie kosteten mich nicht, wie du mich kostest. Wenn du nun nach Hause zurückgekehrt sein wirst, wirst du eine andere Süßigkeit, wie du sie niemals geschmeckt hast, kosten, denn ich werde nicht bloß reden mit dir, wie jetzt, sondern du wirst mich empfinden. Du riefst meinen Dienstknecht Franziskus an, in der Hoffnung, mit ihm und durch ihn das Begehrte zu erhalten; und weil er mich sehr liebte, habe ich ihm sehr vieles gewährt. Gäbe es heute jemand, der mich mehr lieben würde, dem würde ich noch mehr gewähren.« Er sagte mir auch, es gäbe heutzutage wenig Gutes und wenig Glauben, und er beklagte sich, indem er sprach: »Die Liebe, die ich für eine mich aufrichtig liebende Seele hege, ist so groß, daß ich dem, der mich vollkommen lieb hätte, eine größere Gnade erweisen würde als den Heiligen, von denen man so viel Gutes aufzählt, das Gott ihnen in vergangenen Zeiten angetan hat. Es gibt niemand, der wegen Unterlassung dieser Liebe eine Entschuldigung anführen könnte, denn jedermann kann Gott lieben. Er selbst verlangt ja nichts anderes, als daß die Seele mit Liebe nach ihm verlange, weil er die Seele wahrhaftig liebt und selbst die Liebe der Seele ist.« Aber das sind tiefsinnige Worte.

Daß aber Gott die Liebe der Seele ist, hat er mir in lebhafter Weise durch seine Menschwerdung bewiesen und durch das Kreuz, das er für uns getragen hat, er, der so unermeßlich, so glorreich war. Er erklärte sein Leiden, überhaupt alles, was er für uns getan, und fügte hinzu: »Sieh nur, ob etwas anderes in mir ist als Liebe!« Und meine Seele verstand auf das bestimmteste, daß er nichts anderes als Liebe sei. Dann beklagte er sich, daß er in dieser Zeit so wenig Menschen finde, in die er seine Gnade legen könne, und bezeugte, daß er weit größere Gnade denen verleihen würde, die er von Liebe zu ihm erfüllt fände, als allen Heiligen, die bis jetzt gelebt und Wohltaten von ihm empfangen hätten. Dann sprach er wiederum zu mir: »Meine teuere Tochter, liebe mich, denn du wirst inniger geliebt, als du mich liebst. Meine Geliebte, halte mich lieb!« Ferner: »Grenzenlos ist die Liebe, welche ich für eine Seele hege, die mich ohne Arglist liebt!« Mich dünkte, er wünsche, die Seele sollte, soviel in ihrer Macht und Gewalt liege, die gleiche Liebe empfinden, wie er sie der Seele entgegenbringt; wie es mich auch dünkte, daß er die Erfüllung herbeiführen werde, wenn die Seele es nur wünsche. Abermals sagte er zu mir: »Meine Geliebte, meine Braut, halte mich lieb! Denn dein ganzes Leben, dein Essen, Trinken, Schlafen und was du sonst tun und lassen magst, alles gefällt mir, wenn du mich liebst.« Dann wieder: »Ich werde vor aller Welt große Dinge in dir wirken. In dir werde ich erkannt, verehrt und verherrlicht, und in dir wird mein Name von vielen Völkern gepriesen werden.« Dieses und mehr dergleichen redete er zu mir. Als ich aber jene Worte hörte, gedachte ich meiner Fehler und deutete auf meine Sünden hin, in der Überzeugung, solcher großen Liebesbezeugungen nicht würdig zu sein. Ich begann an jenen Worten zu zweifeln, und meine Seele sprach zu dem, der zu mir redete: »Wärest Du der Heilige Geist, so würdest

Du mir jene Sachen nicht sagen, denn sie passen nicht für mich; ich bin schwach und kann somit in eitle Ehre verfallen.« Er dagegen antwortete: »Sieh nur zu und sinne nach, ob du durch all diese Sachen in eitle Ehre verfallen kannst, wie du hervorhebst; ob du vermagst, durch jene Worte auf andere Gedanken zu kommen.« Es drängte mich aber der Wunsch nach eitler Ehre, um zu prüfen, ob das, was er sagte, wahr, ob er der Heilige Geist sei. Um von jenem Gespräch befreit zu werden, begann ich hinzuschauen nach den Weinbergen; doch wo ich nur hinsah, hörte ich ihn reden: »Schau hin, betrachte, diese ist die Meinige«; und ich fühlte eine unaussprechliche Wonne. Inzwischen aber kehrten alle meine Sünden in mein Gedächtnis zurück, ich sah nichts an mir als Sünden und Mängel und verspürte in mir eine Demut, wie ich sie niemals verspürt hatte. Auch sagte er mir, ich werde so geliebt, daß der Sohn Gottes und die Jungfrau Maria sich über mich geneigt hätten und bei mir eingekehrt seien, um mit mir zu reden.

Ebenfalls sagte Christus zu mir: »Wenn die ganze Welt jetzt zu dir käme, du könntest zu den anderen jetzt nicht reden. Wo ich aber jetzt zu dir gekommen bin, kommt die ganze Welt zu dir.« Dann sprach er zur Behebung jedes Zweifels zu mir: »Ich bin es, der für dich gekreuzigt ward, für dich hungerte und dürstete und dich so sehr liebte, daß ich mein Blut für dich vergossen habe«; er sprach mir von all seinem Leiden und sagte: »Erflehe Gnade für dich und deine Gefährten, für alle, denen du sie zuwenden willst, und bereite dich vor zum Empfangen, denn ich bin viel eher zum Geben bereit als du zum Empfangen.« Aber meine Seele rief aus: »Ich will nicht bitten, denn ich bin nicht würdig.« Und all meine Sünden kehrten in mein Gedächtnis zurück. Ferner sagte meine Seele: »Wenn Du, der vom Anfang an mit mir gesprochen hat, der Heilige Geist wärest, würdest Du mir nicht so Erhabenes sagen; wärest Du in mir, so müßte eine solche Freude in mir sein, daß ich es lebend nicht ertragen könnte.« Er antwortete: »Kann etwas sein oder geschehen, anders wie ich es will? Darum schenke ich dir keine andere Freude, nicht mehr oder nicht weniger als du hast. Ich habe einem anderen eine noch geringere gegeben, aber der, dem ich sie gab, lag da, ohne zu sehen oder zu hören. Außerdem gebe ich dir noch dieses Zeichen, daß ich es bin: wenn du jetzt versuchen wirst, mit deiner Gefährtin zu reden, um auf andere Gedanken zu kommen, gute oder schlechte, so wirst du an nichts anderes denken können als an Gott. Denn ich bin der einzige, der den Geist fesseln kann. Ich tue dir all dieses nicht wegen deiner Verdienste, sondern aus meiner Güte.« Unterdessen wurden all meine Schlechtigkeiten in mein Gedächtnis zurückgerufen; ich gewahrte die Sünden, wodurch ich die Hölle verdient hatte, und sah dies deutlicher ein als je. Auch sagte er mir, daß die vorhin genannten Dinge mir nicht geschehen oder gesagt worden wären, wenn ich, nebst meinen wirklichen Begleiterinnen, mit noch anderen gekommen wäre. Diese jedoch merkten es in irgendeiner Weise meiner Sehnsucht an, daß ich bei jedem Worte eine große Wonne empfing. Um keinen Preis wünschte ich, das Ziel oder das Ende des Weges zu erreichen. Wie groß aber die Freude und die Wonne Gottes war, die ich spürte, vermag ich nicht zu äußern, besonders über die nicht, wo er sprach: »Ich bin der Heilige Geist, der in dich einkehrt.« Gleichfalls überfiel mich bei allem anderen, was er sagte, ein starkes Wonnegefühl. Er begleitete mich also bis zum heiligen Franziskus, wie er mir gesagt hatte, ohne von mir abzulassen, und verweilte mit mir bis nach der Mahlzeit, da ich zum zweiten Male zum heiligen Franziskus ging. Als ich mich beim Betreten der Kirche sofort auf die Knie warf und den heiligen Franziskus im Herzen Christi gemalt sah, sagte mir Christus: »So werde ich dich umschlungen halten, ja fester noch, als du mit den leiblichen Augen zu schauen vermagst. Bald schlägt die Stunde, daß ich dich, meine teure Tochter, meinen Tempel, mein Entzükken, sättige und verlasse. Aber ich sage dir, nur in dieser Tröstung scheide ich von dir, denn im übrigen werde ich dich, wenn du mich liebst, nicht verlassen.« Obwohl das Wort bitter war, empfand ich in ihm dennoch eine solche Süßigkeit, daß ich überselig war. Dann schaute ich hinauf, ob ich ihn mit den Augen des Leibes und des Geistes sehen würde, und ich sah. Fragst du mich, was ich sah: Ich sah das wahrhafte Wesen, voller Majestät, unermeßlich; beschreiben kann ich es nicht, aber es kam mir als das Gut vor. Auch sprach er noch viele Worte der Wonne. Sein Abschied war sehr besänftigend; und völlig zog er sich mit seiner maßlosen Süßigkeit nicht plötzlich, sondern allmählich und zögernd von mir zurück. Unter anderem sagte er mir noch dieses: »Meine Tochter, mein Lieb, mir so viel mehr als ich dir, Tempel meines Entzükkens, du bist mir fest bestimmt und hast den Ring meiner Liebe. Verlaß mich fortan nicht; du hast den Segen des Vaters und des Sohnes und des Heiligen Geistes, du und deine Mitschwester.« Sogleich rief die Seele aus: »Oh, verließest Du mich nicht, so würde ich in Zukunft keine Todsünde mehr begehen!« Er antwortet: »Das sage ich dir nicht.« Auf meine beim Scheiden vorgebrachte Bitte um eine Gnade für meine Gefährtin sprach er: »Deiner Gefährtin werde ich eine andere Gnade gewähren.« So entfernte er sich dann und wünschte, daß ich nicht knien, sondern stehen bleiben sollte. Nachdem er verschwunden war, setzte ich mich nieder und fing ohne Scham mit lauter, kreischender Stimme an zu schreien: »Liebe, noch habe ich Dich nicht kennengelernt, warum hast Du mich so verlassen!« Mehr konnte ich nicht sagen, denn was ich sonst an Worten bilden und ausrufen wollte, erstickte die kreischende Stimme, was auch den Sinn für die Zuhörer unverständlich machte. Dieses Aufschreien und Rufen überkam mich am Eingang der Kirche des heiligen Franziskus, wo ich nach dem Abschiede Gottes kraftlos niedersaß; ich schrie in Gegenwart der Menge derart, daß die Anwesenden, darunter auch meine Bekannten, von weitem errötend stehenblieben in der Meinung, das Schreien habe einen anderen Grund. Hatte er mich also in der Gewißheit zurückgelassen, daß er, der mit mir gesprochen hatte, ohne Zweifel Gott sei, so schrie ich, noch im Banne seiner süßen Gegenwart und voll Kummer über sein Fortgehen, ich wolle sterben. Daß ich, von ihm zurückgelassen, nicht stürbe, war mir eine große Betrübnis; und all meine Gelenke waren mir wie gezählt.

Hiernach verließ ich Assisi. Ich schritt mit großer Wonne des Weges und redete von Gott; nur das Schweigen war mir geradezu eine Pein. Dennoch versuchte ich, der Gesellschaft wegen, das Sprechen zu unterlassen. Auf dem Rückweg von Assisi sagte Christus zu mir: »Ich gebe dir ein Zeichen, daß ich Christus bin, der mit dir spricht und mit dir gesprochen hat; ich lege in dein Innerstes das Kreuz und die Liebe Gottes, und dieses Zeichen wird in Ewigkeit mit dir sein.«

Sogleich spürte ich dieses Kreuz und die Liebe Gottes in meiner Seele; es dehnte sich auch in meinem Körper aus, und während ich körperlich jenes Kreuz fühlte, zerfloß meine Seele in Liebe zu Gott. Nach meiner Rückkehr empfand ich zu Hause eine friedvolle Wonne, eine Ruhe, so groß, daß ich sie nicht beschreiben kann. Mir war es, ungeachtet jener friedlichen Wonne und Ruhe, ungeachtet der Herzensfreude, die ich nicht auszudrücken vermag, sehr hart, zu leben; ich wollte sterben, damit ich hinüberkäme zu jener Süßigkeit, von der ich einiges gekostet; sterben, damit ich nicht verlöre, was ich schon besessen. Ich wünschte zu sterben, diese Welt zu verlassen, weil das Leben mir eine größere Qual war als die Qual und der Schmerz über den Tod meiner Mutter und meiner Kinder, größer als jeglicher Schmerz, den ich mir denken konnte. Schmachtend lag ich wegen des vorher Gesagten acht Tage daheim und rief aus: »Herr, habe Mitleid mit mir, gestatte nicht, daß ich länger in dieser Welt verweile.« Daraufhin verspürte ich öfter unaussprechliche Wohlgerüche; dies und anderes war so außerordentlich, daß ich es nicht aussprechen und darüber nur weniges mitteilen kann. Vielmals aber vernahm ich jenes Zwiegespräch, jedoch war es nicht so lange, nicht so süß, auch nicht so tiefsinnig. Wie ich nun nach meiner Rückkehr von Assisi darniederlag, hörte meine Gefährtin, ein Wesen von wunderbarer Einfachheit, Reinheit und Keuschheit, eine Stimme, welche ihr sagte: »Der Heilige Geist ist in die Angela gefahren.« Daraufhin kam sie zu mir und begann zu fragen: »Sage mir doch, was hast du? Denn mir wurde geheißen, zu dir zu kommen.« Ich erwidert: »Was dir geheißen ward, erfreut mich.«

Seitdem habe ich meiner Gefährtin viele dieser Geheimnisse mitgeteilt.

Einmal, als ich im Gebete war und im Geiste erhoben, redete Gott viele freundliche, liebevolle Worte zu mir, und aufblickend sah ich Gott, der mit mir sprach.

Wenn du mich nun fragst, was ich sah, so kann ich nur dieses sagen: ich sah ihn selbst, eine Fülle, eine Klarheit, die mich derart durchdrang, daß ich nichts nennen oder finden kann, was ihr gleichkäme. Auch sah ich nichts Körperliches, sondern es war wie im Himmel, nämlich so ganz und gar Schönheit, daß ich nichts

Besseres zu sagen weiß, als ich sah die höchste, alles Gute umschließende Herrlichkeit. Und alle Heiligen standen lobpreisend vor dieser erhabenen Herrlichkeit; nur ich war wie etwas Unbedeutendes unter ihnen. Aber Gott sprach zu mir: »Geliebteste, teuerste Tochter, alle Heiligen des Himmels hegen für dich eine besondere Liebe, desgleichen meine Mutter, und du wirst mit ihnen Anteil an mir haben.« Obgleich mir diese Dinge gesagt wurden, kam mir doch alles, was seine Mutter und die Heiligen betraf, als gar zu wenig vor. Ich war aber dermaßen entzückt in ihn, die Wonne, die ich seinetwegen empfand, war so groß, daß ich mich nicht darum kümmerte, Engel oder Heilige anzuschauen. Sah ich doch, daß all jenes Gute, alle Zierde der Heiligen und Engel aus ihm und in ihm, daß er der Gipfel aller Güte und aller Schönheit sei. Durch jene Zierde aufs höchste beglückt, fiel es mir nicht ein, nach irgendwelchem Geschöpf hinzublicken. Dann sagte er mir: »Eine grenzenlose Liebe fühle ich für dich; will sie aber nicht zeigen, sondern dir verborgen halten.« Meine Seele erwiderte darauf: »Warum hast Du so viel Liebe zu mir und Freude an mir, wo ich doch so verdorben bin und Dich mein Leben lang beleidigt habe?« Und er zu mir: »So groß ist die in dich gelegte Liebe, daß ich mich deiner Fehler nicht erinnere, obwohl meine Augen sie sehen; ja in dir habe ich einen großen Schatz eingeschlossen.« Da hat meine Seele empfunden, dies sei wirklich so wahr, daß sie keineswegs mehr zweifelte, im Gegenteil fühlte und einsah, wie die Augen Gottes, in welche sie hineinblickte, auf ihr ruhten. Die Seele fand daran einen solchen Genuß, daß kein Mensch, selbst wenn er aus dem Kreise der Heiligen im Himmel herabstiege, das wiedergeben könnte. Als er mir gesagt hatte, er verberge mir eine große Liebe, weil ich dieselbe nicht tragen könne, erwiderte meine Seele: »Wenn Du der allmächtige Gott bist, kannst Du bewirken, daß ich sie tragen kann.« Worauf er: »Wenn ich dies tun würde, würdest du haben, was du wünschest, und hättest keinen Hunger nach mir; darum will ich es dir nicht gewähren, denn ich wünsche, daß du in dieser Welt hungern sollst nach mir, Verlangen und Sehnsucht haben nach mir.«

Einmal erhielt ich die göttliche Einsprechung: »Ich, der ich mit dir spreche, bin die göttliche Macht, welche dir die Gnade Gottes zuführt; und die Gnade, die ich dir bringe, ist eine solche, daß ich will, du seiest allen Menschen, so dich sehen werden, nützlich; und nicht allein diese, sondern auch jene sollst du erfreuen und ihnen nützlich sein, die sich deiner erinnern, deiner gedenken oder dich nennen hören; und denen, die mehr von mir erhalten werden, wirst du nützlicher sein.«

Dann sprach die Seele, obgleich sie sich über die Maßen freute: »Ich will diese Gnade nicht, denn ich fürchte, sie wird mir schaden und mich zu eitlem Ruhm verführen.« Worauf er sofort erwiderte: »Du hast nichts weiter damit zu tun; es ist nicht deine Sache, denn du bist nur ihre Hüterin; diene ihr wohl und überlasse sie sonst dem, dem sie gehört.« Da erkannte die Seele, daß es mir auf diese Weise nicht schaden konnte. Auch sagte er mir: »Es gefällt mir, daß du deswegen fürchtest.«

Als ich mich nachher in der Kirche befand, hörte ich ein übersüßes Gespräch, das sogleich meine ganze Seele stärkte; es lautete so: »Meine teuere Tochter«, nein, noch Lieblicheres sagte er, indem er hinzufügte: »Nur ich und kein anderes Wesen kann dir Trost bringen. Ich will dir meine Macht offenbaren.« Im Nu wurden die Augen meiner Seele geöffnet, und ich erblickte eine Gottfülle, in der ich die ganze Welt zusammengefaßt sah: das Diesseits und das Jenseits des Meeres, See und Abgrund und alle Dinge, die in nicht zu erzählender Weise Gottes Allmacht bezeugen. Voll Bewunderung rief die Seele aus: »Wie ganz ist diese Welt von Gott erfüllt!« Und ich betrachtete die ganze Welt als etwas Kleines. Auch sah ich die Macht Gottes über alles hinausragen und alles erfüllen. Als er sagte: »Einen Teil meiner Macht habe ich dir gezeigt«, verstand ich das so, als wolle er mir nachher Wertvolleres offenbaren; aber er fuhr fort: »Du hast einen Teil meiner Macht gesehen, jetzt wirst du meine Demütigung erblicken.« Dann sah ich Gott vor den Menschen und vor allen andern Dingen so tief gedemütigt, daß die Seele im Begreifen der unbeschreiblichen Allmacht und im Anblick einer solchen tiefen Erniedrigung staunte, sich selbst als nichts betrachtete und lauter Hoffart in sich gewahrte. Ich begann innerlich bei mir zu überlegen, daß ich der Kommunion unwürdig sei; daher wollte ich nicht kommunizieren. Nachdem er mir seine Macht und seine Demütigung gezeigt hatte, sagte er: »Meine Tochter, zu dieser Stufe des Schauens, wozu du gekommen bist, konnte noch kein Geschöpf gelangen; es sei denn, daß es durch eine besondere Gnade erhoben ward.« Als ich dann in der Kirche bei der Erhebung des Leibes Christi gegenwärtig war, sprach er: »Sieh, meine Macht ist jetzt auf dem Altare, und ich bin in dir; wenn du mich empfängst, empfängst du mich, den du bereits empfangen hast. Kommuniziere also im Namen des Vaters und des Sohnes und des Heiligen Geistes; ich, der ich würdig bin, werde dich würdig machen.« Da verblieb eine unsagbare Süßigkeit in mir, ein hohes Entzücken, von denen ich nicht glaube, sie je in meinem Leben entbehren zu können.

Als ich eines Tages von jemandem gebeten wurde, Gott über eine Sache, die jener wissen wollte, zu befragen, zögerte ich, es zu tun, denn es kam mir wie Hoffart und Stolz vor, Gott über dergleichen zu befragen. Im Nachdenken darüber versunken, wurde mein Geist plötzlich erhoben und in der ersten Verzückung an einen Tisch ohne Anfang und ohne Ende gesetzt, und zwar in einer solchen Stellung, daß ich nicht den Tisch selbst sehen konnte, sondern bloß das, was darauf war. Und ich sah die unbeschreibliche Vollkommenheit Gottes, von der ich nichts anderes sagen oder erzählen kann, als daß ich die Fülle der göttlichen Weisheit und jegliches Gute erblickte. In der Anschauung dieser vollendeten göttlichen Weisheit wurde es mir klar, daß es nicht angehe, wissen zu wollen oder nachzufragen, was ihr Wille sei, denn das hieße ihr vorgreifen und Unehre antun. Wenn ich Leute sehe, die danach fragten, scheint es mir und bin ich mir bewußt, daß sie irren. Seitdem verblieb mir durch das, was ich auf jenem Tisch gesehen hatte, nämlich die göttliche Weisheit, die Gabe, alle geistigen Personen und sonstiges Geistige begreifen und beurteilen zu können, wann ich darüber reden oder erzählen höre. Ich urteile nicht nach jenem Urteil, das auf Irrtum und Sünde zu beruhen pflegte, sondern nach einem andern, das mir zu verstehen gibt, wo ich beim Urteilen das Bewußtsein der Sünde habe oder haben kann. Anderes weiß ich von dem Gesehenen nicht zu erzählen; aber die Seele trug von dem Gesicht nur das Wort, das heißt »Tisch« mit und das Bewußtsein, daß mir bei der ersten Verzückung an einem Tisch ein Platz angewiesen wurde. Von dem aber, was an dem Tische zu sehen war, kann ich nicht mehr, als das bereits Gesagte, erzählen.

Einmal, während ich betete, fragte ich Gott, ohne an irgend etwas zu zweifeln, sondern nur, damit ich mehr von ihm wisse: »Warum, Herr, hast Du die Menschen geschaffen und warum erlaubtest Du, nachdem Du sie geschaffen, daß wir sündigen? Warum erlaubtest Du, daß Dir so viel Leiden geschehen sollte, wie Dein Sohn unserer Sünden wegen gelitten hat? Hättest Du es doch ganz gut einrichten können, daß wir Dir ohne all das angenehm und wohlgefällig gewesen wären; daß wir ebenso viele Tugenden besitzen würden, als wir jetzt mit all dem Erwähnten haben.« Und meine Seele verstand, daß das, was ich sagte, ohne Zweifel wahr sei, dies nämlich, daß Gott auch ohne das Erwähnte uns Tugenden und Rettung hätte erwirken können. Auch dünkte mir, ich wurde zu diesem Nachfragen und Nachdenken angeregt und angetrieben; denn ich wollte darin verharren und nicht davon ablassen, während ich betete; ja Gott drängte mich dazu, wie mir schien. Ich wiederholte jenes Fragen viele Tage, ohne, wie gesagt, an irgend etwas zu zweifeln. Und es wurde mir zu verstehen gegeben, daß Gott jenes zulasse und erlaube, weil es so besser für uns sei, seine Güte uns dadurch besser zur Offenbarung gelange. Trotzdem genügte mir das nicht; wenn ich auch als sicher erkannte und wußte, daß Gott anders habe wirken können, wenn er uns auf andere Art hätte selig machen wollen.

Einst wurde dann meine Seele erhoben, und sie bemerkte, daß das, wonach ich fragte, weder Anfang habe noch Ende, und daß sie, als sie sich in jener Finsternis befand, weder rückwärts, wie sie wollte, noch vorwärts konnte. Dann wurde sie plötzlich noch höher erhoben, wurde erleuchtet und erblickte die unsagbare Macht Gottes, wie auch seinen Willen, seine Gerechtigkeit und Güte, wodurch ich alles, worüber ich gefragt hatte, aufs vollkommenste verstand. Da ward die Seele aus all der früheren Finsternis herausgezogen. In jener Finsternis lag ich auf Erden, in jener höchsten Erleuchtung aber stand ich auf den Füßen, auf den Fußspitzen stand ich in einer Frische und Erneuerung des Körpers, wie ich sie niemals zuvor erlebt hatte. Ich war in einer solchen Klarheit, drang mit solcher Freude in die Macht, den Willen und die Gerechtigkeit

Gottes ein, daß mir nicht allein das, wonach ich gefragt hatte, verständlich wurde, sondern, daß ich mich auch an allem sättigte. Ich kann das aber durchaus in keinen Worten ausdrücken, denn es geht vollständig über die Natur hinaus. Ich sah vollkommen ein, daß Gott uns auf andere Weise hätte selig machen können, wenn er gewollt hätte, verstand aber nicht, inwiefern er uns seine Macht und seine Güte hätte besser offenbaren oder veranschaulichen können. Seitdem lebte ich so zufrieden und sicher, daß ich mich aus keinem Grund hätte betrüben oder mit weniger Anstrengung oder Fleiß zu Gott beten und ihn verehren können, selbst dann nicht, wenn ich meiner Verdammnis gewiß gewesen wäre; dermaßen erkannte ich Gottes Gerechtigkeit und die Billigkeit seiner Urteile. Das hinterließ in meiner Seele einen Frieden, eine Ruhe, eine Festigkeit, daß ich mich nicht entsinne, sie jemals so vollständig gehabt zu haben; auch verweile ich unaufhörlich darin. Nachdem ich aber die Macht Gottes, seinen Willen und seine Gerechtigkeit geschaut hatte, wurde ich immer höher erhoben und sah dann aber den Willen und die Macht Gottes nicht in derselben Weise wie vorher. Ich erblickte jedoch ein unwandelbares Wesen, so schwer zu beschreiben, daß ich es nicht anders als das Allgut nennen kann. Meine Seele verkehrte in ganz unsagbarer Freude; ich sah hier keine Liebe, sondern jenes unbeschreibliche Wesen. Da ich aus jenem früheren Zustand in diesen unsagbar höheren versetzt worden bin, weiß ich nicht, ob ich körperlich zugegen oder meinem Körper entfahren war. Frühere Zustände kamen mir nicht so erhaben vor wie der jetzige. Er ließ in mir die Reue über die Sünden, die Befestigung der Tugenden zurück, vermöge deren ich das Böse sowohl als das Gute, die Untat gleich wie Wohltat liebe, weil ich nämlich kein Mißfallen daran mehr habe.

Ich bin also in großen Frieden und große Verehrung der göttlichen Urteile versetzt. Sage ich morgens oder abends in meinem Gebet zu Gott: »Erlöse mich, Herr, durch Deine Gerichte!« oder »Herr, erlöse mich durch Dein Urteil«, dann freue ich mich ebenso und rede mit gleichem Vertrauen, als wenn ich sage: »Herr, erlöse mich durch Deine Ankunft! Erlöse mich, Herr, durch Deine Geburt! Durch Deine Leiden, Herr, erlöse mich!« Auch erkenne ich die Güte Gottes nicht deutlicher an einem seligen oder heiligen Manne oder an vielen Guten und Heiligen als an einem Verdammten oder einer Menge von Verdammten. Aber dieses Unergründliche wurde mir bloß ein einziges Mal geoffenbart; trotzdem werde ich es niemals vergessen, und die Freude darüber wird mir stets im Gedächtnis bleiben. Ja, würden alle Glaubwürdigkeiten zu nichts, was eine Unmöglichkeit ist, so bleibt mir dennoch die Gewißheit an Gott, an seine Urteile, an die Gerechtigkeit seiner Gerichte. Aber, wie tiefsinnig ist das! Doch alles dient zum Nutzen der Seligen; und die Seele, welche die Erkenntnis der göttlichen Rechtssprüche samt ihrer Tiefe besitzt, wird von dieser Erkenntnis Gottes in allem Früchte pflücken.

Gesandter der
göttlichen Liebe

1256–ca. 1302
Gertrud wurde als fünfjähriges Mädchen im Kloster Helfta abgegeben, ohne Angaben zu ihren Eltern, dem Ort ihrer Geburt oder ihren
ersten Lebensjahren. Fünfundzwanzigjährig erlebte sie ihre erste
mystische Begnadung. Mechthild von Magdeburg und Dionysius
Areopagitas mit ihren Werken hatten starken Einfluß auf sie.

Sie stand im Konvent, es war am Gründonnerstag, dem Tag der
Einsetzung des Herrn-Mahles; es war 9 Jahre, nachdem sie die
Gnade empfangen hatte. Die Schwestern warteten, bis der Leib
des Herrn zu einer Kranken gebracht wurde, da traf sie der Zugriff
des Heiligen Geistes wie ein Blitzschlag: sie griff nach der Schreib-
tafel an ihrer Seite und, was sie im Herzen fühlte, wenn sie – bis-
lang im Geheimen – mit dem Geliebten sprach, das schrieb sie
jetzt, von Dankbarkeit überwältigt, zum Lob Gottes nieder.

I

»Der Abgrund der unerschöpflichen Weisheit ruft den Abgrund
der bewundernswürdigen Allmacht« (nach Ps. 42,8), sie rühmen
die wunderbare Güte, aus der seine überströmende Barmherzigkeit in das tiefe Tal meines Elends geflossen ist.

Es war am 27. Januar, dem Montag vor dem Fest der Reinigung
Deiner allerreinsten Mutter Maria, in meinem 26. Lebensjahr. Die

Dämmerung brach herein, denn es war die begehrte Stunde nach der Komplet.

Du Wahrheit, Du Gott, der Du leuchtender bist als jedes Licht, tiefer als jedes Geheimnis. Du hattest beschlossen, die Nacht meiner Finsternis zu erhellen. Du begannst einschmeichelnd und sanft. Du hast den Sturm gestillt, den Du im Monat vorher – es war zu Beginn der Adventszeit – in meinem Herzen erregt hattest. Heute glaube ich, Du wolltest mit dieser Verwirrung meine bisherige Beschäftigung – ich hatte mit dem Einsatz alle Kräfte studiert, war mehr als wißbegierig, und meine geistige Überheblichkeit glich fast einem Turm zu Babel –, Du wolltest sie zu dem führen, was sie in Wahrheit war: nichts. Ich habe also nutzlos das Ordensgewand getragen, mich sinnlos Nonne genannt. Du hast den Weg gefunden, »mir Dein Heil zu zeigen« (Ps. 50,23) – ich stand in jener Stunde im Schlafsaal und erhob gerade den Kopf wieder – gemäß der Ordensregel hatte ich eine ältere Schwester gegrüßt –, da sah ich an meiner Seite einen liebenswürdigen, zartgliedrigen, etwa 16jährigen jungen Mann stehen von schöner Gestalt, wie er damals für meine äußeren Augen wünschenswert gewesen wäre und ihnen gefallen hätte. Mit strahlendem Gesicht und milden Worten sprach er zu mir: »›Bald wird dein Heil kommen.‹ (Jes. 56,1) Warum verzehrst du dich in Trauer? Hast du nicht einen Ratgeber, da der Schmerz dich verändert hat? (Micha 4,9; Responsorium des 2. Adventssonntages.) Während er so zu mir sprach, da war es mir, als sei ich im Chor, in jener Ecke, in der ich mehr mechanisch mein Gebet zu verrichten pflegte, und ich hörte die Worte :»›Ich erlöse dich und ich werde dich retten, fürchte dich nicht.‹« (Ps. 7,2)

Während ich dies hörte, sah ich, wie seine zarte rechte Hand die meine nahm, wie um das Versprechen zu bekräftigen, und er fügte hinzu: »›Mit meinen Feinden hast du die Erde geleckt‹ (Ps. 72,2) und Honig unter Dornen geleckt. Kehre endlich zu mir zurück, und ich werde dich trunken machen durch ›den Strom meiner göttlichen Wonne‹.« (Ps. 36,9)

Als er dies zu mir sagte, sah ich mich um. Ich bemerkte zwischen ihm und mir – ihm zur Rechten und mir zur Linken – einen unendlich langen Zaun. Auf den Spitzen dieses Zaunes war eine so dichte Masse von Dornen aufgehäuft, daß sich für mich nirgends ein Durchgang öffnete, durch den ich hätte zu dem jungen Mann zurückkehren können. Da stand ich zögernd, vor Sehnsucht brennend und fast vergehend. Plötzlich ergriff er mich ohne jede Schwierigkeit, erhob mich in die Höhe und stellte mich neben sich. In der Hand, aus der ich das Versprechen empfing, erkannte ich die heiligen Male der Wunden, wodurch »die Handschriften aller ausgetilgt wurden« (Kol. 2,14). Ich lobe und preise Deine weise Barmherzigkeit, und ich sage Dank, und ich bete an Deine barmherzige Weisheit: Du, mein Schöpfer und Erlöser hast so meinen widerspenstigen Nacken unter »Dein sanftes Joch« (Mt. 11,30) gebeugt, und Du hast meiner Schwäche entsprechend einen angemessenen Trank des Heils bereitet.

Von nun an war ich froh und beschwingt durch eine neue Freudigkeit des Herzens; ich begann »im Wohlgeruch Deiner Salben einherzugehen« (H. L. 1,3), und mit einem Mal war mir »Dein Joch süß und Deine Last leicht« (Mt. 11,30); kurz zuvor erschien es mir unerträglich.

II

Sei gegrüßt »mein Heil und Licht meiner Seele« (Ps. 27,1), alles, was der Saum des Himmels, der Kreis der Erde und »die Tiefe des Abgrundes umfaßt« (Spr. 8,27; Ps. 148,7) soll Dir danken für Deine Gnade. Durch Deine Gnade hast Du mein Seele angeleitet, das Innerste meines Herzens, meiner selbst zu erkennen und danach genau zu betrachten. Vorher habe ich mich um mein Innerstes ebensowenig gekümmert wie um den Zustand meiner Fußsohlen. Aber nun, durch Dich angeregt, habe ich in meinem Herzen vieles gefunden, das Deiner allerreinsten Reinheit anstößig sein mußte. Überhaupt, alles in meinem Inneren war so verworren, ungeordnet und chaotisch, daß es für Dich, der Du da wohnen wolltest, keine Bleibe bot. Weder dieser seelische Zustand noch meine ganze Niedrigkeit überhaupt haben Dich, mein geliebter Jesus, abgeschreckt. Denn: als ich in jenen Tagen häufiger zur lebendigmachenden Nahrung Deines Leibes und Blutes hinzutrat, hast Du mich Deiner sichtbaren Gegenwart gewürdigt. Ich konnte Dich zwar nicht klarer sehen als man Gegenstände in der Morgendämmerung erkennen kann, aber durch diese liebevolle Auszeichnung hast Du meine Seele angelockt, sich eifriger zu mühen, daß sie mit Dir wie mit einem Bruder vereint würde, und daß sie so Dich einsichtvoller erkennen und uneingeschränkter erfahren könne.

Ich nahm mir vor, mich zu bemühen; ich wollte dieses Ziel der Einung erreichen am Fest der Verkündigung Mariae, an dem Du im jungfräulichen Schoß die Menschen-Natur Dir anvermählt hast. Aber, der Du sprichst: »Siehe, hier bin ich (Jes. 58,9),« noch *bevor* Du gerufen wirst; Du hast diesen Tag vorweggenommen: Du kamst mir allerunwürdigstem Geschöpf mit den Segnungen Deiner Gnade zuvor an der Vigil des Festes.

Auf welche Weise Du mich damals begnadet hast, »O Aufgang aus der Höhe« (Lk. 1,78), mit welcher innigsten, zärtlichsten Liebe, mit welchen Wonnen, das kann ich mit Worten nicht ausdrücken. Gib mir, Du Geber aller Gnaden, gib mir deshalb, daß ich Dir die Opfergabe des Jubels darbringe auf dem Altar meines Herzens. Gib mir, daß ich daran festhalte, schon wegen meines Gelübdes. Gib, daß ich und Deine Auserwählten häufiger die beglükkende Einigung und die einigende Glückseligkeit erfahren, die mir vor jener Stunde der Gnade so gänzlich unbekannt gewesen.

Wenn ich mein Leben überdenke, das bisher verflossene und das, das kommen wird, dann muß ich bekennen – und das ist die lautere Wahrheit –, daß es einzig und allein Gnade war und sein wird, die Du mir Unwürdigen, die Du für Dich gewonnen hast, schenkst. Von dieser Zeit an hast Du mir geschenkt, daß ich Dich in immer klarerem Licht erkennen konnte. Dadurch hat mich Deine milde, liebreiche Freundlichkeit mehr angelockt, als es jemals die Strenge der mir zustehenden – gerechten – Strafe vermocht hätte; auch hätte die Strenge mich nicht gebessert.

Ich habe niemals so beglückende Begnadungen erlebt, außer an jenen Tagen, da Du mich zu den Freuden Deines königlichen Tisches riefst.

Ob dies Deine weise, gütige Vorsehung so gefügt und angeordnet hat oder ob meine eifrige Rücksichtslosigkeit es bewirkte, das ist mir nicht klar.

III

So hast Du an mir gehandelt, und so meine Seele geweckt: An einem Tag zwischen Ostern und Himmelfahrt betrat ich vor der Prim den Hof und setzte mich an den Fischteich. Der liebliche Platz zog mich an, er gefiel mir: das klare vorüberfließende Wasser, die umstehenden Bäume im lichten Grün und die Vögel, besonders die Tauben, die so frei umherflogen. Und dazu die verschwiegene Ruhe des verborgenen Sitzplatzes. Da begann ich im innersten Herzen zu überdenken, was ich wohl für mich daraus entnehmen könnte, eben weil die Anmut des Platzes so vollkommen schien. Und als ich alles im Herzen bewegte, da hatte ich nur ein Verlangen: hätte ich einen Freund, liebenswürdig, auch gesellig, vor allem aber voller Verständnis, der auf mich und meine Not im Herzen eingehen würde; dieser liebe Freund, er wäre mir Trost in meiner Einsamkeit.

Wie ich hoffe, hast »Du, mein Gott, Du Schöpfer unermeßlicher Freuden« (Ps. 36,9), durch Deine zuvorkommende Liebe den Anfang geschenkt und gelenkt. Und Du hast auch das Ende dieser Besinnung zu Dir und auf Dich hingelenkt; denn Du gabst mir ein: ich solle Deine überströmende Gnade mit der Dankbarkeit, die ich Dir schulde, allein Dir zurückgeben, wie wenn Wasser zurückströmt. Ich solle durch eifriges Bemühen um gutes Denken und Tun grünen und blühen und wachsen wie Bäume im Frühling, ich solle alles Irdische verachten »und im freien Flug wie eine Taube« (Ps. 55,7) das Himmlische erstreben, ich solle alle Sinne des Körpers vom Lärmen der Außenwelt völlig lösen und in meinem Geist frei sein nur für Dich allein, wenn ich so täte, dann würde mein Herz Dir eine liebliche Wohnstätte darbieten.

Den ganzen Tag über war mein Geist in diesen Gedanken gefangen. Am Abend, vor dem Schlafengehen, kniete ich wie immer nieder zum Nachtgebet, da fiel mir urplötzlich jene Stelle des Johannes-Evangeliums ein, in der es heißt: »Wenn jemand mich liebt, wird er mein Wort halten, und mein Vater wird ihn lieben, und wir werden zu ihm kommen und bei ihm Wohnung nehmen.« (Joh. 14,23)

Und in diesem Augenblick fühlte ich in meinem Herzen aus Staub: Du bist angekommen.

Ach, könnte ich tausendmal ein ganzes Meer aus Blut durch meinen Kopf fluten lassen, damit so diese tiefste Kloake der Niedrigkeit ausgespült würde, die Du, Du Endziel undenkbarer Hoheit, auserwählt hast, um darin zu wohnen. Ach, könnte ich nur eine einzige Stunde mein Herz aus dem Körper reißen, um es mit »glühenden Kohlen« (nach Jes. 6,6.7) stückweise abzutöten, damit es ausgebrannt und rein sei von allen seinen Schlacken, Dir eine nicht völlig unwürdige Wohnung sein könnte. Von dieser Stunde an, mein Gott, hast Du Dich mir gezeigt; manchmal milder, manchmal strenger, immer der Vervollkommnung oder der Nachlässigkeit meines Lebenswandels entsprechend. Aber, daß ich die Wahrheit gestehe: Hätte die allervollkommenste Besserung, deren ich vielleicht einen Augenblick lang fähig bin, auch mein ganzes Leben lang angedauert, niemals hätte sie mir auch nur den allergeringsten Beweis Deiner Gnade erwirken können, die ich nach vielfachem Verschulden und schweren Fehlern dennoch empfangen habe. Und in Deiner großen Güte zeigtest Du Dich wegen meiner Vergehen mehr beunruhigt als zornig. Mir scheint es, Du beweisest gegenüber mir größere Geduld im gleichmütigem Ertragen meiner Mängel, als Du sie je in der Zeit Deines sterblichen Lebens Deinem Verräter Judas gegenüber an den Tag legtest.

Oft habe ich meinen Geist umherschweifen lassen – in weltlichen Dingen –, um mich zu erfreuen. Und, ob ich nun nach Stunden, nach Tagen oder – zu meinem Schmerz – nach Wochen zu meinem Herzen, zu mir selbst zurückkehrte, immer habe ich Dich gefunden. Du hast Dich mir niemals entzogen; von der glücklichen ersten Stunde an bis jetzt. Das sind nunmehr neun Jahre; einzig die elf Tage vor dem Fest Johannes des Täufers ausgenommen. Und das geschah, wie es mir scheint, wegen einer weltlichen Unterhaltung, die ich an einem Donnerstag zu interessiert geführt hatte. Dein Fernbleiben dauerte bis zum Montag der Vigil des Festes des Täufers bis zum »Ne timeas, Zacharia – Fürchte Dich nicht, Zacharias«, während der Messe.

Deine liebliche Demut und das Wunderbare Deiner mildtätigen

Güte blickten auf mich herab. In meinem verderbten Wahn hatte ich den Verlust des kostbaren Schatzes nicht einmal bemerkt. Ich kann mich nicht erinnern, daß ich darüber Schmerz empfunden oder mir den Schatz zurückgewünscht hätte. Jetzt wundere ich mich, welcher Wahn meinen Geist gefangen hatte. Aber vielleicht wolltest Du, daß ich am eigenen Leibe erfahre, was der heilige Bernhard sagt: »Wenn wir fliehen, Du folgst uns nach; kehren wir den Rücken, Du trittst uns vors Angesicht; Du flehst voller Demut, aber Du wirst verachtet. Aber weder Beschämung noch Verachtung kann Dich dahin bringen, Dich abzuwenden; Du bist unermüdlich, uns zu jenen Freuden zu ziehen, die kein Auge gesehen, die kein Ohr gehört hat und die noch nie in eines Menschen Herz gekommen sind.« Du hattest am Anfang mir Unwürdigen die Gnade Deiner Gegenwart geschenkt. Und auch jetzt, da ich doppelt unwürdig geworden bin, gewährst Du mir die Freude des Heils, Deine Gegenwart. Und diese Freude dauert an bis zur Stunde. Ich rühme Dich und preise Dich für diese Gnade, die aus Deiner unerschaffenen Liebe hervorströmt, und die für jede Kreatur unfaßbar zu Dir selbst zurückfließt. Damit dies erhabene Geschenk mir erhalten bleibe, bringe ich Dir als Opfergabe dar jenes heiligste aller Gebete, das Du selbst im Ölgarten gebetet hast, in Not und Angst Blut schwitzend. In der Unschuld der reinen Einfalt flehe ich Dich an: Die Liebe Deiner strahlenden Gottheit wirke in mir durch die Kraft dieses heiligsten Gebets. Vollende mich in der völligen Einheit mit Dir, binde mich im Innersten so fest an Dich an, daß ich, sooft äußere, praktische Dienste mich fordern, nur teilweise von ihnen beansprucht werde. Gib mir, wenn ich diese Arbeiten so gut als irgend möglich zu Deiner Ehre getan habe, daß ich sogleich wieder zu Dir in mein Innerstes zurückkehren kann, wie gestaute Wasser nach Entfernung der Sperre in die Tiefe stürzen. Gib mir, mich in Hinkunft häufiger Dir so innig zuzuwenden, wie Du es mir gegenwärtig gewährst. Führe mich zu jener Vollendung, die allein Deine Gerechtigkeit schenkt. Führe die von der Last des Leibes beschwerte Seele zu Dir in Dein bleibendes Erbarmen. Gib mir, mein letzter Atemzug möge in innigster Umarmung und heiligem Kuß Bezahlung dafür sein, daß meine Seele sich ohne Verzögerung dort einfinden darf, wo Du ohne Ort und ungeteilt-einig in blühender Ewigkeit mit dem Vater und dem heiligen Geist lebst und gerühmt wirst, Du wahrer und unsterblicher Gott in Ewigkeit.

IV

In der ersten Gnadenzeit, ich glaube, es war im Winter des ersten oder zweiten Jahres, fand ich in einem Gebetbuch folgende Worte: »Herr Jesus Christus, Sohn des lebendigen Gottes, gib mir, mit ganzem Herzen, mit aller Sehnsucht und dürstender Seele nach Dir zu streben. Gib mir, in Dir, dem Zärtlichsten und Mildesten, auszuruhen. Gib mir, mit der ganzen Kraft meines Geistes und meines inneren Wesens nach Dir beständig zu verlangen, Du wahre Glückseligkeit. Allerbarmherzigster Herr, schreibe mit Deinem kostbaren Blut Deine Wunden in mein Herz, daß ich in ihnen lese Deinen Schmerz und Deine Liebe. Gib mir, daß das Gedenken an Deine Wunden auf immer im Innersten meines Herzens bleibt. Gib mir, daß der Schmerz des Mitleidens mit Deinem Leiden und die Glut Deiner Liebe in mir entzündet werden. Gib mir, barmherzigster Herr, daß alles Geschaffene mir wertlos und unwichtig ist; gib mir, daß Du allein mein Herz erfüllst.«

Dieses kleine Gebet nahm ich dankbar auf, und ich bemühte mich, es häufig mit innerer Andacht zu beten. Und Du, der niemals das Rufen der Demütigen verachtet, Du warst bei meinem Beten und hast es wirksam gemacht.

Kurze Zeit später – es war nicht im gleichen Winter – saß ich nach der Vesper im Refektorium neben einer Mitschwester. Ich hatte ihr mein Geheimnis einigermaßen entdeckt, und wenn ich mich mit ihr besprach, verstärkte sich die Glut meiner Andacht. Mir ist nicht klar, mein Herr und Gott, ob dies Dein heiliger Geist bewirkt hat, oder ob es nur eine menschliche Regung war.

Von einer in dieser Art geistiger Übungen erfahrenen Mitschwester hatte ich gehört, daß es hilfreicher ist, ein solches Geheimnis jemandem anzuvertrauen, der uns nicht nur in gütiger Liebe verbunden ist, sondern dem wir uns auch in Verehrung unterordnen. Aber trotzdem, wie gesagt, ich weiß nicht, wen ich Dir vergleichen könnte, Du mein treuster Sachwalter, durch dessen allermildesten Geist alles Heil des Himmels wirkt.

Entstand jenes aber aus menschlicher Regung, so ist es um so angebrachter, daß ich Dir danke ohne Ende: Du hast im gnädigen Wohlwollen das unschätzbar kostbare Gold Deiner Gottheit im Schlamm meiner Niedrigkeit mit mir vereint, und Deine Gnade ziert mich wie ein edler Schmuck.

In dieser Stunde wurden die Gedanken über das Gebet stärker und andächtiger. Und ich hatte das Gefühl, die göttlichen Gaben, um die ich Unwürdige immer wieder betend gefleht hatte, seien mir geschenkt worden: ich erkannte durch den Geist, daß tief innen in meinem Herzen – als wäre es am Körper – die anbetungswürdigen Stigmata Deiner allerheiligsten Wunden eingeätzt wurden. Mit diesen Wunden hast Du die Wunden meiner Seele geheilt, und Du hast ihr zu trinken gegeben den Becher des göttlichen Trankes der Liebe.

Ich Unwürdige fand die Tiefe Deiner Liebe noch nicht ausgeschöpft, und aus dem Überfluß Deiner freimütig schenkenden Güte erhielt ich dieses denkwürdige Geschenk: sooft ich an einzelnen Tagen mit den fünf Versen des Anfangs von Psalm 103: »Lobe den Herrn, meine Seele«, die Zeichen Deiner eingeprägten Liebe im Geiste verehrte, hast Du mich niemals enttäuscht; ich empfing besondere Gnade.

Beim ersten Vers: »Lobe den Herrn, meine Seele« (Ps. 103,1) empfing ich, bei den Wunden Deiner gebenedeiten Füße allen Rost meiner Sünden und alle Niedrigkeit weltlichen Begehrens niederlegen zu dürfen. Beim zweiten Vers: »Lobe den Herrn, meine Seele und vergiß nicht, was er Dir Gutes getan« (Ps. 103,2) empfing ich, im Bad der Liebe, woraus für mich Blut und Wasser flossen, abzuwaschen allen Makel des Fleisches und vergänglicher Freuden. Beim dritten Vers: »Der dir all' deine Schuld vergibt und alle deine Gebrechen heilt« (Ps. 103,3) empfing, ich, zu Deiner linken Wunde zur Ruhe zu eilen und dort zu nisten »wie eine Taube im Felsen« (H. L. 2,14). Beim vierten Vers: »Der dein Leben vor dem Untergang rettet und dich krönt mit Huld und Erbarmen« (Ps. 103,4) empfing ich, indem ich zu Deiner Rechten herantrat, mir dort alles zu eigen nehmen zu dürfen, was mir an der Vollkommenheit der Tugend fehlt; es lag dort für mich bereit; so war ich geziemend geschmückt. Beim fünften Vers: »Der dich dein Leben lang mit seinen Gaben sättigt« (Ps. 103,5) schenke Du mir, mein Herr, nachdem Du die Schmach aller Verfehlungen ausgelöscht und allen Mangel an Gutem getilgt hast, gnädig, was ich von Herzen ersehne: Deine Gegenwart. Mein lieber Herr, würdige mich der Freude Deiner reinen, keuschen Umarmung. Ich gestehe ein, mir wurde das geschenkt, was in jenem Gebet erfleht wird: ich las in Deinen Wunden Deinen Schmerz und Deine Liebe. Aber ach, es währte nur kurze Zeit; jedoch Du hast Dich nicht von mir abgewandt. Ich klage mich an, ich habe Dein gnädiges Geschenk durch Undankbarkeit und Nachlässigkeit verloren. Du hast dies erduldet; und Du hast durch Deine unermeßliche Barmherzigkeit und große Liebe mir Nichtswürdigen das erste und größere Geschenk, die Einprägung Deiner heiligen Wunden, bewahrt bis in die Gegenwart, bewahrt ohn' all mein Verdienst und Würdigkeit. Ich rühme Dich und preise Dich und lobsinge Dir in unaussprechlichem Jubel in Ewigkeit.

V

Es war sieben Jahre später, vor dem Advent. Auf Deine Anordnung, Du Ursprung alles Guten, hatte ich eine Mitschwester verpflichtet, für mich täglich vor dem Kruzifix zu beten und in das Gebet folgende Worte einzufügen:

»Liebreichster Herr, kraft Deines tiefverwundeten Herzens durchbohre ihr Herz mit der Kraft Deiner Liebe so, daß es *nichts* von dieser Welt mehr umschließen kann, sondern einzig von der Allgewalt Deiner Gottheit umschlossen und erfüllt wird.« Ich glaube fest, es waren diese Bitten, die Dich aufgefordert haben, am 3. Adventssonntag in mir zu wirken. Es wurde während der Messe gesungen: »Gaudete in Domino – Freut euch im Herrn« (Phil. 4,4), und ich trat gerade zum Empfang Deines allerheiligsten Leibes und Blutes heran, da gossest Du mir den Reichtum Deiner Gnade ein. Ich war gezwungen, die Worte hervorzustoßen: »Herr, ich bekenne, meinen Verdiensten nach bin ich nicht würdig, auch nur das allergeringste Deiner Geschenke zu empfangen, aber dennoch – um der Verdienste und der Liebe aller hier Stehenden willen – flehe ich Dich an. Ich flehe Deine erbarmende Liebe an: durchbohre mein Herz mit der Kraft Deiner göttlichen Liebe.« Die Glut dieser Worte traf Dich in Deinem göttlichen Herzen, ich fühlte es. Ich fühlte es durch Eingebung innerer Gnaden, und ich sah es durch ein offenbares Zeichen am Bild Deiner heiligen Kreuzigung. Nach dem Empfang des lebensspendenden Sakraments kehrte ich an meinen Platz zum Gebet zurück. Plötzlich schien es mir, als dringe aus der rechten Seitenwunde des gemalten Kruzifixus ein Sonnenstrahl, einem Pfeil gleich. Er dehnte sich aus, zog sich zusammen und dehnte sich wieder aus; und so lockte er meine Gemütsregungen eine ganze Weile schmeichlerisch an.

Aber dadurch war mein Verlangen nicht gestillt. Es kam der Mittwoch, an dem während der Messe die Gläubigen der Verkündigung Deiner anbetungswürdigen Menschwerdung gedenken. So tat ich es auch, wenngleich auch weniger andächtig. Plötzlich warst Du da. Du branntest in meinem Herzen eine Wunde ein und sprachst: »Hier soll die leidenschaftliche Aufwallung aller deiner Gefühle zusammenströmen: alle deine Wünsche, deine Hoffnung, deine Freude, dein Schmerz, deine Furcht und alle deine anderen Empfindungen sollen in meiner Liebe festgehalten und bewahrt werden.«

Mir fiel sofort ein, was ich einmal über die Wundbehandlung gehört hatte, daß man Bäder, Salben und Binden anwenden müsse. Wie diese Anwendung zu geschehen hat, das hast Du mir später durch eine Mitschwester eröffnet, die beharrlicher und hingebungsvoller auf die Weisungen Deiner Liebe gehört hat als – leider – ich. Die Schwester riet mir, in immerwährender Andacht die Liebe Deines am Kreuz hängenden Herzens zu verehren; aus der unaussprechlichen, ewigen Glut dieser Liebe könne ich das Wasser der Andacht schöpfen und alle Kränkungen abwaschen. Aus der Milde und Demut dieser Liebe könne ich die Salbe der Dankbarkeit gewinnen und damit alle Widerwärtigkeiten heilen, und die unbesiegbare Kraft dieser Liebe würde mir zur Binde der Rechtfertigung, damit ich, gewaschen, geheilt und gefestigt durch Deine Liebe, alle meine Gedanken, Worte und Werke allein auf

Dich hin lenke und Dir untrennbar verbunden bleibe. Was ich aus Bosheit und Nichtswürdigkeit verdorben habe, möge mir die Kraft der Liebe ersetzen, deren Fülle in dem wohnt, der an Deiner Rechten sitzt. »Er ist Bein von meinem Bein und Fleisch von meinem Fleisch.« (Gen. 2,23) Durch ihn hast Du uns in der Kraft des Heiligen Geistes die Würde des Mitleidens gegeben, und durch ihn bringe ich Dir die Klage dar über meine niederdrückende Treulosigkeit, die ich gegenüber Deiner unendlichen göttlichen Güte erwiesen habe. Mit Gedanken, Worten und Werken habe ich mich vielfach Dir verweigert. Ganz besonders ungetreu war ich den erwähnten Gnadengaben gegenüber; ich bin unehrerbietig und nachlässig damit umgegangen. Hättest Du mir Unwürdigen irgendeinen wertlosen Faden als Andenken an Dich geschenkt, würde ich den wahrscheinlich mit größerer Verehrung und Sorgfalt aufbewahrt haben. »Mein Gott, Du kennst mein Geheimstes.« (Dan. 13,42) Du allein kennst den Grund, der mich zwingt, dies alles niederzuschreiben. Du Geber aller Gaben. Du hast mir große Geschenke gegeben, unverdient. Gib dem, der das Geschriebene liest, in seinem Herzen mit Dir Mitleid zu empfinden, weil Du in Deinem heiligen Eifer für die Seelen das Juwel Deiner Begnadung so lang in der Kloake meines Herzens gelassen hast. Der, der das Geschriebene liest, soll anbetend Dein Erbarmen rühmen und von ganzem Herzen sagen: »Dich, Gott, den ungezeugten Vater, aus dem alles ist, das ist, lobe ich. Dir allein gebührt Lob und Preis und Dank in Ewigkeit!« Vielleicht kann Dir auf diese Weise wenigstens geringe Wiedergutmachung für meine Mangelhaftigkeit geleistet werden.

Hier setzte sie mit dem Schreiben aus bis Oktober.

VI

»Du bewundernswerte Allmacht in Deiner unerreichbaren Höhe, Du unerforschliche Weisheit in Deiner unauslotbaren Tiefe« (nach Rö. 11,33), Du Liebe in Deiner unermeßlichen Größe. Wie das Meer über einen Wurm hinwegwogt, so hat sich die Gnade

Deiner Gottheit über mich in meiner Niedrigkeit und Fehlerhaftigkeit ergossen. Durch diese Gnade kann ich trotz geringer Geisteskräfte wenigstens eine Vorahnung der Glückseligkeit beschreiben, die dem zuteil wird, der an Gott hängt, »mit Gott ein Geist wird.« (1. Kor. 6,17) Seine unfaßbare Glückseligkeit hat er mir im Überfluß geschenkt, und er hat mir gewährt davon zu kosten, und seien es auch nur Tropfen.

In der allerheiligsten Nacht, da Gott die Himmel tauen ließ und aller Welt das Heil brachte, geschah meiner Seele wie »Gideons Vlies« (Ri. 6,37), Gottes Liebe kam über sie: Sie warf mich nieder, um in Betrachtung, in Übungen der Andacht und Verehrung sich in das Geheimnis der himmlischen Geburt zu versenken, da die Jungfrau den wahren Menschen und Gott geboren hat wie die Sonne das strahlende Licht. Und das habe ich in meiner Seele gefühlt und erkannt: ein kleines neugeborenes Kind wurde mir einen Augenblick lang gezeigt, ich habe es in den Arm genommen und dann in mein Herz aufgenommen. In diesem Kind war verborgen das Geschenk der Geschenke, die kostbarste aller Gaben. Als ich das Kind so in mir hielt, war ich plötzlich wie verwandelt, dem Kinde gleich. Und in dieser Verwandlung wurde meiner Seele das wahre Verständnis jenes trostreichen Wortes geschenkt: »Gott wird alles in allem sein.« (1. Kor. 15,28) Mein Innerstes umschloß den Geliebten, und der himmlische Bräutigam erfreute meine Seele. Und wie ein Dürstender aus einem Becher, so trank meine Seele die Worte: »›Wie ich das Ebenbild Gottes des Vaters in der Gottheit bin‹ (Hebr. 1,3), so wirst du für die Menschheit das Bild meines Wesens sein; du hast in deine von Gott geschaffene Seele das Wirken meiner Gottheit aufgenommen wie die Luft die Sonnenstrahlen. Du bist ins innerste Mark getroffen; jetzt bist du reif zur höheren Einung mit mir.« Du milder, heilender, helfender Gott, Du schenkst Ströme Deiner Güte, Deiner Liebe allen an jedem Ort zu jeder Zeit bis in Ewigkeit. Du bist wie ein ewig grünender, duftender Blütenbaum, der ein Abbild ewiger Schönheit ist. Und am Ende aller Zeiten wird Deine Wahrheit, Deine wahrhaftige Liebe allüberall offenbar sein. »Du Rechte des Höchsten« (Ps. 77,11), Du unüberwindliche Kraft, Du hast es gefügt, daß ich, ein Gefäß aus Lehm, aus Erde, obwohl durch eigene Schuld und Fehler verderbt und verworfen, dennoch allein durch Deine Gnade zum Gefäß des kostbaren Gutes werde.

Du einzig wahrhaftiger Zeuge der unfaßbaren Liebe Gottes, Du bist von mir, der in die Irre gehenden Sünderin, nicht gewichen. Du warst treu, Du warst gnädig, Du warst barmherzig, geduldig und gütig: das Glück ohne Maß und Ende, das Glück der Einung mit Dir, hast Du mir so gnädig geschenkt, daß mein im Endlichen beschränkter Geist es zu fassen vermochte.

VII

Es nahte das Fest der heiligen Reinigung Mariens. Ich war nach schwerer Krankheit noch bettlägrig und schon bei Tagesanbruch sehr betrübt, denn ich war oft an Festtagen mit einem göttlichen Besuch erfreut und getröstet worden, diesen würde ich heute wegen meiner körperlichen Schwäche entbehren müssen. Doch da tröstete mich die Vermittlerin des »Mittlers zwischen Gott und den Menschen« (1. Tim. 2,5): »Du wirst dich nicht erinnern, je in einer Krankheit einen stärkeren körperlichen Schmerz erduldet zu haben. Wisse aber, daß du niemals von meinem Sohn ein edleres Geschenk erhalten hast als das, das du jetzt erhalten wirst. Die Krankheit des Leibes hat deinen Geist gestärkt und ihn würdig gemacht, dieses Geschenk zu empfangen.«

Ich war erleichtert. Es kam die Stunde der Prozession; ich war zur heiligen Kommunion gegangen und richtete meine ganze Aufmerksamkeit auf Gott. Ich erkannte, meine Seele war dem Herrn nahe, so wie sorgsam am Feuer erweichtes Wachs dem Prägesiegel nahe gebracht wird, um den Eindruck zu prägen. Meine Seele schien Gott zu umfassen, sie schien von *dem* ergriffen, in dem »leibhaftig wohnt die Fülle der Gottheit« (Kol. 2,9), die strahlende und ewig in sich ruhende Harmonie der Dreifaltigkeit. »Mein Gott, Du verzehrende Kohle.« (Ps. 120,4) Du lebendiges, läuterndes, prägendes Feuer. Du bist unauslöschlich. Sogar im Morast meiner Seele hast Du Deinen Feuerbrand entfacht. Den Sumpf weltlicher Freuden hast Du zuerst ausgedörrt und dann die eigensinnige Halsstarrigkeit gebrochen, meine so lange Zeit verhärtete

Seele erweicht. »Du verzehrendes Feuer« (Hebr. 12,29; Dt. 4,24),
Deine Kraft hat meine Seele geheilt, wie eine Salbe für die Wunden Heilung bringt. In Dir und durch keine andere Macht empfangen wir die Kraft, nach dem »Bild und der Ähnlichkeit« (Kol. 3,10; Gen. 1,26) unseres Schöpfers erneuert zu werden. Du unauslöschliche Glut, Du verwandelst »das Erz im Schmelzofen zu lauterem, edlem Gold.« (Off. 1,15; Jes. 1,25) Wandle Du auch die von Täuschungen ermüdete Seele, die nach Deiner ewigen Wahrheit brennend verlangt.

VIII

Am Sonntag Estomihi (Quinquagesima) hast Du in der Messe meinen Geist erregt, nach den edlen Gütern zu verlangen, die Du mir schenken wolltest. Schon beim ersten Responsorium: »Loben und preisen will ich Dich«, und dann beim neunten Vers des Responsoriums: »Denn Dir und Deinem Samen will ich das Land geben« (Gen. 12,7; 26,3) sah ich Dich. Du berührtest Deine Brust mit Deiner Hand, und so zeigtest Du mir das Land, das Deine unfaßbare Güte mir verhieß. Du beseligendstes Land des unermeßlichen Glücks; das allerkleinste Korn, auf Deinen »Äckern der Freude« gewachsen, kann alles Verlangen des Menschenherzen nach Milde, Liebe und Freundlichkeit stillen. Während ich dies bedachte – nicht wie es Deiner würdig wäre, sondern so ich es eben vermochte –, da erschien mir Unwürdigen »die Güte und Menschenliebe Gottes, unseres Erlösers« (Tit. 3.4.5) durch sein unaussprechliches Erbarmen, nicht wegen meiner Verdienste. Er hat mich neugemacht und mich an Kindes Statt angenommen, er hat mich aus meiner Nichtigkeit heraus fähig gemacht, verehrend und anbetend mich zur himmlischen Einung zu nähern. Was, mein Gott, hat Dich, wenn ich es wagen darf zu sagen, was hat Dich so von Sinnen gebracht, so Gegensätzliches zu vereinen? Welches meiner Verdienste? Oder war es Liebe, die Würdigkeit nicht kennt, nur reich ist an Erbarmen? Du, der Du die Güte bist, die liebende Güte und gütige Liebe, der Du Dich in überströmender Liebe hingegeben hast zum Heile des Menschengeschlechts, hast mich aus meiner tiefsten Niedrigkeit und Unwürdigkeit herausgerufen. Du hast *mich* armseliges Geschöpf auserwählt, damit Menschen wieder vertrauen und hoffen können. Und um der Verehrung und Ehrfurcht willen, die meinem Herrn gebührt, wünsche ich von ganzem Herzen: es möge kein Mensch gefunden werden, der die Gaben Gottes mehr verdorben und seinem Nächsten mehr Anlaß zum Kummer gegeben hat als ich.

Aber der unsichtbare Gott ist nur durch seine »ewige Kraft und die Werke seiner Schöpfung erkennbar« (Rö. 1,20). So wie der Herr am Feste der Reinigung meine Seele wie Wachs am Feuer geprägt hatte, so nahm er sie nun gleichsam wie flüssiges Wachs durch seine wunderwirkende Kraft in die göttliche Schatzkammer auf. Und meine Seele blieb dort, trunken, von unaussprechlicher, unfaßbarer Liebe gehalten.

»Du ewiger Sonnenstillstand« (Jos. 10,13), »Du sichere Wohnung« (Ps. 4,9; Jes. 32,18), Du Ort allen Glücks, Du ewiges Paradies. Du bist wie ein Strom unschätzbarer Freuden. Du bist wie ein blühender, duftender Frühling, wie eine zauberhaft lockende, beseligend ergreifende Melodie. Du bist die Luft, die das Leben spendet. Selig, tausendmal selig zu preisen ist der, der von Deiner Gnade geführt, »mit unschuldigen Händen und reinem Herzen« (Ps. 24,4) »und reinen Lippen« (Jes. 6,5.7) Dir nahen darf. Was darf er schauen, was darf er hören, riechen, schmecken, was fühlen! Aber die Zunge des Menschen kann nur stammeln. Deine göttliche Güte hat mich angenommen. Und dennoch konnte ich, von Mängeln und Verfehlungen wie mit einem dichten Fell völlig bewachsen, nichts begreifen. Selbst wenn alle Fähigkeiten und Kräfte der Engel und Menschen in einer Wissenschaft vereinigt werden könnten, kein einziges ihrer Worte vermöchte auch nur den lichtesten Schatten Deiner heiligen Erhabenheit zu beschreiben.

IX

Es war nicht lange danach in der Fastenzeit, ich litt wieder an einer schweren Krankheit und war bettlägrig. Als ich eines Morgens alleine war, da trat der Herr, der die von menschlichem Trost Verlassenheit nicht im Stich läßt, zu mir, wie das prophetische Wort tröstend verheißt: »Ich bin bei ihm in der Not, ich reiße ihn heraus.« (Ps. 91,15) Aus dem gebenedeiten Herzen des Herrn und aus seiner linken Seite floß ein kristallklarer Strom, der ihn wie ein kostbarer Schmuck rot und golden schimmernd umgab; und der Herr sprach zu mir:

»Die Krankheit, an der du jetzt leidest, heiligt deine Seele: sooft du um meinetwillen einem anderen Menschen mit Gedanken, Worten und Werken hilfst, wirst du dich niemals weiter von mir entfernen, als durch diesen Strom angezeigt ist. Und so wie der kristallklare Strom rot und golden strahlt, so wird durch *dein* Wirken das Heilwerk *meiner* Gottheit und die Demut *meiner* Menschheit leuchten.«

Du edles, himmlisches Juwel, Du hast mich Staubkorn aus Schmutz und Spreu zu Dir erhoben und mir so Würde verliehen, so wie durch die Strahlen der Sonne eine unscheinbare, kleine Blume im Sumpf gleichsam aufleuchtet. Und glückselig zu nennen ist die Seele, die der Herr der Herrlichkeit, der allmächtige Schöpfer, als Seele – ich sage das ausdrücklich –: als Seele erschuf, die als des Schöpfers Abbild ihm ähnlich ist und dennoch so weit entfernt von ihm ist wie ein Geschöpf von seinem Schöpfer. Deshalb ist die Seele tausendmal selig zu preisen, der es geschenkt ist, in der Nähe Gottes zu verharren. Ich fürchte, daß ich dies auch nicht einen Augenblick lang vermag. Und ich wünsche mir sehnlichst, die göttliche Milde möge mir dies oder irgendein anderes Gnadengeschenk verleihen.

Das aber ist das größte Geschenk: geführt zu werden in die Vorratskammer Gottes, dort mit »Gewürzkräutern« (H. L. 5,13) im Überfluß gesättigt zu werden, dann geleitet zu werden in die Überfülle seines »Weinhauses« (H. L. 2,4) und den unvermischten »Wein der Liebe« (H. L. 4,10) zu trinken bis zum Übermaß, und vom »Wein berauscht« (H. L. 5,1) zu werden, so daß der Fuß kaum noch gehen kann, nur soweit »die Wohlgerüche« (H. L. 3,6; 4,10.16) zu riechen sind. Und so oft unter Führung der Gnade eine solche Trunkenheit und Übersättigung eintritt, daß sie Aufstoßen mit sich bringt, wird auch dessen Süßigkeit noch den Überfluß des göttlichen Reichtums künden.

Herr, ich vertraue darauf, daß Du in Deiner gütigen Allmacht Deinen Auserwählten diese Erfüllung schenkst. Und ich zweifele nicht an Deiner liebreichen Güte, die auch mich Unwürdige einschließt, wie, das weiß allein Deine unerforschliche Weisheit. Daher lobe ich Dich; ich preise Deine Güte, Deine Allmacht. Ich bete Deine allmächtige, gütige Weisheit an und danke Deiner weisen Güte in ihrer Allmacht; Du, mein Gott; alles, was Deine barmherzige Großmut mir je geschenkt, es war so unendlich viel mehr, als ich verdient habe.

X

Weil ich nach meiner Überzeugung unwürdig bin, dies niederzuschreiben, hatte ich die Abfassung schon aufgeschoben bis zum Fest der Kreuzerhöhung. Während der Messe dachte ich über andere Dinge nach. Der Herr aber zwang meinen Geist zurück zu dem Wort: »Sei gewiß, Du wirst niemals aus dem Kerker des Fleisches herauskommen, solange Du nicht auch den letzten Pfennig, den Du noch zurückhältst, bezahlt hast.« (Mt. 5,26; Ps. 142,8) Ich überlegte: die genannten, mir gewährten Gnaden hatte ich zwar nicht niedergeschrieben, aber doch mündlich zum Heil und Nutzen meiner Nächsten weitergegeben. Da hielt mir der Herr das Wort entgegen, das ich in der gleichen Nacht als Lesung bei der Matutin gehört hatte: »Wenn der Herr seine Lehre nur den Anwesenden mitgeteilt hätte, dann gäbe es nur Worte und keine Schriften. Aber es gibt Schriften um des Heils der Vielen willen.« Und der Herr fügte noch hinzu: »In deinen Schriften will ich ohne Widerspruch ein entscheidendes Zeugnis meiner göttlichen Liebe haben für die letzten Zeiten, in denen ich viel Gutes tun will.« Diese Worte belasteten mich; und ich begann, ernsthaft zu durchdenken, ob es mir überhaupt möglich sei, sinnvolle Worte zu finden, mit denen ich mein bisheriges Geheimnis dem menschlichen Verstand – ohne Anstoß – nahebringen könnte.

Aber der Herr kam meinem kleinmütigen Zaudern zuvor; mir schien, er ließ einen wahren Wolkenbruch über meine Seele niedergehen, und ich, in meiner menschlichen Schwachheit, wurde wie eine junge Pflanze zu Boden gedrückt. Ich konnte nur wenige gewichtige Worte aufnehmen, und auch zu deren Verständnis reichte mein Verstand nicht aus. Das bedrückte mich noch mehr. Aber diese drückende Last hast Du, mein Gott, durch Deine gütigen Worte erleichtert: »Weil dir diese Überflutung nutzlos erscheint, werde ich dich meinem göttlichen Herzen näherbringen, daß ich dir mild und sanft die Worte einflöße, wie du sie fassen kannst.«

Dies Versprechen, mein Herr und Gott, hast Du auf das gewissenhafteste erfüllt. Vier Tage lang hast du am Morgen zur geeigneten Stunde mir je einen Teil der genannten Worte so klar und deutlich eingegeben, daß ich sie mühelos, wie aus dem Gedächtnis, niederschreiben konnte. Hatte ich diesen einen Teil aufgezeichnet, so war es mir unmöglich, weiter zu schreiben; jedoch am darauffolgenden Tag war mir alles ohne Schwierigkeiten gegenwärtig. Auf diese Weise hast Du mein Ungestüm gelenkt und gezügelt, wie die Regel unseres Ordens lehrt: »Niemand soll so sehr an einer Arbeit hängen, daß er nicht mit genügendem Eifer sich der Betrachtung widme.« (Nach RB, Kap. 43)

So hast Du für mein Heil gesorgt. Daß ich durch diese »Liebe erfreut werde wie Rachel und Dir Frucht bringe wie Lea« (Gen. 29); daß ich danach trachte, in allem allein Dir zu gefallen, das gib mir in Deiner Weisheit und Liebe.

MEISTER ECKEHART

Deutsche Predigten
und Traktate

ca. 1260–ca. 1327

Er trat mit achtzehn Jahren in den Predigerorden der Dominikaner ein und wurde Prior des Erfurter Klosters. Nach mehrmaligen Aufenthalten an der Pariser Universität wurde Eckehart 1314 Prior des Straßburger Dominikanerklosters, später in Köln Leiter des Ordensstudiums. 1326 eröffnete der Kölner Erzbischof ein Inquisitionsverfahren gegen ihn, wegen Verbreitung angeblich »glaubensgefährdender« Schriften. Meister Eckehart gilt – vor allem auch aus der Sicht Asiens – als einer der größten europäischen Mystiker. Sein kühner forschender Geist, seine schlichte Einsicht in höchste spirituelle Höhen, aus der seine persönliche Erleuchtung hindurchscheint, und sein klarer, kompromißloser Stil läßt ihn als einen »Buddha des Westens« erscheinen.

»Selig sind die Armen im Geiste,
das Himmelreich ist ihrer.« (Predigt zu Matth. 5,3)

Die Seligkeit tat ihren Mund der Weisheit auf und sprach: »Selig sind die Armen im Geiste, das Himmelreich ist ihrer.« (Matth. 5,3) Alle Engel und alle Heiligen und alles, was je geboren ward, das muß schweigen, wenn diese ewige Weisheit des Vaters spricht; denn alle Weisheit der Engel und aller Kreaturen, das ist ein reines Nichts vor der grundlosen Weisheit Gottes. Diese Weisheit hat gesprochen, daß die Armen selig seien.

Nun gibt es zweierlei Armut. Die eine ist eine äußere Armut, und die ist gut und sehr zu loben an dem Menschen, der sie mit Willen auf sich nimmt aus Liebe zu unserem Herrn Jesus Christus, weil der sie selbst auf Erden gehabt hat. Von dieser Armut will ich nicht weiter sprechen. Indessen, es gibt noch eine andere Armut, eine innere Armut, die unter jenem Wort unseres Herrn zu verstehen ist, wenn er sagt: »Selig sind die Armen im Geiste.«

Nun bitte ich euch, ebenso (arm) zu sein, auf daß ihr diese Rede verstehet; denn ich sage euch bei der ewigen Wahrheit: Wenn ihr dieser Wahrheit, von der wir nun sprechen wollen, nicht gleicht, so könnt ihr mich nicht verstehen.

Etliche haben mich gefragt, was (denn) Armut in sich selbst und was ein armer Mensch sei. Darauf wollen wir antworten.

Bischof Albrecht sagt, *das* sei ein armer Mensch, der an allen Dingen, die Gott je erschuf, kein Genügen habe – und das ist gut gesagt. Wir aber sagen es noch besser und nehmen Armut in einem (noch) höheren Verstande: Das ist ein armer Mensch, der nichts *will* und nichts *weiß* und nichts *hat*. Von diesen drei Punkten will ich sprechen, und ich bitte euch um der Liebe Gottes willen, daß ihr diese Wahrheit versteht, wenn ihr könnt. Versteht ihr sie aber nicht, so bekümmert euch deswegen nicht, denn ich will von so gearteter Wahrheit sprechen, wie sie nur wenige gute Leute verstehen werden.

Zum ersten sagen wir, daß der ein armer Mensch sei, der nichts *will*. Diesen Sinn verstehen manche Leute nicht richtig: Es sind jene Leute, die in Bußübung und äußerlicher Übung an ihrem selbstischen Ich festhalten, was diese Leute jedoch für groß erachten. Erbarm's Gott, daß solche Leute so wenig von der göttlichen Wahrheit erkennen! Diese Menschen heißen heilig auf Grund des äußeren Anscheins, aber von innen sind sie Esel, denn sie erfassen nicht den (genauen) eigentlichen Sinn göttlicher Wahrheit. Diese Menschen *sagen* zwar (auch), das sei ein armer Mensch, der nichts will. Sie deuten das aber so: daß der Mensch so leben müsse, daß er *seinen* (eigenen) Willen nimmermehr in irgend etwas erfülle, daß er (vielmehr) danach trachten solle, den allerliebsten Willen Gottes zu erfüllen. Diese Menschen sind wohl daran, denn ihre Meinung ist gut; darum wollen wir sie loben. Gott möge ihnen in seiner Barmherzigkeit das Himmelreich schenken. Ich aber sage bei der göttlichen Wahrheit, daß diese Menschen keine (wirklich) armen Menschen sind noch armen Menschen ähnlich. Sie werden als groß angesehen in den Augen (nur) *der* Leute, die nichts Besseres wissen. Doch *ich* sage, daß sie Esel sind, die nichts von göttlicher Wahrheit verstehen. Wegen ihrer guten Absicht mögen sie das Himmelreich erlangen: aber von *der* Armut, von der ich jetzt sprechen will, davon wissen sie nichts.

Wenn einer mich nun fragte, was denn aber das sei: ein armer Mensch, der nichts *will*, so antworte ich darauf und sage so: Solange der Mensch dies noch an sich hat, es sein *Wille* ist, den allerliebsten Willen Gottes erfüllen zu *wollen*, so hat ein solcher Mensch nicht die Armut, von der wir sprechen wollen; denn dieser Mensch hat (noch) einen Willen, mit dem er dem Willen Gottes genügen will, und das ist *nicht* rechte Armut. Denn soll der Mensch wahrhaft Armut haben, so muß er seines geschaffenen Willens so ledig sein, wie er's war, als er (noch) nicht war. Denn ich sage euch bei der ewigen Wahrheit: Solange ihr den *Willen* habt, den Willen Gottes zu erfüllen, und Verlangen habt nach der Ewigkeit und nach Gott, solange seid ihr nicht richtig arm. Denn nur das ist ein armer Mensch, der *nichts* will und *nichts* begehrt.

Als ich (noch) in meiner ersten Ursache stand, da hatte ich keinen Gott, und da war ich Ursache meiner selbst. Ich wollte nichts, ich begehrte nichts, denn ich war ein lediges Sein und ein Erkenner meiner selbst im Genuß der Wahrheit. Da wollte ich mich selbst und wollte nichts sonst; was ich wollte, das war ich, und was ich war, das wollte ich, und hier stand ich Gottes und aller Dinge ledig. Als ich aber aus freiem Willensentschluß ausging und mein geschaffenes Sein empfing, da hatte ich einen Gott; denn ehe die Kreaturen waren, war Gott (noch) nicht »*Gott*«; er war vielmehr, was er war. Als die Kreaturen wurden und sie ihr geschaffenes Sein empfingen, da war Gott nicht in sich selber Gott, sondern in den Kreaturen war er Gott.

Nun sagen wir, daß Gott, soweit er (lediglich) »Gott« ist, nicht das höchste Ziel der Kreatur ist. Denn *so* hohen Seinsrang hat (auch) die geringste Kreatur *in* Gott. Und wäre es so, daß eine Fliege Vernunft hätte und auf dem Wege der Vernunft den ewigen Abgrund göttlichen Seins, aus dem sie gekommen ist, zu suchen vermöchte, so würden wir sagen, daß Gott mit alledem, was er als »Gott« ist, nicht (einmal) dieser Fliege Erfüllung und Genügen zu schaffen vermöchte. Darum bitten wir Gott, daß wir »Gottes« ledig werden und daß wir die Wahrheit dort erfassen und ewiglich genießen, wo die obersten Engel und die Fliege und die Seele gleich sind, dort, wo ich stand und wollte, was ich war, und war, was ich wollte. So denn sagen wir: Soll der Mensch arm sein an Willen, so muß er so wenig wollen und begehren, wie er wollte und begehrte, als er (noch) nicht war. Und in dieser Weise ist der Mensch arm, der nichts *will*.

Zum andern Male ist das ein armer Mensch, der nichts *weiß*. Wir haben gelegentlich gesagt, daß der Mensch so leben sollte, daß er weder sich selber noch der Wahrheit noch Gott lebe. Jetzt aber sagen wir's anders und wollen weitergehend sagen: Der Mensch, der diese Armut haben soll, der muß so leben, daß er nicht (einmal) *weiß*, daß er weder sich selber noch der Wahrheit noch Gott lebe. Er muß vielmehr so ledig sein alles Wissens, daß er nicht wisse noch erkenne noch empfinde, daß Gott in ihm lebt – mehr noch: Er soll ledig sein alles Erkennens, das in ihm lebt. Denn als der Mensch (noch) im ewigen Wesen Gottes stand, da lebte in ihm nicht ein anderes; was da lebte, das war er selber. So denn sagen wir, daß der Mensch so ledig sein soll seines eigenen Wissens, wie er's tat, als er (noch) nicht war, und er lasse Gott wirken, was er wolle, und der Mensch stehe ledig.

Alles, was je aus Gott kam, das ist gestellt auf ein lauteres Wirken. Das dem Menschen zubestimmte Wirken aber ist: Lieben und Erkennen. Nun ist es eine Streitfrage, worin die Seligkeit vorzüglich liege. Etliche Meister haben gesagt, sie liege in der Liebe, andere sagen, sie liege in der Erkenntnis *und* in der Liebe, und die treffen's (schon) besser. *Wir* aber sagen, daß sie *weder* in der Erkenntnis *noch* in der Liebe liege; es gibt vielmehr ein Etwas in der Seele, aus dem Erkenntnis und Liebe ausfließen; es selbst erkennt und liebt nicht, wie's die *Kräfte* der Seele tun. Wer *dieses* (Etwas) kennen lernt, der erkennt, worin die Seligkeit liegt. Es hat weder Vor noch Nach, und es wartet auf nichts Hinzukommendes, denn es kann weder gewinnen noch verlieren. Deshalb ist es auch des Wissens darum, daß Gott in ihm wirke, beraubt; es ist vielmehr selbst dasselbe, das sich selbst genießt in der Weise, wie Gott es tut.

So quitt und ledig also, sage ich, soll der Mensch stehen, daß er nicht wisse noch erkenne, daß Gott in ihm wirke, und *so* kann der Mensch Armut besitzen.

Die Meister sagen, Gott sei ein Sein und ein vernünftiges Sein und erkenne alle Dinge. Ich aber sage: Gott ist weder Sein noch vernünftiges Sein, noch erkennt er dies oder das. Darum ist Gott ledig aller Dinge – und (eben) darum *ist* er alle Dinge. Wer nun arm im Geist sein soll, der muß arm sein an allem eigenen Wissen, so daß er von nichts wisse, weder von Gott noch von Kreatur noch von sich selbst. Darum ist es nötig, daß der Mensch danach begehre, von den Werken Gottes *nichts* zu wissen noch zu erkennen. In *dieser* Weise vermag der Mensch arm zu sein an eigenem Wissen.

Zum dritten ist das ein armer Mensch, der nichts *hat*. Viele Menschen haben gesagt, das sei Vollkommenheit, daß man nichts an materiellen Dingen der Erde (mehr) besitze, und das ist wohl wahr in *dem* Sinne: Wenn's einer mit Vorsatz so hält. Aber dies ist nicht der Sinn, den *ich* meine.

Ich habe vorhin gesagt, *das* sei ein armer Mensch, der nicht (einmal) den Willen Gottes erfüllen *will*, der vielmehr so lebe, daß er seines eigenen Willens *und* des Willens Gottes so ledig sei, wie er's war, als er (noch) nicht war. Von *dieser* Armut sagen wir, daß sie die höchste Armut ist. – Zum zweiten haben wir gesagt, *das* sei ein armer Mensch, der (selbst) vom Wirken Gottes in sich nichts *weiß*. Wenn einer des Wissens und Erkennens so ledig steht, so ist *das* die reinste Armut. – Die dritte Armut aber, von der ich nun reden will, die ist die äußerste: Es ist die, daß der Mensch nichts *hat*.

Nun gebt hier genau acht! Ich habe es (schon) oft gesagt, und große Meister sagen es auch: Der Mensch solle aller Dinge und aller Werke, innerer wie äußerer, so ledig sein, daß er eigene Stätte Gottes sein könne, darin Gott wirken könne. Jetzt aber sagen wir anders. Ist es so, daß der Mensch aller Dinge ledig steht, aller Kreaturen und seiner selbst *und* Gottes, steht es aber noch so mit ihm, daß Gott in ihm eine Stätte zum Wirken findet, so sagen wir: Solange es das noch in dem Menschen gibt, ist der Mensch (noch) nicht arm in der eigentlichsten Armut. Denn Gott strebt für sein Wirken nicht danach, daß der Mensch eine Stätte in sich habe, darin Gott wirken könne; sondern *das* (nur) ist Armut im Geiste, wenn der Mensch *so* ledig Gottes und aller seiner Werke steht, daß Gott, dafern er in der Seele wirken wolle, jeweils *selbst* die Stätte sei, darin er wirken will – und dies täte er (gewiß) gern. Denn fände Gott den Menschen *so* arm, so *wirkt* Gott sein eigenes Werk, und der Mensch *erleidet* Gott so in sich, und Gott ist eine *eigene* Stätte seiner Werke; der Mensch (aber) ist ein reiner Gott-Erleider in seinen (=Gottes) Werken angesichts der Tatsache, daß Gott einer ist, der *in sich selbst* wirkt. Allhier, in dieser Armut erlangt der Mensch das ewige Sein (wieder), das er gewesen ist und das er jetzt ist und das er ewiglich bleiben wird.

Es gibt ein Wort Sankt Pauls, in dem er sagt: »Alles, was ich bin, das bin ich durch die Gnade Gottes.« (1. Kor. 15,10) Nun aber *scheint* diese (meine) Rede (sich) *oberhalb* der Gnade und oberhalb des Seins und oberhalb der Erkenntnis und des Willens und alles Begehrens (zu halten) – wie kann denn (da) Sankt Pauls Wort wahr sein? Darauf hätte man dies zu antworten: daß Sankt Pauls Worte wahr seien. Daß die Gnade in ihm war, das war nötig, denn die Gnade Gottes bewirkte in ihm, daß die »Zufälligkeit« zur Wesenhaftigkeit vollendet wurde. Als die Gnade endete und ihr Werk vollbracht war, da blieb Paulus, was er war.

So denn sagen wir, daß der Mensch so arm dastehen müsse, daß er keine Stätte sei noch habe, darin Gott wirken könne. Wo der Mensch (noch) Stätte (in sich) behält, da behält er noch Unterschiedenheit. Darum bitte ich Gott, daß er mich Gottes quitt mache; denn mein wesentliches Sein ist oberhalb von Gott, sofern wir Gott als Beginn der Kreaturen fassen. In jenem Sein Gottes nämlich, wo Gott über allem Sein und über aller Unterschiedenheit ist, dort war ich selber, da wollte ich mich selber und erkannte mich selber (willens), diesen Menschen (=mich) zu schaffen. Und darum bin ich Ursache meiner selbst meinem *Sein* nach, das *ewig* ist, nicht aber meinem *Werden* nach, das zeitlich ist. Und darum bin ich ungeboren, und nach der Weise meiner Ungeborenheit kann ich niemals sterben. Nach der Weise meiner Ungeborenheit bin ich ewig gewesen und bin ich jetzt und werde ich ewiglich bleiben. Was ich meiner Geborenheit nach bin, das wird sterben und zunichte werden, denn es ist sterblich; darum muß es mit der Zeit verderben. In meiner (ewigen) Geburt wurden alle Dinge geboren, und ich war Ursache meiner selbst und aller Dinge; und hätte ich gewollt, so wäre weder ich noch wären alle Dinge; wäre aber ich nicht, so wäre auch »Gott« nicht. Daß Gott »Gott« ist, dafür bin ich die Ursache; wäre ich nicht, so wäre Gott nicht »Gott«. Dies zu wissen ist nicht not.

Ein großer Meister sagt, daß sein Durchbrechen edler sei als sein Ausfließen, und das ist wahr. Als ich aus Gott floß, da sprachen alle Dinge: Gott ist. Dies aber kann mich nicht selig machen, den hierbei erkenne ich mich als Kreatur. In dem Durchbrechen aber, wo ich ledig stehe meines eigenen Willens und des Willens Gottes und aller seiner Werke und Gottes selber, da bin ich über allen Kreaturen und bin weder »Gott« noch Kreatur, bin vielmehr, was ich war und was ich bleiben werde jetzt und immerfort. Da empfange ich einen Aufschwung, der mich bringen soll über alle Engel. In diesem Aufschwung empfange ich so großen Reichtum, daß Gott mir nicht genug sein kann mit allem dem, was er als »Gott« ist, und mit allen seinen göttlichen Werken; denn mir wird in diesem Durchbrechen zuteil, daß ich und Gott eins sind. Da bin ich, was ich war, und da nehme ich weder ab noch zu, denn ich bin da eine unbewegliche Ursache, die alle Dinge bewegt. Allhier findet Gott keine Stätte (mehr) in dem Menschen, denn der Mensch erringt mit *dieser* Armut, was er ewig gewesen ist und immerfort bleiben wird. Allhier ist Gott eins mit dem Geiste, und das ist die eigentliche Armut, die man finden kann.

Wer diese Rede nicht versteht, der bekümmere sein Herz nicht damit. Denn solange der Mensch dieser Wahrheit nicht gleicht, so lange wird er diese Rede nicht verstehen. Denn es ist eine unverhüllte Wahrheit, die da gekommen ist aus dem Herzen Gottes unmittelbar.

Daß wir so leben mögen, daß wir es ewig erfahren, dazu helfe uns Gott. Amen.

Vom allerkräftigsten Gebet und vom allerhöchsten Werk

Das kräftigste Gebet und nahezu das allmächtigste, alle Dinge zu erlangen, und das allerwürdigste Werk vor allen ist jenes, das hervorgeht aus einem ledigen Gemüt. Je lediger dies ist, um so kräftiger, würdiger, nützer, löblicher und vollkommener ist das Gebet und das Werk. Das ledige Gemüt vermag alle Dinge.

Was ist ein lediges Gemüt?

Das ist ein lediges Gemüt, das durch nichts beirrt und an nichts gebunden ist, das sein Bestes an keine Weise gebunden hat und in nichts auf das Seine sieht, vielmehr völlig in den liebsten Willen Gottes versunken ist und sich des Seinigen entäußert hat. Nimmer kann der Mensch ein noch so geringes Werk verrichten, das nicht hierin seine Kraft und sein Vermögen empfinge.

So kraftvoll soll man beten, daß man wünschte, alle Glieder und Kräfte des Menschen, Augen wie Ohren, Mund, Herz und alle Sinne sollten darauf gerichtet sein; und nicht soll man aufhören, ehe man empfinde, daß man sich mit dem zu vereinen im Begriffe stehe, denn man gegenwärtig hat und zu dem man betet, das ist: Gott.

Von ungelassenen Leuten, die voll Eigenwillens sind

Die Leute sagen: »Ach ja, Herr, ich möchte gern, daß ich auch so gut zu Gott stünde und daß ich ebensoviel Andacht hätte und Frieden mit Gott, wie andere Leute haben, und ich möchte, mir ginge es ebenso oder ich wäre ebenso arm«, oder: »Mir mir wird's niemals recht, wenn ich nicht da oder dort bin und so oder so tue, ich muß in der Fremde leben oder in einer Klause oder in einem Kloster.«

Wahrlich, darin steckt überall dein Ich und sonst ganz und gar nichts. Es ist der Eigenwille, wenn zwar du's auch nicht weißt oder es dich auch nicht so dünkt: Niemals steht ein Unfriede in dir auf, der nicht aus dem Eigenwillen kommt, ob man's nun merke oder nicht. Was wir da meinen, der Mensch solle dieses fliehen und jenes suchen, etwa diese Stätten und diese Leute und diese Weisen oder diese Menge oder diese Betätigung – nicht das ist schuld, daß dich die Weise oder die Dinge hindern: Du bist es (vielmehr) selbst in den Dingen, was dich hindert, denn du verhältst dich verkehrt zu den Dingen.

Darum fang zuerst bei dir selbst an und *laß dich!* Wahrhaftig, fliehst du nicht zuerst dich selbst, wohin du sonst fliehen magst, da wirst du Hindernis und Unfrieden finden, wo immer es auch sei. Die Leute, die da Frieden suchen in äußeren Dingen, sei's an Stätten oder in Weisen, bei Leuten oder in Werken, in der Fremde oder in Armut oder in Erniedrigung – wie eindrucksvoll oder was es auch sei, das ist dennoch alles nichts und gibt keinen Frieden. Sie suchen völlig verkehrt, die so suchen. Je weiter weg sie in die Ferne schweifen, um so weniger finden sie, was sie suchen. Sie gehen wie einer, der den Weg verfehlt: Je weiter der geht, um so mehr geht er in die Irre. Aber, was soll er denn tun? Er soll zuerst sich selbst lassen, dann hat er alles gelassen. Fürwahr, ließe ein Mensch ein Königreich oder die ganze Welt, behielte aber sich selbst, so hätte er nichts gelassen. Läßt der Mensch aber von sich selbst ab, was er auch dann behält, sei's Reichtum oder Ehre oder was immer, so hat er alles gelassen.

Zu dem Worte, das Sankt Peter sprach: »Sieh, Herr, wir haben alle Dinge gelassen« (Matth. 19,27) – und er hatte doch nichts weiter gelassen als ein bloßes Netz und sein Schifflein –, dazu sagt ein Heiliger: Wer das Kleine willig läßt, der läßt nicht nur dies, sondern er läßt alles, was weltliche Leute gewinnen, ja selbst, was sie nur begehren können. Denn wer seinen Willen und sich selbst läßt, der hat alle Dinge so wirklich gelassen, als wenn sie sein freies Eigentum gewesen wären und er sie besessen hätte mit voller Verfügungsgewalt. Denn was du nicht begehren *willst*, das hast du alles hingegeben und gelassen um Gottes willen. Darum sprach unser Herr: »Selig sind die Armen im Geist« (Matth. 5,3), das heißt: an Willen. Und hieran soll niemand zweifeln: Gäb's irgendeine bessere Weise, unser Herr hätte sie genannt, wie er ja auch sagte: »Wer mir nachfolgen will, der verleugne zuerst sich selbst« (Matth. 16,24); daran ist alles gelegen. Richte dein Augenmerk auf dich selbst, und wo du *dich* findest, da laß von dir ab; das ist das Allerbeste.

Vom Nutzen des Lassens, das man innerlich und äußerlich vollziehen soll

Du mußt wissen, daß sich noch nie ein Mensch in diesem Leben so weitgehend gelassen hat, daß er nicht gefunden hätte, er müsse sich noch mehr lassen. Der Menschen gibt es wenige, die das recht beachten und darin beständig sind. Es ist ein gleichwertiger Austausch und ein gerechter Handel: So weit du ausgehst aus allen Dingen, so weit, nicht weniger und nicht mehr, geht Gott ein mit all dem Seinen, dafern du in allen Dingen dich des Deinen völlig entäußerst. Damit heb an, und laß dich dies alles kosten, was du aufzubringen vermagst. Da findest du wahren Frieden und nirgends sonst.

Die Leute brauchten nicht soviel nachzudenken, was sie *tun* sollten; sie sollten vielmehr bedenken, was sie *wären*. Wären nun aber die Leute gut und ihre Weise, so könnten ihre Werke hell leuchten. Bist *du* gerecht, so sind auch *deine Werke* gerecht. Nicht gedenke man Heiligkeit zu gründen auf ein Tun; man soll Heiligkeit vielmehr gründen auf ein Sein, denn die Werke heiligen nicht uns, sondern wir sollen die Werke heiligen. Wie heilig die Werke immer sein mögen, so heiligen sie uns ganz und gar nicht, soweit sie Werke sind, sondern: Soweit wir heilig sind und Sein besitzen, soweit heiligen wir alle unsere Werke, es sei Essen, Schlafen, Wachen oder was immer es sei. Die nicht großen Seins sind, welche Werke die auch wirken, da wird nichts daraus. Erkenne hieraus, daß man allen Fleiß darauf verwenden soll, gut zu *sein* – nicht aber so sehr darauf, was man tue oder welcher Art die Werke seien, sondern wie der Grund der Werke sei.

Beachte, was das Wesen
und den Grund gut macht

Der Grund, an dem es liegt, daß des Menschen Wesen und Seinsgrund, von dem des Menschen Werke ihre Gutheit beziehen, völlig gut sei, ist dies: daß des Menschen Gemüt gänzlich zu Gott (gekehrt) sei. Darauf setze all dein Bemühen, daß dir Gott groß werde und daß all dein Streben und Fleiß ihm zugewandt sei in allem deinem Tun und Lassen. Wahrlich, je mehr du davon hast, desto besser sind alle deine Werke, welcher Art sie auch sein mögen. Hafte Gott an, so hängt er dir alles Gutsein an. Suche Gott, so findest du Gott und alles Gute (dazu). Ja, fürwahr, du könntest in solcher Gesinnung auf einen Stein treten, und es wäre in höherem Grade ein gottgefälliges Werk, als wenn du den Leib unseres Herrn empfingest und es dabei mehr auf das Deinige abgesehen hättest und deine Absicht weniger selbstlos wäre. Wer Gott anhaftet, dem haftet Gott an und alle Tugend. Und was zuvor *du* suchtest, das sucht nun *dich*; wem zuvor *du* nachjagtest, das jagt nun *dir* nach; und was zuvor *du* fliehen mochtest, das flieht nun *dich*. Darum: Wer Gott eng anhaftet, dem haftet alles an, was göttlich ist, und den flieht alles, was Gott ungleich und fremd ist.

Von der Abgeschiedenheit
und vom Besitzen Gottes

Ich wurde gefragt: Manche Leute zögen sich streng von den Menschen zurück und wären immerzu gern allein, und daran läge ihr Friede und daran, daß sie in der Kirche wären – ob dies das Beste wäre? Da sagte ich: »Nein!« Und gib acht, warum.

Mit wem es recht steht, wahrlich, dem ist's an allen Stätten und unter allen Leuten recht. Mit wem es aber unrecht steht, für den ist's an allen Stätten und unter allen Leuten unrecht. Wer aber recht ist, der hat Gott in Wahrheit bei sich; wer aber Gott recht in Wahrheit hat, der hat ihn an allen Stätten und auf der Straße und bei allen Leuten ebensogut wie in der Kirche oder in der Einöde oder in der Zelle; wenn anders er ihn recht und nur ihn hat, so kann einen solchen Menschen niemand behindern.

Warum?

Weil er einzig Gott hat und es nur auf Gott absieht und alle Dinge ihm lauter Gott werden. Ein solcher Mensch trägt Gott in allen seinen Werken und an allen Stätten, und alle Werke dieses Menschen wirkt allein Gott; denn wer das Werk verursacht, dem gehört das Werk eigentlicher und wahrhaftiger zu als dem, der da das Werk verrichtet. Haben wir also lauter und allein Gott im Auge, wahrlich, so muß er unsere Werke wirken, und an allen seinen Werken vermag ihn niemand zu hindern, keine Menge und keine Stätte. So kann also diesen Menschen niemand behindern, denn er erstrebt und sucht nichts, und es schmeckt ihm nicht als Gott; denn der wird mit dem Menschen in allem seinem Streben vereint. Und so wie Gott keine Mannigfaltigkeit zu zerstreuen vermag, so auch kann diesen Menschen nichts zerstreuen noch vermannigfaltigen, denn er ist eins in jenem Einen, in dem alle Mannigfaltigkeit Eins und eine Nicht-Mannigfaltigkeit ist.

Der Mensch soll Gott in *allen* Dingen ergreifen und soll sein Gemüt daran gewöhnen, Gott allzeit gegenwärtig zu haben im Gemüt und im Streben und in der Liebe. Achte darauf, wie du deinem Gott zugekehrt bist, wenn du in der Kirche bist oder in der Zelle: Diese selbe Gestimmtheit behalte und trage sie unter die Menge und in die Unruhe und in die Ungleichheit. Und – wie ich schon öfter gesagt habe – wenn man von »Gleichheit« spricht, so meint man (damit) nicht, daß man alle Werke als gleich erachten solle oder alle Stätten oder alle Leute. Das wäre gar unrichtig, denn Beten ist ein besseres Werk als Spinnen und die Kirche eine würdigere Stätte als die Straße. Du sollst jedoch in allen Werken ein gleichbleibendes Gemüt haben und ein gleichmäßiges Vertrauen und eine gleichmäßige Liebe zu deinem Gott und einen gleichbleibenden Ernst. Traun, wärest du so gleichmütig, so würde dich niemand hindern, deinen Gott gegenwärtig zu haben.

Wem aber Gott nicht so wahrhaft innewohnt, sondern wer Gott beständig von draußen her nehmen muß in diesem und in jenem, und wer Gott in ungleicher Weise sucht, sei's in Werken oder unter den Leuten oder an Stätten, der *hat* Gott nicht. Und es mag leicht etwas geben, was einen solchen Menschen behindert, denn er *hat* Gott nicht, und er sucht nicht ihn allein noch liebt noch erstrebt er ihn allein. Und darum hindert ihn nicht nur böse Gesellschaft, sondern ihn hindert auch die gute, und nicht allein die Straße, sondern auch die Kirche, und nicht allein böse Worte und Werke, sondern auch gute Worte und Werke. Denn das Hindernis liegt in *ihm*, weil Gott in ihm noch nicht alle Dinge geworden ist. Denn wäre dies so bei ihm, so wäre ihm an *allen* Stätten und bei *allen* Leuten gar recht und wohl; denn er *hat* Gott, und den könnte ihm niemand nehmen, noch könnte ihn jemand an seinem Werk hindern.

Woran liegt nun dieses wahre Haben Gottes, daß man ihn wahrhaft besitze?

Dieses wahrhafte Haben Gottes liegt am Gemüt und an einem innigen, geistigen Sich-Hinwenden und Streben zu Gott, nicht (dagegen) an einem beständigen, gleichmäßigen Darandenken; denn das wäre der Natur unmöglich zu erstreben und sehr schwer und zudem nicht das Allerbeste. Der Mensch soll sich nicht genügen lassen an einem *gedachten* Gott; denn wenn der Gedanke vergeht, so vergeht auch der Gott. Man soll vielmehr einen *wesenhaften* Gott haben, der weit erhaben ist über die Gedanken des Menschen und aller Kreatur. *Der* Gott vergeht nicht, der Mensch wende sich denn mit Willen von ihm ab.

Wer Gott so (d. h.) im Sein, hat, der nimmt Gott göttlich, und dem leuchtet er in allen Dingen; denn alle Dinge schmecken ihm nach Gott, und Gottes Bild wird ihm aus allen Dingen sichtbar. In ihm glänzt Gott allzeit, in ihm vollzieht sich eine loslösende Abkehr und eine Einprägung seines geliebten gegenwärtigen Gottes. Vergleichsweise so, wie wenn es einen in rechtem Durst heiß dürstet: So mag der wohl anderes tun als trinken, und er mag auch wohl an andere Dinge denken; aber was er auch tut und bei wem er sein mag, in welchem Bestreben oder welchen Gedanken oder welchem Tun, so vergeht ihm doch die Vorstellung des Trankes nicht, solange der Durst währt; und je größer der Durst ist, um so stärker und eindringlicher und gegenwärtiger und beharrlicher ist die Vorstellung des Trankes. Oder wer da etwas heiß mit ganzer Inbrunst so liebt, daß ihm nichts anderes gefällt und zu Herzen geht als (eben) dies, und er nur nach diesem verlangt und nach sonst gar nichts: Ganz gewiß, wo immer ein solcher Mensch sein mag oder bei wem oder was er auch beginnt oder was er tut, nimmer erlischt doch in ihm das, was er so sehr liebt, und in allen Dingen findet er (eben) dieses Dinges Bild, und dies ist ihm um so stärker gegenwärtig, je mehr die Liebe stärker und stärker wird. Ein solcher Mensch sucht nicht Ruhe, denn ihn behindert keine Unruhe.

Dieser Mensch findet weit mehr Lob vor Gott, weil er alle Dinge als göttlich und höher erfaßt, denn sie in sich selbst sind. Traun, dazu gehört Eifer und Hingabe und ein genaues Achten auf des Menschen Inneres und ein waches, wahres besonnenes, wirkliches Wissen darum, worauf das Gemüt gestellt ist mitten in den Dingen und unter den Leuten. Dies kann der Mensch nicht durch Fliehen lernen, indem er vor den Dingen flüchtet und sich äußerlich in die Einsamkeit kehrt; er muß vielmehr eine innere Einsamkeit lernen, wo und bei wem er auch sei. Er muß lernen, die Dinge zu durchbrechen und seinen Gott *darin* zu ergreifen und den kraftvoll in einer wesenhaften Weise in sich hineinbilden zu können. Vergleichweise so wie einer, der schreiben lernen will. Fürwahr, soll er die Kunst beherrschen, so muß er sich viel und oft in dieser Tätigkeit üben, wie sauer und schwer es ihm auch werde und wie unmöglich es ihn dünke: Will er's nur fleißig üben und oft, so lernt er's doch und eignet sich die Kunst an. Fürwahr, zuerst muß er seine Gedanken auf jeden einzelnen Buchstaben richten und sich den sehr fest einprägen. Späterhin, wenn er dann die Kunst beherrscht, so bedarf er der Bildvorstellung und der Überlegung gar nicht mehr, und dann schreibt er unbefangen und frei, und ebenso ist es auch, wenn es sich um Fiedeln oder irgendwelche Verrichtungen handelt, die aus seinem Können geschehen sollen. Für ihn genügt es völlig zu wissen, *daß* er seine Kunst betätigen will; und wenn er auch nicht beständig bewußt dabei ist, so vollführt er sein Tun doch, woran er auch denken mag, aus seinem Können heraus.

So auch soll der Mensch von göttlicher Gegenwart durchdrungen und mit der Form seines geliebten Gottes durchformt und in ihm verwesentlicht sein, so daß ihm sein Gegenwärtigsein ohne alle Anstrengung leuchte, daß er überdies in allen Dingen Bindungslosigkeit gewinne und gegenüber den Dingen völlig frei bleibe. Dazu gehört zu Beginn notwendig Überlegung und ein aufmerksames Einprägen wie beim Schüler zu seiner Kunst.

Von zweierlei Reue

Es gibt zweierlei Reue: Die eine ist zeitlich oder sinnlich, die andere ist göttlich und übernatürlich. Die zeitliche zieht sich immerfort hinab in größeres Leid und versetzt den Menschen in solchen Jammer, als ob er gleich jetzt verzweifeln müsse, und dabei beharrt die Reue im Leid und kommt nicht weiter; daraus wird nichts.

Die göttliche Reue aber ist ganz anders. Sobald der Mensch ein Mißfallen empfindet, sogleich erhebt er sich zu Gott und versetzt sich in einen unerschütterlichen Willen zu ewiger Abkehr von allen Sünden. Und darin erhebt er sich zu großem Vertrauen auf Gott und gewinnt eine große Sicherheit. Und daraus kommt eine geistige Freude, die die Seele aus allem Leid und Jammer erhebt und sie fest an Gott bindet. Denn je gebrechlicher sich der Mensch findet und je mehr er gefehlt hat, desto mehr Ursache hat er, sich mit ungeteilter Liebe an Gott zu binden, bei dem es keine Sünde und Gebresten gibt. Die beste Stufe drum, auf die man treten kann, wenn man in voller Andacht zu Gott gehen will, ist: ohne Sünde zu sein kraft der göttlichen Reue.

Und je schwerer man (*selbst*) die Sünde anschlägt, um so bereiter ist Gott, die Sünde zu vergeben, zur Seele zu kommen und die Sünde zu vertreiben; ist doch ein jeder am meisten beflissen, das abzutun, was ihm am meisten zuwider ist. Und je größer und je schwerer die Sünden sind, um so unermeßlich lieber vergibt sie Gott und um so schneller, weil sie ihm zuwider sind. Und wenn dann die göttliche Reue sich zu Gott erhebt, sind alle Sünden bälder verschwunden im Abgrund Gottes, als ich mein Auge zutun könnte, und sie werden dann so völlig zunichte, als seien sie nie geschehen, dafern es nur eine vollkommene Reue wird.

Von der wahren Zuversicht und von der Hoffnung

Wahre und vollkommene Liebe soll man daran erkennen, ob man große Hoffnung und Zuversicht zu Gott hat; denn es gibt nichts, woran man besser erkennen kann, ob man ganze Liebe habe, als Vertrauen. Denn wenn einer den anderen innig und vollkommen liebt, so schafft das Vertrauen; denn alles, worauf man bei Gott zu vertrauen wagt, das findet man wahrhaft in ihm und tausendmal mehr. Und wie ein Mensch Gott nie zu sehr liebhaben kann, so könnte ihm auch nie ein Mensch zuviel vertrauen. Alles, was man sonst auch tun mag, ist nicht so förderlich wie großes Vertrauen zu Gott. Bei allen, die je große Zuversicht zu ihm gewannen, unterließ er es nie, große Dinge mit ihnen zu wirken. An allen diesen Menschen hat er ganz deutlich gemacht, daß dieses Vertrauen aus der Liebe kommt; denn die Liebe hat nicht nur Vertrauen, sondern sie besitzt auch ein wahres Wissen und eine zweifelsfreie Sicherheit.

Von zweierlei Gewißheit des ewigen Lebens

Zweierlei Wissen gibt es in diesem Leben vom ewigen Leben. Das eine kommt daher, daß Gott selber es dem Menschen sage oder es ihm durch einen Engel entbiete oder durch eine besondere Erleuchtung offenbare. Dies (jedoch) geschieht selten und nur wenigen Menschen.

Das andere Wissen ist ungleich besser und nützer und wird allen vollkommenen liebenden Menschen oft zuteil: Das beruht darauf, daß der Mensch aus Liebe und vertraulichem Umgang, den er mit seinem Gott hat, ihm so völlig vertraut und seiner so sicher ist, daß er nicht zweifeln könne, und er dadurch so sicher wird, weil er ihn unterschiedslos in allen Kreaturen liebt. Und widersagten ihm alle Kreaturen und sagten sich unter Eidschwur von ihm los, ja, versagte sich ihm Gott selber, er würde nicht mißtrauen, denn die Liebe *kann* nicht mißtrauen, sie erwartet vertrauend nur Gutes. Und es bedarf dessen nicht, daß man den Liebenden und den Geliebten irgend etwas (ausdrücklich) sage, denn damit, daß er (= Gott) empfindet, daß er (= der Mensch) sein Freund ist, weiß er zugleich alles das, was ihm gut ist und zu seiner Seligkeit gehört. Denn, so sehr du ihm auch zugetan sein magst, des sei gewiß, daß er dir über die Maßen mehr und stärker zugetan ist und dir ungleich mehr vertraut. Denn er ist die Treue selber, des soll man bei ihm gewiß sein und sind auch alle die gewiß, die ihn lieben.

Diese Gewißheit ist weit größer, vollständiger und echter als die erste, und sie kann nicht trügen. Die Eingebung hingegen könnte trügen, und es könnte leicht eine falsche Erleuchtung sein. *Diese* Gewißheit aber empfindet man in allen Kräften der Seele, und sie *kann* nicht trügen in denen, die Gott wahrhaft lieben; die zweifeln daran so wenig, wie ein solcher Mensch an Gott (selber) zweifelt, denn Liebe vertreibt alle Furcht. »Die Liebe kennt keine Furcht« (1. Joh. 4,18), wie Sankt Paulus sagt; und es steht auch geschrieben: »Die Liebe deckt die Fülle der Sünden zu.« (1. Petr. 4,8) Denn wo Sünden geschehen, da kann nicht volles Vertrauen sein noch Liebe; denn die Liebe deckt die Sünde völlig zu, sie weiß nichts von Sünden. Nicht so, als habe man gar nicht gesündigt, sondern so, daß sie die Sünden völlig austilgt und austreibt, als ob sie nie gewesen wären. Denn alle Werke Gottes sind so gänzlich vollkommen und reich im Überfluß, daß, wenn er vergibt, er voll und ganz vergibt und viel lieber Großes als Kleines, und dies schafft ganzes Vertrauen. Dieses achte ich für weitaus und ungleich besser, und es bringt mehr Lohn und ist auch echter als das erstere Wissen; denn an ihm hindert weder Sünde noch sonst etwas. Denn wen Gott in gleicher Liebe findet, den beurteilt er auch gleich, ob einer nun viel oder gar nicht gefehlt habe. Wem aber mehr vergeben wird, der soll auch mehr Liebe haben, wie unser Herr Christus sprach: »Wem mehr vergeben wird, der liebe auch mehr.« (Luk. 7,47)

Gott Vater, Gott Sohn, Leben

Gott gebiert seinen eingeborenen Sohn jetzt und ewiglich in einer jeden guten, schauenden Seele.

Er muß es ja tun, es sei ihm lieb oder leid. Ohne Unterlaß gebiert der Vater seinen Sohn. Darüber hinaus sage ich: mich gebiert er als seinen Sohn, als denselbigen Sohn. Und noch mehr: er gebiert mich als sich selbst und sich als mich. Er gebiert mich als sein eigenes Wesen, seine eigene Natur. In dem innersten Quell, da quelle ich aus dem Heiligen Geiste; da ist nur *ein* Leben, *ein* Wesen, *ein* Werken.

Mein leiblicher Vater ist nicht eigentlich mein Vater, sondern nur an einem kleinen Stücklein seiner Natur, und ich bin geschieden von ihm; er mag tot sein und ich leben. Darum ist nur der himmlische Vater in Wahrheit mein Vater, weil ich sein Sohn bin und alles das von ihm habe, was ich habe, und weil ich derselbe Sohn bin und nicht wer anders. Weil der Vater nur *ein* Werk wirkt, darum wirkt er mich, seinen eingeborenen Sohn, ohne allen Unterschied.

Ich sage, daß die ewige Geburt in der Seele so geschieht, wie sie von Ewigkeit her geschehen ist; denn es ist eine Geburt im Wesen und Grunde der Seele.

Warum lebst du? Um Lebens willen. Und weißt dennoch nicht, warum du lebst. So begehrenswert ist das Leben in sich selber, daß man es um seiner selbst willen begehrt. Selbst die in der Hölle wollen nicht ihr Leben verlieren, weder Widersacher noch arme Seelen, denn ihr Leben ist so edel, daß es unmittelbar aus Gott in die Seele fließt. Darum also, weil es von Gott so unvermittelt fließt, *darum* wollen *sie* leben. Was ist Leben? Gottes Wesen ist mein Leben. Ist mein Leben aber Gottes Wesen, so muß, was Gottes ist, mein sein und Gottes Seinswirklichkeit mein wahres Sein, nicht weniger und nicht mehr. »Das Wort war bei Gott«: Es war Gott allzumal gleich; es war ihm beineben, weder darunter noch darüber, sondern gleich.

Da Gott den Menschen machte, da machte er die Frau von des Mannes Seite, darum, daß sie ihm gleich wäre. Er machte sie nicht aus dem Haupt noch aus den Füßen, daß sie weder Frau noch Mann für ihn wäre, sondern, daß sie [sonder Zweiheit] ihm gleich sei. Also soll auch die gerechte Seele bei Gott [sonder Zweiheit] ihm gleich sein: beineben Gott, ihm auf rechte Weise gleich, nicht unten und nicht oben.

Geburt des Menschen, Menschentum

Es gibt zweierlei Geburt des Menschen: eine in die Welt hinein und eine aus der Welt hinaus und in Gott hinein. Willst du nun wissen, ob du zu Gottes Sohn gemacht seist, so wisse: solange du noch um irgendein Ding Leid trägst, es sei denn um der Sünde willen, solange ist deine Kindschaft noch nicht geboren.

Gott selbst macht, daß wir ihn erkennen, und es ist sein Sein, das mich erkennen macht; und darum ist sein Erkennen mein: so wie das, was ein Meister lehrt, und das, worüber der Schüler belehrt wird, ein und dasselbe ist. Und wenn also sein Wesen und sein Sein und seine Natur mein ist, dann bin ich der Sohn Gottes. Seht, solche Minne hat Gott uns zugewandt, daß wir Menschen Gottes Söhne heißen und sind.

Menschentum [generell] und Menschsein [individuell] ist nicht dasselbe. Menschheit [Menschtum als Gattungsbegriff] an sich selber ist so edel, daß das Höchste daran Gleichheit mit den Engeln hat und Sippschaft mit der Gottheit. Die Einung, die Christus mit dem Vater besaß, die zu gewinnen wäre auch mir möglich, wenn ich nur das an mir ablegen könnte, was von dem und jenem an mir ist, und wenn ich mich mehr als Menschheit [überindividuell] nähme. Alles das, was Gott je seinem eingeborenen Sohn gab, das hat er mir ebenso vollkommen gegeben wie ihm und nicht weniger; und hat es mir sogar reichlicher gegeben, denn er gab meinem Menschentum mehr an Christheit als Christo. Denn Christo gab er nichts, Christus hatte ja alles von Ewigkeit her im

211

Vater. Schlage ich dich, so schlage ich zuerst einen Burkhart oder einen Heinrich und danach erst den Menschen. So aber tut Gott nicht. Er nahm zuerst Menschheit an. Wer aber ist ein Mensch? Der durch Jesu Christi Menschtum Christi eigenen Namen hat. Und darum spricht unser Herr: »Wer diesen Einen anrührt, der greift mir in mein Auge.«

Wer für Gott hundert Pfund in Gold gäbe, der täte ein großes Werk und es schiene eine große Sache. Ich aber sage euch: Habe ich den Willen, hundert Pfund in Gold zu geben, und ist dieser Wille wirklich vollkommen, fürwahr, so habe ich hundert Pfund an Gott bezahlt und er muß mir antworten, als ob ich ihm hundert Pfund gezahlt hätte. Und noch mehr sage ich: Hätt' ich solch einen Willen, daß ich eine ganze Welt dahingäbe, vorausgesetzt, ich besäße sie, so habe ich Gott mit einer ganzen Welt bezahlt, und er muß mir antworten, so als ob ich ihm mit einer ganzen Welt gezahlt hätte. Ja, würde der Papst von meiner Hand erschlagen und wäre es nicht mit meinem Willen geschehen: ich wollte zum Altar gehen und nichtsdestoweniger die Messe lesen.

Ich sage: Menschtum ist am ärmsten und am erbärmlichsten Menschen ebenso vollkommen wie an Papst oder Kaiser. Denn Menschtum an sich selber ist mir näher und mehr als das Menschsein, das ich zufällig an mir trage.

Die Menschen, in denen das Ewige Wort gesprochen wird, denen geschehen vier Dinge. Das eine ist, daß der Mensch mit Gott vereinigt wird. Das andere ist, er wird aus Gnade Gottes Sohn. Das dritte ist, er wird Gottes Erbe. Das vierte ist: alle Knechtschaffenheit fällt ab von ihm: so, wie St. Paulus sagt: »In Christo ist der Mensch weder Weib noch Mann, weder Jude noch Grieche, weder Knecht noch Freigeborener; sondern alle Menschen sind eins in Christo, und alle sind Söhne Gottes.«

Weib, Maria, Seele

Ich sage: Hätte Maria nicht zuerst Gottes Sohn geistlich in ihrer Seele geboren, er wäre leiblich nie von ihr geboren worden.

Weib ist das edelste Wort, das man von der Seele sagen kann. Es ist noch edler denn Jungfrau. Daß der Mensch Gott in sich empfängt, das ist gut; und in dieser Empfängnis ist er Magd. Daß aber Gott fruchtbar in ihm werde, das ist besser. Denn Fruchtbarkeit ist Dankbarkeit für die Gabe; und in der wiedergebärenden Dankbarkeit ist die Seele ein Weib.

Die Seele ist immer gleich einem Mann, wo sie Gott zugewandt ist. Wo die Seele sich herniederkehrt, da heißt sie weiblich. Aber wo man Gott selbst erkennt und Gott bei sich daheim sucht, da ist die Seele männlich. Alsdann also ist sie gleich einem Mann, wenn sie eingestaltig, ohne Mittler, in Gott dringt.

Was der Mensch liebt, das ist der Mensch. Das ist so zu verstehen: Liebt er einen Stein, so ist er ein Stein. Liebt er einen Menschen, nun, so ist er ein Mensch. Minnet er Gott – nun wage ich nicht, weiterzusprechen; denn sage ich: daß der Mensch dann Gott ist, so könntet ihr mich steinigen wollen.

Alle Kreaturen begehren der Liebe. Wer einen Baum fragte, warum er seine Frucht trägt, wenn er Vernunft hätte, so spräche er: daß ich mich in der Frucht erneuere, das tue ich, um mich von neuem meinem Ursprung zu nähern. Denn dem Ursprung nahe sein, das ist lustvoll. Gott ist der Ursprung und ist Lust und lautere Minne.

Hast du dich selber auf die rechte Art lieb, so hast du alle Menschen lieb wie dich selbst. Solange du einen Menschen weniger liebhast als dich selbst, gewannst du dich selber nie wahrhaftig lieb. Nur mit dem sich auf rechte Art selbst liebenden Menschen steht es gut, so daß er alle Menschen ebenso liebhat wie sich selbst.

Die Seele ist mehr dort, wo sie liebt, als dort, wo sie dem Leib Leben gibt.

Wer mehr Wille hat, der hat auch mehr Minne.

Wäre einer in solcher Verzückung wie weiland St. Paulus und wüßte einen siechen Menschen, der eines Süppleins von ihm bedürfe: ich achtete es weit besser, er ließe von Liebe und Verzückkung und diente Gott in einer größeren Minne.

Von der Freude, der Einheit und der Heimkehr

Es ist ein Etwas in der Seele, das ist mit Gott so versippt, daß es mit ihm *eins* ist und nicht bloß vereint. Alles, was geschaffen ist, das ist nichts. Nun ist aber dieses Etwas fern und fremd aller Geschaffenheit. Wäre der Mensch allerwege so beschaffen, er wäre allzumal ungeschaffen und unerschöpflich; wäre alles, was körperhaft und bresthaft ist inbegriffen, in der Einheit: es wäre nichts anderes, als was die Einheit selber ist. Fände ich mich auf eines Augenblicks Länge in diesem Wesen, ich achtete meiner so wenig als eines Mistwürmleins [eines geringsten Würmleins]. Wer eine Fliege nimmt so, wie sie in Gott ist: die Fliege ist edler in Gott, als der höchste Engel an ihm selber ist. In Gott sind alle Dinge gleich und sie sind Gott selber.

Nun ist da eine Frage der Engel wegen: Ob die Engel, die hier mit uns wohnen und uns dienen und behüten, ob die irgend minder Gleichheit haben in ihren Freuden, denn die, so in der Ewigkeit sind; oder ob sie etwa dadurch benachteiligt werden, daß sie ihrem Werk obliegen müssen, uns zu behüten und uns zu dienen. Ich sage: Nein, sie haben davon keinen Schaden. Ihre Freude und ihre Gleichheit ist um deswillen nicht geringer. Denn das Werk des Engels ist der Wille Gottes; und der Wille Gottes ist das Werk des Engels; darum wird er weder in seiner Freude noch in seiner Gleichheit, noch an seinen Werken beeinträchtigt. Hieße Gott ihn niederfahren zu einem Baum und hieße ihn da Raupen ablesen, der Engel wäre dazu bereit, die Raupen abzulesen, und es wäre seine Seligkeit und wäre der Wille Gottes.

»Ein Mensch« bereitete eine Bewirtung. Ein Mensch: weißt du, wie sein Name ist? Er heißt der Namenlose [Gott]. Dieser Mensch sandte seine Knechte aus. Sankt Gregorius spricht: »Diese Knechte«, das sind seine Prediger. In einem anderen Sinn, so heißen »diese Knechte« die Engel. In einem dritten Sinne ist, wie mich dünkt, »dieser Knecht« das Fünklein der Seele, das da ist geschaffen von Gott und ist ein Licht, der Seele von oben eingewirkt, und ist ein Bild göttlicher Natur, das da allewege aufbegehrt gegen alles, was nicht göttlich ist und ist in allewege zu Gott hingekehrt; auch noch in der Hölle bleibt es heil auf Gott gerichtet.

In eben diesem Lichte hat die Seele mit den Engeln Gemeinschaft und auch mit den Engeln, die der Hölle verfallen sind und haben dennoch den Adel ihrer Natur behalten. Da steht dieses Fünklein, ledig allen Leidens, aufgerichtet in das Wesen Gottes. Die Seele vergleicht sich auch den guten Engeln, die da beständig in Gott wirken. Diesen guten Engeln vergleicht sich das Fünklein der Vernunft, das da ohne Unterschied geschaffen ist von Gott, ein überschwebendes Licht und ein Bild göttlicher Natur, von Gott geschaffen. Dies Licht trägt die Seele in ihr selbst. Auch in der Hölle ist es zum Guten geneigt und führt Krieg in der Seele wider alles, das nicht lauter und göttlich ist und ladet sie ohne Unterlaß zur Bewirtung.

Die Minne hat das von Natur, daß sie ausfließt von Zweien zu einem einzig Einen. Als Zwei besteht Minne nicht. Zweie als Eines, das gibt notwendig und naturgemäß Liebe voller Drang und Glut. Aber: »Alle Gewässer, ja alle Wesen eilen und fließen zurück in ihren Ursprung.« Darum ist es so, wie ich zuvor gesagt habe: Ebenbildlichkeit und Minne drängt die Seele zurück zum Ursprung des Einen, zu unserem Vater des Himmels und der Erde.

Wer um dies oder jenes bittet, der bittet um Übles und in übler Weise, weil er um die Verneinung des Guten und um die Verneinung Gottes bittet. Und er bittet darum, daß Gott sich ihm versage.

Menschen, die nach keinen Dingen trachten, weder nach Ehren noch nach Nutzen, noch nach innerer Selbstaufopferung, noch nach Heiligkeit, noch nach Belohnung, noch nach dem Himmelreich, sondern auf dieses alles verzichtet haben, auch auf das, was ihr Selbst ist: in solchen Menschen wird Gott geehrt.

Ich habe neulich darüber nachgedacht, ob ich wohl von Gott etwas annehmen oder begehren wollte: Ich möchte mir das gar sehr überlegen, weil ich da, wo ich der von Gott Empfangene wäre, unter ihm oder unterhalb seiner stünde, wie ein Diener oder Knecht; er selbst aber ein Herr wäre durch sein Geben; und so soll es mit uns *nicht* stehen im ewigen Leben.

Alles, was Gott Vater seinem eingeborenen Sohn in der menschlichen Natur gegeben hat, das hat er völlig auch mir gegeben. Hiervon nehme ich nichts aus, weder die Einigung noch die Heiligkeit; sondern er hat mir alles ebenso gegeben wie ihm.

Alles, was der göttlichen Natur eigen ist, das ist auch ganz dem gerechten und göttlichen Menschen eigen. Darum wirkt solch ein Mensch auch alles, was Gott wirkt: Er hat zusammen mit Gott Himmel und Erde geschaffen; er ist Zeuger des ewigen Wortes und Gott wüßte ohne einen solchen Menschen nichts zu tun.

Laßt uns nicht die Frucht äußerer Werke bringen, die uns nicht gut machen; sondern innere Werke, die der Vater, in uns bleibend, tut und wirkt.

Jede Unterschiedenheit ist Gott fremd, sowohl in bezug auf seine Natur, wie in bezug auf die Personen. Beweis: Seine Natur ist *Eine*; und jede Person ist Eine und eben dieses selbe Eine, was die Natur ist.

HEINRICH SEUSE

Aus dem
»Büchlein der ewigen Weisheit«

ca. 1295–1366
Dreizehnjährig trat er als Novize in das Inselkloster des Dominikaner-
ordens zu Konstanz ein. Mehrere Jahre hindurch studierte er bei Meister Eckehart und unternahm ausgedehnte Reisen, kehrte jedoch immer wieder nach Konstanz zurück. Kurze Zeit war er dort auch Prior,
wurde dann jedoch nach Ulm versetzt. Die Innerlichkeit seines Den-
kens und die Innigkeit seiner Sprache machen Seuse zu einem tief
empfindenden Vertreter der deutschen Mystik.

Wie etliche Menschen von Gott,
ohne es zu wissen, geleitet werden

Hanc amavi et exquisivi a iuventute mea et quaesivi mihi spon-
sam assumere.

Diese Worte stehen geschrieben im Buch der Weisheit und sind
von der schönen liebreichen Ewigen Weisheit gesprochen und lau-
ten auf deutsch: »Diese habe ich geliebt und ausgesucht von meinen jungen Tagen an und habe sie mir auserkoren zu einer Ge-
mahlin.« (Weish. 8,2)

Es hatte sich ein wildes Gemüt in seiner anfänglichen Veräu-
ßerlichung verlaufen in die Wege der Gott-Entfremdung. Da be-
gegnete ihm in geistlichem unsagbarem Bilde die Ewige Weisheit
und zog ihn durch Süß und Sauer, bis daß sie ihn auf den rechten
Pfad der göttlichen Wahrheit brachte. Und als er die wunderlichen
Führungen recht überdachte, sprach er zu Gott also: Liebreicher

zarter Herr, mein Gemüt hat von meinen Kindertagen an Eines gesucht mit eilendem Durste, Herr, und was das sei, das habe ich noch nicht vollkommen begriffen. Herr, ich habe dem manches Jahr heiß nachgejagt, und noch nie konnte es mir recht zuteil werden, denn ich weiß nicht recht, was es ist, und es ist doch etwas, das mein Herz und Seele zu sich zieht, und ohne das ich nimmer in rechte Ruhe versetzt werden kann. Herr, ich wollte es in den ersten Tagen meiner Kindheit in deinen Kreaturen suchen, wie ich es vor mir tun sah, und je mehr ich suchte, desto weniger fand ich es, und je näher ich ging, desto mehr entfernte ich mich davon. Denn bei einem jeglichen einströmenden Bilde hatte ich, bevor ich es ganz versuchte oder mich mit Ruhe dem hingab, eine Eingebung derart: Das ist nicht das, was du da suchst. Und dieses Davontreiben ist mir je und je in allen Dingen vorher zuteil gewesen. Herr, nun wütet mein Herz darnach, denn es hätte es gern, und es hat wohl öfter als einmal empfunden, was es nicht ist, Herr, aber was es ist, darüber ist es noch ohne Weisung. O weh, geliebter Herr vom Himmelreich, was ist es oder wie ist es beschaffen, das so recht verborgen in mir spielt?

Antwort der Ewigen Weisheit: Erkennst du es nicht? Es hat dich doch liebreich umfangen und hat dir den Weg oft verstellt, bis daß es dich nun für sich selbst allein gewonnen hat.

Der Diener: Herr, ich sah es nie und hörte es nie, ich weiß nicht, was es ist.

Antwort der Ewigen Weisheit: Das ist nicht verwunderlich; denn dein vertrauter Umgang mit den Kreaturen und die Unbekanntheit mit ihm schufen das. Aber nun tu deine inneren Augen auf und sieh, wer ich bin. Ich bin es, die Ewige Weisheit, die ich dich in Ewigkeit mit dem Umfangen meiner ewigen Vorsehung mir selber auserwählt habe. Ich habe dir den Weg so oft verstellt, so oft du von mir geschieden wärest, wenn ich dich verlassen hätte. Du fandest in allen Dingen immer etwas Widerstand, und das ist das zuverlässigste Zeichen meiner Auserwählten, daß ich sie ganz für mich selbst haben will.

Der Diener: Zarte liebwerte Weisheit – und bist du das, das ich so sehr lange gesucht habe? Bist du das, wonach mein Gemüt je und je rang? O weh, warum zeigtest du dich mir nicht schon viel eher? Wie hast du es so recht lange aufgespart! Wie bin ich so manchen mühsamen Weg gewatet!

Antwort der Ewigen Weisheit: Hätte ich das damals getan, so hättest du nicht so empfindlich das Gute an mir erkannt, als du es so erkennst.

Der Diener: O weh, grundloses Gut, wie hast du nun so süß deine Güte in mir entfaltet. Als ich nichts war, da gabst du mir Wesen; als ich mich von dir geschieden hatte, da wolltest du nicht von mir scheiden; als ich dir entrinnen wollte, da hattest du mich so süß gefangen. Eya, Ewige Weisheit, könnte nun mein Herz in tausend Stücke aufbrechen und dich, meines Herzens Wonne, umfangen und mit steter Liebe und vollem Lobe alle meine Tage mit dir verzehren – das wäre meines Herzens Begehr! Denn wahrlich, der Mensch ist selig, den du so liebreich umsorgst, daß du ihn nie recht ruhen läßt, bis er seine Ruhe in dir allein sucht.

Ach, auserwählte, liebreiche Weisheit, seit ich nun in dir gefunden habe, den meine Seele liebt, so verschmähe deine arme Kreatur nicht; sieh an, wie ganz verstummt mein Herz ist gegen all diese Welt in Freud und in Leid! Herr, soll mein Herz immer stumm dir gegenüber sein? Gib Erlaubnis, gib Erlaubnis, geliebter Herr, meiner elenden Seele, ein Wort zu dir zu sprechen, denn mein volles Herz kann es allein nicht mehr tragen. Es hat ja in dieser weiten Welt niemand, gegen den es sich erkühle als nur gegen dich, zarter, auserwählter, geliebter Herr und Bruder! Herr, du siehst und kennst allein die Natur eines liebreichen Herzens und weißt, daß niemand lieben kann, was er in keiner Weise erkennen kann. Darum, seit ich dich nun allein lieben soll, so gib dich mir noch weiter zu erkennen, damit ich dich auch gänzlich lieben kann.

Antwort der Ewigen Weisheit: Den höchsten Ausfluß aller Wesen von ihrem ersten Ursprung nimmt man nach natürlicher Ordnung durch die edelsten Wesen in die niedrigsten; aber den Rückfluß zu dem Ursprung nimmt man durch die niedrigsten in die höchsten. Darum, willst du mich in meiner ungewordenen Gottheit schauen, so sollst du mich hier erkennen und lieben lernen in meiner erlittenen Menschheit; denn das ist der schnellste Weg zur ewigen Seligkeit.

Der Diener: Herr, so mahne ich dich heute an die grundlose Liebe, in der du dich neigtest von dem hohen Throne, von dem königlichen Stuhle des väterlichen Herzens, in Elend und Schmach dreiunddreißig Jahre, und an deine Liebe, die du zu mir und zu allen Menschen hattest und allermeist in dem allerbittersten Leiden deines grimmen Todes erzeigtest; Herr, du seist gemahnt, daß du dich meiner Seele geistlich in der liebreichsten Gestalt zeigtest, dazu dich deine maßlose Liebe je brachte.

Antwort der Ewigen Weisheit: Je mehr versiegt, erstorben an Liebe ich bin, desto lieblicher bin ich einem recht geordneten Gemüt. Meine unergründliche Liebe zeigt sich in der großen Bitterkeit meines Leidens wie die Sonne in ihrem Glast, wie die schöne Rose in ihrem Duft und wie das starke Feuer in seiner inbrünstigen Hitze. Darum so höre mit Andacht, wie herzlich um deinetwillen gelitten worden ist.

Warum Gott es seinen Freunden so übel in der Zeit ergehen läßt (Jer. 12,1–2)

Der Diener: Herr, es liegt mir etwas im Herzen, darf ich dir das wohl sagen? Ach, süßer Herr, dürfte ich nun doch mit deiner Erlaubnis mit dir disputieren wie der heilige Jeremias! Zarter Herr, nun zürne nicht und höre es geduldig! Herr, man sagt, wie innig süß deine Liebe und deine Freundschaft auch sei, so läßt du sie deinen Freunden bisweilen doch gar sauer werden mit manchem bitterlichen Leiden, das du ihnen zusendest, wie: Verachtung bei aller Welt und manche Widerwärtigkeit, auswendig und inwendig. Wenn ein Mensch erst in deine Freundschaft eingetreten ist, ist der erste Schritt darnach, daß er sich bereite und entschlossen auf Leiden gefaßt mache. Herr, um deiner Güte willen, was mögen sie für Süßigkeit hierin haben, oder wie kannst du das alles an deinen Freunden dulden? Oder geruhest du es nicht zu erklären?

Antwort der Ewigen Weisheit: Wie mich mein Vater liebt, so liebe ich meine Freunde. Mein Leben war voll Leiden, der Jünger ist aber nicht über dem Meister. Ich tue meinen Freunden nun, was ich ihnen von Anfang der Welt bis auf diesen heutigen Tag getan habe (Joh. 15,9; Luk. 6,40; Joh. 15,8).

Der Diener: Herr, das ist's ja grade, worüber man klagt, und darum, sprechen sie, habest du so wenig Freunde, weil du es ihnen gar so übel in dieser Welt ergehen läßt. Herr, darum sind ihrer auch so viele, die, wenn sie deine Freundschaft erworben und in Leiden bewährt werden sollen, dir wieder abgehen, o weh, und – was ich mit herzlichem Leid und mit bitterlichen Tränen meines Herzens sagen muß – sie gehen dann wieder hinter sich dem nach, das sie um deinetwillen verlassen hatten. Mein Herr, was sagst du hierzu?

Antwort der Ewigen Weisheit: Diese Klage ist den Menschen eigentümlich, die schwachen Glaubens und geringer Werke, lauen Lebens und ungeübten Geistes sind. Du aber, geliebte Seele, wohlauf, erhebe dich mit deinem Gemüte aus dem Schmutze und der tiefen Lache leiblichen Wohllebens. Schließ auf deine inneren Sinne, tu auf deine geistigen Augen und siehe, nimm genau wahr, was du bist und wo du bist und wohin du gehörst; sieh, so kannst du begreifen, daß ich meinen Freunden das Allerliebreichste tue.

Du bist nach deinem natürlichen Wesen ein Spiegel der Gottheit, du bist ein Abbild der Dreifaltigkeit und bist ein Exemplar der Ewigkeit. Und wie ich in meiner ewigen Ungewordenheit das Gut bin, das da endlos ist, so bist du nach deiner Sehnsucht unergründlich; und so wenig ein kleines Tröpflein in der hohen Tiefe des Meeres etwas ausmacht, so wenig macht zur Erfüllung deiner Sehnsucht alles das etwas aus, was die Welt leisten kann.

Also bist du in dem elenden Jammertal, in dem Lust mit Leid, Lachen mit Weinen, Freude mit Traurigkeit vermischt ist, in dem volle Freude nie ein Herz gewann; denn es trügt und lügt, wie ich dir sagen will, es verheißt viel und leistet wenig, es ist kurz, unstet und wandelbar:

heute der Liebe viel,
morgen Leides ein Herze voll,
siehe, das ist der Zeitlichkeit Spiel.

Von maßloser Freude des Himmelreichs

Die Ewige Weisheit: Nun hebe deine Augen auf und schau, wohin du gehörst. Du gehörst in das Vaterland des himmlischen Paradieses; du bist hier ein fremder Gast, ein heimatloser Pilgrim. Und darum, wie ein Pilgrim wieder hin in seine Heimat eilt, da seiner die geliebten lieben Freunde warten und mit großer Sehnsucht harren, also soll dein Eilen ins Vaterland sein, eya, wo man dich so gern sähe, wo man so innig und deiner fröhlichen Gegenwart verlangt, wo sie dich liebreich grüßen, zärtlich empfangen und mit ihrer fröhlichen Gesellschaft ewig vereinen. Siehe, und wüßtest du, wie sie nach dir dürsten, wie sie begehren, daß du in Leiden tapfer streitest und dich ritterlich haltest in aller Widerwärtigkeit, die sie überwunden haben, und wie sie nun mit großer Süßigkeit die strengen Jahre überdenken, die sie hatten – dir wäre alles Leiden desto erträglicher; denn je bitterlicher du gelitten hast, desto würdiger wirst du empfangen. Eya, wie tut die Ehre dann so wohl, wie durchdringt die Freude dann Herz und Gemüt, wenn die Seele vor meinem Vater und vor dem ganzen himmlischen Heere so ehrenvoll von mir gerühmt, gelobt und gepriesen wird, daß sie hier in der streitvollen Zeit so viel erlitten, so viel gestritten und überwunden habe, was manchem so fremd ist, der ohne Leiden gewesen ist! Wie wird die Krone so wonnig erstrahlen, die hier so sauer erworben ist, wie werden die Wunden und die Zeichen so inbrünstig glänzen, die hier um meiner Liebe willen empfangen sind! Sieh, du bist da in dem Vaterlande so wohl befreundet, daß der Fremdeste in der unermeßlichen Zahl dich liebreicher und treuer liebt, als je ein Vater oder eine Mutter ihr einziges herzgeliebtes Kind in dieser Zeit geliebt haben.

Der Diener: O weh, Herr, um deiner Güte willen, dürfte ich dir nun zumuten, daß du mir noch mehr von dem Vaterlande sagtest, damit ich mich desto mehr darnach sehnte und alles Leiden nun desto besser ertrüge! Eya, mein Herr, wie ist es da in dem Lande beschaffen, oder was tut man da? Sind ihrer wohl viele, oder wissen sie ganz gut – so besagen doch deine Worte? –, wie es hier um uns steht?

Antwort der Ewigen Weisheit: Nun mache dich auf mit mir, ich will dich in Betrachtung dahin führen und will dich in einem groben Gleichnis einen entfernten Blick dahin tun lassen.

Sieh, über den neunten Himmel, der unzählig mehr als hunderttausendmal weiter als alles Erdreich ist, da ist erst ein anderer Himmel drüber, der da heißt *coelum empyreum*, der feurige Himmel, so geheißen nicht vom Feuer, sondern von der unermeßlich durchglänzenden Klarheit, die er von seiner Natur hat, unbeweglich und unzerstörbar. Und das ist der herrliche Hof, in dem das himmlische Heer wohnt, in dem mich miteinander lobt das Morgengestirn und alle Gotteskinder jubilieren. Da stehen die ewigen Stühle, umgeben mit unbegreiflichem Licht, von denen die bösen Geister verstoßen wurden und auf die die Auserwählten gehören. Siehe, die wonnige Stadt glänzt weithin von geschlagenem Golde, sie leuchtet weithin von edlen Perlen, durchlegt mit edlem Gestein, klar wie ein Kristall, widerscheinend von roten Rosen, weißen Lilien und allerlei lebenden Blumen. Nun blick selber auf die schöne himmlische Heide:

Hei, hier volle Sommerwonne,
hier des lichten Maien Aue,
hier das rechte Freudental!
Hier sieht man fröhlich die Blicke
vom Lieb zum Liebsten gehn,
hier Harfen und Geigen,
hier Singen und Springen,
Tanzen und Reigen,
und volle Freude immer pflegen,
hier Wunsches Erfüllung,
hier Lust ohne Leid
in immerwährender Sicherheit!

Nun schau um dich die unzählige Menge, wie sie aus dem lebendigen heraufrauschenden Brunnen nach all ihres Herzens Begierde trinken. Sieh, wie sie den lauteren klaren Spiegel der bloßen Gottheit unverwandt betrachten, in dem ihnen alle Dinge kund und offenbar sind.

Stell dich verstohlen noch weiter vor und sieh, wie die süße Königin des himmlischen Landes, die du so herzlich liebst, mit Würde und Freude über allem himmlischen Heere schwebt, voll Zärtlichkeit ihren Geliebten zugeneigt, umgeben mit den Blüten der Rosen und den Lilien der Täler. Sieh, wie ihre wonnige Schönheit Wonne und Freude und Bewunderung dem ganzen himmlischen Heere verleiht. Eya, nun tu einen Blick, der dein Herz und dein Gemüt erhöht, und sieh, wie die Mutter der Barmherzigkeit die Augen, die milden barmherzigen Augen, so mildiglich auf dich und alle Sünder gewandt hat, und wie gewaltig sie sie bei ihrem geliebten Kinde schirmt und versühnt.

Nun wende dich mit den Augen des lauteren Verständnisses und sieh auch, wie die hohen Seraphim und die lieblichen Seelen desselben Chores ohne Unterlaß ein inbrünstiges Aufflammen in mich haben, wie die lichten Cherubim und ihre Gesellschaft einen lichten Einfluß und Ausguß meines ewigen und unbegreiflichen Lichtes haben, wie die hohen Throne und ihre Schar ein süßes Ruhen in mir und ich in ihnen habe. Dann schaue weiter, wie die Dreiheit der zweiten Schar, die Herrscher, Mächtigen und Gewalthaber ordentlich die wonnige ewige Ordnung in der Allheit der Natur vollbringen; sieh auch, wie die dritte Schar der engelischen Geister meine hohe Botschaft und mein Gesetz in den verschiedenen Teilen der Welt vollbringen. Ach, nun sieh, wie herzlich wonnig und verschieden die große Menge geordnet ist, welch ein schöner Anblick das ist!

Nun wende das Auge hin und sieh, wie meine auserwählten Jünger und meine allerliebsten Freunde in so großer Ruhe und Ehre auf den ehrwürdigen Richterstühlen sitzen, wie die Märtyrer in ihren rosenroten Kleidern scheinen, die Bekenner in grünender Schönheit leuchten, wie die zarten Jungfrauen in engelischer Lauterkeit erglänzen, wie das ganze himmlische Heer von göttlicher Süßigkeit hinfließet. Eya, welch eine Gesellschaft, welch fröhliches Land! Gesegnet, daß er je geboren ward, der immer hier wohnen soll!

Sieh, in dieses Vaterland führe ich aus der Fremde nach Hause mein liebes Gemahl in meinen Armen, mit dem hohen Reichtum ihrer reichen Morgengabe. Ich ziere sie inwendig mit dem schönen Gewand des Lichtes der Glorie, das sie über all ihre natürliche Fähigkeit emporhebt. Sie wird auswendig gekleidet mit dem verklärten Leibe, der siebenmal lichter als der Sonnenschein ist, beweglich, zierlich und für Leid unempfindlich. Ich setze ihr eine wonnige goldene Krone auf und darauf ein goldenes Kränzlein.

Der Diener: Zarter Herr, was ist die Morgengabe, und was ist die Krone und das liebliche Kränzlein?

Antwort der Ewigen Weisheit: Die Morgengabe ist ein offenbares Schauen dessen, was du hier nur glaubst, ein gegenwärtiges Ergreifen dessen, was du hier hoffst, und ein liebreiches freudvolles Genießen dessen, das du hier liebst. So ist die schöne Krone wesentlicher Lohn, aber das liebliche Kränzlein ist zufallender Lohn.

Der Diener: Herr, was ist das?

Antwort der Ewigen Weisheit: Zufallender Lohn besteht in besonderer Freude, die die Seele von besonderen und preiswürdigen Werken gewinnt, mit denen sie hier gesiegt hat, wie die hohen Lehrer, die starken Märtyrer und die reinen Jungfrauen; aber wesentlicher Lohn besteht in beschaulicher Vereinigung der Seele mit der bloßen Gottheit, denn eher ruht sie nimmer, eh sie nicht über alle ihre Kräfte und Fähigkeiten geführt und in der Personen natürliche Wesenheit und in des Wesens einfaltige Bloßheit gewiesen wird. Und darin findet sie dann Genüge und ewige Seligkeit; und je abgeschiedener und lediger der Ausgang, desto freier der Aufgang, desto näher der Eingang in die grenzenlose Einsamkeit und in den tiefen Abgrund der weiselosen Gottheit, in die sie versenkt, verschwemmt und vereinigt werden, so daß sie nichts anderes wollen können, als was Gott will, und das heißt dasselbe sein, was Gott ist, das ist: sie sind aus Gnaden selig, wie er von Natur selig ist.

Eya, nun hebe fröhlich dein Antlitz auf, vergiß eine Weile all dein Leid, kühle dein Herz in dieser dunklen Stille mit der lieben Gesellschaft, die du so heimlich schaust, und sieh, wie rosenrot, wie überwonnig die Angesichter strahlen, die hier sooft um meinetwillen schamrot wurden. Hebe auf ein wohlgemutes Herz und sprich: »Wo ist nun die bitterliche Scham, die eure reinen Herzen so tief durchdrang? Wo die geneigten Häupter, die gesenkten Augen, das unterdrückte Herzeleid, die innigen Seufzer und die bitterlichen Tränen? Wo die bleichen Angesichter, die große Armut und der Mangel, wo nun die erbärmliche Stimme: ›Ach Herr, o weh Gott, wie ist mir so herzlich weh!‹ Wo sind alle, die euch schmähten und unterdrückten? Man hört nicht mehr: ›Wohlauf streiten, wohlauf kämpfen, wohlauf fechten‹ – Nacht oder Tag wie von einem, der gegen die Heiden ficht. Wo ist nun, was ihr inwendig zu tausendmalen in Gegenwart der Gnade sprachet: ›Bist du bereit, in Verlassenheit fest zu stehen?‹ Man hört nicht mehr den kläglichen elenden Ruf, den ihr damals tatet: ›O weh, Herr, wie hast du mich verlassen!‹ Ich höre lieblich in eure Ohren klingen: ›Kommet her zu mir, meine Geliebten, nehmt in Besitz das ewige Reich, das euch bereitet ist von Anbeginn der Welt!‹ Wo ist alles Leiden, Leid und Ungemach, das ihr auf Erden je gewannt? O weh Gott, wie ist das alles wie ein Traum so schnell dahingefahren, als hättet ihr nie Leid gewonnen! Waffen, zarter Gott, wie sind deine Gerichte so gar verborgen vor der Welt! Eya, ihr Auserwählten, jetzt heißt's nicht mehr sich in die Winkel verkriechen und sich verbergen vor der Anderen unsinnigem Toben. O weh, wären auch alle Herzen ein Herz, sie könnten nicht ausdenken die große Ehre, die maßlose Würde, das Lob, die Herzlichkeit, die ihr immer und immer haben sollt. O ihr Himmelsfürsten, ihr edlen Könige und Kaiser, o ihr ewigen Gotteskinder, wie sind eure Angesichter so wonnig, eure Herzen so fröhlich, wie habt ihr einen so hohen Mut, wie erklingt von eurer Stimme so fröhlich dieser Gesang: ›Eya, eya, Dank und Lob, Heil und Segen, Gnade und Wonne und immerwährende Ehre sei ihm gesagt von Ewigkeit zu Ewigkeit, von allem Grund unsres Herzens, von dessen Gnade wir dies alles immer und ewiglich im Besitze haben!‹ Sieh, hier ist das Vaterland, hier volles Ruhen, hier herzliches Jubilieren, hier unergründliches, immerwährendes Loben!«

Der Diener: O Wunder über allem Wunder! Ach, unergründliches Gut, was bist du? Eya, zarter, auserwählter, liebreicher Herr, wie ist hier so gar gut sein! O weh, mein einziges Lieb, laß uns allhier bleiben!

Antwort der Ewigen Weisheit: Noch ist hier deines Bleibens nicht. Du mußt noch manchen kühnen Streit durchfechten. Dieser Anblick ist dir nur gezeigt, damit du mit all deinem Leiden eine geschwinde Wendung dahin tun könntest – sieh, so kannst du nimmer verzagen – und all dein Leiden vergissest, und dann auch als eine Antwort auf die Klage der unverständigen Menschen, die da sagen, ich lasse es meinen Freunden übel ergehen. Nun schau, welche Ungleichheit zwischen meiner und dieser Zeit Freundschaft ist, und wie ungleich wohl ich es meinen Freunden ergehen lasse, wenn man es nach der Wahrheit nimmt – ich will schweigen von dem großen Kummer, den Mühen und manchen schweren Leiden, in dem jene Nacht und Tag schwimmen und waten; nur sind sie so geblendet, daß sie es nicht erkennen. Es ist doch meine ewige Ordnung, daß ein ungeordnetes Gemüt sich selber eine Marter und eine schwere Strafe ist. Meine Freunde haben leiblich Ungemach und haben dafür Herzensruhe; aber der Welt Freunde suchen für den Leib Gemach und gewinnen für Herz, Seele und Gemüt Ungemach.

Der Diener: Herr, sie sind unsinnig und rasend, die deine wahre Freundschaft und die der falschen Welt miteinander vergleichen, derart, daß du wenig Freunde habest – woran doch nur ihre große Blindheit schuld ist – und ebenso jene, die immer noch über ein Leiden klagen. O weh, wie ist deine väterliche Ruhe so liebreich! Selig ist der, an dem du sie nie spartest! Herr, ich sehe nun wohl, daß das Leiden nicht aus Härte kommt, es kommt aus liebreicher Zärtlichkeit! Niemand sage noch, daß du deine Freunde vergessen habest! Du hast die vergessen – denn du hast an ihnen verzweifelt –, an denen du hier Leiden sparst. Herr, die sollen gerechterweise niemals gute Tage, niemals Lust und Bequemlichkeit hier gewinnen, die du dort vor der ewigen Not beschirmen und denen du die immerwährende Freude geben willst.

O weh Herr, gib mir, daß dieser zweifache Anblick nimmer von den Augen meines Herzens scheide, damit ich deine Freundschaft nimmer verliere.

Vom unermeßlichen Adel zeitlichen Leidens

Zarter Herr, nun sag mir, welches Leiden meinst du, das da so innig nützlich und gut ist? Wie begehre ich so herzlich, daß du mir mehr davon sagtest, damit ich es, wenn du es mir zusendest, gern und fröhlich als von deiner väterlichen Hand empfange!

Antwort der Ewigen Weisheit: Ich meine ein jegliches Leiden, es sei nun freiwillig übernommen oder unfreiwillig zugefallen, wenn nur der Mensch aus der Notwendigkeit eine Tugend macht, daß er ohne meinen Willen des Leidens nicht ledig sein wolle, sondern es mit lieblicher demütiger Geduld in mein ewiges Lob einordnet; und je freiwilliger es ist, desto edler und mir angenehmer ist es. Sieh, von derlei Leiden höre noch mehr, und schreib es in den Grund deines Herzens und hab es als zum Zeichen vor den geistigen Augen deiner Seele.

Meine Wohnung ist in der reinen Seele wie in einem Paradies alles Vergnügens; darum kann ich nicht leiden, wenn sie mit Lieb oder Lust sich auf irgendein Ding wirft. Sie ist von Natur zu schädlichem Vergnügen geneigt, darum versperre ich ihr die Straße mit Dornen, bestecke ihr alle Lücken mit Widerwärtigkeit, es sei ihr lieb oder leid, damit sie mir nicht entrinne; ich bestreue ihr alle Wege mit Leiden, so daß sie nirgendswohin den Fuß ihrer Herzenslust setzen kann als nur in die Hoheit meiner göttlichen Natur. Siehe, wären alle Herzen Ein Herz, sie könnten nicht den mindesten Lohn in der Zeit tragen, den ich in der Ewigkeit um das mindeste Leiden geben will, das ein Mensch aus Liebe um mich leidet. Das ist meine ewige Ordnung in der ganzen Natur, von der ich nicht abgehe: Was edel und gut ist, das muß sauer erworben werden; wer da bleibt, der bleibe. Viel sind der Berufenen, wenig der Auserwählten (Matth. 22,14).

Der Diener: Herr, es kann wohl sein, daß Leiden ein unermeßliches Gut ist, wenn es nicht ohne Maß ist, und wenn es nicht so greulich und unerhört ist. Herr, du kennst allein alle verborgenen Dinge und hast alle Dinge nach Zahl und Maß geschaffen; du weißt, daß mein Leiden über alle Maßen ist, es ist über alle meine Kraft. Herr, daß jemand in dieser ganzen Welt sei, der beständig peinvollere Leiden habe als ich, das ist mir unerfindlich. Wie soll ich sie ertragen? Herr, gibst du mir gewöhnliche Leiden, die könnte ich ertragen; ich sehe aber nicht, wie ich die besonderen Leiden, die so verborgen meine Seele und mein Gemüt beengen, und die du allein bis auf den Grund kennst, je ertragen soll.

Antwort der Ewigen Weisheit: Jeder Kranke wähnt, ihm sei am allerschlimmsten, und jeder Dürftige, er sei der Allerärmste. Hätte ich dir andere Leiden gegeben, es wäre dasselbe. Gib dich frei in meinen Willen in allem Leiden, das ich von dir will, ohne dies oder das Leiden auszunehmen. Weißt du nicht, daß ich nur dein Allerbestes will, so freundlich wie du dir irgend selbst? Ich bin doch die Ewige Weisheit und weiß besser, was dein Allerbestes ist; so könntest du wohl empfunden haben, daß meine Leiden, wenn man sie nur recht nimmt, viel näher suchen und tiefer gehen und eher zu mir treiben als alle selbstgewählten Leiden. Was klagst du denn? Sprich zu mir also: »Mein allergetreuster Vater, tu mir überall, was du willst!«

Der Diener: O weh Herr, es ist so leicht, so zu sprechen, aber wenn es gegenwärtig ist, ist es so mühvoll zu leiden, denn es tut recht weh.

Antwort der Ewigen Weisheit: Täte Leiden nicht weh, so hieße es nicht Leiden. Es ist nichts Peinvolleres als Leiden und nichts Fröhlicheres als gelitten haben. Leiden ist ein kurzes Leid und eine lange Lust. Leiden macht bei dem, dem Leiden Leiden ist, daß aus dem Leiden ein Nicht-Leiden wird. Hättest du so viel geistliche Süßigkeit und göttlichen Trost und Vergnügen, daß du zu allen Zeiten vom himmlischen Tau überflössest, das wäre dir nicht so lohnbringend an sich selbst; denn ich hätte dir infolge alles dessen nicht so viel zu danken, es machte mich nicht so sehr zu deinem Schuldner als ein liebreiches Leiden oder eine Gelassenheit in Härte, in der du mich aus Liebe leidest. Es sind eher zehn umgeschwenkt in großer Lust und fröhlicher Süßigkeit, ehe einer in beharrlichem Leiden und Widerwärtigkeit umschwenkte. Hättest du so viel Wissen wie alle Sternseher, könntest du so gut von Gott sprechen wie aller Menschen engelische Zungen, und hättest du aller Meister Weisheitsreichtum, das könnte dich nicht so viel zu einem guten Leben fördern, als wenn du dich in all deinem Leiden

Gott ergeben und lassen kannst; denn jenes ist Guten und Bösen gemein, dies aber ist allein meinen Auserwählten eigen. Wer Zeit und Ewigkeit recht abwägen könnte, der sollte lieber hundert Jahre in einem feurigen Ofen liegen als den mindesten Lohn für das mindeste Leiden in der Ewigkeit entbehren wollen; denn jenes hat ein Ende, dies ist ohne alles Ende.

Der Diener: Ach süßer, liebreicher Herr, welch ein süßes Harfenspiel ist dies für einen leidenden Menschen. Herr, wolltest du mir so lieblich auf dem Psalterium spielen in meinem Leiden, so wollte ich gern leiden, so wäre mir besser mit Leiden als ohne Leiden.

Antwort der Ewigen Weisheit: Nun höre das süße Saitenspiel der zerdehnten Saiten eines gottleidenden Menschen, wie reich es tönt, und wie süß es erklingt.

Leiden ist vor der Welt eine Verworfenheit, ist aber vor mir eine unermeßliche Würdigkeit. Leiden ist ein Löscher meines Zornes und ein Erwerber meiner Huld. Leiden macht mir den Menschen liebwert, denn der leidende Mensch ist mir ähnlich. Leiden ist ein verborgenes Gut, das niemand vergelten kann; und wenn ein Mensch hundert Jahre vor mir kniete um ein freundliches Leiden, es wäre unverdient. Es macht aus einem irdischen Menschen einen himmlischen Menschen. Leiden bringt der Welt Entfremdung und verleiht dafür meine beständige Vertraulichkeit. Es vermindert die Zahl der Freunde und mehret die Gnade. Der muß gänzlich von aller Welt verleugnet und verlassen werden, dessen ich mich freundlich annehme. Es ist der sicherste Weg und ist der kürzeste und der nächste Weg. Sieh, wer recht wüßte, wie nützlich Leiden ist, der sollte es als eine werte Gabe von Gott empfangen. Eya, wie gibt es so manchen Menschen, der ein Kind des ewigen Todes war und entschlafen war in tiefen Schlaf, den das Leiden erfrischt und ermuntert hat zu einem guten Leben. Wie gibt es so manches wilde Tier und ungezähmte Vöglein, das mit beständigem Leiden wie in einen Käfig eingeschlossen ist – wer ihm Zeit und Gelegenheit gebe, wie würde es seiner ewigen Seligkeit entrinnen! Leiden behütet vor schwerem Fall, es läßt den Menschen sich selbst erkennen, in sich selbst bestehen, seinem Nächsten nachsichtig sein. Leiden hält die Seele in Demut und lehrt Geduld; diese ist eine Hüterin der Reinheit, sie bringt die Krone ewiger Seligkeit. Es mag kaum ein Mensch sein, der nicht Gutes vom Leiden empfange, er sei in Sünden oder im Anfang oder im Zunehmen oder in Vollkommenheit; denn es reinigt das Eisen, es läutert das Gold, es ziert das Edelgeschmeide. Leiden nimmt Sünde ab, mindert das Fegfeuer, vertreibt Versuchungen, beseitigt Fehler, erneuert den Geist; es bringt wahre Zuversicht, ein lauteres Gewissen und steten hohen Mut. Wisse, es ist ein gesunder Trank und ein heilsames Kraut über allen Kräutern des Paradieses. Es kasteit den Leib, der doch faulen muß, und speist dafür die Seele, die da ewiglich bleiben soll. Sieh, die edle Seele gedeiht vom Leiden wie die schönen Rosen vom süßen Maientau. Leiden macht ein weises Gemüt und einen erfahrenen Menschen. Ein Mensch, der nicht gelitten hat, was weiß der? Leiden ist eine Liebesrute, ein väterlicher Schlag für meine Auserwählten. Leiden zieht und zwingt den Menschen zu Gott, es sei ihm lieb oder leid. Wer sich fröhlich in Leiden hält, dem dient Lust und Leid, Freund und Feind. Wie oft hast du den anfletschenden Feinden ein eisernes Gebiß eingeschlagen und sie ohnmächtig gemacht mit deinem fröhlichen Lobe und sanftmütigen Leiden! Ich schüfe eher Leiden aus Nichts, eh ich meine Freunde ohne Leiden ließe; denn in Leiden werden alle Tugenden bewährt, der Mensch geziert, der Nächste gebessert, Gott gelobt. Geduld in Leiden ist ein lebendiges Opfer, es ist ein süßer Geruch des edlen Balsams vor meinem göttlichen Antlitz, es setzt, hinaufdringend, das ganze himmlische Heer in Staunen. Nie schaute man so bewundernd auf einen wohl turnierenden Ritter, als alles himmlische Heer auf einen wohl leidenden Menschen schaut. Alle Heiligen sind die Vorschmecker eines leidenden Menschen, denn sie haben es vorher wohl versucht, und sie rufen aus einem Munde, daß es ohne alles Gift und ein heilsamer Trank ist. Geduld in Leiden ist größer als Tote aufstehen machen oder andere Zeichen tun; es ist der enge Weg, der da herrlich zur Himmelspforte hindringt. Leiden macht zum Genossen der Märtyrer, es führt hin zum Lob, es führt hin zum Sieg wider alle Feinde. Leiden kleidet die Seele mit rosigem Kleide, mit Purpurfarbe; sie (die leidende Seele) trägt den Kranz von roten Rosen, das Zepter von grünen Palmen, sie ist ein glänzender Rubin in einer

Jungfrau Brustspange. Sie singt in der Ewigkeit mit süßer Stimme, mit freiem Mut einen neuen Reigen vor, den aller Engel Schar nicht singen konnte, da sie Leiden nie empfanden. Und daß ich es kurz mache: Die Leidenden heißen vor der Welt die Armen, vor mir aber die Seligen, denn sie sind meine Auserwählten.

Der Diener: Eya, wie scheint es so klar, daß du die Ewige Weisheit bist, da du so innig wohl die Wahrheit ins Feld führen kannst, daß niemand mehr daran zweifeln kann noch mag. Es ist kein Wunder, daß der Leiden wohl erleiden kann, dem du das Leiden so lieb machen kannst. Herr, du hast mit deinen süßen Worten gemacht, daß mir nicht allein alles Leiden nun immer desto erträglicher und desto fröhlicher sein muß, mein Herr und getreuer Vater, ich knie heute vor dir, ach, und lobe dich innig für gegenwärtiges Leiden und auch für die vergangenen unermeßlichen Leiden, die mir damals so groß deuchten, weil sie so feindlich leuchteten.

Die Ewige Weisheit: Wie dünkt dich aber nun?

Der Diener: Herr, mich dünket recht eigentlich dies, wenn ich dich, meines Herzens wonnige Augenweide, mit liebreichen Augen ansehe, daß all die starken, großen Leiden, mit denen du mich so väterlich geübt hast, und vor deren Anblick bei mir auch deine frommen Freunde erschraken, daß sie alle wie ein süßer Maientau gewesen sind.

Als derselbe Predigermönch angefangen hatte, vom Leiden zu schreiben, da war ihm – in derselben Weise, wie auch oben geschrieben steht –, als säßen dieselben beiden Frauen, die in Leiden und Betrübnis gewesen waren, vor ihm, und eine von ihnen begehrte, daß man ihr auf dem Psalterium vorspiele. Das nahm er unwillig auf und meinte, es sei ungeistlich. Da ward aber in ihm gesprochen, daß ihr begehrliches Psallieren nicht ungeistlich sei. Und sofort war auch ein Jüngling da, der bereitete ein Psalterium zu, und als er es fertiggestellt hatte, spannte er die Fäden kreuzweise über die Saiten und gab es dem Bruder in die Hand.

Wie man innerlich leben soll

Der Diener: Herr, der Übungen gibt es viele, der Lebensarten manche, eine so, die andere so, der Arten sind viele und mancherlei. Herr, die Schriften sind unergründlich, die Lehren ohne alle Zahl. Ewige Weisheit, lehre mich mit kurzen Worten aus dem Abgrund aller dieser Dinge, woran ich mich allermeist halten soll auf dem Wege eines wahren Lebens.

Antwort der Ewigen Weisheit: Die wahrste, die nützlichste, die brauchbarste Lehre, die dir in aller Schrift zuteil werden kann, in der du mit kurzen Worten über alle Wahrheit überschwenglich unterwiesen wirst bis zur höchsten Vollkommenheit eines lauteren Lebens, ist diese Lehre: 1. halte dich abgeschieden von allen Menschen; 2. halte dich innerlich rein von allen fremden Bildern; 3. befreie dich von alledem, was dir äußerliche Beschwerde, Anhaften ans Irdische und Bedrängnis bringen kann; und 4. richte dein Gemüt zu allen Zeiten auf ein verborgenes göttliches Schauen, in dem du mich zu allen Zeiten vor deinen Augen trägst als ständigen Gegenstand deiner Betrachtung, von dem dein Auge nimmer wanke. Und was andere Übungen betrifft, als Armut, Fasten, Wachen und alle andern Kasteiungen, die richte hiernach als nach ihrem Ziele ein, und mache davon so viel Gebrauch, als sie dich hierzu fördern können. Sieh, so gewinnst du das höchste Ziel der Vollkommenheit, das unter tausend Menschen nicht einer erfaßt, weil sie allein auf andere Übungen als Ziel hinstreben und darum die langen Jahre in der Irre leben.

Der Diener: Herr, wer kann in dem ununterbrochenen Anblick deiner Göttlichkeit zu allen Zeiten stehen?

Antwort der Ewigen Weisheit: Niemand, der heute in der Zeit lebt. Es ist dir nur deshalb gesagt, damit du wissest, wo du landen und wohin du steuern und dein Herz und Gemüt spannen sollst. Und wenn dir der Anblick entzogen wird, so soll dir sein, als wenn dir deine ewige Seligkeit genommen sei, und sollst rasch in dasselbe zurückkehren, damit es dir wieder zuteil werde, und sollst auf dich selbst achthaben; denn wenn es dir entgeht, so ist dir wie einem Schiffsmann, dem im starken Wellengang die Ruder entglitten sind, und der nicht weiß, wohin er soll. Kannst du aber hierin noch kein Bleiben haben, so soll dich die Menge der Versenkungen und die eifrige Flucht in dasselbe zur Beständigkeit bringen, sofern es möglich ist. Höre, höre, mein Kind, die getreue Lehre deines getreuen Vaters, nimm ihrer genau wahr, schließ sie in den Grund deines Herzens. Gedenke, wer der ist, der dich dies lehrt, und wie tief von Herzensgrund er es meint. Willst du nie mehr lau werden, so nimm sie vor deine Augen; wo du sitzest, stehst oder gehst, sei dir, als ob ich dich gegenwärtig mahne und spreche: Mein Kind, halte dich innerlich, lauter, frei und gesammelt. Siehe, so wirst du bald meiner Worte innewerden; dir wird auch das Gut bekannt, das dir noch recht verborgen ist.

Der Diener: Ach, Ewige Weisheit, gelobt seist du ewiglich! Mein Herr und mein getreuster Freund, wollte ich es nicht ohne das tun, so zwängest du mich mit deinen süßen Worten und mit deiner zarten lieblichen Lehre dazu. Herr, ich soll und will all meinen Fleiß daran wenden.

Drei Predigten
von Licht und Liebe

ca. 1300–1361
Schon in jungen Jahren trat er in das Straßburger Dominikanerkloster
ein und blieb ihm sein Leben lang treu. Nur wenig mehr ist über sein
Leben bekannt. Wie bei Heinrich Seuse so vermutet man auch bei
ihm, daß er Schüler von Meister Eckehart war, dessen Einfluß in Taulers Schriften deutlich spürbar ist. Taulers Gotteslehre ist bildhaft,
eindringlich, ermutigend und beseelt von tiefer Innigkeit und Kraft.

>>Ein Kind ist uns geboren,
und ein Sohn ist uns geschenkt.<< (Jes. 9,5)

*Taulers Predigt am Weihnachtstag über die dreifache Geburt
folgt den drei Meßtexten vom Weihnachtsfest und handelt davon, wie wir die drei Kräfte unserer Seele sammeln und die Eigenheit in unserem Wollen, Begehren und Wirken überwinden sollen.*

Man feiert heute in der heiligen Christenheit eine dreifache Geburt, an der jeder Christenmensch so große Erquickung finden
sollte, daß er vor Wonne recht aus sich selber springen müßte *in
iubilo*, in Freude und in Liebe, in Dankbarkeit und innerlicher
Freude. Und welcher Mensch solches nicht in sich empfindet, der
müßte darüber erschrecken.

Die erste Geburt nun, das ist, daß der himmlische Vater seinen
einziggeborenen Sohn in göttlicher Wesenheit und im Unter-

schied der Person in sich gebiert. Die zweite Geburt, die man heute feiert, das ist die mütterliche Fruchtbarkeit, die jungfräulicher Keuschheit und völliger Lauterkeit zuteil wurde. Die dritte Geburt besteht darin, daß Gott alle Tage und alle Stunden wahrhaft geistig in Gnade und Liebe geboren wird in jeder guten Seele. Diese drei Geburten feiert man heute in den drei Messen.

Die erste Messe singt man in der finsteren Nacht, und sie beginnt: *Dominus dixit ad me, filius meus es tu, ego hodie genui te* [Es sprach der Herr zu mir: »Mein Sohn bist du, heute habe ich dich gezeugt.«]. Und diese Messe bezieht sich auf die verborgene Geburt, die sich ereignete in der dunklen, verborgenen, unerkannten Gottheit. Die zweite Messe beginnt so: *Lux fulgebit hodie super nos* [Heute erstrahlte ein Licht über uns]. Und sie bezieht sich auf den Glanz der vergöttlichten menschlichen Natur. Und diese Messe feiert man zum Teil im Dunkel, zum Teil am Tag; denn diese Geburt ist zum Teil erkennbar, zum Teil unerkennbar. Die dritte Messe singt man am hellen Tag, und sie fängt an: *Puer natus est nobis et filius datus est nobis* [Ein Kind ist uns geboren, ein Sohn ist uns geschenkt]. Und sie bezieht sich auf die liebwerte Geburt, die alle Tage und in jedem Augenblick geschehen soll und auch geschieht in einer jeden guten, heiligen Seele, wenn sie sich nur mit Aufmerksamkeit und mit Liebe ihrer annimmt. Denn will sie diese Geburt in sich erfahren und ihrer gewahr werden, so muß dies durch eine Einkehr und Umkehr all ihrer Kräfte geschehen. Und in dieser Geburt wird ihr Gott zu eigen und gibt er sich zu eigen weit mehr, als sonst jemals jemandem etwas zu eigen wurde.

Der Text lautet: Ein Kind ist uns geboren und ein Sohn ist uns geschenkt. Er ist unser, ganz uns zu eigen und mehr als zu eigen. Er wird allezeit, ohne Unterlaß in uns geboren. Von dieser liebreichen Geburt, auf die sich die letzte Messe bezieht, wollen wir nun zuerst sprechen. Wie wir dahin kommen sollen, daß die edle Geburt in uns adlig und fruchtbar geschehe, das sollen wir an der besonderen Art der ersten, der väterlichen Geburt lernen, in der der Vater seinen Sohn in der Ewigkeit gebiert. Denn Gott vermochte durch den Überfluß an überwesentlichem Reichtum an Güte nicht an sich zu halten, er mußte sich ausgießen und mitteilen;

wie Boethius und der heilige Augustinus sagen, daß es Gottes Natur und seine Art sei, sich auszugießen. Und so hat sich der Vater ausgegossen beim Ausgang der göttlichen Personen, und ferner hat er sich ausgegossen an die Kreaturen. Darum sprach der heilige Augustinus: »Weil Gott gut ist, darum sind wir; und alles, was sämtliche Geschöpfe an Gutem haben, das kommt allein von der wesentlichen Güte Gottes.«

Was ist es nun, das wir an der Eigenart der väterlichen Geburt bemerken und lernen sollen? Der Vater mit seiner persönlichen Eigenheit kehrt sich in sich selber durch seine göttliche Erkenntniskraft, und er durchschaut in klarem Verstehen den wesenhaften Abgrund seines ewigen Wesens, und schon durch das bloße Verständnis seiner selbst spricht er sich aus. Und das Wort ist sein Sohn, und die Erkenntnis seiner selbst, das ist das Gebären seines Sohnes in der Ewigkeit. Er bleibt in sich in wesenhafter Einheit und geht aus sich aus in der Unterscheidung der Person. So also geht er in sich und erkennt sich selbst; dann geht er aus sich im Gebären seines Ebenbildes, das er dabei erkannt hat und erfaßt; dann geht er wiederum in sich ein, in vollkommenem Wohlgefallen an sich selbst. Dieses Wohlgefallen strömt sich in unaussprechlicher Liebe aus, das ist der Heilige Geist. So bleibt er in sich, geht aus und geht wieder in sich. Alle Ausgänge geschehen um der Wiedereingänge willen. Darum ist der Lauf des Himmels der alleredelste und vollkommenste, denn er kehrt ganz eigentlich wieder an seinen Ursprung und Beginn, woher er ausging. So ist auch des Menschen Lauf der alleredelste und allervollkommenste, denn er wendet sich ganz eigentlich wieder in seinen Ursprung zurück.

Die Eigenheit nun, die der himmlische Vater bei seinem Eingang und Ausgang hat, diese Eigenart muß auch der Mensch haben, wenn er eine geistige Mutter dieser göttlichen Geburt werden will: er soll ganz in sich gehen und dann wieder aus sich gehen. Wie denn? Die Seele hat drei edle Kräfte, in denen sie ein getreues Abbild der heiligen Dreifaltigkeit ist: Gedächtnis, Verstand und freier Wille. Durch diese Kräfte ist sie fähig, Gott zu erfassen und ihn aufzunehmen, so daß ihr alles das zuteil werden kann, was Gott ist und hat und geben will. Und überdics vermag sie in die

Ewigkeit zu sehen, denn die Seele ist erschaffen zwischen Zeit und Ewigkeit.

Mit ihrem obersten Teile nun, da gehört sie in die Ewigkeit und mit ihrem untersten Teile, mit den sinnenhaften, animalischen Kräften, da gehört sie in die Zeit. Die Seele ist mit beiden, den obersten und den untersten Kräften ausgeflossen in die Zeit und in die zeitlichen Dinge, durch die Verwandtschaft, die die obersten mit den untersten haben. Der Ausgang fällt ihr deshalb sehr leicht, und sie ist bereit, auszulaufen in die sinnlichen Dinge, und damit entgeht sie der Ewigkeit. Fürwahr, es muß notwendig ein Rücklauf sich vollziehen, soll diese Geburt geboren werden.

Dazu muß eine kraftvolle Einkehr geschehen, ein Einholen, ein inwendiges Versammeln aller Kräfte, der untersten wie der obersten, und dazu muß eine Vereinigung aus aller Zerstreuung geschehen, denn vereinte Dinge haben stets mehr Kraft: will ein Schütze sein Ziel genau treffen, so schließt er ein Auge zu, damit das andere desto genauer sehe. Wer ein Ding tief erfassen will, wendet alle seine Sinne darauf und zwingt seine Sinne vereint wieder zusammen in der Seele, von wo sie ausgeflossen waren. Wie die Zweige alle auch aus dem Stamm des Baumes kommen –, so, wenn alle die Kräfte versammelt sind, die sinnlichen und die begehrenden und die bewegenden Kräfte, hinein in das Oberste, in den Grund, so ist dies der Eingang. Danach soll da vor sich gehen ein Ausgang, ja ein Überstieg aus sich selber und über sich selber. Dabei müssen wir alle Eigenart des Wollens und des Begehrens und des Wirkens aufgeben, da darf nur ein nacktes, reines Meinen Gottes verbleiben und von dem unsrigen nichts; nicht in irgendeiner Weise zu sein, zu werden oder zu bekommen, sondern allein ein Sein für ihn und ein Stattgeben ihm auf das Höchste und Naheste, damit er sein Wirken und seine Geburt in dir vollbringen könne und von dir daran nicht gehindert werde. Denn sollen zwei eins werden, so muß sich das eine erleidend und das andere wirkend verhalten. Soll mein Auge die Bilder an der Wand oder sonst etwas sehen und aufnehmen, dann muß es in sich selbst von allen Bildern frei sein; hätte es ein einziges Bild in einer einzigen Farbe in sich, es könnte keine Farbe mehr sehen. Oder ist das Ohr voll eines Getönes, so hört es keinen Ton mehr. Ein Ding, das empfangen soll, das muß leer, ledig und bloß sein.

Darüber sagt der heilige Augustinus: »Gieß aus, damit du erfüllt werden kannst; geh aus, damit du eingehen kannst.« Und an anderer Stelle sagt er: »O du edle Seele, o vornehme Kreatur, was gehst du aus dir aus, den zu suchen, der ganz und wahrhaftig und unverhüllt in dir ist; und was hast du denn zu tun und zu schaffen mit all den Geschöpfen, da du doch teilhaftig bist der göttlichen Natur?« Wenn der Mensch die Stätte, den Grund, so vorbereitet, dann besteht kein Zweifel, Gott muß ihn ganz erfüllen; eher denn risse der Himmel und erfülle das Leere. Doch Gott läßt die Dinge noch viel weniger leer stehen, es wäre ganz wider seine Natur und wider seine Gerechtigkeit.

Und darum sollst du schweigen. Dann kann das Wort von dieser Geburt in dich hineinsprechen, und es kann von dir vernommen werden. Aber gewiß, willst *du* sprechen, dann muß es verstummen. Man kann dem Wort nicht besser dienen als mit Schweigen und mit Hinhören. Gehst du denn ganz aus, so geht Gott ohne allen Zweifel ganz ein, weder mehr noch weniger, so viel aus, so viel ein.

Von diesem Ausgang finden wir ein Gleichnis in Herrn Moses Buch, wo Gott Abraham hieß, auszuziehen aus dem Lande, aus seinem Geschlecht, er wolle ihm alles Gut zeigen. Alles Gut, das ist diese göttliche Geburt, sie ist allein gut. Sein Land oder sein Acker, aus dem er heraus sollte, das ist der Leib mit all seinem Genügen und seiner Unordnung. Die Verwandtschaft, das deuten wir als die Neigungen der sinnlichen Kräfte und ihre Vorstellungen, die dich nach sich ziehen und mitschleifen, dich auch in Bewegung bringen durch Lieb und Leid, Freude und Traurigkeit, Begehren und Furcht, Besorgnis und Mutwillen. Diese Sippe ist uns sehr nahe verwandt, man soll ihrer genau achten, damit man ihr ganz entgehe, soll all das Gut, das diese Geburt in Wahrheit ist, gezeugt werden.

Man sagt: Ein daheim erzogenes Kind benimmt sich draußen wie ein Rind. Das stimmt in der Hinsicht, daß diejenigen Menschen, die aus ihrem Heim nicht ausgegangen sind, auch nicht hinausgegangen sind über die Natur noch über das, was ihnen die Sinne zu sehen, zu hören, zu fühlen oder zu empfinden anboten; daß die, die aus diesem Heim und allem Heim der natürlichen

Dinge nicht weg- und darüber hinausgegangen sind, daß die richtige Rinder und Kälber sind an Verständnis dieser hohen, göttlichen Dinge. So ist denn ihr Grund gerade wie ein eiserner Berg, in den nie Licht dringt. Entgehen ihnen die Sinnlichkeit und die Bilder und die Formen, so wissen und fühlen sie nichts mehr. Solche sind noch daheim, darum erfahren sie die Geburt nicht. Von ihnen sprach Christus: »Wer um meinetwillen verläßt Vater, Mutter und Acker, der wird das Hundertfache dafür bekommen und dazu das ewige Leben.«

Nun haben wir von der ersten und letzten Geburt gesprochen, wie wir an der ersten für die letzte ein Beispiel nehmen sollen. Nun wollen wir die Lehre auch an der mittleren Geburt aufweisen, in der der Sohn Gottes in dieser Nacht geboren ward durch seine Mutter und nun unser Bruder ist. In der Ewigkeit wurde er geboren ohne Mutter, in der Zeit ohne Vater. Der heilige Augustinus sagte: »Maria war viel seliger dadurch, daß Gott geistigerweise in ihrer Seele geboren ward, als daß er leiblich von ihr geboren wurde.« Wer nun will, daß diese Geburt in seiner Seele edel und geistig geboren werde wie in der Seele Marias, der soll die Eigenart betrachten, die Maria an sich hatte, die leiblich und geistig Mutter war.

Sie war eine reine Magd, eine Jungfrau, und sie war eine verlobte, eine angetraute Jungfrau, und sie war eingeschlossen, von allem abgeschieden, als der Engel bei ihr eintrat.

Und ebenso muß eine geistige Mutter Gottes bei dieser Geburt sein. Sie muß reine, lautere Magd sein; ist sie bisweilen außerhalb der Lauterkeit gewesen, so soll sie nun zurückkehren. Dann wird sie wiederum rein und jungfräulich. Magd bedeutet so viel wie äußerlich unfruchtbar sein, innen aber viele Früchte bringen. Gerade so soll die Jungfrau ihre Liebe nach außen zuschließen und nicht viel Aufwand damit treiben, nicht viel Frucht damit bringen. Maria war tauglich nur zu göttlichen Dingen; inwendig sollte sie viel Frucht tragen. »Die ganze Zierde der Königstochter ist von innen.« So soll die Jungfrau in Zurückgezogenheit verweilen, all ihre Sitten, ihre Sinne, ihr Benehmen, alles nach innen, so bringt sie viele Früchte und die große Frucht. Gott selber, Gottes Sohn, Gottes Wort, das alle Dinge ist und in sich trägt.

Maria war eine angetraute Jungfrau. Ebenso soll diese angetraut sein nach der Lehre des heiligen Paulus. Du sollst deinen unsteten Willen in den göttlichen Willen, der beständig ist, einsenken, damit deiner Schwachheit aufgeholfen sei.

Maria war auch eingeschlossen. So soll auch diese Magd eingeschlossen sein, wenn sie diese Geburt wirklich in sich erfahren will, doch nicht allein in bezug auf zeitliches Auslaufen, was immer irgendwie fehlerhaft erscheint, sondern auch in bezug auf sinnenhafte Tugendübung. Es soll eine Rast, eine Stille in ihr werden, und sie soll sich in sich schließen und sich vor den Sinnen wie vor dem Geist verbergen und verstecken und entschlüpfen recht oft, und sich eine Stille und innerliche Ruhe bereiten.

Davon wird am nächsten Sonntag am Anfang der Messe gesungen werden: »*Dum medium silencium fieret* – Als die Mitte Schweigen wurde und alle Dinge im höchsten Schweigen waren und die Nacht ihren Lauf vollbracht hatte. Herr, da kam dein allmächtiges Wort vom königlichen Stuhle«, das war das ewige Wort vom väterlichen Herzen. In diesem Schweigen der Mitte, in dem alle Dinge im höchsten Schweigen sind und ein wahres *silencium* herrscht, da bekommt man in Wahrheit dieses Wort zu hören; denn soll Gott sprechen, mußt du schweigen, soll Gott hineingehen, müssen alle Dinge ausgehen.

Als unser Herr Jesus in Ägypten einzog, da fielen alle Abgötter, die es im Lande gab, darnieder. Alles das, was dich abbringt vom unmittelbaren Eingang dieser ewigen Geburt, es scheine noch so gut und heilig, das sind deine Abgötter. Unser Herr Jesus sprach: »Ich bin gekommen, das Schwert zu bringen, das alles abschneide, was dem Menschen zugehört, Mutter, Schwester, Bruder.« Denn was dir vertraulich ist, das ist dir ein Feind. Denn das Vielerlei der Bilder, die das Wort in dir überdecken und verhüllen, es verhindert diese Geburt in dir.

Ist dir die Rast auch nicht ganz benommen, so ist sie dir auch nicht jederzeit geworden. Du sollst aber doch eine geistige Mutter sein durch diese Geburt. Und eine solche soll das Schweigen der Mitte oft und oft in sich haben und in sich eine Gewohnheit daraus machen, damit die Gewohnheit zu einem Haben werde. Denn was einem gut geübten Menschen wie nichts erscheint, das dünkt einem ungeübten Menschen unmöglich zu sein: Gewohnheit ergibt Können.

Daß wir nun alle dieser edlen Geburt Raum geben in uns, damit wir wahre geistige Mütter werden, dazu helfe uns Gott. Amen.

»Das Himmelreich gleicht einem Hausvater...« (Matth. 20,1)

Diese Predigt über das Evangelium nach dem heiligen Matthäus vom Sonntag Septuagesima (der 7. Sonntag vor Ostern), an dem man das Alleluja fortläßt, lehrt einen jeden Menschen weiter aufsteigen in seinem Grad, ohne Stillestehen und Verweilen.

Das Evangelium von heute verkündigt: Das Himmelreich gleicht einem Menschen, einem Hausvater, der ausging, um Leute anzuwerben für seinen Weinberg. Und er ging früh aus, zur Zeit der Prim, zur Terz, zur Sext, und er dingte sie um einen Pfennig täglich. Als es Abend ward, da fand er immer noch Leute müßig stehen, und er sprach zu ihnen: »Was steht ihr hier müßig den ganzen Tag? Geht auch ihr in meinen Weinberg, und was recht ist, gebe ich euch.«

Dieser Hausvater, das ist unser Herr Jesus Christus, sein Haus ist das Erdenreich und das Himmelreich, Fegfeuer und Hölle. Er sah, daß alle Natur in der Irre war, und daß sein Weingarten unbebaut lag; und die menschliche Natur, die dazu erschaffen war, diesen edlen Weinberg zu besitzen, sie war irre gegangen und ließ den liebwerten Weingarten unbearbeitet liegen. Eben dieser Herr wollte den Menschen wieder in seinen Weinberg einladen, wofür er bestimmt war, und dazu ging er früh aus.

In einem Sinne ist unser lieber Herr früh ausgegangen, da er in ewiger Geburt aus dem väterlichen Herzen hervorging und dabei doch immer auch darin blieb. In einem anderen Sinne, da ist unser lieber Herr Jesus Christus früh ausgegangen in die menschliche Natur, damit er uns dinge und in seinen Weinberg wiederbrächte. Und er gewann Leute zur Prim, zur Terz, zur Sext und zur Zeit der Non.

Zur Vesperzeit ging er nochmals aus und fand wiederum Leute, und sie standen müßig, und er redete sie hart an, weshalb sie den ganzen Tag da müßig ständen. Und sie sprachen: »Weil uns niemand gedungen hat.« Das sind diejenigen Menschen, die noch in ihrer natürlichen Lauterkeit und Unschuld stehen, und sie sind gar selig. Denn Gott sah immerhin, daß sie nicht verdingt waren an die Welt oder die Kreaturen; daß, wenn sie auch ab und zu verdingt gewesen waren, sie nun doch frei und ledig und unverdingt sind. Doch stehen diese Leute müßig, das heißt, sie stehn in Lauheit, in Kälte, lieblos und gnadenlos. Denn wenn die Liebe Gottes nicht im Menschen ist, solange der Mensch noch in der Natur steht – und täte dieser Mensch, falls es möglich wäre, alle die guten Werke, die alle Welt je vollbracht hätte –, so steht er doch müßig und unnütz, und es hülfe ihm ganz und gar nichts.

Das frühe Ausgehen, das bedeutet den Ausgang der Gnade, denn der Morgen, er ist das Ende der Nacht, da die Finsternis ein Ende hat und der Tag der Gnade aufgeht.

Er sprach: »Was steht ihr müßig? Geht in meinen Weinberg, und was recht ist, gebe ich euch.« Sie gingen auf verschiedene Weise in den Weingarten. Das eine, das sind die anfangenden Menschen, die gehen hin zu äußerlicher Arbeit, in sinnenhafter Art und mit ihren eigenen Vorstellungen; und sie bleiben doch, während sie große Werke tun, wie Fasten und Wachen, stehen: Sie beten viel und nehmen doch ihren Grund nicht wahr. Sie bleiben stehen in sinnenhafter Genügsamkeit, bei Zu- oder Abneigung, und daraus wird geboren ein unrechtes Urteilen, und in ihnen bleiben viele Fehler, wie Hoffart, Jähzorn, Verbitterung, Eigenwilligkeit, Streitsucht und manch Ähnliches. Andere wiederum, die haben sinnliche Befriedigung zwar verschmäht und haben auch ihre großen Schwächen überwunden und sind auf dem Weg zu einer höheren Stufe. Sie wandeln in vernunftgemäßen Bemühungen, und darin finden sie so große Lust und Wonne, daß sie bei der nächststehenden Wahrheit haltmachen. Die Dritten aber, das sind die liebwerten Menschen, die über alle Dinge hinausgehen. Sie gehen geordnet und edelmütig in den Weingarten, denn diese Menschen meinen und lieben nichts als Gott selbst; sie achten weder auf Lust noch auf Nutzen noch auf sonst etwas, nicht einmal auf alle die Hervorgänge, die aus Gott fließen. Denn sie versinken innerlich ungeteilt in Gott, und sie haben nichts in ihrem Sinne, als allein Gottes Lob und Ehre, daß einzig sein ewiger wohlgefälliger Wille geschehe, in ihnen und in allen Kreaturen. Dadurch werden sie frei, sie lassen alle Dinge und empfangen nur von Gott. Und sie tragen alles, das sie empfangen, ihm wieder ungetrübt zu und schreiben sich das Seine keinesfalls selbst zu. Sie verhalten sich ganz wie ein Wasser, das ausfließt und wieder einfließt, wie das Meer, das ausfließt und stets in den Ursprung zurückströmt. So diese: alle ihre Gaben bringen sie in den Grund zurück, aus dem sie kamen, und mit ihnen fließen sie selber wieder in ihn. Denn wenn sie alle ihre Gaben zurücktragen und sie nicht behalten werden, weder zur Lust noch zum Nutzen, weder für dies noch für das noch anderswie, so muß ihnen Gott notgedrungen ihr innerlicher Aufenthalt sein.

Nun, obgleich diese Gesinnung den Menschen so lauter aus sich heraus führt und obgleich dieselbe schlicht und einfach auf Gott ausgerichtet ist, so hat die Natur doch eine gewisse Rückbezogenheit auf sich selber; davon kann sich der Mensch nicht freimachen, ob er es will oder nicht. Diese besteht darin, daß der Mensch Gott gerne besäße und auch von Natur aus begehrt, selig zu sein. Indes, dies soll hier nur kurz und kaum beachtet und in Betracht gezogen sein. Es verhält sich gleich wie beim Arbeiter im Weinberg: obschon er nur der Arbeit wegen da ist, muß er doch einen Imbiß bekommen – und dies dauert nur kurze Zeit, während die Arbeit gar lang ist; den ganzen Tag über dauert die Arbeit und kaum eine Stunde die Labung und diese zudem nur um der Arbeit willen –, damit er arbeiten möge. Darum nimmt er das Essen, und die Speise geht ihm durch Fleisch und Blut und Mark und Bein, und sie wird verbraucht bei der Arbeit und verzehrt sich mit der Arbeit. Und sobald dies ganz verzehrt ist in dem Werk, so ißt er wiederum ein wenig, um es wieder zu verzehren durch die Arbeit im Rebberg. Gerade so soll der edle Mensch es halten, wenn er ein gewisses Begehren in sich findet, Gott zu besitzen, Gnade, und was immer es sei, daß er es als das Seine nur kurz und wenig beachte, nur, da es sein muß zur Erquickung und Stärkung, damit er es dann verzehre in der Bemühung. Und hat er es für das Höchste aufgezehrt durch ein Zurückbringen dorthin, woher er es empfangen hat, so muß er wiederum gelabt werden durch ein liebreiches Ausfließen in Worten, damit er abermals etwas zu verzehren habe. Ach, meine Lieben, wer die Gaben Gottes leiblich und geistlich derart zurückgibt jedesmal, der allein wird allzeit noch mehr Gaben empfangen und ihrer würdig werden. Solche Leute wären würdig, Perlen und Gold zu essen und das allerbeste, das die Welt nur hat.

Doch nun gibt es manch edlen, armen Menschen, der davon nichts hat. Er soll sich in die alles vermögende Kraft Gottes fallen lassen und soll ihr vertrauen, daß sie ihm wohl helfen werde. Kinder, Kinder, Kinder, solchen Menschen geschieht wie dem Rebholz. Es ist außen schwarz und vertrocknet und knorrig, und wer es nicht kennte, dem schiene es zu nichts anderem gut, als daß es ins Feuer geworfen und verbrannt würde. Jedoch sind da innen verborgen im Grunde die lebendigen Adern und die edle Kraft, aus der die alleredelste, süßeste Frucht hervorkommt unter allem Gehölz und allen Bäumen. Genauso geht es diesem allerliebsten in Gott versunkenen Volke, das nach dem äußeren Anschein wie ein schlechtes Volk, schwarz und knorrig, aussieht, denn diese Menschen sind nach außen demütig und klein. Sie haben weder große Worte noch Werke noch Satzungen und stellen nichts vor und sind die mindesten, so weit es allein auf sie ankommt. Doch wer die lebendigen Adern entdecken könnte, die im Grunde sind, wo sie ihnen selber entgehen und wo Gott ihr Anteil und ihr Aufenthalt ist, potztausend, wie wonnevoll wäre es, dies zu erkennen!

Nun geht der Winzer bald hinaus, und er schneidet seinen Rebstöcken das wilde Holz ab, denn täte er dies nicht und ließe er es am guten Holze stehen, so erbrächte es sauren, schlechten Wein. Ebenso soll der edle Mensch verfahren. Er soll sich selbst von aller Unordnung beschneiden und all solches aus dem Grunde ausroden, all seinen Eigensinn und seine Neigungen, wohl oder übel. Damit sind die leidigen Fehler abgehauen, und dabei bricht man weder Kopf, Arm noch Bein. Halte zuerst noch ein mit dem Messer, bis du gesehen hast, was abzuschneiden ist. Denn verstünde der Weingärtner seine Kunst nicht, er schnitte gerade das edle Holz, das die Trauben bald tragen wird, anstatt des schlechten weg, und damit verdürbe er den Weingarten. Gleich ihm verfahren gewisse Leute, doch verstehen sie eben die Kunst nicht: sie belassen im Grunde der Natur die Untugend und die unrechte Neigung, die arme Natur jedoch hauen sie ab und beschneiden sie. Die Natur ist in sich selbst gut und edel, was willst du davon abhauen? Wenn dann die Zeit der Früchte kommen sollte, das ist das göttliche Leben, so hast du die Natur verdorben.

Danach so bindet und pfählt man die Reben, man biegt die Rebzweige von oben nach unten und stützt sie mit starken Stickeln, damit sie Halt finden. Darunter kann man das süße heilige Leben, das heilige Vorbild und das Leiden unseres Herrn Jesus Christus, der der einzige Halt des guten Menschen sein soll, verstehen; und daß der Mensch umgebogen werden muß, sein oberstes hernieder, durch das Einsinken in wahrer, unterwürfiger Demut in den Grund, in Christus – wahrhaftig, nicht nur im Gehaben, sondern von Grund auf. Ach, wenn doch alle diese Kräfte, inwendig und auswendig, die sinnlichen und die begehrenden und die geistigen Kräfte, wenn die insgesamt, eine jegliche an ihrem Platz, aufgebunden wären, so daß weder die Sinne noch der Wille noch irgendeine Kraft frei bliebe; vielmehr aufgebunden und aufgeheftet stünden sie in rechter Ordnung unter dem göttlichen Willen, was Gott von Ewigkeit gewollt hat in seinem ewigen Willen!

Danach umgräbt man die Stöcke und jätet das Unkraut aus. Genauso soll sich der Mensch umgraben durch tiefgehendes Achtgeben auf seinen Grund, ob da nicht etwas sei, daß er es ausjäte, damit die göttliche Sonne desto ungehinderter auf den Grund auftreffe und scheine. Und läßt du dahin die oberste Kraft sich nähern, so zieht die Sonne die Feuchtigkeit herauf in die lebendige Kraft, die in dem Holze verborgen lag, und die Trauben wachsen überaus schön hervor. Ach, meine Lieben, wer seinen Weinstock so pflegte, daß die göttliche Sonne hineinwirken und scheinen könnte, welch edle, kostbare Frucht würde Gott aus diesem Menschen hervorziehen!

Dann scheint die Sonne und durchwirkt die Trauben und läßt sie erfreulich blühen. Ach, diese Blüten sind von so gutem, edlem Geruch, daß ihr Duft alles Gift sogleich vertreibt; weder Kröte noch Schlange mag diesen Wohlgeruch leiden. Ach Kinder, Kinder, wenn die göttliche Sonne diesen Grund ungehindert berührt, ach, alle Frucht, die daraus gezogen wird, inwendig und auswendig, die richtete sich so lauter auf Gott hin aus und blühte so wonniglich in einem reinen Gottmeinen, daß es in Wahrheit einen so wunderbaren, edlen Duft gäbe, davor zwangsläufig alles Gift der alten Schlange weichen müßte. Ja, wahrhaftig, hätten sich alle Teufel der Hölle und alle Menschen auf dem Erdreich verschworen, sie könnten dem absichtslos gottliebenden Menschen nicht schaden. Je mehr sie sich bemühten, ihm zu schaden, um so tiefer und höher erhöben sie ihn, wenn er nur recht darin verbliebe. Und würde er mit dieser Blüte in den tiefsten Grund der Hölle hinabgezogen, selbst in der Hölle müßte er das Himmelreich und Gott und die Seligkeit empfinden. Und darum, wer immer diese Blume hätte, er müßte sich keinesfalls fürchten, wie und was immer auf ihn zukäme, was es auch wäre; wenn er nur darin auf Gott ausgerichtet bleibt, kann ihn nichts verwirren noch beirren.

Danach kommt die Sonne noch heller und wirft ihre Wärme über die Frucht und macht sie durchscheinend mehr und mehr. Und ihre Süßigkeit versüßt sich mehr und mehr, und die Haut beginnt immer durchscheinender zu werden, so sehr, daß dabei die Umhüllungen ganz durchsichtig werden und man das göttliche Einblicken ganz nahe verspürt ohne irgendein Zwischending. Wie oft und wie schnell man sich dahinein wenden mag, so findet man von da her innerlich die göttliche Sonne viel heller aufscheinen, als alle Sonnen am Himmel je scheinen. So wird die ganze Art des Menschen dermaßen vergöttlicht, daß er nichts so wirklich empfindet noch schmeckt noch wesentlich erkennt, weiß, wahrnimmt als Gott, jedoch weit über vernunftmäßigem Wissen und vernunftmäßiger Weise.

Schließlich knickt und bricht man die Blätter ab, damit die Sonne sich ohne irgendein Hemmnis auf die Frucht ergießen könne. Desgleichen fallen in diesen Menschen alle Hindernisse vollständig weg, und sie empfangen alles ohne irgendeine Vermittlung. Hier fallen weg das Gebet und die Bilder der Heiligen und die Frömmigkeitsweisen und Übungen. Doch soll der Mensch nichts davon abwerfen, bis daß es von selbst abfällt. Dann wird in diesem Stadium die Frucht so unaussprechlich wohlschmecken, daß daraus keine Vernunft klug wird, und es kommt dahin, daß der Geist dahinein versinkt, bis daß er die Unterscheidungsfähigkeit verliert. Er wird so eins mit der Süßigkeit der Gottheit, sein Wesen wird dermaßen vom göttlichen Wesen durchdrungen, daß er sich verliert, gerade wie ein Tropfen Wassers in einem großen Faß Wein. So wird der Geist in Gott getaucht zu göttlicher Einigkeit, daß er da alle Unterscheidung verliert, und alles, was ihn dazu gebracht hat, das verliert da seinen Namen, wie Demut, Liebe und er selber. Es ist allein eine lautere, stille, vertrauliche Einheit ohne alle Unterscheidung.

Ach, meine Lieben, hier wird Liebe und Demut eine Einheit, in einer wesentlichen, stillen Vertraulichkeit, daß man ihrer kaum mehr gewahr werden kann. Ach, darin eine Stunde zu verweilen, ja nur einen Augenblick, das ist tausendmal nützer und Gott werter als vierzig lange Jahre in eigenen Vorsätzen.

Daß uns allen dies zuteil werde, dazu helfe uns Gott. Amen.

»Ich bin das Licht der Welt, spricht der Herr.« (Joh. 8,12)

Die Predigt nach dem Evangelium des heiligen Johannes vom Samstag vor dem Palmabend lehrt uns, in unseren Ursprung zurückzukommen, weiter, wodurch wir daran gehindert werden; und sie sagt, was der Unterschied sei zwischen den wahren Gottesfreunden und den falschen, was zu wissen notwendig ist.

Unser Herr sprach: »Ich bin das Licht der Welt.« Die Juden sagten, er stamme aus Galiläa, und die Leute, die von dort seien, die hätten mit ihm zu tun. »Nun kümmert euch nicht darum«, sprach er, »ich bin das Licht für die ganze Welt und alle Menschen.« Und von diesem Licht sind hell alle Lichter der Erde, die körperlichen wie die Sonne, der Mond und die Sterne und die leiblichen Sinne des Menschen, davon ist hell auch das geistige Licht wie das Denkvermögen der vernunftbegabten Menschen. Es läßt alle Kreaturen wieder in ihren Ursprung zurückfließen, und fließen sie nicht wieder zurück, so bleiben sie in sich selbst wahrhaft eine

Finsternis im Vergleich zu diesem wahren, wesenhaften Licht, das ein Licht ist für die ganze Welt.

Nun, es sprach unser lieber Herr: »Gib her dein Licht, das in Wahrheit Finsternis ist gegen mein Licht, und kehre um um meinetwillen, denn ich bin das wahre Licht. Dann will ich dir um deine Finsternis mein ewiges Licht zu eigen geben, daß es dir gehöre wie mir: mein Wesen und Leben und Seligkeit und Freude.« Darum bat er auch seinen Vater: »Auf daß sie mit uns eins seien, wie wir eins sind, ich in dir und du in mir, nicht vereinigt, sondern ganz und gar eins; auf daß sie so eins seien mit uns, doch nicht von Natur, vielmehr von Gnaden in unbegreifbarer Weise.«

Alle Elemente beeilen sich zurück in ihren Ursprung, der Stein, das Feuer und alle Dinge. Wie kommt es nun, daß die edle Kreatur, die das Wunder aller Wunder ist, um deretwillen der liebevolle Gott alle diese Dinge erschaffen hat, Himmel und Erde und alles: daß sie innerlich ganz bei sich stehen bleibt und weder sich ihm zukehrt noch in ihren ewigen Ursprung an ihr Ziel und in das Licht zurückgeht?

Dazu ist zweierlei zu bemerken: einmal wie der Mensch zurückkehren solle in seinen Ursprung, welches der Weg und die Weise sei, ihn zu erreichen; dann weiter, welches die Hindernisse sind, deretwegen man dieses Ziel nicht angeht und es auch nicht erreicht. Es muß immerhin etwas Großes sein, das von diesem unsagbar großen Gut abhält und dich irreführt.

Diese Hindernisse sind von zweierlei Art in zweierlei Leuten. Die ersten, das sind weltliche Herzen, die ihre Lust und ihre Befriedigung in den Kreaturen und durch die Sinne finden. Und damit beanspruchen sie ihre Kraft und ihre Sinne voll, und damit geht all ihre Lebenszeit hin. Solche befinden sich ganz in der Finsternis, und sie stehen im Gegensatz zum Licht. Die anderen, das sind solche geistliche Leute, die in hohem Ansehen stehen und einen großen Namen haben, und es dünkt sie, sie seien über diese äußerliche Finsternis weit hinausgekommen; aber in ihrem Grunde, da sind sie Pharisäer, sie sind voll Eigenliebe und Eigenwillen und sind so recht sich selbst der einzige Gegenstand. Sie sind von außen unter den Gottesfreunden sehr schlecht zu erkennen. Denn zuweilen betätigen sie sich mehr mit Frömmigkeitsübungen als die wahren Gottesfreunde, mit äußerlichem Beten, mit Fasten und in der Härte ihrer Lebensweise, so daß sie eben von außen nicht zu erkennen sind, nur der Geist Gottes, in wem er ist, der erkennt sie.

Einen Unterschied haben sie doch äußerlich zu den wahren Gottesfreunden; sie sind voll schlechter Urteile über andere Leute und über die Gottesfreunde, sich selbst jedoch beurteilen sie nicht. Die wahren Gottesfreunde verurteilen umgekehrt niemanden, als sich selbst. Diese hingegen suchen in allem nur ihr Ich, sie sind beschäftigt nur mit sich, mit all dem Ihren; an Gott und aller Kreatur suchen sie das Ihre.

Meine Lieben, dies pharisäische Weise, wie sie sie betreiben und darauf aus sind, die ist so tief und gründlich verfestigt in der Natur, daß alle Winkel dieser Menschen davon ausgefüllt sind, und es gelänge geradesogut, eiserne Berge zu durchbrechen, als dies mit der Natur zu überwinden. Mit nichts ließe sich dies erreichen, denn nur mit einem, das wäre, daß Gott in ihnen ganz die Überhand gewänne und diese Stätte in Besitz nähme. Solches geschieht aber nur bei seinen Freunden. Sonst leider ist die ganze Welt von jenen voll, wodurch nah und fern großer Schaden entstand, was den wahren Gottesfreunden das Herz im Leibe verdorren und erstarren macht, wenn sie zusehen müssen, wie ihrem Gott so großes Unrecht geschieht in vielen Menschen wegen der verderblichen Fehler jener Leute.

Ein derartiger Grund erfordert viel Fleiß. Solange der Mensch lebt, wird er niemals restlos ertötet und überwunden, daß ihm nicht noch mehr zu tun bliebe. Dies also ist ein schweres Hindernis, in das wahre Licht und in den Ursprung zu gelangen. Darum verfallen solche auf ihr natürliches Licht und verharren dabei, denn da liegt eine so große Lust in der natürlichen Denkkraft, daß alle Lust der Welt nichts ist dagegen, alles zusammengenommen, was die Welt nur bieten kann. Dies haben bereits die Heiden eingesehen, die doch in dem natürlichen Licht blieben und nicht weiter vorwärts kamen, so daß sie in der ewigen Finsternis ausharren müssen. Dies über die Hindernisse zum wahren Licht.

Das andere, das hier zu merken ist, das ist die Weise und der wahre, kürzeste Weg, in den Ursprung zu kommen und in das wahre Licht. Er besteht in einem echten Verleugnen seiner selbst und in einem lauteren, aus dem Grunde kommenden, ausschließlichen Meinen und Lieben Gottes und nicht des Seinen in irgendeinem Ding: nur allein die Ehre und die Verherrlichung Gottes wünschen, alles von Gott direkt erbitten, und wo immer etwas herkomme, es ihm wieder darbieten – ebenfalls ohne Umwege und Vermittlung –, damit sich dadurch ein ganz unmittelbares Aus- und Zurückfließen ergebe. Das ist der wahre, der rechte Weg. Hier scheiden sich die wahren Freunde Gottes und die falschen. Die falschen beziehen alle Dinge auf sich selbst und behalten die Gaben und stellen sie Gott nicht lauter und in Liebe wiederum anheim mit Dankbarkeit und in einem Verleugnen ihrer selbst und mit einem vollständigen, absichtslosen Aufgehen in Gott. Wer dies am meisten vermag, der ist der innigste Freund Gottes. Und wer dies nicht ersehnt und nicht hat, vielmehr auf seiner Eigenliebe besteht – wird er dereinst in diesem Zustand befunden, er erblickt das wahre Licht niemals. Und dieses Verhalten wird um so bedenklicher und schädlicher, als beides verquickt ist, so daß man nicht prüft noch wahrnimmt, daß da so ganz nur die Natur ist, wo man Gott im Sinne zu haben meint.

Ob jemand das Licht habe, wird man auch merken, wenn große, schwere Leiden auf einen fallen. Damit fliehen die wahren Gottesfreunde hinein in Gott und nehmen je mehr auf sich. Sie nehmen es durch ihn an, so daß sie es mit ihm und in ihm erleiden, oder sie verlieren es in ihm überhaupt gänzlich. Sie werden Gottes so sehr inne, daß ihnen Leiden kein Leiden mehr ist in ihm, denn es wird ihnen da zu einer Freude und Wonne. Die falschen Freunde hingegen, in pharisäischer Art, fällt Leiden auf sie, so wissen sie nicht, wo sie hinlaufen sollen, und sie laufen alles ab und suchen Hilfe und Rat und Trost, doch finden sie keinen. Da glauben sie, zerbrechen und verzweifeln zu müssen, da ist auch die große Sorge, daß es ihnen schlimm ergehen werde an ihrem Ende, denn sie finden Gott in ihrem Grunde nicht. Sie haben ihren Bau nicht auf den Fels, der Christus ist, gebaut. Deshalb müssen sie notwendig hinunter in die Tiefe fallen. Diese Leute sind tausendmal schlimmer daran als gewöhnliche Weltleute, die sich für böse halten und in demütiger Furcht leben. Wie auch damals das gewöhnliche Volk unserem Herrn folgte, während die Pharisäer, die Vorsteher und die Schriftgelehrten, die heiligmäßig schienen, ihm hartnäckig widerstanden und ihn töteten. Solchen kann man nichts sagen, sie widerstehen oder sie fliehen, wie es auch jene taten, als Christus auf die Erde schrieb. Sie wollten ihre Fehler nicht erkennen. Bei den Schriftgelehrten und den Ältesten begann die Flucht, bis sie alle entronnen waren. Den einfachen Leuten ist viel leichter zu helfen und zu raten, da sie ihre Fehler bekennen. Und jeglicher Rat wird denen, die sich für schwach halten und die in Furcht und Demut stehn.

Gegen die mannigfachen Hindernisse bot uns der liebreiche Gott große Hilfe und Beistand, indem er uns seinen einziggeborenen Sohn sandte, damit sein heiliges Leben, seine große vollkommene Tugend, sein Vorbild und seine Lehre und sein vielfaches Leiden uns von uns wegführe, und wir unser schwaches Licht in seinem wahren, wesentlichen Licht verlöschen ließen. Dazu gab er uns die heiligen Sakramente, an erster Stelle die heilige Taufe und die heilige Salbung [Firmung], danach, wenn wir versagen, die heilige Beichte und die Buße, dazu seinen heiligen Leib und am Ende des Lebens das heilige Öl. Dies bedeutet immer eine starke Unterstützung und Hilfe, um zurückzufinden in den Ursprung und in unseren Beginn.

Es spricht der heilige Augustinus: »Die große Sonne hat unter sich eine kleinere erschaffen und sie mit einer Wolke beschattet, doch nicht, um sie zu verdecken, sondern um sie zu mildern, damit wir sie anzublicken vermöchten.« Die große Sonne, das ist der himmlische Vater. Er erschuf unter sich eine geringere Sonne, das ist der Sohn. Ist dieser ihm auch gleich gemäß der Gottheit, so erniedrigte er sich doch selbst gemäß seiner Menschheit, nicht um sich uns zu verbergen, vielmehr daß er uns angepaßt sei, damit wir ihn zu sehen vermöchten. Denn er ist das wahre Licht, das da erleuchtet jeglichen Menschen, der in diese Welt kommt. Das Licht leuchtet in die Finsternis, und die Finsternis nahm das Licht nicht auf. Dieses Licht empfängt niemand als nur die Armen im Geiste und die, von sich selbst gelöst, ohne Eigenliebe und Eigenwillen frei sind. Viele gibt es, sie sind an Gütern arm gewesen vierzig Jahre lang. Doch davon verlangten sie nie auch nur einen Tropfen.

Sie verstehen es zwar und haben es gewiß in den Sinnen und in der Vernunft, doch im Grunde ist es ihnen fremd und fern dem Geschmacke nach.

Meine Viellieben, darauf setzt alles, was ihr dem Geist und der Natur nach zu leisten vermögt, damit euch dieses wahre Licht leuchte in wohlschmeckender Weise. So könnt ihr in euren Ursprung gelangen, dahin, wo das wahre Licht leuchtet. Daß euch dies gewährt werde, das begehrt und darum bittet mit Natur und ohne Natur. Daran setzt, was immer ihr leisten könnt. Bittet die Gottesfreunde, daß sie euch dabei helfen. Hanget denen an, die Gott anhangen, auf daß sie euch zusammen mit sich in Gott ziehen.

Daß uns allen dies geschehe, dazu helfe uns der liebreiche Gott. Amen.

Theologia Deutsch

Entstehungszeit unbekannt

Forscher sind sich darüber einig, daß die »Theologia Deutsch« dem 14. Jahrhundert zuzuweisen ist und zum Überlieferungskontext der Schriften von Fauler und Meister Eckehart gehören muß. Vom Autor ist lediglich bekannt, daß er ein deutscher Herr, Priester und Kustos im Deutschherrenhaus zu Frankfurt war. Nachdem Luther den Text 1518 erstmals vollständig zur Veröffentlichung brachte, fand er, trotz der Widerstände seitens Reformierten und Katholiken, eine unerhört große Verbreitung mit schier unübersehbaren Nachwirkungen.

Wie man das Christusleben nicht ablegen, sondern es fördern und damit umgehn soll bis an den Tod.

Das andere aber, das man sagt, man solle beides, das Christusleben und alle Gebote und Gesetze, Regel und Ordnung und dergleichen ablegen und von sich schieben, und man solle dessen achtlos sein, es verschmähen und zum Spott haben, das ist falsch und gelogen. Sieh, nun könnte man sagen: »Sintemal beide, Christus und auch andere Menschen, mit dem Christusleben oder mit allen Anweisungen, Ordnungen und dergleichen nichts zu erreichen, oder Nützliches zu beschicken vermögen, denn was damit zu erreichen ist, das haben sie schon: was soll es ihnen denn fürderhin, daß sie es nicht unterwegen lassen sollen? Sollen sie dennoch damit umgehn und sich damit beschäftigen und es betreiben?«

Sieh, da soll man nun gut unterscheiden. Es gibt zweierlei Licht: ein wahres Licht, und das andere ist falsch. Das wahre Licht ist das ewige Licht, das ist Gott; oder es ist ein geschaffenes Licht und ist doch göttlich, und das nennt man Gnade: dies ist alles wahres Licht. Umgekehrt ist falsches Licht Natur oder natürlich. Warum ist aber das erste Licht wahr und das andere falsch? Dies muß man besser erfassen, als man darüber schreiben oder sprechen kann. Gott als Gottheit gehört nichts zu, weder Wille noch Wissen oder Offenbaren, weder dies noch das, was man nennen, aussagen oder erdenken kann. Aber Gott als Gott gehört zu, daß er sich selbst aussage und sich selber erkenne und liebe und sich ihm selber – in sich selber – offenbare, und dies alles noch ohne Kreatur. Und dies ist in Gott noch alles ein Sein und nicht als ein Wirken, dieweil es ohne Kreatur ist. Und in diesem Bekennen und Offenbaren entsteht der Unterschied der Personen. Aber Gott, insofern er Mensch ist oder in einem göttlichen oder vergöttlichten Menschen lebt, gehört etwas zu, das sein Eigen ist und ihm allein zugehört und nicht den Kreaturen. Und es ist in ihm selber ohne Kreatur ursprünglich und wesentlich, ist aber nicht Form oder Werk. Gott will jedoch, daß dasselbe verwirklicht und ausgeübt werde, denn es ist ja darum, daß es gewirkt und geübt werden soll. Was sollte es auch anders? Sollte es müßig sein, wozu wäre es dann nütze? So wäre es ebensogut, es wäre nicht, ja besser! Denn was nirgends zunutze ist, das ist umsonst, und das will Gott und die Kreatur nicht.

Nun also, Gott will das geübt und gewirkt haben, und das kann ohne Kreatur nicht geschehen, wenn es also sein soll. Ja, sollte weder dies noch das sein, oder wäre weder dies noch das, wäre kein Werk oder keine Wirksamkeit oder dergleichen, was wäre oder sollte Gott dann selber? Was wäre das? Oder wessen Gott wäre er? Man muß hier umkehren und innehalten. Man könnte dem noch so weit nachfolgen und nachkriechen, man wüßte nicht, wo man wäre oder wie man wieder herauskriechen sollte.

Wie Gott ein wahres, einiges, vollkommenes
Gut ist, und wie er ein Licht ist
und eine Einsicht und alle Tugend,
und wie man das allerhöchste, beste Gut
am allerliebsten haben soll.

Nun soll man beachten: Gott, sofern er gut ist, ist gut schlechthin und ist weder dies noch jenes Gute. Hier ist aber etwas festzuhalten. Sieh, was bisweilen hier oder da ist, das ist nicht allerenden und über allen Enden und Stätten; und was irgendwann ist, heute oder morgen, das ist nicht allweg und allzeit und über alle Zeit. Und was etwas ist, dies oder das, das ist nicht alles und über allem. Schau, wäre nun Gott etwas, dies oder das, so wäre er nicht alles und über allem, wie er es ist, und wäre er auch nicht die wahre Vollkommenheit. Darum: Gott ist und ist doch weder dies noch das, was Kreatur als Kreatur erkennen oder benennen, erdenken oder aussprechen kann. Darum: Wäre Gott, sofern er gut ist, dies Gute oder jenes Gute, so wäre er nicht alles Gut und über allem Guten, und so wäre er nicht das einige und vollkommene Gute, das er doch ist.

Schau, nun ist Gott auch Licht und Erkenntnis; darum gehört ihm Licht und Erkenntnis zu, und es ist seine Eigenschaft, daß es leuchte und erleuchte, scheine und erkenne. Und darum, daß Gott Licht und Erkenntnis ist, so muß er leuchten und erleuchten und sich zur Kenntnis bringen; und all dies Leuchten und Sich-Kund-machen in Gott ist ohne Kreatur. Es ist nicht da als ein Wirken, sondern als ein Sein oder ein Ursprung. Soll es aber als ein Werk und ein Wirken geschehen, so muß es in den Kreaturen geschehen. Seht, wo nun die Erkenntnis und das Licht in einer Kreatur wirkend ist, da erkennt und lehrt es, daß es ist; so ist es gut. Und darum ist es weder dies noch das. So gibt es kund und lehrt es auch weder dies noch das, sondern es gibt kund und lehrt zu erkennen, daß ein wahres, einiges, vollkommenes Gut ist, das weder dies noch das ist, sondern es ist vollkommen gut und über alles Gute.

Nun ist hier gesagt worden, es (das Licht) lehre das Eine Gut.

Was lehrt es aber von ihm? Sieh, dies soll man wohl betrachten. Schau, ebenso wie Gott das Eine Gut, Erkenntnis und Licht ist, so ist er auch Wille und Liebe und Gerechtigkeit und Wahrheit und schlechthin alle Vortrefflichkeit, und ist doch alles ein Sein in Gott, und keins von ihnen kann je gewirkt und geübt werden ohne Kreatur, denn es ist ein Gott ohne Kreatur nichts anderes als ein Sein und ein Ursprung und nicht ein Wirken. Aber wo dieses Eine, das doch dieses alles ist, eine Kreatur an sich nimmt und dieser mächtig wird, und sie sich ihm fügt, und es ihm scheint, daß es sich da als in seinem Eigenen erkennen kann, schau, soweit es dann nur ein Wille und eine Liebe ist, so wird es darin belehrt von ihm selber, insofern es ein Licht und eine Erkenntnis ist: Es soll nichts wollen als das Eine, das es ist.

Sieh, so wird denn fürderhin nichts anderes gewollt oder geliebt denn das Gute um des Guten willen und um nichts anderes als darum, daß es gut ist, und nicht darum, daß es dies oder das ist, oder daß es dies oder das sei, diesem oder jenem lieb oder leid, wohl oder weh, süß oder sauer sei und dergleichen. All dessen wird nicht gefragt oder geachtet, und auch nicht um sich selber oder als sich selber. Denn hier ist alle Selbstheit und Ichheit und Ich und Mir und dergleichen gelassen und abgefallen. Da wird nicht gesagt: »Ich habe mich lieb oder dich oder dies oder das und dergleichen.« Und fragte man die Liebe: »Was hast du lieb?«, sie spräche: »Ich habe das Gute lieb.« »Warum?« Sie antwortete: »Darum, daß es gut ist und um des Guten willen.« So ist es gut und recht und wohlgetan, daß es geliebt werde. Und gäbe es etwas Besseres als Gott, so müßte es geliebt werden *vor* Gott. Und darum hat sich Gott nicht lieb als sich selber, sondern als das Gute. Und gäbe es etwas und wüßte Gott etwas Besseres als Gott, so hätte er *das* lieb und nicht sich selber. So gänzlich ist Ichheit und Selbstheit von Gott geschieden und gehört ihm nicht zu, außer soviel wie er bedarf zur Persönlichkeit. Sieh, dies soll sein und ist in Wahrheit in einem göttlichen oder in einem wahren, vergöttlichten Menschen, denn er wäre anders nicht göttlich oder vergottet.

Soll der Mensch zum Besten gelangen, so
muß er seinen Eigenwillen lassen, und wer
dem Menschen hilft und seinem Eigenwillen,
der hilft ihm zum Allerbösesten.

Nun könnte man sagen: Da Gott einem jeglichen das Beste will,
wünscht und tut, so sollte er auch einem jeglichen helfen und bewirken, daß ihm all sein Wille sich erfülle, den einen zum Papst
machen, den andern zum Bischof und dergleichen. Das aber beachte man: Wer dem Menschen zu seinem Eigenwillen hilft, der
hilft ihm zum Allerbösesten. Denn je mehr der Mensch seinem Eigenwillen folgt und darin zunimmt, desto ferner ist er Gott und
dem wahren Gut.

Nun möchte Gott dem Menschen gerne helfen und ihn bringen
zu dem, was an sich selber das Beste und auch dem Menschen unter allen Dingen das Beste ist. Und soll das geschehen, so muß aller Eigenwille weg, wie zuvor gesagt worden ist, und dazu hälfe
und gäbe Gott dem Menschen gerne Beistand. Denn alldieweil der
Mensch sein Bestes sucht, so sucht er nicht sein Bestes und findet
es auch nimmer. Denn des Menschen Bestes wäre und ist, daß er
weder sich noch das Seine sucht oder meint; das lehrt und rät
Gott. Und wer da will, daß ihm Gott helfe zum Besten und zu seinem Besten, der folge Gottes Wort und seiner Lehre und seinem
Gebot, so wird und ist ihm geholfen, anders nicht.

Nun lehrt und rät Gott, der Mensch solle sich selber und alles
lassen und ihm nachfolgen. Denn wer seine Seele, das heißt selber, lieb hat und behüten und bewahren will, das heißt, wer sich
und das Seine in den Dingen sucht, der wird die Seele verlieren.
Aber wer auf seine Seele nicht achtet und sich selber und all das
Seine verliert, dessen Seele wird behütet und bewahrt in das ewige
Leben.

Wie in einem vergotteten Menschen wahre,
tiefe, seinshafte Demütigkeit sei
und geistliche Armut.

Auch gehört weiterhin in einem vergotteten Menschen wahre, tiefe, seinshafte Demütigkeit dazu; und wo die nicht ist, da ist kein vergotteter Mensch. Und das hat Christus gelehrt mit Worten und Werken und seinem Leben; und es kommt daher, daß im wahren Licht erkannt wird, wie es in Wahrheit ist: daß Sein, Leben und Erkennen, Wissen und Vermögen und was es davon alles noch gibt, daß alles dem wahren Gut gehört und nicht den Kreaturen, denn die Kreatur als Kreatur ist und hat von sich selber her nichts. Und wenn sie sich von dem wahren Gut mit Willen und Werken oder was immer abwendet, so findet man da nichts als lauter Bosheit. Und darum ist es auch wahrhaftig wahr, daß Kreatur von sich selber her nichts wert ist und auf nichts ein Recht hat und ihr niemand etwas schuldet, weder Gott noch die Kreatur, und daß sie zu Recht Gott soll überlassen sein und untertan.

Und das ist das Größte und Allerwichtigste. Was nun Gott überlassen und untertan sein soll und will, das muß und soll allen (Kreaturen) untertan sein in leidender Weise, oder es ist alles falsch. Und von dieser letzten Sache und diesem letzten Artikel kommt wahre Demütigkeit, und auch von jenem andern Artikel. Und verhielte es sich in der Wahrheit nicht so und wäre es nicht von wahrer, göttlicher Gerechtigkeit das Beste, Christus hätte es nicht mit Worten gelehrt und mit seinem Leben vollbracht. Und hierin wird es zum wahren Bekenntnis, und es ist in Wahrheit so.

Diese Kreatur soll nach göttlicher Wahrheit und Gerechtigkeit Gott und allen Kreaturen untertan sein, und ihr soll nichts untertan oder überlassen sein, und Gott und alle Kreatur haben Recht über sie und auf sie, und sie zu nichts und auf nichts; sie ist allen Dingen schuldig und ihr niemand, und dies alles in leidender und bisweilen in tuender Weise. Und daraus wird dann auch geistliche Armut, von der Christus sagte: »Selig sind die Armen des Geistes, denn das Reich Gottes ist ihrer.« (Mt. 5,3) Dies alles hat Christus mit Worten gelehrt und mit seinem Leben vollbracht.

Wie nichts anderes wider Gott sei
als Sünde, und was Sünde sei.

Weiterhin soll man festhalten: Man sagt, es sei oder geschehe etwas wider Gott und sei Gott etwas zuleid und bekümmere ihn. Man muß wissen, daß keine Kreatur wider Gott ist oder ihm zuleid oder beschwerlich ist, sofern sie ist oder lebt, weiß, kann oder was immer; das ist alles nicht wider Gott. Daß der Teufel oder der Mensch ist, lebt und dergleichen, das ist alles gut und von Gott, denn nach Sein und Ursprung ist dies allzumal Gott. Denn Gott ist das Sein alles Seienden, das Leben aller Lebendigen und die Weisheit aller Weisen; denn alle Dinge haben ihr Sein wahrhafter in Gott als in sich selber und auch ihr Vermögen, Leben und was immer. Gott wäre anders nicht alles Gute, und darum ist es allzumal gut. Was nun gut ist, das ist Gott lieb, und er will es haben; drum ist es nicht wider ihn.

Was ist denn wider Gott und ist ihm leid? Das ist allein die Sünde. Was ist aber Sünde? Nichts anderes, als daß die Kreatur anders will denn Gott und wider Gott will. Das beachte jeder an sich selber. Denn wer anders will als ich, oder wer wider mich will, der ist mein Feind, und wer so will wie ich, der ist mein Freund und ist mir lieb. So ist es auch bei Gott. Sieh, das ist Sünde und wider Gott und ist ihm leid und eine Betrübnis. Und wer nun anders will als ich oder wider mich, was der tut oder läßt, redet oder schweigt, das ist alles wider mich und ist mir beschwerlich. So auch bei Gott. Wer anders als Gott oder wider Gott will, was der tut oder läßt und alles, was der zu beschicken hat, das ist alles wider Gott und Sünde. Und welcher Wille anders will als Gott, der ist auch wider Gottes Willen. Denn Christus spricht: »Wer nicht mir mir ist, der ist wider mich.« (Mt. 12,30) Er meint: Wer nicht mit mir will und nicht eines Willens mit mir ist, der will wider mich.

Hieraus mag ein Mensch ermessen, ob er ohne Sünde sei oder nicht, ob er Sünde tue oder nicht, was Sünde sei, und wie oder womit man Sünde büßen oder bessern soll und kann. Und diese Widerwilligkeit gegen Gott heißt und ist Ungehorsam. Adam, Ich-

heit und Selbstheit, Eigenwilligkeit, Sünde oder der alte Mensch,
das Abkehren und Abschneiden von Gott, das ist alles eins.

Wie Gott Ordnung, Regel, Maß und dergleichen in den Kreaturen haben will, da er es ohne Kreatur nicht haben kann; und von viererlei Menschen, die Ordnung, Gesetze und Regeln üben und damit umgehen.

Man sagt, und es ist wahr: Gott ist über und ohne alle Regel und
Maß und Ordnung und gibt allen Dingen Regel, Ordnung, Maß
und Vernunftsgemäßheit. Das soll man so verstehen: Gott will
das alles haben und kann es in sich selber ohne Kreatur nicht haben, denn ohne Kreatur ist in Gott weder Ordnung noch Unordnung, weder Regel noch Regellosigkeit und dergleichen. Darum
will er es haben, daß es geschehe und da sein soll und kann. Denn
wo Wort, Werk und Tat ist, da muß es sich entweder vollziehen in
Ordnung, Regel, Maß und Vernunftsgemäßheit oder in Unordnung. Nun ist Ordnungsgemäßheit und Vernünftigkeit besser und
edler als das Gegenteil.
Doch soll man beachten, daß viererlei Menschen mit Ordnung
und Gesetzen und Regeln umgehen. Etliche tun es weder um Gott
noch um dies oder das, sondern aus Zwang; die tun davon so wenig
wie möglich, und es wird ihnen sauer und schwer. Die zweiten
üben sie um Lohn. Das sind Menschen, die nichts anderes wissen
als das und wähnen, man könne damit das Himmelreich und das
ewige Leben erlangen und verdienen, und mit nichts anderem.
Und wer viel davon tut, der ist heilig, und wer etwas davon versäumt und unterwegen läßt, der ist verloren und des Teufels. Die
haben großen Ernst und Fleiß dazu, und es wird ihnen doch sauer.
Die dritten, das sind böse, falsche Geister, die wähnen und sagen,
sie seien vollkommen, sie hätten das nicht nötig und halten es
zum Spott. Die vierten, das sind erleuchtete Menschen mit dem
wahren Licht. Sie üben diese Dinge nicht um Lohn, denn sie wol-

len nichts erreichen damit, oder (verlangen), daß ihnen dafür etwas werde, sondern sie tun aus Liebe, was sie tun. Und diese haben nicht so große Not, wie des Dinges viel und bald geschehe und dergleichen, sondern was sowohl mit Frieden und Muße geschehen mag. Und würde von ungefähr davon etwas versäumt und dergleichen, so gehen die darum doch nicht verloren, denn sie wissen wohl, daß Ordnung und Vernünftigkeit besser und edler ist als Unvernunft. Darum wollen sie es festhalten und wissen, daß auch hieran die Seligkeit nicht liegt. Darum haben sie nicht so große Not wie die andern. Diese Menschen werden von den andern beiden Parteien getadelt und verurteilt. Denn die Löhner sprechen, diese Menschen seien gänzlich saumselig, ja sie behaupten bisweilen, sie seien ungerecht und dergleichen. Und die andern, die freien Geister, halten diese zum Spott und sagen, sie verhielten sich grob und töricht und dergleichen. So halten sie die Mitte und das Beste, denn ein Liebhaber Gottes ist besser und Gott lieber als hunderttausend Löhner. So steht es auch mit ihren Werken.

Man soll ja auch beachten, daß die Gebote Gottes, seine Worte und seine Lehre auf den innern Menschen zielen, wie er mit Gott vereint werde. Wo das geschieht, da wird der äußere Mensch von dem innern wohl geordnet und belehrt, so daß man da keiner äußern Gebote oder Lehren mehr bedarf. Aber der Leute Gebote und Gesetze gehören zum äußern Menschen, und sie sind notwendig, wo man nichts Besseres weiß. Denn man wüßte sonst nicht, was man tun oder lassen sollte, und man würde wie Hunde oder Vieh.

Eine Frage, ob man Gott erkennen könne, ohne ihn zu lieben, und wie es zweierlei Licht und Liebe gibt: wahre und falsche.

Sieh, hier läßt sich nun eine vernünftige Frage stellen. Denn wir haben gesagt: wer Gott erkennt und ihn nicht lieb hat, der wird nimmer selig von der Erkenntnis. Das tönt, als könne man Gott erkennen und nicht lieben. Doch sagt man anderswo: Wo Gott erkannt wird, da wird er auch geliebt, und was Gott erkennt, das muß ihn auch lieben. Wie kann dies nebeneinander bestehen? Sieh, hier soll man wiederum etwas beachten. Es ist vorhin von zwei Lichtern gesprochen worden, vom wahren und falschen. So soll man auch zweierlei Liebe beachten: wahre und falsche. Jede Liebe muß von einem Licht oder einem Erkennen gelehrt und geleitet werden. Nun, das wahre Licht macht wahre Liebe, und falsches Licht macht falsche Liebe, denn was das Licht für das Beste hält, das gibt es der Liebe für das Beste dar und spricht, sie solle es lieb haben; und die Liebe folgt ihm und folgt seinem Gebot.

Nun ist zuvor gesagt worden, daß das falsche Licht natürlich und Natur ist. Darum ist seine Eigenschaft und gehört ihm zu alles, was der Natur eigen ist und ihr gehört, das ist: Ich, Mein, Mir, Dies, Das, Der- und Desgleichen... Und darum muß es an sich selber betrogen sein und falsch, denn es kam nie unbetrogen ein Ich oder mein zu wahrem Licht und Erkennen, außer einzig in den göttlichen Personen. Und wo man zur Erkenntnis der einigen Wahrheit kommen soll, da muß dies alles weggetan und verloren werden.

Dem natürlichen Licht ist besonders eigen, daß es gerne viel weiß und gerne viel wissen möchte, soviel nur sein kann, und es hat große Lust, Freude und Rühmen in seinem Wissen und Erkennen. Und darum begehrt es, alles mehr und mehr zu wissen und kommt darin nimmer zur Ruhe oder Genügen. Und je mehr und höher es erkennt, um so mehr Lust und Rühmen hat es. Und wenn es so hoch steigt, daß es wähnt, es erkenne alles und über alles, so steht es in seiner höchsten Lust und Prangen. Es hält Erkennen für das Beste und Edelste und darum lehrt es die Liebe, sie solle das Erkennen und Wissen liebhaben für das Beste und Edelste. Sieh, allda wird das Erkennen und Wissen mehr geliebt als das, was erkannt wird, denn das falsche, natürliche Licht liebt sein Erkennen und Wissen, das es selber ist, mehr als das, was erkannt wird. Und wäre es auch möglich, daß dieses natürliche Licht Gott und die einfältige Wahrheit, so wie es in Gott und der Wahrheit ist, erkännte, es ließe doch nicht von seinem Eigentum, das heißt von sich selber und dem Seinen. Sieh, in diesem Sinne gibt es Erkenntnis ohne Liebe dessen, was erkannt ist oder erkannt wird. Und so steigt und klimmt es so hoch, daß es wähnt, es erkenne Gott und die lautere, einfältige Wahrheit, und liebt doch in sich nur sich selber.

Und es ist wahr, daß Gott von nichts erkannt wird als von Gott. Und indem nun (das Licht) wähnt, es erkenne Gott, wähnt es auch, es sei Gott, und gibt sich für Gott aus und will dafür gehalten sein, (in der Meinung), es sei aller Dinge wohl würdig und habe zu allen Dingen ein Recht und sei über alle Dinge hinausgelangt wie zum Beispiel über die Tugend und dergleichen und sogar über Christus und das Christusleben, und wird ihm alles ein Spott. Denn es will nicht Christus sein, sondern es will Gott sein in Ewigkeit. Aus folgendem Grund: Christus und sein Leben ist aller Natur widrig und schwer, darum will die Natur nicht daran. Aber Gott zu sein in Ewigkeit und nicht Mensch oder Christus nach seiner Auferstehung, das ist alles leicht, lustvoll und gemachsam für die Natur. Darum hält sie es für das Beste, denn sie meint, es sei für sie das Beste. Sieh, von diesem falschen Licht und dieser falschen, betrogenen Liebe wird etwas erkannt und nicht geliebt, sondern das Erkennen und Wissen wird mehr geliebt als das, was erkannt wird.

Es gibt auch ein Erkennen, das nennt man Wissen. Es ist aber kein Wissen; das ist: daß man vom Hörensagen oder vom Lesen oder aus großer Meisterschaft in der Schrift sich einbildet, man wisse gar viel und nennt es ein Wissen und sagt: Ich weiß dies und das. Und wenn man fragt: Woher weißt du das?, so antwortet man: Ich habe es gelesen in der Schrift und dergleichen. Schau, das heißt man Wissen und Erkennen. Es ist aber nicht Wissen, sondern Wähnen. Sieh, mit diesem Wissen und Erkennen wird viel erkannt und gewußt und nicht geliebt.

Noch gibt es eine Liebe, die ist zumal falsch, das ist, wenn man etwas liebt um Lohn, daß man also Gerechtigkeit nicht um der Gerechtigkeit willen liebhätte, sondern um etwas damit zu bekommen und dergleichen. Und wenn eine Kreatur die andere liebhat um des Eigenen willen oder Gott liebhat aus einem bestimmten Zweck, so ist das alles falsch, und solche Liebe gehört eigentlich der Natur zu. Denn die Natur als Natur vermag und kennt keine andere Liebe als diese. Denn wer es nur genau beurteilen kann, so hat Natur als Natur nichts lieb als sich selber. Sieh, in dieser Weise wird etwas als gut erkannt und nicht geliebt.

Aber wahre Liebe wird gelehrt und geleitet vom wahren Licht und Erkennen, und das wahre, ewige und göttliche Licht lehrt die Liebe, nichts lieb zu haben als das wahre, einfältige, vollkommene Gut, nur um seiner selbst willen und nicht, um es zum Lohn oder etwas von ihm haben zu wollen, sondern allein dem Guten zulieb und darum, daß es gut ist und daß es von Recht geliebt werden soll. Und was so vom wahren Licht erkannt wird, das muß auch geliebt werden von der wahren Liebe. Nun kann das vollkommene Gut, das man Gott nennt, nicht erkannt werden anders als vom wahren Licht. Darum muß es auch geliebt werden, wo es erkannt wird oder erkannt ist.

Woran man einen wahren, vergotteten Menschen erkennen kann, und was zu ihm gehört, und was einem falschen Licht oder einem falschen freien Geist auch zugehöre.

Weiter ist festzuhalten: Wo das wahre Licht und die wahre Liebe ist... in einem Menschen, da wird das vollkommene Gut erkannt und geliebt von ihm selber, und doch nicht so, daß es sich selber aus sich selber oder als sich selber liebte, sondern das wahre, einfältige und vollkommene Gut kann und will nichts anderes liebhaben, soweit es in sich selber ist, als das eine, wahre Gut. Und da es nun dasselbe ist, so muß es sich selber liebhaben, doch nicht sich selber als sich selber und von sich selber als aus sich selber, sondern weil das eine, wahre Gut liebt und liebhat das eine, wahre, vollkommene Gut, und das eine, wahre, vollkommene Gut wird geliebt von dem einen, wahren, vollkommenen Gut.

In diesem Sinne spricht man und ist es wahr: Gott hat sich selber nicht lieb als sich selber, denn wäre etwas besser als Gott, so hätte Gott *das* lieb und nicht sich selber. Denn in diesem wahren Licht und in dieser wahren Liebe ist und bleibt weder Ich, noch Mein, Mir, Du, Dein und dergleichen, sondern dieses Licht erkennt und weiß ein Gut, das alles Gute (umfaßt) und über allem Gut ist, und daß alles Gute wesentlich eins ist in dem Einen, und es ohne das Eine kein Gut gibt. Und darum wird auch nichts da angezielt, weder dies noch das, weder ich noch Du oder dergleichen, sondern allein das Eine, das weder Ich noch Du, dies oder das ist, sondern es ist über alle Ich und Du, dies und das, und in ihm wird alles Gute geliebt als ein Gut, wie man denn sagt: »Alles in Einem als Eines und Eines in allem als Alles, und Eins und Alles gut geliebt durch das Eine in dem Einen und dem Einen zuliebe von der Liebe, die man zu dem Einen hat.« Sieh, hier muß alle Ichheit, Meinheit und Selbstheit, und was es da gibt, zumal verloren und gelassen werden, das ist Gottes Eigen, außer soviel zur Persönlichkeit zugehört.

Und was in einem wahren, vergotteten Menschen geschieht, es sei ein tuender oder leidender Weise, das geschieht in diesem Licht und in dieser Liebe und aus demselben durch dasselbe wieder in dasselbe. Und da wird und ist ein Genügen und ein Stillestehen ohne Begehren, mehr oder weniger zu wissen, zu besitzen, zu leben, zu sterben, zu sein oder nicht zu sein, und was es sonst gibt: das wird und ist alles eins und gleich.

Und da wird nichts beklagt als allein die Sünde. Was das sei, ist zuvor gesagt worden, nämlich: Anderes wollen als das einfältige, vollkommene Gut oder den Einen, ewigen Willen, und ohne und wider dieses Eine oder den Einen, ewigen Willen wollen. Was hieraus folgt wie Lügen, Trügen, Ungerechtigkeit, Falschheit und alle Untugend, kurz, was Sünde heißt und ist, das kommt alles daher, daß man anders will als Gott und das wahre Gut. Denn wäre kein anderer Wille als der Eine, so geschähe nie Sünde. Und daher kann man wohl sagen, daß aller Eigenwille Sünde sei und nichts anderes als alles, was daraus erwächst. Das aber das wird allein beklagt in einem wahren, vergotteten Menschen und wird so sehr beklagt und tut so weh, daß dieser Mensch, sollte er auch hundert schmähliche, peinliche Tode erleiden müssen, darüber nicht so sehr klagen würde und es täte ihm nicht so weh. Und das muß so bleiben bis in den leiblichen Tod. Wo dem nicht so ist, da ist ohne Zweifel auch kein wahrer, göttlicher oder vergotteter Mensch.

Da nun in diesem Licht und in dieser Liebe alles Gute in Einem, und alles Eine und das Eine in allem und in allen Eins und als Alles geliebt wird, so muß alles das da geliebt werden, was in Wahrheit einen guten Namen hat, wie Tugend, Ordnung, Vernünftigkeit, Gerechtigkeit, Wahrheit und dergleichen; und alles, was Gott im wahren Gut zugehört und sein eigen ist, das wird da geliebt und gelobt, und alles, was dem zuwider und abgewandt ist, das ist Leiden und Pein und wird als Sünde beklagt, denn es ist in der Wahrheit Sünde. Und wo von einem Menschen im wahren Licht und in der wahren Liebe geliebt wird, so ist das das alleredelste, beste und würdigste Leben, das je war oder sein wird. Darum muß es auch geliebt und gelobt werden über alle Leben. Dies war und ist in Christus in ganzer Vollkommenheit, er wäre sonst nicht Christus. Und diese Liebe, davon dies köstliche Leben geliebt wird und alles Gute, bewirkt, daß all das, was zu erleiden, zu tun oder zu geschehen gebührt und was sein muß und soll, williglich und gerne getan und erlitten wird, wie schwer es der Natur immer ist. Darum sagt Jesus: »Mein Joch ist süß und meine Bürde leicht.« (Mt. 10,30) Das kommt von der Liebe, die dieses edle Leben liebt. Das kann man an den Aposteln und Martyrern merken: Die litten williglich und gerne, was ihnen zu Leid geschah, und begehrten nicht von Gott, daß ihnen das Leiden oder die Pein kürzer oder leichter und geringer wurde, sondern nur, daß sie stet und beständig blieben. Wahrlich, alles, was göttlicher Liebe zugehört in einem wahren, vergotteten Menschen, das ist so gar einfältig, recht und schlicht, daß es mit rechter Unterscheidung noch nie ganz ausgesprochen oder geschrieben und erkannt wurde denn allein (die Tatsache): daß es ist. Und wo es nicht ist, da kann man nicht an es glauben; wie sollte man es dann wissen?

Nun ist hinwiederum auch ein natürliches Leben, wo eine scharfsinnige, behende, kundige Natur da ist, so mannigfaltig und verworren, und sucht und findet so viele Winkel, Falschheit und Betrug und das alles für sich selber, daß es auch nicht zu sagen und zu schreiben ist. Da nun alle Falschheit betrogen ist und aller Betrug sich selber zuerst betrügt, so geschieht diesem falschen Licht und Leben auch so. Denn wer betrügt, der ist betrogen, wovon vorher mehr gesagt worden ist. In diesem Leben und Licht und in seiner Liebe ist alles, was dem Teufel zugehört und ihm eigen ist, so völlig, daß da gar kein Unterschied besteht. Denn das falsche Licht ist der Teufel, und der Teufel ist dies Licht.

Das mag man sich merken: Gleich wie der Teufel wähnt, er sei Gott oder wäre gerne Gott oder für Gott gehalten, und er in diesem allem betrogen ist, ja so sehr betrogen, daß er glaubt, er sei nicht betrogen, sieh, so steht es auch um das falsche Licht und seine Liebe und sein Leben. Und wie der Teufel alle Menschen gerne betrügt und zu sich und dem Seinen herüberzieht und sich gleich macht – er verfügt dazu über manche Künste und Listen –: also ist es auch bei diesem Lichte. Und wie den Teufel niemand aus seiner Art bringen kann, also ist es auch hier. Das kommt alles davon, daß beide, der Teufel und die Natur, wähnen, sie seien unbetrogen und auf dem allerbesten (Wege). Und das ist die allerböseste und schädlichste Betrügung. Darum sind die Teufel und die Natur eins, und wo die Natur überwunden ist, da ist auch der Teufel überwunden; und hinwiederum: Wo die Natur nicht überwunden ist, da ist auch der Teufel nicht überwunden. Man wende sich aufs weltliche oder geistliche Leben, so bleibt es doch alles in seinem falschen Betrug: daß es sowohl betrogen ist als auch andere mit sich betrügt, wo immer es kann. Auf dem Grund des früher Gesagten kann man noch Weiteres verstehen und erkennen, als hier dargelegt ist. Wenn und wo immer man spricht von Adam und Ungehorsam und von einem alten Menschen, von Ichheit und Eigenwillen und Eigenwilligkeit, Selbstwilligkeit, Ich, Mein, Natur, Falschheit, Teufel, Sünde, so ist das alles gleich und eines. Dies ist alles wider Gott und bleibt ohne Gott.

Wie nichts anderes wider Gott sei denn
Eigenwille, und wer sein Bestes sucht als
das Seine, der findet es nicht, und wie
der Mensch von sich selber nichts Gutes
weiß oder vermag.

Wollte man fragen: Ist denn etwas wider Gott und das wahre Gut? so lautet die Antwort: Nein. Ebenso ist auch nichts ohne Gott, mit der einzigen Ausnahme: anders wollen als der ewige Wille will, und das anders Gewollte wird dann der ewige Wille. Das ist wider den ewigen Willen. Nun will aber der ewige Wille, daß anderes nicht gewollt oder geliebt werde als das wahre Gut; und wenn es anders ist, so ist ihm das zuwider. Und in diesem Sinne ist es wahr: Wer ohne Gott ist, ist wider Gott. Aber in Wahrheit ist nichts wider Gott oder wider das wahre Gut. Das muß man folgendermaßen verstehen, als ob Gott spräche: »Wer ohne mich will, oder nicht will wie ich, oder anders als ich, der will wider mich. Denn mein Wille ist, daß niemand anders wollen soll als ich, und ohne meinen Willen soll kein Wille sein, genauso wie ohne mich weder Sein noch Leben, noch dies oder das ist. So sollte auch kein Wille sein ohne mich und ohne meinen Willen.« Ebenso wie in Wahrheit alle Wesen wesentlich eins sind in dem vollkommenen Wesen und alles Gute eins in dem Einen usw., und ohne das Eine nichts sein kann, so sollen alle Willen eins sein in dem einen, vollkommenen Willen und kein Wille ohne den einen. Und wo es anders ist, das ist Unrecht und wider Gott und seinen Willen, und darum ist es Sünde. Beachte somit, daß aller Willen ohne Gottes Willen, d. h. aller Eigenwille, Sünde ist, und ebenso das, was aus dem Eigenwilligen geschieht.

Alldieweil der Mensch sein eigenes Gut sucht und sein Bestes als das Seine für sich selber und um seinetwillen, so findet er es nie. Denn solange dem so ist, sucht der Mensch nicht sein Bestes. Wie könnte er es denn finden? Solange es sich so verhält, sucht der Mensch sich selber und wähnt, er sei selber das Beste. Und da der Mensch das Beste nicht ist, so sucht der Mensch nicht das Beste, dieweil er sich selber sucht. Aber in welchem Menschen gesucht, geliebt und erstrebt wird das Gute an sich und um des Guten willen und rein nur dem Guten zulieb, nicht als von mir oder als Ich, Mein, Mir oder um meinetwillen usw., da wird es gefunden, denn da wird es richtig gesucht. Und wo es anders ist, da ist es falsch. Wahrlich, in dieser Weise sucht, erstrebt und liebt sich das wahre, vollkommene Gut, und darum findet es sich.

Es ist eine große Torheit, daß ein Mensch oder eine Kreatur den Wahn hat, sie wisse oder vermöge etwas aus sich selber, und besonders wenn sie wähnt, sie wisse oder vermöge etwas Gutes, womit sie groß was verdienen oder bekommen möge bei Gott. Man bietet damit Gott, recht verstanden, eine Schmach an. Aber das wahre Gut übersieht es einem einfältigen, albernen Menschen, der nichts Besseres weiß, und läßt ihm so wohl geschehen, als ihm immer mag, und soviel Gutes er nur empfangen mag, das gönnt ihm Gott gern. Aber wie gesagt, er findet und empfängt es nicht, solange es so mit ihm steht. Denn die Ichheit muß weg; anders wird es nicht gefunden oder empfangen.

Wie man etliches von göttlicher Wahrheit zuvor glauben muß, ehe man kommt zu einem wahren Wissen und Erfahren.

Christus sprach: »Wer nicht glaubt und nicht glauben will oder kann, der ist und wird verdammt und verloren.« (Mk. 16,16) Das ist wahrhaftig wahr. Denn ein Mensch, der in diese Zeitlichkeit gekommen ist, der hat kein Wissen und kann auch zum Wissen nicht kommen, er muß zuvor glauben. Und wer wissen will, ehe denn er glaubt, der kommt nimmer zu wahrem Wissen. Hiermit meint man nicht die Artikel des Christenglaubens, denn sie glaubt jedermann und insgemein jeglicher Christenmensch, Sünder und Selige, Böse und Gute. Und diese Artikel soll man glauben und über ihnen nicht zum Wissen kommen. (Man müsse zuvor glauben und könne eher nicht zum Wissen kommen), damit meint man etwas von der Wahrheit: Was möglich ist zu wissen und zu erfahren, daran muß man glauben, bevor man es weiß oder erfährt, anders kommt es nimmer zu wahrem Wissen. Diesen Glauben meint Christus.

Offenbarungen
von göttlicher Liebe

1342-1423
Von ihrer Herkunft und ihrem Elternhaus ist nichts bekannt. Man weiß
nicht einmal, ob Juliana der Name der englischen Klausnerin war,
oder ob sie nur nach der Kirche genannt wurde, bei der sie lebte. Ihr
christliches Weltbild ist von einer strahlenden Größe und Einfachheit,
und sie besitzt die Kunst, Tiefes auf einfache Weise zu sagen.

Wir alle sind eins in der Liebe

All diese gebenedeiten Lehren ließ unser Herr und Gott mich auf
dreierlei Weise schauen, und zwar durch leibhafte Gesichte,
durch Worte, die sich in meinem Verstande formten, und durch
geistliche Gesichte. Doch die geistlichen Gesichte darf und kann
ich euch nicht offenbar machen und in solcher Fülle weisen, wie
ich es möchte. Aber ich vertraue unserem allmächtigen Herrn und
Gott, daß Er aus Liebe zu euch und kraft Seiner Güte euch dazu
verhelfe, es geistlicher und inniger aufzufassen, als ich es euch sagen darf oder kann, und so soll es auch sein, denn wir alle sind eins
in der Liebe. Und durch all das wurde meine Liebe zu meinen Mitchristen mächtig bewegt, auf daß sie alle dasselbe sähen und wüß-
ten, was ich sah, denn ich wollte, daß es für sie alle ein ebensol-
cher Trost sei wie für mich. Wurde doch dieses Gesicht mir für
uns alle gemeinsam gezeigt und nicht für mich allein. Von allem,
was ich sah, war dies für mich das tröstlichste, daß unser Herr so
traulich und so gnädig ist, und das war es auch, was meine Seele

am tiefsten mit Wohlgefallen und Sicherheit erfüllte. Dann sagte ich zu den Leuten, die um mich waren: »Heute ist für mich der Tag des letzten Gerichtes«, und das sagte ich, weil ich wähnte, gestorben zu sein. Denn am Tag, an dem ein Mensch stirbt, ist er für die Ewigkeit gerichtet. Ich sagte dies, weil ich wollte, daß sie Gott mehr lieben und weniger Wert auf die Eitelkeit der Welt legen, damit sie sich besinnen, daß dieses Leben kurz ist, wie sie es ja an meinem Beispiel sehen konnten. Denn die ganze Zeit über wähnte ich schon gestorben zu sein.

Alles, was getan wird, ist wohlgetan

Und danach sah ich in leibhaftem Gesicht das Antlitz des Gekreuzigten, der vor mir hing, und an dem ich ohne Unterlaß einen Teil Seines Leidens wahrnahm: wie man Seinen Leib verachtete, bespie und besudelte, wie man Sein gesegnetes Antlitz mit Ohrfeigen schlug, und manch andere Qual und Pein, mehr als ich es sagen kann. Seine Farbe wechselte häufig, und einmal war Sein ganzes gesegnetes Antlitz mit Blut verklebt. Dies sah ich leibhaft, verschwommen und undeutlich; ich ersehnte mehr körperliches Licht, um klarer zu sehen, und mir wurde in meiner Vernunft geantwortet, daß Gott mir mehr zeigen werde, wenn Er es wollte, mir aber kein anderes Licht vonnöten sei, außer Ihm selbst.

Und danach sah ich Gott in einem Punkt, nämlich in meinem Verstande. Und dieses Gesicht zeigte mir, daß Er in allen Dingen ist. Ich richtete fest mein Augenmerk darauf und begriff und erkannte in diesem Gesicht, daß Er alles tut, was getan wird. Ich war verwundert und leicht erschrocken ob dieses Gesichtes und dachte: »Was ist Sünde?« Denn ich sah, daß Gott wahrhaftig alles tut, und wäre es noch so gering, und daß nichts von ungefähr oder durch Zufall getan wird, sondern alles durch die unendlich weise göttliche Vorsehung; daher konnte ich nicht umhin zuzugeben, daß alles, was getan wird, wohlgetan ist, und doch war ich sicher, daß Gott keine Sünde tut; deshalb schien mir die Sünde ein Nichts zu sein, denn in all dem ward mir keine Sünde gezeigt.

Doch wollte ich nicht länger darüber staunen, sondern unseren Herrn betrachten und was Er mich sonst noch schauen ließe. Später einmal zeigte mir Gott, was Sünde ist, nackt und für sich, doch davon will ich später berichten.

Und danach sah und betrachtete ich den Leib, der reichlich blutete, heiß und frisch und lebendig, ganz so, wie ich es früher beim Haupte gesehen hatte. Es wurde mir gezeigt, wie das Blut in den Striemen der Geißelung rann, und ich sah es so reichlich hervorquellen, daß mir dünkte, wenn es damals so übermäßig geronnen wäre, hätte es mein Bett mit Blut überschwemmt und wäre darüber hinaus geflossen.

Weil Gott uns so zärtlich liebt, hat Er zu unserem Gebrauch und für unser leibliches Wohl sehr viel Wasser auf Erden geschaffen. Doch Er freut sich mehr, wenn wir reichlich aus Seinem kostbaren Blute schöpfen, um uns damit von Sünden rein zu waschen. Denn Gott hat keinen Trunk erschaffen, den Er uns lieber gäbe, fließt dieser doch so reichlich und ist von unserer Natur. Und danach, ehe Gott mich irgendwelche andere Wunden schauen ließ, duldete Er es, daß ich längere Zeit all das betrachtete, was ich gesehen hatte, und alles was es enthielt. Und dann wurden ohne Stimmen oder Bewegung der Lippen diese Worte in meiner Seele geformt: »Hiermit ist der Feind überwältigt.«

Diese Worte sagte unser Herr und meinte Sein Leiden, wie Er es mich hatte schauen lassen. Somit richtete unser Herr mein Augenmerk auf einen Teil von des Feindes Bosheit und zeigte mir die Fülle seiner Ohnmacht und wies mir, daß Er durch Sein Leiden den Feind überwältigt hat. Gott ließ mich schauen, daß der Teufel jetzt ebenso boshaft war, und daß er, wie sehr er sich auch abmüht, immer sehen muß, wie alle erwählten Seelen ihm gemäß ihrer Würdigkeit entschlüpfen. Das ist sein größter Kummer. Denn was immer Gott ihm zu tun gestattet, das wendet sich für uns in Freude und für ihn in Scham und Schmerz. Und sein Kummer ist gleich groß, ob nun Gott ihm zu wirken erlaubt, oder ob er nicht wirkt, und das liegt daran, daß er nicht so viel Böses tun darf, als er will, denn seine Macht ist in Gottes Händen verriegelt. Ich sah auch, wie unser Herr seine Bosheit in Zucht nimmt und ihn zunichte macht, und Er will, daß wir das gleiche tun.

Über dieses Gesicht lachte ich schallend, und da mußten auch die lachen, die um mich waren, und ihr Lachen war mir sehr lieb. Ich dachte: »Wie gern möchte ich, daß alle meine Mitchristen gesehen hätten, was ich sah, dann hätten alle mit mir gelacht.« Aber Christus sah ich nicht lachen, nichtsdestoweniger freut Er sich, daß wir zu unserer Erquickung lachen und in Gott fröhlich sind, weil der Feind überwältigt ist. Danach verfiel ich in ein arges Fieber und sagte: »Ich sehe drei Dinge: Scherz, Zucht und Ernst.« Ich sehe den Scherz darin, daß der Feind überwunden ist, und ich sehe die Zucht darin, daß Gott ihn züchtigt und er gezüchtigt werden wird, und ich sehe den Ernst darin, daß er überwältigt worden ist durch das Leiden unseres Herrn Jesus Christus und durch Seinen Tod, der in vollem Ernst und mit bitterer Mühsal vollbracht wurde. Danach sagte unser Herr: »Ich danke dir für deinen Dienst, den du geleistet hast, und für deine Mühe, die du erlitten hast, insbesondere in deiner Jugend.«

»Sieh, wie ich dich geliebt habe«

Gar fröhlich und heiter blickte unser Herr in Seine durchbohrte Seite und betrachtete sie und sagte: »Sieh, wie ich dich geliebt habe«, ganz als hätte Er gesagt: »Mein Kind, wenn du nicht meine Gottheit schauen kannst, sieh her, wie ich meine Seite öffnen ließ und mein Herz entzweispalten und alles Blut und Wasser ausrinnen ließ, das darin war. Das macht mir Freude, und ich will, daß es auch dich erfreue.« Dies ließ mich unser Herr schauen, um uns froh und heiter zu machen, und dann blickte Er ebenso fröhlich und munter auf die rechte Seite und rief mir die Stelle ins Gedenken, an der Seine Mutter gestanden hatte, als Er am Kreuze hing, und sagte: »Willst du sie sehen?« Und ich antwortete und sagte: »Ja, guter Herr, hab Dank, wenn es Dein Wille ist.« Oftmals hatte ich darum gebetet und gewähnt, daß ich sie in leibhaftem Gleichbild gesehen hatte, aber so sah ich sie nicht. Bei diesen Worten zeigte Jesus mir ein geistliches Gesicht von ihr. Ebenso wie ich sie vordem klein und schlicht gesehen hatte, ließ Er sie mich jetzt groß und edel und herrlich schauen, Ihm wohlgefälliger als alle

Kreaturen. Und so soll es nach Seinem Willen offenkundig werden, daß alle, die an Ihm Freude haben, auch an ihr Freude haben und an der Freude teilnehmen sollen, die Er an ihr hat und sie an ihm. Und diese Worte, die Jesus sagte: »Willst du sie sehen?«, bereiteten mir die größte Freude, größer, so dünkte es mich, als die Freude, die Er mir mit einer geistlichen Schau von ihr hätte geben können. Denn unser Herr ließ mich nichts im besonderen schauen, außer unsere liebe Frau, die Heilige Maria, und diese zeigte Er mir zu drei verschiedenen Zeiten ihres Lebens. Die erste war die Zeit bei ihrer Empfängnis, die zweite, wie sie kummervoll unter dem Kreuze stand, und die dritte, wie sie jetzt ist, frohgemut, verehrt und in der Fülle der Freude. Und danach, so sah ich es, zeigte sich mir unser Herr verklärter als ich Ihn bisher gesehen hatte, und indes wurde ich belehrt, daß die Seele jedes Kontemplativen, dem es gegeben ist, nach Gott auszuspähen und Ihn zu suchen, auch unsere liebe Frau sehen und durch Kontemplation zu Gott eingehen soll.

Und nachdem unser Herr Jesus mich in traulicher, gnädiger, beseligender und sehr lebendiger Weise all dies gelehrt hatte, sagte Er mir: »Ich bin es, der der Höchste ist, Ich bin es, den du liebst, Ich bin es, der dir wohlgefällt, Ich bin es, dem du dienst, Ich bin es, nach dem es dich verlangt, Ich bin es, den du ersehnst, Ich bin es, den du im Sinne trägst, Ich bin es, der alles ist, Ich bin es, von dem die heilige Kirche lehrt und dir predigt, Ich bin es, der sich dir ehedem schon gezeigt hat.« Diese Worte erkläre ich nicht, es möge jeder Mensch gemäß der Gnade, die ihm Gott im Verstehen und in der Liebe gibt, sie so hinnehmen, wie unser Herr sie meint.

Und danach erinnerte mich unser Herr an das Verlangen, das ich einst nach Ihm hatte, und ich sah, daß mich außer der Sünde nichts von Ihm trennte, und zudem sah ich ein, daß dasselbe insgeheim für uns alle gilt. Ich dachte: »Wäre die Sünde nicht gewesen, so wären wir alle rein und gleich unserem Herrn, wie Er uns erschuf.« In meiner Torheit wunderte ich mich früher oft, warum die Sünde nicht durch die erhabene und weise Vorsehung Gottes verhindert worden war, denn dann, so dünkte mich, wäre alles gut gewesen. Diese Regung war sehr verwerflich, ich trauerte und weinte darob ohne Verstand und Einsicht, aus meinem großen

Hochmut. Nichtsdestoweniger tat mir Jesus in dieser Vision alles kund, dessen ich bedurfte. Ich sage nicht, daß ich keiner Lehren mehr bedarf, denn unser Herr hat mich mit dieser Schau der Heiligen Kirche anvertraut, und ich bin hungrig und durstig und bedürftig und sündig und schwach, und wie meine Mitchristen unterwerfe auch ich mich zeit meines Lebens mit bereitem Willen den Lehren der Heiligen Kirche. Er antwortete mir mit diesen Worten und sagte: »Die Sünde hat ihren Zweck.«

Mit diesem Wort *Sünde* führte mir unser Herr alles vor Augen, was nicht gut ist: die schmachvolle Verachtung und die tiefste Entäußerung, die Er in Seinem Leben und Seinem Sterben für uns ertrug, und alle Pein und Leidenschaften Seiner geistlichen und leiblichen Geschöpfe. Denn wir alle erleiden solche Entäußerungen und sollen es tun, als Nachfolger unseres Herrn Jesus, bis wir ganz geläutert sind, das heißt, bis wir unserem eigenen sterblichen Fleische und all unseren inneren Neigungen abgestorben sind, sofern sie nicht gut sind. Und ich betrachtete all dies und alle Pein, die je war oder je sein wird; doch wurde mir diese Schau nur einen Augenblick lang gezeigt und ging dann sogleich in Trost über, denn unser Herr und Gott will nicht, daß die Seele vor diesem abscheulichen Anblick in Furcht gerate. Aber ich sah die Sünde nicht, denn der Glaube lehrt mich, daß sie keinerlei Wesen hat und keinen Anteil am Sein und nicht erkennbar wäre, wenn es nicht den Schmerz gäbe, dessen Ursprung sie ist. Dieser Schmerz – so sah ich es – ist etwas, wenigstens für eine Zeit, denn er läutert uns und lehrt uns, uns selbst zu erkennen und Gott um Erbarmen zu bitten. Das Leiden unseres Herrn ist uns ein Trost gegen all das, und ebensolch ein Trost ist Sein seliger Wille für alle, die erlöst werden sollen. Er ist gleich bereit, uns mit Seinen innigen Worten zu trösten, und sagt: »Aber alles wird gut sein, und jederlei Ding wird gut sein.« Diese Worte wurden mit großer Zärtlichkeit gewiesen, und weder ich noch irgendein anderer, der erlöst werden soll, wurde einer Schuld bezichtigt. Da war es sehr lieblos von mir, Gott wegen meiner Sünden zu beschuldigen oder über sich nachzugrübeln, da Er mich doch wegen eben dieser meiner Sünden nicht tadelte. So sah ich, wie Christus mit uns um unserer Sünden willen Mitleid hat. Ebenso wie ich früher durch das Leiden Christi von Pein und Mitleid ganz erfüllt war, so war ich jetzt zu meinem Teil von Mitleid für all meine Mitchristen erfüllt. Und dann sah ich: jede Art Mitleid, die der Mensch mit seinen Mitchristen aus Liebe hat, ist Christus, der in ihm wohnt.

Einiges über das Gebet

Dann zeigte mir unser Herr vier Gebete. Ich sah zweierlei Verhalten bei denen, die beten – nach dem zu urteilen, was ich in mir selbst gefühlt habe. Das eine Verhalten ist so, daß man nichts wünscht und nicht um etwas Bestimmtes betet, außer um das, was Gottes Wille ist und zu Seiner Ehre dient. Das andere ist so, daß man mit Kraft und Ausdauer daran geht, von Gott das zu erflehen, was Sein Wille ist und zu Seiner Ehre dient, und so habe ich es dank den Lehren der Heiligen Kirche verstanden. Denn unser Herr lehrte mich dasselbe: daß wir als Gottes Geschenk Glaube, Hoffnung und Liebe haben und uns darin bis zu unserem Lebensende erhalten sollen. In diesem Sinne sagen wir das *Pater noster*, das *Ave Maria* und das *Credo* mit so viel Andacht, als Gott gewillt ist, uns zu geben. So erbitten wir für alle unsere Mitchristen und die Menschen jeder Art und jedes Standes das, was Gottes Wille ist, denn wir möchten, daß sie alle von derselben Tugend und Gnade erfüllt seien, die wir für uns selbst begehren sollen. Aber trotz alledem fehlt uns oft das volle Vertrauen, denn wir sind nicht sicher, daß der allmächtige Gott uns erhört, und zwar, wie wir meinen, weil wir so unwürdig sind und weil wir gar nichts fühlen. Wir sind nämlich oft nach unserem Gebet ebenso öde und trocken wie zuvor – unserem Gefühl nach. Unsere Torheit ist die Ursache unserer Schwäche, so habe ich es selbst auch empfunden. All das brachte mir unser Herr plötzlich überaus lebendig ins Gedenken und stand mir bei gegen diese Art von Schwäche beim Beten, indem Er sagte: »Ich bin der Grund deines Flehens. Erstlich ist es mein Wille, daß du es erhältst, und dann bewirke ich, daß du es willst, dann bewirke ich, daß du es erflehst, und erflehst du es, wie sollte es dann möglich sein, daß dir das Flehen nicht gewährt wird?« Und so, mit dem ersten Punkt und den anderen, die darauf folgen, ließ mir unser Herr großen Trost zuteil werden. Und da, wo Er mit dem ersten Punkt sagt: »Und du flehst«, zeigt Er uns die volle Freude und den ewigen Lohn, die Er uns dafür geben wird, daß wir zu Ihm beten. Und mit dem vierten Punkt, wo Er sagt: »Wie sollte es dann möglich sein, daß dir das Flehen nicht gewährt wird«, zeigt Er, daß das Beten ein nüchternes Beginnen ist, und daß wir das mächtige Vertrauen, das wir haben sollten, nicht haben. So will unser Herr, daß wir sowohl beten wie auch vertrauen, denn die früher erwähnten Gründe sollen bewirken, daß wir kräftig dieser Schwäche in unseren Gebeten widerstehen. Es ist ja Gottes Wille, daß wir beten, und Er bewegt uns dazu mit den Worten, die ich früher sagte. Er will, daß wir unseres Gebetes sicher seien, denn unser Gebet bereitet Gott Freude. Das Gebet bewirkt, daß der Mensch mit sich zufrieden ist, und es macht den besonnen und milde, der früher friedlos und von Mühsal beladen war. Das Gebet vereinigt die Seele mit Gott, denn obwohl sie immer ihrer Natur und ihrem Wesen gemäß Gott ähnlich ist, so ist sie in ihrer Beschaffenheit doch Gott unähnlich, wenn der Mensch zu seinem Teil dies durch Sünde bewirkt. Dann aber, wenn die Seele will, wie Gott will, vermag das Gebet die Seele Gott ähnlich zu machen, und dann ist sie Ihm in ihrer Beschaffenheit so ähnlich, wie sie es der Natur nach ist. Und deshalb lehrt Er uns beten und innig darauf vertrauen, daß wir erhalten, um was wir beten, denn alles, was geschieht, würde ja auch geschehen, wenn wir nie darum beteten. Aber die Liebe Gottes ist so mächtig, daß Er uns zu Teilhabern an allem Guten macht, was Er wirkt. Deshalb bewegt Er uns, darum zu beten, daß Er das tue, was Ihm ohnehin gefällt zu tun, denn um was immer wir beten und worauf immer unser guter Wille sich richtet – kraft der Gabe Gottes –, damit wird Er uns belohnen und in Ewigkeit Vergeltung geben. Das wies Er mir in diesem Worte: »Und du flehst darum.« Gott zeigte mir mit diesem Wort Seine große Freude und sein überaus großes Wohlgefallen, ganz als wäre Er uns sehr verpflichtet für jede gute Tat – obwohl Er es ist, der sie vollbringt – und dafür, daß wir eifrig flehen, Er möge das tun, was Ihm gefällt. Es war, als ob Er sagen wollte: »Wie könntet ihr mir eine größere Freude bereiten, als mich eifrig, weise und mit bereitem Willen zu bitten, das zu tun, was ich tun will.«

278

Und so bringt das Gebet Gott und den Menschen in Einklang, denn solange die menschliche Seele mit Gott in traulichem Verkehr steht, hat der Mensch es nicht nötig zu beten, sondern nur andächtig darauf zu achten, was Gott sagt. Während der ganzen Zeit, die diese Schau währte, wurde ich nämlich nicht zum Beten bewegt, sondern nur dazu, mir zum Trost immer im Sinne zu haben, daß alles, nach dem wir uns sehnen, erfüllt ist, wenn wir Gott sehen, und es dann nicht nötig ist, zu beten. Wenn wir jedoch Gott nicht sehen, dann tut es uns not, zu beten und uns an Jesus zu halten, weil wir sonst versagen. Denn wenn eine Seele durch Unruhe bekümmert, versucht und sich allein überlassen ist, dann ist es Zeit, daß man betet und sich in einfacher und fügsamer Weise Gott nähert. Wenn der Mensch nicht fügsam ist, wird keines seiner Gebete Gott gefügig stimmen. Denn Gott ist immer gleich in Seiner Liebe, aber der Mensch, solange er in Sünde verharrt, ist so ohnmächtig, so töricht und so lieblos, daß er weder Gott noch sich selbst lieben kann. Am meisten schadet es ihm, daß er blind ist, denn er sieht dies alles nicht. Dann aber gewährt ihm die ungeteilte, ewig gleiche Liebe des allmächtigen Gottes, daß er sich selbst sieht. Da bedenkt er, daß Gott ihm ob seiner Sünden zürnt, und er wird dazu getrieben zu bereuen und durch die Beichte und andere gute Werke Gott in Seinem Zorn so zu versöhnen, daß die Seele den Frieden findet und das Gewissen sich erweicht, und dann dünkt ihn, daß Gott ihm die Sünden verziehen hat, und es ist auch wahr. Und dann sieht die Seele, wie Gott sich ihrer Betrachtung zuwendet, ganz als wäre sie siech oder gefangen gewesen, und sagt: »Ich bin froh, daß du zu Ruhe gekommen bist, denn ich habe dich immer geliebt und liebe dich jetzt, und jetzt liebst du mich.« Und so, wie ich es schon früher sagte, wird durch Beten und durch andere gute Werke, die nach der Lehre der Heiligen Kirche üblich sind, die Seele mit Gott vereint.

Du wirst voll Freude und Seligkeit sein

In früheren Zeiten sehnte ich mich oft und wünschte mir als Gabe Gottes, daß Er mich von dieser Welt und diesem Leben befreien möge, denn ich wollte mit meinem Gott in der Seligkeit sein, wo ich durch Sein Erbarmen sicherlich zu sein hoffe. Oft betrachtete ich das Weh auf Erden und das Wohl und selige Sein im Himmel, und wäre auf Erden keine Pein außer der, daß wir fern von unserem Herrn und Gott weilen, so wäre das – so dünkte mich – mehr, als ich ertragen könnte. Und das machte mich traurig und sehr sehnsüchtig. Da ermunterte mich Gott zu Geduld und Ausdauer und sagte: »Du wirst plötzlich aus all deiner Pein, aus all deiner Unruhe und aus all deinem Weg hinweggeholt werden und wirst heraufkommen und wirst mich zum Lohn haben und wirst voll Freude und Seligkeit sein; du wirst nie mehr irgendeine Pein empfinden oder irgendein Siechtum erleiden oder irgendein Mißgefallen oder ein Erlahmen des Willens erfahren, sondern nur Freude und ewige Seligkeit. Was bekümmert es dich dann, daß du eine Weile dulden mußt, wenn es doch mein Wille ist und mir zur Ehre dient?« Diese Rede: »Plötzlich wirst du hinweggeholt werden«, ließ mich sehen, wie Gott den Menschen für die Geduld belohnt, mit der er zeitlebens Gottes Willen treu bleibt, und wie der Mensch seine Geduld über seine Lebenszeit hinausdehnt, weil er den Augenblick seines Scheidens nicht kennt. Das ist für ihn ein großer Gewinn, denn wüßte er den Zeitpunkt seines Scheidens, so würde seine Geduld nicht darüber hinausreichen. Auch will Gott, daß, solange die Seele noch im Leibe ist, es dem Menschen immerfort scheinen soll, als ob eben jetzt der Augenblick wäre, da sie hinweggeholt werden soll, denn das ganze Leben, das wir in Mühsal verbringen, währt ja ohnedies nur einen Augenblick. Wenn wir plötzlich von der Pein in die Seligkeit versetzt werden, so wird die Pein nichts sein, und deshalb sagte unser Herr: »Was bekümmert es dich schon, daß du eine Weile dulden mußt, wenn es doch mein Wille ist und mir zu Ehre dient?«

Es ist Gottes Wille, daß wir Seine Weisungen und Tröstungen so gewichtig nehmen wie nur möglich, und Er will auch, daß wir unser Harren und unsere Unrast so leicht nehmen wie nur möglich und sie für nichts achten. Je leichter wir sie nehmen und je geringer wir sie einschätzen – und all das um der Liebe willen –, desto weniger werden sie uns schmerzen, wenn wir sie fühlen, und desto mehr Dank werden wir dafür ernten.

In dieser seligen Offenbarung wurde ich belehrt, daß wahrhaftig jeder Mensch, der Gott zu seinen Lebzeiten mit bereitem Willen erwählt, sicher sein darf, daß er erwählt ist. Haltet treu daran fest, denn es ist wahrhaftig Gottes Wille, daß wir ebenso sicher sein sollen im Vertrauen, die Seligkeit im Himmel zu erlangen, während wir noch auf Erden weilen, als wir ihrer sicher sein werden, wenn wir im Jenseits sind. Und je mehr Wohlgefallen und Freude wir in Demut und Ergebenheit an dieser Sicherheit haben, desto wohlgefälliger ist es Ihm. Dessen nämlich bin ich sicher: wäre niemand anderer als ich allein der Erlösung bedürftig gewesen, so hätte Gott doch alles, was Er getan hat, für mich allein getan, und dasselbe sollte jede Seele denken, die ihren Liebhaber recht kennt. Und alle Geschöpfe vergessend – wenn sie es vermag –, soll sie bedenken, daß Gott alles für sie allein getan hat, was Er getan hat. Das sollte, so dünkt mich, eine Seele dazu bewegen, Ihn zu lieben und Ihm gut zu sein und nichts außer Ihm zu fürchten. Denn das ist Sein Wille: wir sollen wissen, daß die ganze Macht unseres Feindes in unseres Freundes Hand verriegelt ist, und deshalb soll eine Seele, die dessen gewiß ist, nur Ihn fürchten, den sie liebt, und alle anderen Schrecken den Leidenschaften und leiblichen Krankheiten und Einbildungen beigesellen. Wenn daher der Mensch so arge Schmerzen leidet und ihm so weh und so widrig zumute ist, daß ihn dünkt, er könne an nichts anderes denken als an sein Leid, oder wenn er sich noch so kränkt: er gehe leicht darüber hinweg und beachte es nicht. Und warum das? Weil Gott erkannt sein will. Würden wir Gott erkennen und lieben, so hätten wir Geduld und wären in großer Ruhe, und alles, was immer Er tut, würde uns wohlgefallen. Das zeigte mir Gott in den Worten, die Er sagte: »Was bekümmert es dich schon, daß du eine Weile dulden mußt, wenn es doch mein Wille ist und mir zur Ehre dient?« Und hiemit endete die Schau, die mir unser Herr an diesem Tage gewährte.

CATERINA VON SIENA

Meditative Gebete aus dem »Dialogo della Divina Provvidenza«

(Rocca di Tentennano und Siena 1377/78)

1347-1380
In ihrem kurzen, aber gleichwohl bedeutenden Leben wirkte Caterina
für eine Reform der Kirche, die sie durch Reisen und durch eine rege
Korrespondenz zu erreichen hoffte. Ihre Gebete sind keine Gebete
im üblichen Sinne. Es sind viel mehr Erhebungen des Geistes zu
Gott, geistige Meditationen, in denen Erkenntnis und Liebe sich ver-
mählen.

I

O ewiger Vater! Mit meinem Rufen wende ich mich an Dich: Be-
strafe meine Verfehlungen in dieser endlichen Zeit! Und weil ich
durch meine Sünden an den Leiden schuld bin, die mein Nächster
ertragen muß, bitte ich Dich um Deiner Güte willen, daß Du sie
an mir bestrafst!

II

Mein Herr, wende das Auge Deines Erbarmens Deinem Volk und
dem mystischen Leib der heiligen Kirche zu! So zahllosen Geschöpfen zu verzeihen und ihnen das Licht der Erkenntnis zu geben, wird Dich mehr verherrlichen, als ich Elende allein das
könnte. Denn alle, die sich durch Deine unendliche Güte dem

Dunkel der Todsünde und der ewigen Verdammnis entrissen sähen, würden Dich lobpreisen. Ich habe Dich schwer beleidigt, und bin Grund und Werkzeug alles Bösen. Deshalb bitte ich Dich, göttliche, ewige Liebe: Laß es mich büßen, an Deinem Volk aber handle barmherzig! Nicht eher werde ich Dir aus den Augen gehen, bis ich sehe, daß Du ihm Barmherzigkeit erweist.

Was hätte ich davon, wenn ich mich im Besitz des ewigen Lebens sähe, Dein Volk aber im Tod? Wenn hauptsächlich durch meine Verfehlungen und die Deiner Geschöpfe Finsternis über Deine Braut, die doch Licht ist, hereinbräche? Ich will es also und flehe Dich um der Gnade willen an: Hab Erbarmen mit Deinem Volk dank Deiner ungeschaffenen Liebe! Sie bewog Dich, den Menschen nach Deinem Bild und Gleichnis zu erschaffen mit den Worten: »Lasset uns den Menschen machen nach unserem Bild und Gleichnis!« (Gen. I,26) Das hast Du, ewige Dreieinigkeit, getan mit dem Willen, daß der Mensch ganz an Dir teilhabe, hohe und ewige Dreifaltigkeit. Daher hast Du ihm das Gedächtnis gegeben, damit er Deine Wohltaten festhalte. Dadurch hat er an Deiner Macht, ewiger Vater, teil. Du hast ihm den Verstand geschenkt, damit er Deine Güte deutlich erkenne und an der Weisheit Deines eingeborenen Sohnes teilhabe. Du hast ihm den Willen verliehen, damit er lieben könne, was der Verstand von Deiner Wahrheit sieht und erkennt, und so an der Milde des Heiligen Geistes teilhabe.

Was war der Grund, daß Du den Menschen zu solcher Würde erhoben hast? Die unermeßliche Liebe, mit der Du in Dir selbst Dein Geschöpf erblickst und Dich in es verliebt hast. Deshalb schufst Du es aus Liebe und gabst ihm das Sein, damit es Dich, höchstes und ewiges Gut, verkoste. Ich sehe: Durch die Sünde, die es beging, verlor es die Würde, mit der Du das Geschöpf ausgestattet hattest. Wegen der Empörung gegen Dich geriet es in Streit mit Deiner Milde. Wir wurden Deine Feinde.

Von demselben Feuer entflammt, mit dem Du uns geschaffen hast, wolltest Du ein Mittel zur Versöhnung des Menschengeschlechtes einsetzen, das in erbittertem Streit mit Dir geraten war. Der Streit sollte zum großen Frieden werden. Du hast uns das Wort, Deinen eingeborenen Sohn, gegeben, der als Vermittler zwischen uns und Dir auftrat. Er war unsere Gerechtigkeit, weil er an sich selber unsere Untaten strafte und Dir, ewiger Vater, gehorsam war. Diesen Gehorsam hast Du ihm auferlegt, als Du ihn durch die Annahme unserer menschlichen Gestalt und Natur mit unserem Menschsein bekleidet hast.

O Abgrund der Liebe! Wie sollte ein Herz nicht zerspringen, wenn es die Hoheit zu solcher Niedrigkeit, wie das unser Menschsein ist, abgestiegen sieht. Durch die Einung, die Du im Menschen vollzogen hast, sind wir Dein Ebenbild und Du das unsrige. Die ewige Gottheit hast Du mit der armseligen Wolke und dem verrotteten Stoff Adams umhüllt. Was war der Grund dafür? Die Liebe. Du, Gott, bist Mensch, und der Mensch ist Gott geworden. Um dieser unsagbaren Liebe willen dränge und bitte ich Dich: Erbarme Dich Deiner Geschöpfe!

III

Hab Erbarmen, ewiger Gott, mit Deinen Schafen! Du bist ja der gute Hirte. Zögere nicht, barmherzig an der Welt zu handeln! Es sieht schon fast so aus, als ob sie nicht mehr weiter kann. Denn die Einung der Liebe mit Dir, ewige Wahrheit, und der Menschen untereinander ist ihr anscheinend ganz verlorengegangen. Sie lieben sich gegenseitig nicht mit der Liebe, die in Dir verwurzelt ist.

IV

O unergründliche, herzensgute Liebe! Wer fängt nicht Feuer an solcher Liebe? Welches Herz verliert nicht unausweichlich die Besinnung? Du Abgrund der Liebe! Es scheint, als wärest Du verrückt geworden nach Deinen Geschöpfen, wie wenn Du ohne sie nicht leben könntest. Und doch bist Du unser Gott, der uns nicht nötig hat. Das Gute in uns macht Dich nicht größer, denn Du bist unveränderlich. Das Schlechte in uns bringt Dir keinen Verlust, denn Du bist die höchste und ewige Güte. Was bewegt Dich zu solch barmherzigem Handeln? Die Liebe – nicht Pflicht noch Bedürfnis, daß Du uns etwa brauchen würdest. Denn wir sind Deine boshaften und gemeinen Schuldner. Wenn ich recht sehe, höchste und ewige Wahrheit, dann bin ich der Verbrecher und Du der für mich Gehenkte. Ich erblicke nämlich das Wort, Deinen Sohn, wie er ans Kreuz geschlagen und angenagelt ist. Du hast ihn mir zur Brücke gemacht. So hast Du es mir, Deiner elenden Magd, offenbart. Deshalb ist das Herz am Zerbersten und kann doch nicht zerspringen, weil Hunger und Sehnsucht nach Dir es erfaßt haben.

V

O ewige Barmherzigkeit! Du deckst die Verfehlungen Deiner Geschöpfe zu. Ich wundere mich nicht, daß Du von denen, die der Todsünde entkommen und zu Dir zurückkehren, sagst: »Ich denke nicht mehr daran, daß du mich je beleidigt hast.« O unaussprechliches Erbarmen! Ich wundere mich nicht, daß Du dies zu denen sprichst, die der Sünde entkommen, wenn Du sogar über Deine Verfolger sagst: »Ich will, daß ihr mich für sie bittet, damit ich Barmherzigkeit an ihnen übe.«

O Barmherzigkeit, die aus Deiner Gottheit hervorgeht und zusammen mit Deiner Macht die ganze weite Welt regiert, ewiger Vater! In Deinem Erbarmen sind wir erschaffen worden. Dank Deines Erbarmens wurden wir im Blute Deines Sohnes neu geschaffen. Dein Erbarmen erhält uns. Dein Erbarmen ließ Deinen Sohn am Holz des Kreuzes sein Leben aufs Spiel setzen, als der Tod mit dem Leben und das Leben mit dem Tode rang. Damals besiegte das Leben den Tod, der aus unserer Sünde kroch, und der Tod aus der Sünde entriß dem makellosen Lamm das leibliche Leben. Wer unterlag? Der Tod. Was war der Grund? Dein Erbarmen.

Deine Barmherzigkeit gibt Leben. Sie schenkt das Licht, durch das man Deine Großmut jedem Geschöpf, Gerechten und Sündern, gegenüber erkennt. Im hohen Himmel erstrahlt Dein Erbarmen, nämlich in Deinen Heiligen. Wende ich mich der Erde zu, so überströmt auch sie Dein Erbarmen. Selbst in der Finsternis der Hölle leuchtet Deine Barmherzigkeit dadurch, daß Du über die Verdammten nicht solche Qualen kommen läßt, wie sie es verdie-

nen. Du milderst Deine Gerechtigkeit mit Deiner Barmherzigkeit. Aus Erbarmen hast Du uns im Blut abgewaschen. Aus Erbarmen wolltest Du bei Deinen Geschöpfen weilen. O Liebesnarr!
Genügte Dir die Fleischwerdung nicht, daß Du auch noch sterben
wolltest? War der Tod nicht genug, daß Du auch noch zur Hölle
abgestiegen bist, die heiligen Väter herauszuholen, um an ihnen
Deine Wahrheit und Dein Erbarmen zu vollenden? Weil Deine
Güte denen, die Dir in Wahrheit dienen, Gutes verspricht, stiegst
Du zur Unterwelt hinab, um alle aus der Qual zu reißen, die Dir
gedient haben, und ihnen die Frucht ihrer Mühen zu geben.

Ich sehe: Dein Erbarmen zwang Dich, dem Menschen noch
mehr zu schenken. So hast Du Dich zur Speise überlassen, damit
wir Schwache Stärkung fänden und die gedankenlos Vergeßlichen
die Erinnerung an Deine Wohltaten nicht verlören. Deshalb
reichst Du sie täglich dem Menschen und wirst durch das Sakrament des Altars im mystischen Leib der heiligen Kirche gegenwärtig. Wer hat das bewirkt? Dein Erbarmen.

O Barmherzigkeit! Mein Herz erglüht, wenn es an Dich denkt.
Denn wohin ich mich auch wende mit meinen Gedanken, ich
finde nichts anderes als Dein Erbarmen. O ewiger Vater! Vergib
meiner Unwissenheit den Wagemut, vor Dir zu reden! Doch die
Liebe zu Deinem Erbarmen spreche mich bei Deiner Güte frei!

VI

O höchste und ewige Güte Gottes! Wer bin ich Armselige, daß Du,
höchster und ewiger Vater, mir Deine Wahrheit und die versteckten Fallstricke des Teufels sowie die Täuschung durch das eigene
Empfinden, die mir und den übrigen Menschen in diesem Pilgerle-
ben zustoßen können, gezeigt hast, damit wir weder vom Teufel
noch von uns selbst hintergangen werden? Was hat Dich dazu bewogen? Die Liebe. Denn Du hast mich geliebt ohne meine Gegen-
liebe. O Feuer der Liebe! Dank, Dank sei Dir, ewiger Vater!

Ich bin die Unvollkommene, von Finsternis durchdrungen. Und
Du, der Vollkommene und das Licht, hast mir die Vollkommenheit und den lichten Weg der Lehre Deines eingeborenen Sohnes

erschlossen. Ich war tot, und Du hast mich auferweckt. Ich war krank, und Du hast mir die Arznei gegeben. Nicht bloß die Arznei des Blutes hast Du mittels Deines Sohnes allen Kranken des Menschengeschlechtes geschenkt; darüber hinaus hast Du mir ein Heilmittel gegen eine verborgene Krankheit, die ich nicht erkannte, gewährt. Sie besteht in der Belehrung, daß ich über kein vernunftbegabtes Geschöpf in irgendeiner Weise richten kann. Das gilt besonders für Deine Knechte, über die ich Blinde und an dieser Krankheit Leidende unter dem schönfärberischen Anschein Deiner Ehre und des Heils der Seelen oftmals ein Urteil gefällt habe.

Ich danke Dir, höchste und ewige Güte, weil Du durch die Offenbarung Deiner Wahrheit, der Hinterlist des Teufels und Deines eigenen Leidens mir die Augen für meine Krankheit aufgetan hast. Daher beschwöre ich Dich um Deiner Gnade und Barmherzigkeit willen: Heute soll endgültig Schluß damit sein, daß ich Deiner Weisung den Rücken kehre! Deine Güte hat sie mir und jedem, der dieser Lehre folgen will, gegeben, denn ohne Dich ist nichts geworden.

Zu Dir also, ewiger Vater, kehre ich zurück und fliehe ich. Ich bitte Dich nicht für mich allein, Vater, sondern für die ganze weite Welt und vor allem für den mystischen Leib der heiligen Kirche. Mach, daß diese Wahrheit und Lehre, die Du, ewige Wahrheit, mir Elenden geschenkt hast, in Deinen Dienern aufleuchte!

Ich flehe Dich besonders für all diejenigen an, die Du mir gegeben hast, damit ich sie mit besonderer Liebe umhege. Du hast sie mit mir zusammen zu einem einzigen Wesen gemacht. Zum Lob und Ruhme Deines Namens werden sie meine Erquickung sein, wenn ich sehe, wie sie mit lauterer Gesinnung und ihrem eigenen Willen und Bedünken erstorben auf diesem süßen und geraden Weg laufen, ohne über ihren Nächsten zu richten noch zu murren, noch sich an ihm zu stoßen. Ich bitte Dich, herzensgute Liebe: Der Teufel entreiße keinen von ihnen meinen Händen, so daß sie am Schluß zu Dir, ewiger Vater, ihrem Ziel, gelangen!

Noch eine andere Bitte richte ich an Dich für die beiden Säulen, meine Väter, die Du vom Anfang meiner Bekehrung bis jetzt mir Kranken und Elenden auf Erden zur Beschirmung und Belehrung bestellt hast. Eine sie und mach aus zwei Leibern eine Seele! Laß beide nur auf das bedacht sein, in ihrer Person und ihren Aufgaben, die Du ihren Händen anvertraut hast, das Lob und den Ruhm Deines Namens zum Heil der Seelen zu erfüllen! Auch ich Unwürdige und Elende, ich Sklavin und nicht Tochter, möge aus Liebe zu Dir mit schuldiger Hochachtung und heiliger Ehrfurcht vor ihnen mich daran halten, daß ich Dir zur Ehre, ihnen zum Frieden und Ruhe und dem Nächsten zur Erbauung diene!

Ich bin sicher, ewige Wahrheit: Du wirst mein Verlangen und meine Bitten an Dich nicht verachten. Denn aus eigener Anschauung, die Du mir nach Deinem Gefallen gewährt hast, und noch mehr aus eigener Erfahrung weiß ich, daß Du heiliges Begehren annimmst. Ich, Deine unwürdige Magd, möchte mich bemühen, Dein Gebot und Deine Lehre zu befolgen, soweit Du mir die Gnade dazu schenkst.

VII

O ewiger Gott, o Licht über allem Licht, denn von Dir rührt jedes Licht her! O Feuer über jedem Feuer, denn Du allein bist das Feuer, das brennt und nicht verzehrt. Wohl verbrennst Du alle Sünde und Eigensucht, die Du in der Seele antriffst, aber nicht auf qualvolle Weise, vielmehr so, daß Du die Seele mit unstillbarer Liebe anfüllst. Sättigst Du sie, wird sie nicht satt, sondern verlangt beständig nach Dir. Doch je mehr sie Dich erlangt, desto stärker sucht sie Dich, und je mehr sie Dich sucht und ersehnt, desto klarer findet sie Dich und verkostet Dich, höchstes und ewiges Feuer, Abgrund der Liebe!

O höchstes und ewiges Gut! Wer hat Dich, unendlicher Gott, bewogen, mich, Dein endliches Geschöpf, mit dem Licht Deiner Wahrheit zu erleuchten? Der Grund dafür bist Du selber, Feuer der Liebe. Denn immer ist es die Liebe, die Dich damals zwang und die Dich jetzt zwingt, uns nach Deinem Bild und Gleichnis zu erschaffen und durch das Geschenk unendlicher Gnaden ohne jedes Maß an Deine vernunftbegabten Geschöpfe uns Erbarmen zu erweisen.

O Güte über aller Güte! Du allein bist im höchsten Grade gut. Trotzdem sandtest Du das Wort, Deinen eingeborenen Sohn, um bei uns, der stinkenden Finsternis, zu weilen. Was war der Grund dafür? Die Liebe. Denn Du hast uns geliebt, ehe wir waren. O guter [Gott], o ewige Größe! Du hast Dich erniedrigt und klein gemacht, um den Menschen groß zu machen. Wohin ich mich auch wende, überall treffe ich den Abgrund und das Feuer Deiner Liebe.

Werde ich Armselige imstande sein, auf die mir erwiesenen Gnaden und die glühende Liebe, die Du mir über die Deinen Geschöpfen bekundete allgemeine Liebe und Zuneigung hinaus noch besonders erwiesen hast und erweist, zu antworten? Nein; nur Du allein, herzensguter und liebevoller Vater, kannst es sein, der für mich dankbar und erkenntlich ist, so daß der Überschwang Deiner Liebe selbst Dir danken wird. Ich bin ja die, die nicht ist. Würde ich behaupten, ich sei aus mir selber etwas, dann löge ich auf mein Haupt und wäre eine Lügnerin und Tochter des Teufels, des Vaters der Lüge. Denn Du allein bist der, der ist; das Sein und jede Gnade über das Sein hinaus habe ich von Dir. Aus Liebe, nicht aus Schuldigkeit hast Du es mir gegeben und gibst es weiterhin.

O herzensguter Vater! Als die Menschheit durch die Sünde Adams krank darniederlag, hast Du Deinen Sohn, das süße und liebreiche Wort, als Arzt gesandt. Als ich nun an meiner Nachlässigkeit und meinem großen Unwissen krank darniederlag, hast Du, über alle Maßen gütiger und zarter Arzt, ewiger Gott, mir eine liebliche, süße und doch bittere Arznei gereicht, damit ich von meiner Krankheit genese und wieder aufstehen kann. Lieblich schmeckt sie mir, weil Du mit Deiner Milde und Liebe Dich mir offenbartest. Süß über jede Süße schmeckt sie mir, weil Du das Auge meines Verstandes mit dem Licht des heiligen Glaubens erleuchtet hast. In diesem Licht erkannte ich in dem Maße, wie Du es mir nach Deinem Gefallen offenbartest, die Auszeichnung und die Gnade, die Du der Menschheit verliehen hast, da Du Dich als ganzer Gott und ganzer Mensch dem mystischen Leib der heiligen Kirche übergabst. Auch erkannte ich die Würde Deiner Diener, die Du dazu bestellt hast, Dich uns zu spenden.

Ich hatte danach verlangt, daß Du Dein Versprechen mir gegenüber wahrmachst. Du hast mir weit mehr gegeben, da Du gabst, was ich gar nicht zu erbitten verstand. Ich erkenne nun wirklich und wahrhaftig: Das Menschenherz kann überhaupt nicht so viel erflehen und begehren, daß Du ihm nicht noch weit mehr gewährtest. So sehe ich, daß Du der bist, der ist, das unbegrenzte und ewige Gut, und wir die sind, die nicht sind. Weil Du der Unendliche bist und wir begrenzt, bewirkst Du, daß Dein vernunftbegabtes Geschöpf nicht so viel zu begehren weiß und kann, wie Du die Seele zufriedenstellen und sie mit Dingen, die sie gar nicht von Dir erbat, zu sättigen weißt, kannst und willst, noch auf solch sanfte und angenehme Art und Weise, wie Du ihr diese Dinge gewährst. Darum habe ich in Deiner Größe und Zuneigung Licht empfangen. Das geschah durch die Liebe, von der Du kundgemacht hast, daß Du sie der ganzen Menschheit, vor allem aber Deinen Gesalbten gegenüber hegst. Sie sollen im gegenwärtigen Leben irdische Engel sein. Du hast die Tugend und Glückseligkeit jener Deiner Gesalbten gezeigt, die brennenden Lampen gleich, geschmückt mit dem Edelstein der Gerechtigkeit, in der heiligen Kirche gelebt haben. An ihnen habe ich klarer das Versagen derer erkannt, die elend dahinleben. Deswegen hat mich tiefer Schmerz über die Kränkung, die sie Dir antun, und den Schaden, der die ganze Welt trifft, erfaßt. Denn sie schaden der Welt dadurch, daß sie ein Spiegel erbärmlichen Versagens sind, wo sie doch Spiegel der Tugend sein müßten. Und weil Du mir Elenden, der Ursache und dem Werkzeug vieler Verfehlungen, dies geoffenbart und Dich über ihre Bosheit beklagt hast, habe ich unerträglichen Schmerz empfunden.

Du unfaßbare Liebe! Du hast mir dies durch das Geschenk der süßen und bitteren Arznei kundgetan, damit ich ganz aus der Krankheit der Unwissenheit und Nachlässigkeit auferstehe und voll Eifer und begierigem Verlangen zu Dir zurückkehre. Dabei sollte ich mich selbst und Deine Güte und auch die Dir von allen möglichen Leuten, besonders von Deinen Dienern zugefügten Beleidigungen erkennen, um eine Flut von Tränen, die mir aus der Erkenntnis Deiner grenzenlosen Güte quillt, über mich Elende und jene toten Menschen, die so erbärmlich dahinleben, zu verströmen. Unsagbares Feuer, Zuneigung der Liebe, ewiger Vater! Ich will nicht, daß meine Sehnsucht in ihrem Verlangen nach Deiner Ehre und dem Heil der Menschen je ermatte. Ich bitte Dich um die Gnade, daß meine Augen sich nicht schonen, sondern zu zwei Wasserbächen werden, die aus Dir, dem Meer des Friedens, hervorquellen.

Dank, Dank sei Dir, Vater! Du hast mir gewährt, worum ich Dich bat, und noch dazu das, was ich nicht kannte, und worum ich nicht gebeten habe. Du gabst mir Stoff für mein Klagen und hast mich eingeladen, auch mein süßes, liebevolles und gekreuzigtes Begehren mit demütigem und unablässigem Gebet vor Dich zu tragen. Nun bestürme ich Dich: Übe an der Welt und Deiner heiligen Kirche Erbarmen! Ich flehe Dich an: Vollbringe, was Du mich erbitten heißt! – Ach, meine unglückliche, leidende Seele, du Grund allen Übels! – Zögere nicht länger, barmherzig an der Welt zu handeln! Neige Dich dem Verlangen Deiner Diener und erfülle es! Ach, Du bist es ja, der sie rufen läßt: so höre doch auf ihre Stimme! Deine Wahrheit hat gesagt, wir sollten rufen und es werde uns geantwortet, wir sollten klopfen und es werde uns geöffnet, wir sollten bitten und es werde uns gegeben. O ewiger Vater, Deine Knechte rufen zu Dir um Erbarmen: antworte ihnen! Ich weiß ja, Dir ist die Barmherzigkeit zu eigen. Deswegen kannst Du gar nicht anders, als sie dem zu schenken, der Dich darum angeht. Sie klopfen an die Tür Deiner Wahrheit, weil sie in ihr, Deinem eingeborenen Sohn, die unaussprechliche Liebe erkennen, die Du zum Menschen hegst, so daß sie anzuklopfen wagen. Das Feuer Deiner Liebe läßt es einfach nicht zu, daß Du dem, der beharrlich anklopft, die Tür verschließt.

Öffne also, entriegle und brich die verhärteten Herzen Deiner Geschöpfe auf! Tu das nicht deretwegen, die gar nicht anklopfen, sondern um Deiner grenzenlosen Güte willen und aus Liebe zu Deinen Knechten, die für sie bei Dir anklopfen! Ewiger Vater, sei freigebig zu denen, die Du an der Pforte Deiner Wahrheit stehen und bitten siehst. Was erbitten sie? Das Blut dieser Pforte, Deiner Wahrheit. Im Blut hast Du die Sünden abgewaschen und den Eiter der Adamssünde herausgezogen. Es ist unser Blut, denn Du hast uns daraus ein Bad bereitet. Dem, der Dich in Wahrheit darum bittet, kannst und willst Du es nicht verweigern. Gibt also Deinen Geschöpfen die Frucht des Blutes! Wirf den Preis des Blutes Deines Sohnes in die Waagschale, damit die höllischen Teufel Deine Schafe nicht fortschleppen! Du bist ja der gute Hirt, der uns den wahren Hirten, Deinen eingeborenen Sohn, sandte. Aus Gehorsam gab er sein Leben für Deine Schafe und hat uns aus seinem Blut ein Bad bereitet. Nach diesem Blut verlangen Deine Knechte wie Verdurstende an Deiner Tür. Durch dieses Blut bitten sie Dich: Handle barmherzig an der Welt, bring die heilige Kirche durch die duftenden Blüten guter und heiliger Hirten wieder zum Erblühen und verdränge mit ihrem Wohlgeruch den Gestank der verwelkten und faulenden Blüten!

Ewiger Vater! Du hast gesagt, Du würdest aus Liebe zu Deinen vernunftbegabten Geschöpfen durch die Gebete Deiner Knechte und ihr schuldloses Ertragen vieler Mühen an der Welt Erbarmen üben und Deine heilige Kirche erneuern; auf solche Weise würdest Du uns erquicken. Wende nun das Auge Deiner Barmherzigkeit ohne Zögern uns zu und gib Antwort! Du willst ja mit der Stimme Deines Erbarmens antworten, noch ehe wir rufen.

Öffne die Pforte Deiner unausdenkbaren Liebe, die Du uns durch die Tür des Wortes geschenkt hast! Ja, ich weiß, Du öffnest uns, noch bevor wir anklopfen, weil Deine Knechte mit der Ausdauer und Liebe, die Du ihnen verliehen hast, pochen und nach Dir rufen. Wir trachten nur nach Deiner Ehre und dem Heil der Seelen. Schenke uns also das Brot des Lebens, die Frucht des Blutes Deines eingeborenen Sohnes! Wir erflehen es von Dir zum Lob und Ruhme Deines Namens und zum Heil der Seelen. Denn durch die Rettung so vieler Geschöpfe erwächst Dir offenkundig mehr Herrlichkeit und Lobpreis, als wenn Du sie ihrem Eigensinn und ihrer Verhärtung überließest.

Dir, ewiger Vater, ist alles möglich. Wir erkennen an, daß Du uns ohne uns erschaffen hast. Doch willst Du uns nicht ohne uns erlösen. So bitte ich Dich: Nötige ihren Willen, um sie bereit zu machen, das zu wollen, was sie nicht wollen! Das bitte ich Dich um Deiner unendlichen Barmherzigkeit willen. Du hast uns aus dem Nichts erschaffen. Jetzt also, da wir sind, handle barmherzig! Stelle die Gefäße, die Du nach Deinem Bild und Gleichnis erschaffen und gebildet hast, wieder her! Erneuere sie gnädig durch Dein Erbarmen und das Blut Deines Sohnes!

VIII

O ewiger Vater! O Feuer und Abgrund der Liebe! O ewige Schönheit, ewige Weisheit, ewige Güte, ewige Huld! O Hoffnung, Zuflucht der Sünder, unermeßliche Fülle, ewiges und unendliches Gut! O Liebesnarr, brauchst Du denn Dein Geschöpf? Es scheint mir so; denn Du benimmst Dich, als ob Du ohne es nicht leben könntest. Dabei bist Du doch das Leben, so daß jedes Ding von Dir das Leben hat und ohne Dich nichts lebt. Warum bloß bist Du so vernarrt? Weil Du Dich in Dein Geschöpf verliebt hast, fandest Du an ihm in Dir selbst Gefallen und Ergötzen und bist wie berauscht von der Sorge um sein Heil. Es entflieht Dir und Du machst Dich auf die Suche nach ihm, es entfernt sich von Dir und Du näherst Dich ihm. Noch näher konntest Du ihm nicht kommen, als Dich mit seinem Menschsein zu bekleiden.

Was soll ich da sagen? Stotternd und stammelnd bringe ich nur über meine Lippen: »A, a.« (Jer. 1,6) Denn ich kann nichts anderes sagen, weil die begrenzte Zungenfertigkeit den Überschwang der Seele nicht auszudrücken vermag, deren Sehnen nach Dir ohne Grenzen ist. Mir kommt vor, daß ich mit dem heiligen Paulus sprechen könnte: »Die Zunge kann es nicht aussprechen, noch das Ohr es hören, noch das Auge es sehen, noch das Herz es erwägen« (1 Kor. 2,9), was er schaute. Was hast du geschaut? »Ich sah die Geheimnisse Gottes.« Und ich, was sage ich? Ich füge hier diesen starken Eindrücken nichts hinzu. Ich sage nur, daß du, meine Seele, den Abgrund der höchsten, ewigen Vorsehung verkostet und geschaut hast. Nun danke ich Dir, höchster und ewiger Vater, für Deine unermeßliche Güte, die Du mir Elenden erwiesen hast, obwohl ich jeder Gnade unwürdig bin.

IX

Dank, Dank sei Dir, ewiger Vater, daß Du mich, Dein Geschöpf, nicht verachtet, Dein Antlitz nicht von mir abgewandt noch mein Verlangen verschmäht hast! Du Licht, hast meine Finsternis nicht beachtet noch Du, Leben, mein Erstorbensein und Du, Arzt, mein schweres Siechtum. Daß ich vor Schmutz starre mit meinen vielen Armseligkeiten. Du, Unendlicher, hast Dich an meiner Endlichkeit, Du, Weisheit, an meiner Torheit nicht gestoßen.

All diese großen Sünden und Verfehlungen und unzählige andere mehr, die ich mit mir schleppe, haben Deine Weisheit, Güte und Huld und Dein unendliches Gut nicht dazu gebracht, mich zu verachten. Vielmehr hast Du mir in Deinem Licht das Licht geschenkt. In Deiner Weisheit erkannte ich die Wahrheit. In Deiner Huld fand ich die Liebe zu Dir und zum Nächsten. Wer hat Dich dazu gezwungen? Nicht meine Tugenden, sondern einzig und allein Deine Liebe.

Dieselbe Liebe möge Dich dazu bringen, das Auge meines Verstandes mit dem Licht des Glaubens zu erleuchten, damit ich Deine offenbare Wahrheit erfasse. Gib, daß mein Gedächtnis fähig sei, Deine Wohltaten festzuhalten, und mein Wille im Feuer Deiner Liebe glühe! Dieses Feuer erzeuge Blut in mir und führe es meinem Leibe zu! Mit diesem aus Liebe zum Blut hingegebenen Blut und mit dem Schlüssel des Gehorsams laß mich die Tür zum Himmel öffnen!

Dasselbe erbitte ich herzlich von Dir für jedes vernunftbegabte Geschöpf, für alle zusammen und für jeden Einzelnen, und für den mystischen Leib der heiligen Kirche. Ich bekenne und leugne es nicht: Du hast mich schon geliebt, ehe ich war und liebst mich unsagbar, wie vernarrt in Dein Geschöpf.

O ewige Dreieinigkeit, o Gottheit! Diese Gottheit, Deine göttliche Natur, hat dem Blut Deines Sohnes seinen Wert als Lösepreis verliehen. Du, ewige Dreifaltigkeit, bist ein abgrundtiefes Meer. Je mehr ich mich darin versenke, desto mehr finde ich von Dir, und je mehr ich finde, um so eifriger suche ich Dich. An Dir kann man sich nicht sättigen. Die Seele, die sich an Deinem Abgrund sättigt, wird nicht gestillt, weil sie immerfort Hunger und Durst nach Dir empfindet und sich sehnt, mit dem Licht Dich, ewige Dreieinigkeit, in Deinem Licht zu sehen. Wie der Hirsch nach der Quelle lebendigen Wassers verlangt, so sehnt sich meine Seele, den finsteren Käfig des Leibes zu verlassen und Dich in Wahrheit zu schauen. Wie lange wird Dein Antlitz meinen Augen noch verborgen bleiben?

O ewige Dreieinigkeit, Feuer und Abgrund der Liebe! Zerstäube jetzt gleich die Wolke meines Leibes! Die Erkenntnis über Dich, welche Du mir in Deiner Wahrheit gewährt hast, zwingt mich zum Verlangen, die dumpfe Last meines Leibes loszulassen und mein Leben für den Ruhm und Lobpreis Deines Namens hinzugeben. Denn mit dem Licht des Verstandes habe ich in Deinem Licht Deine grundlose Tiefe, ewige Dreieinigkeit, und die Schönheit Deines Geschöpfes geschaut und verkostet. Ich betrachtete mich in Dir und sah, daß ich Dein Bild bin, weil Du, ewiger Vater, mir Anteil an Deiner Macht geschenkt hast und im Verstand auch an Deiner Weisheit, die Deinem eingeborenen Sohn zugeeignet ist. Der Heilige Geist, der von Dir und Deinem Sohne ausgeht, hat mir den Willen verliehen, damit ich fähig bin zu lieben.

Du, ewige Dreieinigkeit, bist der Schöpfer; und ich, Dein Geschöpf, habe aus der Neuschöpfung, die Du im Blut Deines Sohnes an mir vollzogen hast, erkannt, daß Du in die Schönheit Deines Geschöpfes verliebt bist.

O Abgrund, o ewige Gottheit, o tiefes Meer! Was konntest Du mir Größeres geben als Dich selbst? Du bist das Feuer, das ständig brennt und nicht verzehrt. Du bist das Feuer, das in seiner Hitze jede Eigenliebe der Seele verbrennt. Du bist die Glut, die alle Kälte wegnimmt. Du spendest helles Leuchten. Mit Hilfe Deines Lichtes hast Du mir Deine Wahrheit zu erkennen gegeben. Du bist jenes Licht über allem Licht, das dem Auge des Verstandes in solchem Überfluß und Vollendung übernatürliches Licht spendet, daß Du damit das Licht des Glaubens zum Leuchten bringst. Im Glauben sehe ich, daß meine Seele Leben hat, und empfange in diesem Licht Dich, das Licht.

Durch das Glaubenslicht erwerbe ich Weisheit in der Weisheit des Wortes, Deinem Sohn. Im Licht des Glaubens bin ich stark, standhaft und unerschütterlich. Im Licht des Glaubens hoffe ich: Laß mir die Hoffnung auf dem Weg nicht schwinden! Dieses Licht lehrt mich den Weg, und ohne es ginge ich im Dunkeln. Deshalb bat ich Dich, ewiger Vater, mich mit dem Licht des heiligen Glaubens zu erleuchten.

Dieses Licht ist wahrhaftig ein Meer, denn es nährt die Seele in Dir, Du Meer des Friedens, ewige Dreieinigkeit. Sein Wasser ist nicht aufgewühlt. Deshalb hat die Seele keine Angst, da sie die Wahrheit erkennt. Das Wasser tropft herein, um die verborgenen Dinge zu offenbaren. Wo daher Dein Glaubenslicht in reicher Fülle überströmt, gibt es der Seele gleichsam Sicherheit in dem, was sie glaubt. Es ist ein Spiegel, durch den Du mich, ewige Dreieinigkeit, erkennen läßt. In diesen Spiegel, den ich mit der Hand der Liebe halte, blicke ich. Dabei werde ich meiner in Dir gewahr, weil ich Dein Geschöpf bin, und ebenso Deiner in mir wegen der Einung, die Du zwischen Deiner Gottheit und unserem Menschsein vollbracht hast.

In diesem Licht erkenne ich Dich und halte Dich mir gegenwärtig, Du höchstes und unendliches Gut; Gut über allem Gut, glückseliges Gut, unfaßbares und unermeßliches Gut. Schönheit über jeder Schönheit; Weisheit über jeder Weisheit, bist Du doch die Weisheit selbst. Du Speise der Engel! Im Feuer der Liebe hast Du Dich an die Menschen ausgeteilt. Du Kleid, das jede Blöße bedeckt, nähre die Hungernden mit Deiner Süße! Du bist ja süß ohne jede Bitternis.

O ewige Dreifaltigkeit! Dank Deinem Licht, das Du mir gegeben hast und das ich mit dem Licht des heiligen Glaubens empfangen habe, erkannte ich durch viele und wunderbare Erleuchtungen den Weg der großen Vollkommenheit, den Du mir geebnet hast. Mit dem Licht, nicht mit der Finsternis, sollte ich Dir dienen, ein Spiegel des guten und heiligen Lebens sein und mich aus meiner armseligen Lebensart aufraffen. Ich habe Dir ja wegen meines Versagens immer im Finstern gedient. Ich habe Deine Wahrheit nicht erkannt und sie darum auch nicht geliebt. Weshalb erkannte ich Dich nicht? Weil ich Dich nicht sah mit dem glorreichen Licht des heiligen Glaubens. Denn die Wolke der Eigenliebe verdunkelte das Auge meines Verstandes. Du aber, ewige Dreieinigkeit, hast mit Deinem Licht die Finsternis zerstreut.

Wer kann Deiner Hoheit etwas hinzufügen und Dir für ein solch unermeßliches Geschenk und die großmütigen Wohltaten, die Du mir gewährt hast, und für die Lehre Deiner Wahrheit, die Du mir erteilt hast, Dank erstatten? Dies letzte ist eine besondere Gnade, die über die den anderen Geschöpfen gewährte allgemeine Gnade hinausgeht. Du wolltest zu meiner Not und der der übrigen

Geschöpfe herabsteigen, die sich darin wie in einem Spiegel erkennen können.

Antworte Du, Herr: Du selbst hast die Lehre der Wahrheit erteilt, also antworte und stelle Du selbst mich zufrieden! Gieße mir ein Gnadenlicht ein, damit ich durch dieses Licht Dir danke! Bekleide, ja bekleide mich mit Dir, ewige Wahrheit! Dann durcheile ich dieses sterbliche Leben mit wahrem Gehorsam und dem Licht des heiligen Glaubens. Mit diesem Licht berauschest Du offenbar von neuem meine Seele.

THOMAS VON KEMPEN

Aufruf der Seele

1379–1471
Benannt nach seiner niederrheinischen Heimatstadt Kempen, war er
Augustinerchorherr, geistlicher Schriftsteller und bedeutender Vertreter der »devotio moderna«, der »neuen Frömmigkeit«, einer religiösen Erneuerungsbewegung. Inzwischen wird von weiten Kreisen
in der Forschung angenommen, daß große Teile des ihm zugeschrie-
benen Buches »Von der Nachfolge Christi« aus der Feder des hollän-
dischen Bußpredigers Gerhart Groote (1340–1384) stammen.

Von der Betrachtung des menschlichen Elends

Wo immer du bist, wohin du deine Schritte lenken magst, Elend
ist dein Los, wenn du dich nicht zu Gott hinwendest. Warum ver-
lierst du die Fassung darüber, daß es nicht nach deinem Wunsche
geht? Wer ist es, dem alles nach seinem Willen ginge? Ich nicht,
auch du nicht und auch sonst kein Mensch auf Erden. Niema-
dem auf der ganzen Welt bleiben Trübsal und Jammer erspart, er
mag sich König nennen oder Papst. Wer aber ist es denn, dem es
besser erginge? Sicherlich nur der, der um Gottes willen irgendwie
zu leiden versteht.

Da kann man oft von Kranken und Schwachen hören: sieh da, wie
gut geht's jenen! Wie reich ist der, wie groß, wie mächtig, wie erhaben! Doch sieh auf die ewigen Güter, und du wirst gewahr werden, daß all dies Zeitliche nichtig ist, gänzlich unsicher, ja sogar

belastend, da man es nie ohne Furcht und Sorge besitzen kann. Des Menschen Glück besteht nicht darin, daß er zeitliche Güter im Überfluß besitzt, sondern es genügt ihm ein bescheidenes Maß.

Wahrhaftig, es ist wirklich ein Elend, auf Erden leben zu müssen. Je mehr der Mensch ein vergeistigtes Leben sucht, desto bitterer wird für ihn das gegenwärtige Dasein; denn dann erst spürt er so recht und sieht er ganz klar die Schwächen der menschlichen Verderbnis. Das Bedürfnis nämlich nach Speise und Trank, nach Wachen und Schlafen, nach Ruhe und Arbeit und die Abhängigkeit von den anderen Gesetzen der Natur, das alles bedeutet wirklich ein tiefes Elend und eine schlimme Plage für den gotterfüllten Menschen, der so gerne von all dem nichts wüßte und frei sein möchte von jeder Sünde.

Ein innerlicher Mensch wird eben durch die Bedürfnisse des Leibes in diesem Leben sehr bedrückt. Deshalb fleht der Prophet auch so inständig um Erlösung von dieser Last und ruft: »Aus meiner Drangsal befreie mich, o Herr!« Wehe aber denen, die vor ihrem eigenen Elend die Augen verschließen, und nochmals wehe denen, die sogar Freude haben an diesem elenden und vergänglichen Leben! Denn es gibt Menschen, die so sehr an diesem Leben hängen – obgleich sie es kaum durch Arbeit oder Bettel notdürftig fristen können –, daß sie sich um das Reich Gottes keinen Deut kümmerten, wenn sie nur ewig auf dieser Erde leben könnten.

Welch ein Wahnwitz, welch ein Unglaube, wenn ein Mensch so tief im Abgrund des Irdischen versinkt, daß er nurmehr an seinen Leib denkt! Furchtbar wird der Elende es dereinst zu spüren bekommen, an welch nichtigen Plunder er sein Herz gehängt hat. Die Heiligen Gottes aber und alle vertrauten Freunde des Heilands mißachteten alles, was dem Fleische gefiel und was in dieser Welt sich einen Namen machte: ihr ganzes Hoffen und Streben galt nur unvergänglichen Werten, und ihre ganze Sehnsucht richtete sich nach oben, zu den ewigen und unsichtbaren Dingen, damit die Neigung für das Sichtbare sie nicht nach unten zog. Mein

Bruder, »verliere nicht das Vertrauen« auf deinen Fortschritt im geistlichen Leben! Noch hast du Zeit, noch währt die Stunde!

Weshalb willst du deinen guten Vorsatz aufschieben? Erhebe dich, beginn auf der Stelle und sprich: Jetzt ist es Zeit, zu handeln und zu kämpfen, jetzt ist der rechte Augenblick, mich zu bessern. Und wenn es schlimm um dich steht, wenn du von Leid bedrückt bist, dann ist die Stunde der Bewährung da: »Durch Feuer und Wasser führt dein Weg, bevor du zum Ort der Erquickung gelangst.« Ja, Gewalt mußt du dir antun, sonst wirst du nicht Herr über das Böse in dir. Solange wir an diesen gebrechlichen Leib gekettet sind, sind wir der Sünde verfallen, und Schmerz und Unzufriedenheit sind unsere ständigen Begleiter. Gerne hätten wir Ruhe vor all dem Elend; da wir aber durch unsere Sündhaftigkeit die Unschuld verloren haben, sind wir auch um die wahre Glückseligkeit gekommen. So bleibt uns nichts als geduldiges Warten auf Gottes Barmherzigkeit, »bis all dies Schlimme vorüber ist« und das Leben den »Tod verschlungen hat«.

Wie groß ist doch die menschliche Gebrechlichkeit, die immer für das Böse zu haben ist. Heute bekennst du deine Sünden, morgen tust du genau das wieder, was du gebeichtet hast. Jetzt machst du den guten Vorsatz, einen Fehler zu meiden, und schon eine Stunde später handelst du, als hättest du nie einen Vorsatz gefaßt. So haben wir also Ursache genug, uns selbst zu erniedrigen und uns niemals anders als gering einzuschätzen, da wir so gebrechlich und hinfällig sind. Gar schnell kann man durch Unbedachtheit verlieren, was mit vieler Mühe und mit Gottes Gnade soeben erst erworben ward.

Was soll am Ende einmal aus uns noch werden, wenn wir so bald schon erkalten? Wehe uns, wenn wir uns so in Ruhe wiegen wollen, als gäbe es für uns schon die Sicherheit des Friedens, während kaum eine Spur wahrer Heiligkeit an unserem Wandel offenbar wird! Da wäre es wohl gut, wenn wir uns nochmals wie rechte Novizen im besten Tugendleben unterweisen ließen; vielleicht bestünde dann noch Hoffnung auf eine künftige Besserung und auf einen größeren Fortschritt im geistlichen Leben.

Vom Gedanken an den Tod

Schnell wirst du am Ziel deiner Lebensbahn sein. Sieh nur, wie es um dich bestellt ist: Heute noch ist der Mensch, morgen schon ist er nicht mehr; sobald er aber aus dem Auge ist, ist er auch gar schnell aus dem Sinn. Wie ist doch das Menschenherz so hart und stumpf, da es nur am Gegenwärtigen hängt und keinen Blick hat für die Zukunft! In deinem ganzen Denken und Tun solltest du dich eigentlich so verhalten, als stündest du eben auf der Schwelle zur Ewigkeit. Hättest du ein gutes Gewissen, der Tod wäre dir dann kaum sonderlich furchtbar. Lieber die Sünde meiden, als den Tod fürchten! Bist du heute nicht gerüstet, wie solltest du es morgen sein? Der morgige Tag ist ungewiß; kannst du wissen, ob du ihn noch erleben wirst?

Was nützt ein langes Leben, wenn wir uns nur so wenig bessern? Nein, ein langes Leben bessert nicht immer, es erhöht nur nicht selten die menschliche Schuld. Hätten wir doch auch nur einen einzigen Tag gottgefällig auf dieser Welt gelebt! Da zählen viele die Jahre nach, seit sie sich zu Gott gewendet, aber der Ertrag dieser Jahre ist gar oft ein spärlicher. Wenn der Tod schon schrecklich ist, so ist es wohl noch gefährlicher, ein allzu hohes Alter zu erlangen. Welches Glück, immer die Stunde des Hinscheidens vor Augen zu haben und sich täglich zum Sterben zu rüsten! Hast du je schon einmal einen Menschen verscheiden sehen, so denk daran: auch du wirst einmal den gleichen Weg wandern müssen!

Des Morgens stell dir vor, du würdest den Abend nicht erleben, und ist es Abend geworden, dann getrau dich nicht, mit dem Morgen sicher zu rechnen! Du sollst also stets gerüstet sein und so leben, daß dich der Tod nie unvorbereitet findet. Viele sterben plötzlich und unvermutet; denn »zu einer Stunde, da man es nicht glaubt, wird der Menschensohn kommen«. Hat aber diese letzte Stunde einmal geschlagen, dann wirst du in vielen Dingen von deinem ganzen vergangenen Leben anders zu denken beginnen, und es wird dir dann viel Schmerz bereiten, daß du so unbekümmert und so träge warst.

Wie glücklich und weise ist der, der sich sein Leben lang so zu sein bemüht, wie er bei seinem Hinscheiden befunden werden will! Denn auf eine glückliche Todesstunde wird getrost hoffen dürfen, wer die Welt vollkommen verachtet, wer vor Verlangen glüht, in seinem Tugendleben fortzuschreiten, wer Zucht und Ordnung liebt, wer um den Geist der Buße ringt, sich im Gehorsam gerne übt, sich selbst verleugnet und in allem Leid Geduld bewahrt um Christi Liebe willen. In gesunden Tagen kannst du viel Gutes wirken; doch ist dein Körper einmal krank und schwach, so weiß ich nicht, was du vermagst. Wenige nur werden durch körperliches Leid gebessert, wie man auch durch häufige Wallfahrten nur selten an Heiligkeit gewinnt.

Verlaß dich nicht auf Freunde und Verwandte und verschiebe nicht auf die Zukunft, was dir Rettung bringen soll! Denn rascher als du glaubst, werden dich die Menschen vergessen. Besser jetzt beizeiten vorgesorgt und eine gute Tat vorausgesandt, als auf Menschenhilfe gebaut! Trägst du heute keine Sorge für dich selbst, wer soll in Zukunft für dich sorgen? *Jetzt* ist eine kostbare Zeit, »*jetzt* sind die Tage des Heils, *jetzt* ist die Zeit gnadenreichen Empfangens«. Wie traurig, daß du dieses »Jetzt« nicht besser zu nützen weißt, wo du dir so das ewige Leben verdienen könntest! Es kommt einmal die Zeit, da du dir einen einzigen Tag, ja auch nur eine Stunde wünschest, um gutzumachen, was du gefehlt; doch ich weiß nicht, ob sich dein Wunsch erfüllt.

Wohlan, Freund, von welch schlimmer Gefahr kannst du dich befreien, welch drückender Furcht dich entziehen, wenn du jetzt immer sorgsam bist und den Tod im Auge behältst! Gib dir alle Mühe, so zu leben, daß du dich in deiner Sterbestunde freuen kannst, statt dich fürchten zu müssen. Jetzt lerne der Welt abzusterben, auf daß du im Sterben mit Christus zu leben beginnst! Jetzt lerne alles geringschätzen, auf daß du dann frei von jeder Fessel zu Christus eilen kannst! Jetzt geißle deinen Leib mit der Zuchtrute der Buße, daß du dich dann untrüglicher Hoffnung zu erfreuen vermagst!

Du Narr! Wie kannst du auf ein langes Leben rechnen, wenn dir nicht ein einziger Tag sicher ist? Wie viele schon haben sich bitter getäuscht und mußten völlig unverhofft von hinnen scheiden! Wie oft hat man schon sagen hören: der fiel im Kampfe, jener ertrank, der stürzte irgendwo herunter und brach sich den Hals, ein anderer erstickte beim Essen und jenen ereilte der Tod beim Spiel. Den einen raffte das Feuer hinweg, den andern das Schwert, einen dritten die Seuche und einen vierten ein Verbrechen; und so ist das Ende für alle der Tod, und »des Menschen Leben eilt wie ein flüchtiger Schatten vorüber«.

Wer wird sich deiner entsinnen, wenn du gestorben bist, wer wird ein Gebet für dich übrig haben?

Auf, mein Freund, jetzt tu, was du kannst! Deine Todesstunde kennst du ja nicht, und was auf dich hernach wartet, das weißt du nicht. Jetzt, solange du Zeit hast, sammle dir unvergängliche Schätze! Das ewige Heil sei dein einziger Gedanke, das Reich Gottes deine einzige Sorge! Jetzt erwirb dir Freunde, indem du die Heiligen Gottes verehrst und sie dir zum Vorbild nimmst, damit sie dich »in die ewigen Wohnungen aufnehmen«, wenn du aus diesem Leben scheidest!

Sei immer »wie ein Pilger auf dieser Erde und wie ein Fremdling«, den die Unmuße der Welt nicht kümmert. Dein Herz halte dir frei und richte es stets empor zu Gott; denn »hier hast du keine bleibende Wohnstatt«. Dorthin sende täglich deine Gebete, deine Seufzer und deine Tränen, damit dein Geist sich die glückliche Heimkehr zu Gott verdiene, wenn du einmal gestorben bist. Amen!

Von der inneren Umkehr

»Das Reich Gottes ist in euch selbst«, spricht der Herr. Aus der Tiefe deines Herzens wende Dich zu ihm und kehre dieser Welt und ihrem Elend den Rücken; so nur wird deiner Seele Ruhe werden! Lerne deine Umwelt verschmähen und dich deiner Innenwelt hingeben, und du wirst sehen, wie Gottes Reich in dich einzieht. Denn dieses Gottesreich ist »der Friede und die Freude im Heiligen Geiste« und es bleibt den Gottlosen verwehrt. Ja, Christus wird zu dir kommen und wird dir Seine Tröstung weisen, wenn du Ihm eine würdige Herberge schaffst in deinem Herzen. »All Sein Ruhm und Seine ganze Herrlichkeit quillt aus dem Innern«, und dort wohnt Er auch gerne. Bei einem innerlichen Menschen kehrt Er häufig ein; süß ist dann Seine Rede und wohltuend Seine Tröstung, alles umhüllt Sein Friede, und Seine Vertraulichkeit macht uns wahrhaftig erstaunen.

Komm, du getreue Seele, schmücke dein Herz diesem Liebsten, auf daß Er sich würdige, zu dir zu kommen und in dir zu wohnen! Denn also spricht Er: »Wenn mich einer liebt, so wird er mein Wort bewahren, und Ich werde zu ihm kommen und werde Wohnung bei ihm nehmen.« So mache denn Platz für Christus, und alles andere treibe von der Schwelle! Hast du Christus in dir, so bist du reich und hast genug. Er selbst wird dich dann versorgen und in allem betreuen, so daß du es nicht nötig hast, auf Menschen deine Hoffnung zu setzen. Denn schnell wandeln sich die Menschen, und bald werden sie untreu. »Christus« aber »bleibt in Ewigkeit« und steht uns unerschütterlich zur Seite bis ans Ende.

Auf einen gebrechlichen, dem Tode verfallenen Menschen darf man kein großes Vertrauen setzen, mag er dir noch so nützlich und teuer sein; und du darfst nicht sehr traurig sein, wenn er bisweilen in Wort und Tat dein Gegner wird. Wer heute dein Freund ist, kann morgen dein Feind sein, bald hierhin und bald dorthin gewendet wie der Hauch des Windes. Dein ganzes Vertrauen setz' auf Gott, und Er sei deine Furcht und deine Liebe. Er selbst wird deine Verantwortung übernehmen und wird es recht machen, wie es für dich am besten ist.

»Hier ist dir keine Bleibe beschieden«, und wo du auch wandelst, »ein Fremdling bist du«, und vorbei führt dein Weg, und nie wird dir Ruhe gegönnt sein, bist du mit Christus nicht traulich vereint.

Was blickst du im Kreise, da du doch hier nirgends Ruhe finden kannst? Droben im Himmel muß deine Wohnung sein, und alles Irdische darfst du nur wie am Wegrand betrachten. – Alles geht vorbei, und genauso auch dein Leben. Sieh zu, daß du dich nicht darin verstrickst; sonst bist du gefangen und gehst zugrunde!

»Beim Allerhöchsten mögen deine Gedanken verweilen«, und dein Beten dringe unaufhörlich zu Christus hinan. Ist es dir aber nicht gegeben, die himmlische Erhabenheit zu schauen, dann such deine Ruhe in Christi Leben und bescheide dich gern an Seinen heiligen Wunden! Nimmst du nämlich wirklich in aller Demut bei den Wunden und den kostbaren Leidensmalen Jesu Zuflucht, so wirst du in deiner Not eine erhebliche Stärkung erfahren; der Spott der Menschen wird dich wenig kümmern, und alle Schmähungen wirst du dann leicht zu ertragen wissen.

Auch Christus war in seinen Erdentagen gering geschätzt von den Menschen, und in Seiner schwersten Stunde ward er von Bekannten und Freunden im Stich gelassen – allein inmitten aller Schmach. Christus suchte das Leiden und die Verachtung – und du wagst es noch, den Mund zu irgendwelcher Klage aufzutun? Christus hatte seine Widersacher und mußte Gegenrede hinnehmen, und du willst nur lauter Freunde und Wohltäter um dich haben? Wie soll sich deine Geduld den Preis verdienen, wenn ihr nichts Widriges in den Weg käme? Willst du kein Ungemach erleiden, wie sollst du da Christi Freund werden? Bleibe getreu mit Christus und für Christus, wenn du mit Christus erhöht sein willst!

Wärest du nur ein einziges Mal zutiefst eingedrungen in Jesu Herz und hättest du nur ein klein wenig von Seiner glühenden Liebe verspürt, so ginge es dir nimmer um dein eigen Wohl und Wehe, dann hättest du vielmehr Freude an aller erlittenen Schmach; denn die Liebe Jesu bringt den Menschen dazu, sich selbst zu verachten.

Wer Jesus in Liebe ergeben ist und nach der Wahrheit eifert, wer wirklich in sich gekehrt ist und alle ungeordneten Neigungen abgelegt hat, dem steht der Weg offen, sich zu Gott zu wenden und, sich im Geiste über sich selbst erhebend, die Frucht der Ruhe zu ernten.

Wer alles so empfindet, wie es tatsächlich ist, nicht wie es die Menschen vormachen oder einschätzen, der hat das rechte Wissen, mehr von Gott belehrt als von den Menschen. Wer aus seinem Inneren zu leben und, was außen ist, gering zu schätzen weiß, der fragt nicht nach besonderen Orten und wartet nicht auf besondere Stunden für seine frommen Übungen. Ein innerlicher Mensch sammelt sich schnell, denn nie gibt er sich ganz dem Äußerlichen hin. Keine äußere Arbeit ist ihm im Wege, auch keine unmittelbar drängende Verpflichtung, sondern wie die Dinge kommen, so paßt er sich ihnen an. Wer in seinem Inneren den rechten Geist und die rechte Ordnung hat, den kümmert kein noch so wunderliches und albernes menschliches Gebaren. Nur soweit wird der Mensch von den Dingen behindert und zerstört, als er sie an sich herankommen läßt.

Stünde es gut um dich und wärest du wohl geläutert, dann gereichte dir alles zum Guten und würde dir alles zum Fortschritt. Nur deshalb macht dir vieles Verdruß und bringt dich sooft aus der Ruhe, weil du immer noch nicht vollkommen dir selbst erstorben bist und weil du nicht alle irdischen Bande gelöst hast. Nichts befleckt und umgarnt des Menschen Herz so sehr wie die unreine Liebe, die ihn an Irdisches bindet. Verwehrst du dir äußeren Trost, dann wirst du die himmlische Herrlichkeit schauen und häufig Feste des Jubels in deinem Herzen feiern können.

Von der demütigen Unterordnung

Wer für dich ist oder gegen dich, darauf lege kein großes Gewicht; einzig darnach eifere und darum sorge dich, daß Gott in allem, was du tust, bei dir ist! Bewahre dir ein reines Gewissen, und Gott wird dir ein getreuer Sachwalter sein. Über wen nämlich Gott Seine Hand halten will, an dem wird jede noch so abgründige Bosheit zuschanden werden. Verstehst du es nur, schweigend zu dulden, dann »wirst du die Hilfe des Herrn gewahr werden« – das steht außer Zweifel. Nur Er weiß es, wann und wie du gerettet sein sollst, und deshalb mußt du dich ihm ganz und gar überantworten. »In Gott ist das Heil« und die Rettung aus allem Übel.

Oft ist es gar nützlich, um die Demut in uns zu vertiefen, daß unsere Mitmenschen unsere Fehler kennen und dagegen auftreten.

Demütigt sich ein Mensch ob seiner Gebrechen, dann ist es ihm leicht, andere zu begütigen und diejenigen zu beruhigen, die ihm zürnen. Über einen Demütigen hält Gott seine Hand, und ihn erlöst Er vom Übel; den Demütigen hat Er lieb und ihm spendet Er Seinen Trost; ihm neigt Er sich und schenkt ihm die Fülle der Gnade; aus seiner Erniedrigung erhebt Er ihn empor zu Glanz und Ehre. Dem Demütigen enthüllt Er sogar Seine Geheimnisse, ihn ruft Er freundlich und holt ihn zu sich heran. Der Demütige ist auch in der Anfechtung im Frieden wohl geborgen; denn sein Halt ist Gott, nicht die Welt.

Solange du nicht das lebendige Gefühl hast, daß du geringer bist als alle anderen, solange darfst du nicht an irgendeinen Fortschritt denken. –

Von gütigen und friedfertigen Menschen

Zuerst halte dich selbst im Frieden, dann erst wirst du anderen den Frieden schenken können! Ein Mensch, der den Frieden in sich trägt und ihn ausstrahlt, hat mehr zu bedeuten als ein großer Gelehrter. Ein von Leidenschaften zerwühlter Mensch dagegen läßt auch aus Gutem Böses werden und verschwendet seinen Glauben leicht an Schlimmes, während ein gütiger und friedvoller Mensch alles zum Guten wendet.

Wer im Frieden wohlgegründet ist, der denkt von niemandem Schlimmes. Wer aber gerne nörgelt und unruhigen Sinnes ist, den jagt bald dieser, bald jener Argwohn; er findet selbst keine Ruhe und läßt andere keine finden. Oft sagt er, was er besser nicht sagte, und unterläßt, was er besser täte. Er macht sich darüber Gedanken, was andere eigentlich tun sollten, und vergißt dabei seine eigene Pflicht.

Zuvördest also richte deinen Eifer auf dich selbst, dann erst hast du das Recht, auch deinen Nächsten damit zu bedenken!

Du bist ein Meister darin, dein Tun zu entschuldigen und zu beschönigen, bei deinem Nächsten aber läßt du keine Entschuldigung gelten. Besser wäre es, du wolltest dich verklagen und deinen Bruder verteidigen. Willst du Last sein, so sei auch Träger!

Sieh doch, wie weit du immer noch von der wahren Liebe und Demut entfernt bist, die gegen niemanden Zorn oder Unwillen kennt als gegen dich selbst!

Mit guten und handsamen Menschen umzugehen, das will nicht viel bedeuten; das liegt einem jeden von Natur aus, denn ein jeder hat gerne Frieden und gibt Gleichdenkenden und Gleichgesinnten den Vorzug. – Aber mit eigensinnigen und verkehrten Menschen, ohne Selbstzucht und voll Widerspruchsgeist, gut auszukommen, das ist eine große Gnade und ist erhaben über alles Lob, ja eines Helden würdig.

Es gibt Menschen, die sich selbst im Frieden halten und ihn auch mit anderen bewahren. – Es gibt aber auch Menschen, die ihn weder selbst haben noch anderen gönnen: eine schwere Bürde sind sie ihren Mitmenschen, am meisten aber sich selbst. – Wieder andere halten sich selbst im Frieden und bemühen sich dazu noch, andere zu ihm zurückzuführen. Doch aller Friede, der uns in diesem elenden Leben beschieden sein kann, gründet sich mehr auf demütige Leidensbereitschaft als auf Empfindungslosigkeit gegenüber dem Ungemach. – Wer die Kunst zu leiden am besten versteht, der wird den höchsten Frieden gewinnen; der ist Sieger über sich und Herr der Welt, Christi Freund und Erbe des Himmels!

Vom lauteren Herzen
und vom einfältigen Wollen

Einfalt und Lauterkeit sind die beiden Schwingen, auf denen sich das Menschenherz über das Irdische erhebt. Einfalt soll unseren Willen erfüllen, Lauterkeit unser Empfinden. Die Einfalt sucht Gott, die Lauterkeit findet Ihn und nimmt Ihn in sich auf. Dabei wird dir keine gute Tat im Wege sein, wenn du nur innerlich frei bist von allen losen Trieben. Und hast du nichts anderes als Ziel vor Augen als Gottes Wohlgefallen und deines Nächsten Wohlergehen, dann bist du ganz im Genusse deiner inneren Freiheit.

Stünde es gut um dein Herz, dann wäre dir jedes Geschöpf ein Spiegel des Lebens und ein Buch heiliger Lehre. Kein Geschöpf ist so gering und so unbedeutend, daß es nicht ein Abbild von Gottes Güte wäre.

Wärest du in deinem Innern gut und rein, dann könntest du alles ohne Trübung sehen und klar erkennen. Ein reines Herz dringt durch Himmel und Hölle. – Wie einer in seinem Innern ist, so urteilt er von den Dingen um ihn.

Gibt es aber wirklich eine Freude in dieser Welt, dann fürwahr besitzt sie der Mensch, der lauteren Herzens ist. Und wenn es irgendwo Trübsal und Angst gibt, dann weiß ein böses Gewissen am besten darüber zu sprechen.

Wie das Eisen im Feuer den Rost verliert und gänzlich von der Glut durchdrungen wird, so löst sich der Mensch, der sich Gott ohne Vorbehalte hingibt, von aller stumpfen Regungslosigkeit und wandelt sich in einen neuen Menschen.

Sobald der Mensch laut zu werden anfängt, gerät er schon vor dem geringsten Ungemach in Angst und trägt Verlangen nach äußerlichem Trost; macht er aber wirklich Ernst mit der Selbstüberwindung und beginnt er, männlich Gottes Weg zu wandeln, dann verliert für ihn an Gewicht, was er ehedem als drückende Last empfand.

Von der Wachsamkeit über sich selbst

Wir dürfen auf uns nicht allzusehr vertrauen, da uns oft die Gnade mangelt und das rechte Gefühl. »Nur ein schwaches Lichtlein« glimmt in uns, und bei der geringsten Unachtsamkeit verlöscht es ganz. Oft kommt es uns auch gar nicht zum Bewußtsein, wie blind wir innerlich sind. Und oft machen wir unsere Sache schlecht und verschlimmern sie noch, indem wir unsere Schuld abstreiten. Wenn uns zuweilen die Leidenschaft antreibt, so halten wir dies schon für Eifer. An anderen tadeln wir geringe Fehler, unserer eigenen schweren Fehler aber achten wir kaum. Gar schnell verspüren wir es, was uns andere zumuten, und wir wägen es sogleich sorgfältig ab; was aber andere von uns auszustehen haben, das macht uns kein Bedenken.

Wollte einer sein eigenes Verhalten gerecht und genau abwägen, dem verginge die Lust, mit seinen Mitmenschen scharf ins Gericht zu gehen.

Ein innerlicher Mensch ist zuerst wachsam über sich selbst, bevor er sich um andere kümmert; und wer es ernst meint mit sich selber, ist von anderen gerne still. Nie wirst du ein nach innen gerichteter gottergebener Mensch werden, wenn du nicht zu schweigen weißt über Dinge, die dich nicht berühren, und nicht auf dich selbst vor allem achtest. Ist dein Sinnen ganz auf dich und Gott gerichtet, dann wird dich wenig kümmern, was du um dich herum wahrnimmst.

Wo bist du denn, wenn du dir selbst nicht gegenwärtig bist? Und wenn du überall gewesen bist, doch bei dir selber nicht, was hättest du gewonnen? Willst du den Frieden und willst du wahrhaftig eins werden mit dir selbst, dann mußt du alles übrige hintansetzen und nur dich selbst als Ziel vor Augen haben.

Doch viel, sehr viel wirst du gewinnen, wenn du von aller Erdensorge dich befreist und diese Freiheit wahrst. Groß jedoch ist dein Verlust, wenn du um Zeitliches dich abtust. Nichts sei dir von Bedeutung, nichts erhaben, nichts willkommen oder angenehm als

Gott allein, oder was Er selbst dir schickt. Alles sei dir eitler Trug, was immer eine Kreatur dir an Tröstung bieten kann. Eine Seele, die Gott in Liebe umfängt, verachtet alles, was weniger ist als Gott. Einzig der Ewige, der Unermeßliche, der alles erfüllt, ist Trost für die Seele und wahre Freude für dein Herz.

Vom Glück des guten Gewissens

»Die Ehre eines guten Menschen ist das Zeugnis eines guten Gewissens.« Bewahre dir dieses gute Gewissen, und du wirst immer in Freuden leben. Ein gutes Gewissen vermag sehr viel zu ertragen und ist voll Fröhlichkeit mitten im Ungemach. Ein schlechtes Gewissen aber ist immer von Angst und Unruhe gequält. Gar süß wirst du ruhen, »wenn dein Gewissen dich nicht tadelt«. Freue dich nur dann, wenn du gut handelst! Für böse Menschen gibt es nie wirklichen Frohsinn, und der innere Friede bleibt ihnen fern; denn »den Gottlosen wird kein Friede«, spricht der Herr. Und wenn sie auch sagten: »Unser ist der Friede, nichts Schlimmes wird über uns kommen, wer sollte es wagen, uns zu schaden?« – glaub ihnen nicht! Denn auf einmal wird Gottes Zorn erwachen, und ihre Werke und »Gedanken werden in nichts zerstieben«.

»Sich zu rühmen in der Bedrängnis« ist nicht schwer für den, der die Liebe hat; denn solches Rühmen heißt nichts anderes als »sich rühmen im Kreuz des Herrn«. Nur kurz ist die Ehre, die Menschen vergeben und empfangen, und immer haftet ihr ein Leid an. Die Ehre der Guten aber ruht in ihrem Gewissen, nicht im Munde der Menschen. Und ihr Frohsinn ist auf der Wahrheit gegründet.

Wer nach echtem und ewigem Ruhm begehrt, der kümmert sich nicht um den zeitlichen; und wer den zeitlichen sucht oder nicht im Grunde des Herzens verachtet, der zeigt deutlich, daß ihn der himmlische durchaus nicht kümmert.

Eine tiefe Ruhe trägt der im Herzen, der sich weder aus Lob noch aus Tadel etwas macht.

Wer ein reines Gewissen hat, wird leicht zufrieden und friedvoll sein. Das Lob macht dich nicht besser, der Tadel nicht schlechter. Wie du bist, so bist du; und man kann dir keinen größeren Namen geben, als den du vor Gottes Angesicht trägst.

Wenn du darauf achtest, was du vor dir selbst in deinem Innern bist, dann wirst du dich nicht darum kümmern, was die Menschen von dir sprechen. Der Mensch sieht in das Gesicht, »Gott aber sieht ins Herz«. Vor den Menschen gelten die Taten, vor Gott die Gesinnung. Immer recht handeln und sich gering einschätzen, das ist das Kennzeichen eines demütigen Herzens. Doch allen Trost von der Welt zu verschmähen, dazu gehört schon große Lauterkeit und ein tiefgründiges Gottvertrauen.

Wer für sich kein Zeugnis von der Welt begehrt, der hat sich freilich ganz dem Herrn anheimgegeben. »Denn nicht wer sich selbst empfiehlt, hat bestanden« – so spricht St. Paulus –, »sondern der, den Gott empfiehlt.« Mit Gott im Herzen zu wandeln und der Welt durch keinerlei Neigung verhaftet zu sein, das also macht den innerlichen Menschen aus.

All unser Hoffen und Vertrauen
soll Gott allein gelten

Herr, worauf soll ich meine Zuversicht bauen in diesem Leben? Wo finde ich den größten Trost unter all dem, was der Himmel überwölbt? Bist es nicht Du, mein Herr und mein Gott, dessen Erbarmen kein Ende hat? Wo fühlte ich mich glücklich ohne Dich? Oder wo könnte es mir je schlecht ergehen mit Dir? Lieber um Deinetwillen ein Bettler als ohne Dich ein Reicher! Lieber mit Dir durch die Welt pilgern als ohne Dich den Himmel besitzen! Wo Du bist, da ist der Himmel, wo Du nicht bist, da sind Tod und Hölle. Dich begehrt meine Seele, und so muß ich nach Dir seufzen, nach Dir rufen und zu Dir flehen. Auf niemanden kann ich ja so ganz vertrauen als auf Dich allein, mein Gott! In jeder Not finde ich Hilfe bei Dir zur rechten Zeit. Du bist meine Hoffnung und meine Zuversicht, Du mein Tröster und mein getreuester Freund, mag kommen, was will!

»Alle suchen das Ihre«; Du aber trägst nur Sorge für mein Heil und daß ich wachse im Guten; und Du fügst alles zu meinem Wohl. Magst Du mich auch mancherlei Versuchungen und Bedrängnissen preisgeben, so läßt Du das alles zu meinem Besten geschehen; Du hast ja tausend Möglichkeiten, den auf die Probe zu stellen, den Du liebst. Und darob verdienst Du nicht weniger Liebe und Ehre, als wenn Du mich mit himmlischer Tröstung erfüllst.

Auf Dich also, mein Herr und Gott, baue ich all mein Hoffen, Du bist meine Zuflucht, und all meine Trübsal und Angst befehle ich in Deine Hände; denn schwach und brüchig dünkt mich alles, was ich außer Dir erblicke.

Eine Menge von Freunden – sie nützen mir nicht, und ein Heer von tüchtigen Helfern – sie helfen mir nicht! Umsonst alle guten Berater – sie können mir nicht gut raten, und alle gelehrten Bücher – sie wissen keinen Trost! Kein kostbarer Schatz vermag mir Freiheit zu bringen, kein noch so abgeschiedener und lieblicher Ort kann mich schützend verbergen – wenn Du mir nicht Beistand, Hilfe, Stärke, Trost, Belehrung und Schutz verleihst.

Was immer ohne Dich nach Frieden und Seligkeit aussieht, ist nichts und kann in Wahrheit keinen Funken echten Glücks entzünden.

So bist denn Du das Endziel alles Guten, der Gipfel des Lebens und der Urgrund aller Verheißung; und es gibt keinen stärkeren Trost für Deine Diener, als alles andere beiseite zu lassen und allein auf Dich zu hoffen.

An Dir haftet mein Auge, meine Zuversicht bist Du, mein Gott, »Vater allen Erbarmens«! Deinen himmlischen Segen spende meiner Seele und mache sie heilig, daß sie auch eine heilige Wohnung für Dich sei und eine Stätte Deiner ewigen Herrlichkeit, und daß im Tempel Deiner Majestät nichts Dein erhabenes Auge störe.

»Nach der Fülle Deiner Güte und nach der Größe Deines Erbarmens sieh auf mich« und erhöre das Beten Deines armseligen Knechtes, der fern von Dir »im Schatten des Todes« die Luft der Verbannung atmet! Schütze und erhalte Du die Seele Deines geringen Knechtes inmitten so vieler Gefahren dieses vergänglichen Lebens! Mit Deiner Gnade geleite mich und lenke meine Schritte auf dem Wege des Friedens zur Heimat des ewigen Lichtes! Amen.

Wir sollen in allen Dingen Gott suchen und finden

1491–1556
Der Begründer des Jesuiten-Ordens war zunächst spanischer Offizier; er erlebte nach schwerer Verwundung religiöse Einkehr. In seiner Anleitung »Spirituelle Übungen« schrieb er den Weg seiner inneren Wandlung nieder. In Ignatius von Loyola vereinigten sich geistige Tiefe, Organisationsgabe, seelsorgerische Tätigkeit und die Fähigkeit, Menschen zu führen.

Was ist geistliches Leben?

Vor allem aber: vergessen Sie nie, daß Gott der Herr Sie liebhat. Daran kann ich gar nicht zweifeln. Erwidern Sie ihm mit gleicher Liebe. Machen Sie nicht viel Wesens aus häßlichen oder sinnlichen Gedanken, aus dem Gefühl der Schwäche oder der Lauheit, wenn dies alles gegen Ihren Willen kommt. Von allen diesen oder doch von fast allen diesen Regungen sich frei zu machen ist nicht einmal einem heiligen Petrus oder einem heiligen Paulus gelungen. Aber wenn man davon auch niemals frei werden kann – viel erreicht man schon dadurch, daß man den ganzen Geschichten keine zu große Beachtung schenkt. Genauso wie ich mein Seelenheil nicht wirken kann durch die guten Werke der guten Engel, kann ich auch niemals verdammt werden wegen der schlechten Gedanken oder der Schwächen, die die bösen Engel, die Welt und das eigene Fleisch mir vorspiegeln: wenn nur meine Seele Gott unseren Herrn allein liebt und sich Seiner Göttlichen Majestät gleichförmig macht. Ist aber die Seele auf diese Weise gottförmig geworden, so wirkt sie selbst auf den Leib über und macht ihn, ob er mag oder nicht mag, dem göttlichen Willen untergeordnet. Darin besteht unser immer härterer Kampf – aber auch das immer größere Wohlgefallen der ewigen und höchsten Güte.

Niemals ein gutes Werk verschieben, weil es nur unbedeutend sei, im Gedanken, zu gelegener Zeit größere Werke zu tun. Das ist nämlich eine gar gewöhnliche Versuchung des Bösen Feindes, uns immer die Vollkommenheit kommender Großtaten vorzuspiegeln und uns so dazu zu verleiten, daß wir verachten, was vor der Hand liegt.

Da Sie mit Leib und Seele Ihrem Schöpfer und Herrn gehören, müssen Sie für das Ganze gute Rechenschaft ablegen können und dürfen deshalb nicht die leibliche Gesundheit schwächen. Denn ist einmal der Leib geschwächt, so kann die Seele ihre Tätigkeit nicht mehr frei entfalten. Gewiß lobe ich das Fasten, das mit so viel Abbruch und Verzicht auf gewöhnliche Speisen verbunden ist, und ich habe mich eine Zeitlang darüber gefreut, aber für die Zukunft kann ich es nicht mehr loben, da ich sehe, daß Ihr Magen bei all dem Fasten und Abstinenzhalten nicht mehr richtig funktioniert und kein Fleisch oder andere für die Erhaltung der Körperkräfte notwendigen Nahrungsmittel verträgt. Vielmehr meine ich, Sie sollten auf jede Weise Ihre Gesundheit zu kräftigen suchen; essen Sie etwas Fleisch, wie der Arzt es Ihnen erlaubt und sooft es Ihnen gut tut, wenn es ohne Ärgernis geschehen kann. Denn soweit müssen wir den Leib pflegen und lieben, als er der Seele dient und hilft und sie damit für den Dienst und die Verherrlichung unseres Schöpfers und Herrn tauglicher macht.

Wenn das körperliche Befinden durch allzu große Anstrengungen gefährdet ist, ist es deshalb besser, die Gnadengaben durch innere Akte und durch andere maßvolle Übungen zu suchen. Denn nicht nur die Seele soll gesund sein; sondern wenn eine gesunde Seele in einem gesunden Körper wohnt, wird der ganze Mensch gesünder sein und befähigter zum größeren Dienst Gottes.

Denn ohne Zweifel ist mehr Tugend und Gnade darin, sich seines Herrn in verschiedenen Geschäften und an verschiedenen Orten freuen zu können, als eben nur an einem, am Betstuhl. Zu diesem Ziele müssen wir uns gar sehr die Hilfe der göttlichen Güte zunutze machen.

Denn wenn Menschen sozusagen aus sich selbst ausgehen, um ganz in ihren Schöpfer und Herrn einzugehen, so werden sie in heiligem Trost und steter Sammlung inne, wie unser ewiges Gut in allem wohnt, was da geschaffen ist, durch sein unendliches Sein und Wirken allem Dasein und Erhaltung schenkend. Und so glaube ich auch von Ihnen, daß Sie in vielen Dingen geistliche Erhebung finden. Wer Gott aus ganzer Seele liebt, den fördert alles, so daß er immer mehr gewinnt und zu stets innigerer Liebeseinigung mit seinem Schöpfer und Herrn emporsteigt.

Wir sollen in allen Dingen Gott suchen und finden

Bei denjenigen, die von Todsünde zu Todsünde gehen, ist der Feind gemeinhin gewohnt, ihnen scheinbare Annehmlichkeiten vorzulegen, und läßt sie sich sinnliche Vergnügen und Annehmlichkeiten vorstellen, um sie mehr in ihren Lastern und Sünden zu erhalten und zu mehren. Und bei diesen Personen wendet der gute Geist die entgegengesetzte Weise an, indem er ihnen durch die Urteilskraft der Vernunft die Gewissen sticht und beißt.

Bei denjenigen, die intensiv dabei sind, sich von ihren Sünden zu reinigen und im Dienst Gottes, unseres Herrn, vom Guten zum Besseren aufzusteigen, ist es die umgekehrte Weise wie in der ersten Regel. Denn dann ist es dem bösen Geist eigen, traurig zu machen und Hindernisse aufzustellen, indem er mit falschen Gründen beunruhigt, damit man nicht weitergehe. Und es ist dem guten Geist eigen, Mut und Kräfte, Tröstungen, Tränen, Eingebungen und Ruhe zu schenken, indem er erleichtert und alle Hindernisse entfernt, damit man in guten Werken weiter vorangehe.

Ich nenne es »Tröstung«, wann in der Seele irgendeine innere Regung verursacht wird, mit welcher die Seele dazu gelangt, in Liebe zu ihrem Schöpfer und Herrn zu entbrennen; und weiterhin, wann sie kein geschaffenes Ding auf dem Angesicht der Erde in sich lieben kann, sondern nur im Schöpfer von ihnen allen. Ebenso, wann sie Tränen vergießt, die zu Liebe zu ihrem Herrn bewegen, sei es aus Schmerz über ihre Sünden oder über das Leiden Christi, unseres Herrn, oder über andere Dinge, die geradeaus auf seinen Dienst und Lobpreis hingeordnet sind. Überhaupt nenne ich »Tröstung« alle Zunahme an Hoffnung, Glaube und Liebe und alle innere Freudigkeit, die zu den himmlischen Dingen ruft und hinzieht und zum eigenen Heil seiner Seele, indem sie ihre Ruhe und Frieden in ihrem Schöpfer und Herrn gibt.

Ich nenne »Trostlosigkeit« das ganze Gegenteil der dritten Regel, wie Dunkelheit der Seele, Verwirrung in ihr, Regung zu den niederen und irdischen Dingen, Unruhe von verschiedenen Bewegungen und Versuchungen, die zu Unglauben bewegen, ohne Hoffnung, ohne Liebe, wobei sich die Seele ganz träge, lau, traurig und wie von ihrem Schöpfer und Herrn getrennt findet. Denn wie die Tröstung der Trostlosigkeit entgegengesetzt ist, so sind auf die gleiche Weise die Gedanken, die von der Tröstung ausgehen, den Gedanken entgegengesetzt, die von der Trostlosigkeit ausgehen.

Der Feind schaut sehr darauf, ob eine Seele grob oder fein ist. Und wenn sie fein ist, bemüht er sich, sie noch mehr zum Extrem zu verfeinern, um sie mehr zu verwirren und durcheinanderzubringen. Wenn die Seele grob ist, bemüht sich der Feind, sie noch gröber zu machen. Zum Beispiel: wenn sie sich vorher aus den läßlichen Sünden nichts machte, wird er sich bemühen, daß sie sich aus den Todsünden wenig mache; und wenn sie sich vorher etwas daraus machte, daß sie es jetzt viel weniger oder gar nicht tue.

Die Seele, die im geistlichen Leben Nutzen ziehen will, muß immer in entgegengesetzter Weise vorangehen, als der Feind vorangeht. Wenn nämlich der Feind die Seele gröber machen will, bemühe sie sich, sich zu verfeinern. Und ebenso, wenn der Feind sie zarter machen will, um sie zum Extrem zu bringen, so bemühe sich die Seele, sich in der Mitte zu festigen, um in allem ruhig zu werden.

Wir sind nur Gast auf Erden

1417-1487
»Bruder Klaus«, wie Niklaus von (der) Flüe volkstümlich heißt, war ein Schweizer Bauer, Richter und Ratsherr, der ab 1467 zum Einsiedler im Ranft in der Zentralschweiz wurde, wo er sich in religiöse Exerzitien vertiefte. Seine moralische Autorität machte ihn zum viel gesuchten politischen Ratgeber und Vermittler in schwierigen Streitfällen.

Lilienvision

...Als er bald darauf (nachdem ihn der Teufel in die Dornen geworfen) auf die Weide ging, um sein Vieh zu besichtigen, setzte er sich auf die Erde und begann nach seiner Gewohnheit von ganzem Herzen zu beten und sich himmlischer Beschauung zu überlassen. Da sah er auf einmal eine glänzende weiße Lilie aus seinem Munde hervorwachsen, sie reichte bis zum Himmel und verbreitete einen wundersamen Wohlgeruch. Wie aber kurz darauf sein Vieh (aus dessen Ertrag er seine ganze Familie ernährte) vorüberzog und er sein Gesicht ein wenig neigte und ein Pferd, das aus den andern hervorstach, überlegend ins Auge faßte, sah er, wie *die Lilie, die aus seinem Mund hervorging*, sich über das Pferd beugte und *von dem Tier* im Vorübergehen vollständig *weggeschnappt wurde*. Durch diese Erscheinung belehrt, erkannte er, daß der Reichtum, den man im Himmel anlegt, von denjenigen, die nach Glücksgütern jagen, durchaus nicht gefunden wird, oder daß die himmlischen Güter, wenn sie mit den Sorgen und Kümmernissen dieses Lebens vermengt werden, ersticken müssen gleich dem Samen des göttlichen Wortes, der unter Dornen wächst.

Da der Teufel aber sah, daß Bruder Klaus durch solche unnützen Beleidigungen nicht im geringsten erschüttert wurde, begann er schlauer vorzugehen und nahm die, soviel er es konnte, elegante *Gestalt eines reichgekleideten Edelmannes* auf hohem Rosse an und versuchte ihn mit folgenden Überredungsworten: Es sei für ihn völlig unnütz, außerhalb der menschlichen Gesellschaft ein so einsames und viel zu streng begonnenes Leben zu führen, denn dadurch könne er nicht in die Herrlichkeiten des Paradieses gelangen; wenn er mit ganzer Sehnsucht danach verlange, so sei es nützlicher, sich den Sitten der übrigen Menschen anzupassen. – Er erkannte die Listen des Unflats und befreite sich mit Beistand des allmächtigen Gottes und der unbefleckten Gebärerin sofort von jeder Gefahr.

Antwort aus der Wolke

Bruder Klaus ging einst auf die Wiese, um zu mähen. Als er im Gehen die göttliche Gnade besonders andächtig anrief, kam ihm Antwort aus einer Wolke, die sich vom Himmel herabsenkte. Er handle töricht, wenn er im Vertrauen auf eigene Kraft sich dem Willen Gottes nur widerwillig unterziehe, da ja Gott, wie allbekannt, nichts angenehmer sei als eine freiwillige Hingabe. – Durch diese Stimme ermahnt, fing er an, seine häuslichen Geschäfte zurückzustellen und das Himmlische sorgfältig zu erfassen.

Besuch der drei Männer

Drei wohlgewachsene Männer, nach Gewand und Haltung zu adeligem Stand gehörig, kamen zu ihm, während er mit häuslicher Arbeit beschäftigt war. Der erste begann folgenderweise das Gespräch: »Niklaus, willst du dich mit Leib und Seele in unsere Gewalt geben?« Dieser erwiderte sofort: »Niemandem ergebe ich mich, als dem allmächtigen Gott, dessen Diener ich mit Seele und Leib zu sein verlange.« Auf diese Antwort wandten sie sich ab und brachen in ein fröhliches Lachen aus. Wiederum zu ihm gewandt, sagte der erste: »Wenn du allein in die ewige Knechtschaft Gottes dich versprochen hast, so verheiße ich dir als sicher, daß dich nach Ablauf deines siebzigsten Lebensalters der barmherzige Gott aus Erbarmen über deine Mühen von aller Beschwernis erlösen wird. Darum ermahne ich dich inzwischen zu beharrlicher Ausdauer, und ich werde dir im ewigen Leben die Bärenklaue und die Fahne des siegreichen Heeres geben. Das Kreuz aber, das dich an uns erinnern soll, lasse ich dir zum Tragen zurück.« Darauf entfernten sie sich. Aus diesen Worten erkannte er, wenn er die Bedrängnisse vielfältiger Versuchungen tapfer überwinde, werde er, begleitet von einer großen Heerschar, in die ewige Glorie eingehen.

Der singende Pilger

Ihn dünkte in seinem Geist, es käme ein Mann in Pilgers Art: er führte einen Stab in seiner Hand, seinen Hut hatte er so aufgebunden und nach hinten umgekrempelt wie einer, der auf die Straße will, und er trug einen Mantel. Und er (Br. Klaus) erkannte in seinem Geist, der Wanderer käme von Sonnenaufgang oder von der Ferne her. Wiewohl er das nicht sagte, kam er von daher, wo die Sonne im Sommer aufsteht. Und als er zu ihm kam, da stand er vor ihm und sang diese Worte: Alleluja. Und als er anfing zu singen, widerhallte ihm die Stimme, und das Erdreich und alles, was zwischen Himmel und Erde war, unterstützte seine Stimme, wie die kleinen Orgeln (Orgelpfeifen) die großen. Und er (Br. Klaus) hörte aus einem Ursprung drei vollkommene Worte hervorgehen und sie wieder verschließen in ein Schloß, wie eine Feder sie sehr stark verschließt. Und als er die drei vollkommenen Worte, deren keines das andere berührte, gehört hatte, mochte er doch nicht sprechen denn von einem Wort.

Und als er diesen Gesang vollendet hatte, bat er den Menschen um eine Gabe. Und er (Br. Klaus) hatte einen Pfennig in der Hand und wußte nicht, woher ihm dieser gekommen war. Und der Wanderer zog den Hut ab und empfing den Pfennig in den Hut. Und der Mensch (Br. Kl.) hatte nie erkannt, daß es eine so große Ehrwürdigkeit war, eine Gabe in den Hut zu empfangen. Und den Menschen wunderte es sehr, wer er wäre und von wo er käme, und der Wanderer sprach: »Ich komme von da«, und weiter wollte er ihm nichts mehr sagen.

Und er (Br. Klaus) stand vor ihm und sah ihn an. Da hatte er (der Wanderer) sich verwandelt und ließ sich sehen mit unbedecktem Haupt und hatte einen Rock an, der war blau oder graufarben, doch sah er den Mantel nicht mehr, und er war ein so adeliger, wohlgeschaffener Mann, daß er es nicht anders konnte, als ihn mit merklicher Lust und Verlangen anzuschauen. Sein Antlitz war braun, so daß es ihm eine edle Zierde gab. Seine Augen waren schwarz wie der Magnet, seine Glieder waren so wohlgeschaffen, daß dies eine besondere Schönheit an ihm war. Obwohl er in seinen Kleidern steckte, so hinderten ihn die Kleider nicht, seine Glieder zu sehen.

Wie ihn Bruder Klaus so unverdrossen ansah, richtete der Wanderer seine Augen auf ihn. Da erschienen viele große Wunder: der Pilatusberg ging nieder auf das Erdreich… Und die Wahrheit, die hinter ihrem Rücken erschien, die blieb da.

Und sein Antlitz verwandelte sich einer Veronika gleich, und Bruder Klaus hatte ein großes Verlangen, ihn mehr zu schauen. Und er sah ihn wiederum, wie er ihn vorher gesehen hatte, aber seine Kleider waren verwandelt, und er stand vor ihm und war mit einer Bärenhaut bekleidet, mit Hose und Rock. Die Bärenhaut war besprengt mit einer Goldfarbe. Aber er sah und erkannte wohl, daß es eine Bärenhaut war. Die Bärenhaut zierte ihn besonders gut, so daß der Mensch sah und erkannte, daß es eine besondere Zierde an ihm war.

Und wie er vor ihm stand und sich sehen ließ so adelig in der Bärenhaut, da erkannte er (Bruder Klaus), daß er von ihm Abschied nehmen wollte. Er sprach zu ihm: »Wo willst du hin?« Er sprach: »Ich will das Land hinauf.« Und weiter wollte er ihm nichts sagen. Und als er von ihm schied, sah er ihm unverdrossen nach. Da stellte er fest, daß die Bärenhaut an ihm glänzte, minder oder mehr, wie einer, der mit einer wohlgefegten Waffe hantiert, und deren Gleißen man an der Wand sehen kann. Und er dachte, es wäre etwas, das vor ihm verborgen wäre. Und da er (der Wanderer) von ihm weg war, vier Schritte oder beiläufig, da kehrte er sich um und hatte den Hut wieder auf, zog ihn ab und neigte sich gegen ihn und verabschiedete sich von ihm. Da erkannte er an ihm eine solche Liebe, die er zu ihm trug, daß er ganz in sich geschlagen wurde und bekannte, daß er diese Liebe nicht verdiente, daß die Liebe in ihm war. Und er sah in seinem Geist, daß sein (eigenes) Antlitz und seine Augen und sein ganzer Leib so voll minnereicher Demut waren, wie ein Gefäß, das zugefüllt ist mit Honig, so daß kein Tropfen mehr darein mag. Da sah er ihn (den Wanderer) weiterhin nicht mehr. Aber er war so gesättigt von ihm, daß er nichts mehr von ihm begehrte. Es schien ihm, er hätte ihm kundgetan alles, was im Himmel und auf Erden war.

Des Himmels Dank für Mitleiden

Ein Mensch unterbrach den Schlaf um Gottes und seines Leidens willen, und er dankte Gott für sein Leiden und seine Marter. Und Gott gab ihm Gnade, so daß er Unterhaltung und Freude darin fand. Hierauf legte er sich zur Ruhe. Und als seine Vernunft in Fesseln geschlagen war und er doch meinte, daß er noch nicht eingeschlafen wäre, schien es ihm, als ob einer zur Türe hereinkäme, mitten im Haus stünde und ihm mit kräftiger, heller Stimme riefe, wie er denn hieß, und sprach: »Komm und sieh deinen Vater und schau, was er macht!« Und es schien ihm, als käme er schnell an eines Bogens Ziel (das heißt auf Pfeilschußweite) in ein schönes Zelt in einen weiten Saal. Da sah er einige Leute darin wohnen, und er war bei ihm, der ihn gerufen hatte, und stand an seiner Seite und führte für ihn das Wort, wie es ein Fürsprech tut. Und obwohl er sprach, sah er doch seine Gestalt nicht und wunderte ihn auch nicht danach, und er führte für ihn das Wort und sprach: »Dieser ist derjenige, der dir deinen Sohn gehoben und getragen (gelüft und geburt) hat und ihm zuhilfe gekommen ist in seiner Angst und

Not. Danke ihm hierfür, und sei dankbar (dank im sin und bis im sin dank und bis im sin dankbar).« Da kam ein schöner, stattlicher Mann durch den Palast gegangen mit einer glänzenden Farbe in seinem Angesicht und in einem weißen Kleid wie ein Priester in einer Albe. Und er legte ihm seine beiden Arme auf seine Achseln und drückte ihn an sich und dankte ihm mit einer ganzen inbrünstigen Liebe seines Herzens, daß er seinem Sohn also wohl zustatten gekommen und zu Hilfe in seiner Not. Und derselbe Mensch (Br. Kl.) wurde in sich selber geschlagen und erschrak sehr darob und bekannte sich selber unwürdig und sprach: »Ich weiß nicht, daß ich deinem Sohn je einen Dienst erwiesen habe.« Da verließ er ihn und sah ihn fürderhin nicht mehr.

Und dann kam eine schöne, stattliche Frau durch den Palast gegangen, auch in einem solchen weißen Kleid. Und er sah wohl, daß ihr das weiße Kleid ganz neu gewaschen anstand. Und sie legte ihm ihre beiden Arme auf seine beiden Achseln und drückte ihn so gründlich an ihr Herz mit einer überfließenden Liebe, daß er ihrem Sohn so getreulich zustatten gekommen in seiner Not. Und der Mensch erschrak darüber und sprach: »Ich weiß nicht, daß ich eurem Sohn je einen Dienst getan hab', außer daß ich herkam, um zu sehen, was ihr tätet.« Da schied sie von ihm, und er sah sie fürder nicht mehr.

Da blickte er neben sich. Er sah den Sohn neben sich sitzen in einem Sessel und stellte fest, daß auch er ein solches Kleid anhatte; es war besprengt mit Rot, als ob einer mit einem Wedel darauf gesprengt hätte. Und der Sohn neigte sich gegen ihn und dankte ihm inniglich, daß er ihm auch so wohl zustatten gekommen in seinen Nöten. Da blickte er an sich selber hernieder. Da sah er, daß er auch ein weißes Kleid an sich trug und besprengt mit Rot wie der Sohn. Das verwunderte ihn sehr, und er wußte nicht, daß er es angehabt hatte. Und schnell auf einmal fand er sich selber an der Statt, wo er sich niedergelegt hatte, so daß er nicht meinte, daß er geschlafen hätte.

Brunnenvision

Ein Mensch unterbrach den Schlaf um Gottes willen und um seines Leidens willen. Er dankte Gott für sein Leiden und seine Marter. Gott gab ihm Gnade, daß er darin seine Unterhaltung und Freude fand. Hierauf legte er sich zur Ruhe, und es schien ihm in seinem Schlaf oder in seinem Geist, er käme an einen Platz, der einer Gemeinde gehörte. Da sah er daselbst eine Menge Leute, die schwere Arbeit verrichteten. Es waren sehr arme Leute. Er stand und schaute ihnen zu und verwunderte sich sehr, daß sie so viel Arbeit hatten und doch so arm waren. Da sah er zur rechten Hand einen wohlgebauten Tabernakel erscheinen. Dieser hatte eine offene Tür, und der Mensch dachte bei sich selbst: Du mußt in den Tabernakel gehen und sehen, was darin sei, und mußt bald zu der Tür hereinkommen. Da kam er in eine Küche, die einer ganzen Gemeinde gehörte. Zur rechten Hand erblickte er eine Stiege, vielleicht vier Stufen messend. Einige Leute gingen hinauf, aber wenige. Ihm schien, ihre Kleider wären etwas gesprenkelt mit Weiß, und er sah einen Brunnen aus den Stufen in einen großen Trog zu der Küche fließen, der war von dreierlei: Wein, Öl und Honig. Dieser Brunnen floß so schnell wie der Strahlenblitz und machte ein so lautes Getöse, daß der Palast laut erscholl wie ein Horn. Und er dachte: Du mußt die Stiege hinaufgehen und sehen, woher der Brunnen kommt. Und er verwunderte sich sehr, daß sie so arm waren und doch niemand hineinging, aus dem Brunnen zu schöpfen, was sie wiederum so wohl hätten tun können, da er gemeinsam war.

Er ging die Stiege hinauf und kam in einen weiten Saal. Da sah er inmitten des Saales einen großen viereckigen Kasten stehen, aus dem der Brunnen quoll. Und er machte sich an den Kasten und besah ihn. Als er zu dem Kasten ging, da wäre er fast versunken wie einer, der über ein Moor geht, und er hob seine Füße rasch an sich. Er erkannte in seinem Geist, wer seine Füße (nicht) rasch an sich zöge, der möchte nicht zum Kasten kommen. Der Kasten war an den vier Ecken beschlagen mit vier mächtigen Blechen. Und dieser Brunnen floß durch einen Kännel weg und tönte so schön in dem Kasten und in dem Kännel, daß der Mensch sich darüber sehr verwunderte. Dieser Quell war so lauter, daß man eines jeden Menschen Haar am Boden wohl hätte sehen können. Und wie mächtig es daraus floß, so blieb doch der Kasten dermaßen voll, daß er überfloß. Und er erkannte in seinem Geist, wieviel daraus floß, daß immer noch gern mehr darin gewesen wäre, und er sah es aus allen Spalten herausquellen. Da dachte er: Du willst wieder hinabgehen. Er sah (es) allerseits mächtig in den Trog strömen, und er dachte bei sich selbst: Du willst hinausgehen und sehen, was die Leute tun, daß sie nicht hineingehen, des Brunnens zu schöpfen, dessen doch ein großer Überfluß ist.

Und er ging zur Türe hinaus. Da erblickte er die Leute, die schwere Arbeit verrichteten und dazu arm waren. Er beobachtete sie, was sie täten. Da sah er, daß einer dastand, der einen Zaun geschlagen hatte mitten durch den Platz. In der Mitte des Zaunes war ein Tor, das jener vor ihnen mit der Hand zuhielt und sprach: »Ich lasse euch weder hin noch her, ihr gebt mir denn den Pfennig.« Er sah einen, der drehte den Knebel auf der Hand und sprach: »Es ist darum erdacht, daß ihr mir den Pfennig gäbet.« Pfeifer waren da, die ihnen aufspielten und ihnen den Pfennig heischten. Er sah Schneider und Schuhmacher und allerlei Handwerksleute, die den Pfennig von ihm haben wollten. Und ehe sie das alles ausrichteten, da waren sie so arm, daß sie kaum das bekamen. Und er sah niemanden hineingehen, um aus dem Brunnen zu schöpfen. Wie er so stand und ihnen zusah, da verwandelte sich die Gegend und wurde zu wüsten Steilhalden daselbst und glich der Gegend, die um Bruder Klausens Kirche liegt, wo er seine Wohnung hat, und er erkannte in seinem Geist, dieser Tabernakel wäre Bruder Klaus.

TERESA VON AVILA

Gotteserfahrung
und Leben in der Welt

1515-1582
Die Schriften der großen Reformatorin des Karmeliterordens gehören zu den bekanntesten mystischen Texten und haben auch auf die
nichtchristliche Literatur- und Geisteswelt einen bedeutenden Einfluß
ausgeübt. Teresas Denken und Leben stand ganz unter dem Motto
der Freundschaft – Freundschaft mit Gott *und* den Menschen, insbesondere mit den benachteiligten und leidenden.

*Ein Leben für Gott und ein Leben in dieser Welt sind für viele
Menschen unvereinbare Gegensätze. Auch Teresa ist diese Span-
nung nicht erspart geblieben. Aber sie hat Gott geliebt und nicht
die Welt; ihre Gotteserfahrung hat ihr eine tiefe Einsicht in das
Wesen und die wahre Situation der Welt vermittelt und ihr zu einer großen inneren Freiheit von der Welt verholfen. Die Gotteserfahrung wird für sie zur Optik, mit der sie die Dinge der Welt einschätzt und durchaus kritisch beurteilt. Die Distanz bedeutet für
sie allerdings keinen Rückzug aus der Welt. Sie weiß, daß dies der
Ort ist, an dem sie lebt und wirkt, und an dem Gott ihr begegnet.*

»...weder erfreute ich mich Gottes, noch fand ich in der Welt
meine Befriedigung. Wenn ich mich mit der Welt abgab und dabei
daran dachte, was ich Gott schuldete, so geschah das wieder mit
Gewissensbissen, wenn ich bei Gott weilte, bedrängte mich die
Anhänglichkeit an die Welt.«
    »Ich begann die Wahrheit aus meiner Kindheit einzusehen, daß

nämlich alles nichts ist, erkannte die Nichtigkeit der Welt, und, wie sie in kurzer Zeit zu Ende geht.« – »Die Anführer dieser Burg oder Stadt, die Prediger und Theologen, haben unter den Menschen zu leben, mit den Menschen zu verhandeln, in den Palästen zu leben und sich im Äußeren ihnen manchmal anzugleichen. Glaubt ihr, Töchter, es ist etwas Geringes, sich mit der Welt abzugeben, in der Welt zu leben, sich mit Angelegenheiten dieser Welt zu befassen und sich im Umgang der Welt anzupassen, innerlich aber der Welt gegenüber fremd und feind zu bleiben, und wie in der Verbannung zu leben und letzten Endes nicht wie Menschen, sondern wie Engel zu sein? Wenn es aber nicht so ist, dann verdienen sie nicht den Namen Anführer, noch erlaube ihnen der Herr, daß sie aus ihren Klosterzellen herausgehen, denn dann richten sie mehr Schaden als Nutzen an.«

Die Welt steht im Gegensatz zu Gott. Teresa verlangt deswegen nicht den völligen Rückzug aus der Welt, um sie ihrem Schicksal zu überlassen. Aber sie behält ihre kritische Haltung gegenüber der Welt. Diese Erkenntnis der wahren Situation der Welt verdankt sie ihrer Gotteserfahrung, wie auch eine unzerstörbare innere Freiheit und Unabhängigkeit.

»Mir scheint, daß jemand, den Gott zur Einsicht geführt hat, was die andere Welt ist und wieviel sie wert ist und daß es noch eine andere Welt gibt und wenn er den Unterschied zwischen den beiden Welten gesehen hat – die eine ewig, die anderen nur ein Traum – und weiterhin verstanden hat, was es heißt, den Schöpfer oder aber das Geschöpf zu lieben, daß einer, der sieht und erfährt, was er mit dem einen gewinnt und mit dem anderen verliert, und sich vor Augen hält, was der Schöpfer und was das Geschöpf ist, und noch viele andere Dinge, die der Herr den lehrt, der sich von ihm darüber im Gebet belehren läßt oder den Seine Majestät unterrichten will, mir scheint, daß solche Menschen auf eine ganz andere Art lieben als wir, die wir noch nicht dahin gelangt sind.«
»Welche Herrschaft hat eine Seele, die der Herr bis hierher gelangen ließ, von wo aus sie alles überblicken kann, ohne davon gefangen zu sein! Wie schämt sie sich, wenn sie an die Zeit denkt, als

sie davon gefangen war! Wie erschrocken ist sie über ihre Blindheit! Wie bedauerte sie die, die noch darin befangen sind, besonders wenn es Menschen des Gebets sind, die Gott bereits beschenkt!

Sie ist niedergeschlagen, weil sie zuvor eine Weile auf das schaute, was Ehre bringt und der Täuschung erlag, das für Ehre zu halten, was die Welt Ehre nennt; sie sieht, daß das eine ganz große Unwahrheit ist, und wir alle von ihr befangen sind; sie versteht, daß die wahre Ehre nicht verloren, sondern eben wahr ist, indem sie das für etwas hält, was wirklich etwas ist, und das, was nichts ist, für nichts erachtet, denn alles, was vergänglich und nicht gottgefällig ist, ist nichts, ja noch weniger als nichts.

Sie lacht über sich selbst, über die Zeit, in der sie Geld und das Streben danach für etwas hielt, auch wenn ich glaube, daß ich in diesem Punkt mich niemals schuldig machte, was bestimmt die Wahrheit ist; es ist jedoch eine große Schuld, all das für etwas zu halten. Wenn man damit das kaufen könnte, was ich jetzt in mir habe, dann hielte ich es für etwas, so aber sieht man, daß man dieses Gut dadurch erwirbt, indem man alles aufgibt. Was also ist das, das wir mit diesem Geld kaufen, nach dem uns alle verlangt? Hat es einen Wert? Ist es etwas Dauerhaftes oder warum wollen wir es? Armseliges Zeug erwirbt man sich, das so teuer ist; oft verschafft man sich damit die Hölle und handelt sich ewiges Feuer und Leiden ohne Ende ein. Wenn alle dafür wären, es für nutzlose Erde zu halten, wie viel besser ginge es in der Welt zu, ohne Geschäftsrummel, dafür in Freundschaft mit allen. Wenn die Jagd nach Ehre und Geld fehlte, ich bin sicher, daß dann alles in Ordnung käme.«

»Ich sage es nochmals ganz bestimmt, ich wußte nicht, wie ich leben sollte, denn meine elende Seele sah sich in großem Zwiespalt: einerseits befehlen sie ihr, ihre Gedanken immer mit Gott zu beschäftigen, sagen, daß es nötig ist, diese immer auf Gott zu richten, um sich von vielen Gefahren freizuhalten; andererseits sieht sie, daß sie nur ja keine der Anstandsregeln der Welt übersehen darf, falls sie es nicht riskieren will, Anlaß zu Ärger zu sein bei denen, die darauf aus sind, ihre Ehre in so etwas zu suchen. Ich war es schon ganz müde und kam mit meinen Entschuldigungen schon gar nicht mehr nach, weil ich es einfach nicht fertigbrachte, obwohl ich mich darum bemühte, diesbezüglich Versäumnisse zu vermeiden, die, wie ich schon sagte, nach den Maßstäben der Welt gemessen nicht gerade klein sind.

Stimmt es aber nicht, daß es dafür in den Klöstern eine Entschuldigung gibt, da wir doch in diesen Fällen zu Recht entschuldigt sein müßten? Ich weiß tatsächlich nicht, wie einer, der beständig damit beschäftigt ist, Gott zu gefallen und die Welt geringzuschätzen, wie der sich damit abgeben und darauf schauen soll, wie er in veränderlichen Dingen diejenigen zufriedenstellen kann, die in der Welt leben. Wenn man das alles wenigstens in einem Augenblick lernen könnte, dann ginge das ja noch, aber dem ist nicht so, denn selbst für die Anreden in den Briefen braucht es schon einen eigenen Lehrstuhl, wo dann sozusagen doziert wird, wie man es machen muß, denn einmal läßt man auf der einen Seite, dann auf der anderen einen Rand frei, und wen man vorher nicht einmal mit ›Magnifizenz‹ anredete, den muß man jetzt mit ›Euer Hochwohlgeboren‹ betiteln. Ich weiß nicht, wohin das noch führen soll, denn ich bin noch keine fünfzig Jahre alt und habe in meinem Leben schon so viele Änderungen mitgemacht, daß ich nicht mehr weiß, wie ich noch leben soll. Wie wird es denen ergehen, die jetzt auf die Welt kommen und lange leben? Ich habe jedenfalls ganz bestimmt Mitleid mit den Menschen, die ein geistliches Leben führen und wegen einiger frommer Zwecke in der Welt leben müssen; das Kreuz, das sie dabei tragen, ist schrecklich.«

»Was kümmern mich Könige und Herren, wenn ich nicht ihr Geld suche, noch darauf aus bin, ihnen zu Gefallen zu sein, wenn es sein kann, daß ich, um sie zufriedenzustellen, meinen Gott auch nur in einer kleinen Sache beleidigen muß? Was kümmern mich die Ehren, wenn ich begriffen habe, was die Ehre eines Armen ausmacht, nämlich wirklich arm zu sein? Ich glaube nämlich, daß Ehre und Geld fast immer beisammen sind, und einer, der geehrt ist, Geld nicht verschmäht, wer es aber verschmäht, der kümmert sich wenig um die Ehre.«

»Ich meine auch, daß mir diese Ansprache sehr nützlich war, um unsere wahre Heimat kennenzulernen und zu sehen, daß wir hier Pilger sind; es bedeutet viel, das, was dort ist, zu schauen, und zu wissen, wo wir zu leben haben. Denn wenn einer sich aufmacht, um in einem anderen Land zu leben, so ist es ihm zur Überwindung der Reisebeschwerlichkeiten eine große Hilfe, wenn er schon gesehen hat, daß es ein Land ist, in dem er es gut haben wird. Das ist ein großer Gewinn, denn allein den Himmel anzublicken, sammelt die Seele bereits. Da mir aber der Herr etwas von dem zeigen wollte, was es dort gibt, kommt mir so manchmal der Gedanke, daß es diejenigen, von denen ich weiß, daß sie dort leben, sind, die mich begleiten, und mit denen ich mich tröste, und es kommt mir vor, als wären jene die wahrhaft Lebenden, und als wären die hier Lebenden so tot, daß die ganze Welt mir keine Gesellschaft zu bieten scheint, besonders wenn ich diese Liebesanfälle habe.«

Wenn man die innere Freiheit, die Teresa besaß, über übertriebene Titulaturen und manche Auswüchse der Etikette lachen zu können, dann versteht man, daß sie eine radikale Ablösung und den Verzicht auf die Dinge dieser Welt verlangt; und so kann man die wahre Freiheit des Geistes erlangen:

»Die Schwester, die zu ihrem eigenen Trost mit ihren Angehörigen, die nicht selbst geistliche Interessen haben, verkehren möchte, soll sich für unvollkommen halten. Sie soll ja nicht glauben, daß sie innerlich frei und geistlich gesund sei oder Freiheit des Geistes und Frieden habe, sondern sie braucht einen Arzt. Ich meine sogar, wenn sie nicht davon loskommt und gesund wird, dann taugt sie nicht für dieses Kloster.

Die beste Abhilfe ist meiner Meinung nach, die Verwandten nicht mehr zu sehen, bis sie sich innerlich frei fühlt; das soll sie vom Herrn mit viel Gebet erflehen. Wenn sie dann den Umgang mit ihnen als Last empfindet, wohlan, dann kann sie sich mit ihnen abgeben, denn dann wird es den Verwandten von Nutzen, der Schwester aber nicht zum Schaden gereichen.«

»Glaubt mir, Schwestern, wenn ihr dem Herrn dient, wie es sich gehört, dann findet ihr keine besseren Verwandten als die der Herr euch schickt. Ich weiß, es ist so! Und wenn ihr darauf achtet, so wie jetzt, und wißt, daß ihr euch gegenüber eurem wahren Freund und Bräutigam verfehlt, wenn ihr es nicht so macht, glaubt mir, daß ihr dann in kurzer Zeit diese Freiheit gewinnen werdet, und daß ihr denen, die euch nur seinetwegen lieben, mehr vertrauen könnt als euren Verwandten, und daß es euch an solchen nicht fehlen wird und ihr in Menschen, bei denen ihr gar nicht daran denkt, Väter und Brüder finden werdet.«

»O armselige Welt! Meine Töchter, lobt den Herrn aus ganzem Herzen, da ihr etwas so Armseliges verlassen habt, wo man nicht darauf schaut, was einer in sich hat, sondern was seine Pächter und Vasallen haben; und wenn er die nicht hat, dann hat er auch keine Ehre. Für euch ist das etwas, worüber ihr euch lustig machen und in der gemeinsamen Rekreation euch freuen könnt, denn das ist ein angenehmer Zeitvertreib, wenn man sieht, wie blind die ihre Zeit vertreiben, die an die Welt versklavt sind.«

Die tiefere Einsicht in die wahre Situation der Welt und die innere Freiheit von ihr bedeuten jedoch keinen Rückzug aus der Welt; Teresa weiß, daß sie in der Welt leben muß.

»Denn wir leben nun einmal in einer Welt, in der es notwendig ist zu bedenken, was die anderen von uns denken könnten, um unseren Worten im Sinne von Ratschlägen zur Wirkung zu verhelfen.«

»Es würde uns teuer zu stehen kommen, Gott nur dann suchen zu können, wenn wir der Welt gestorben sind, denn weder Maria Magdalena noch die Samariterin noch die kananäische Frau waren es, als sie ihn fanden.«

Der Mensch muß sich auf die Welt einlassen, ohne sich an sie zu verlieren, und die wahre Situation der Welt aus den Augen zu verlieren.

Die Welt, mit der Teresa konfrontiert war, war vor allem all das, was mit ihren Gründungen zu tun hatte. Dabei erlebte sie immer wieder, wie ihre Gotteserfahrung sie vor Fehlentscheidungen schützte und zu richtigen Entscheidungen verhalf.

Als sie im Streit um die Zulassung der Gründung ihres ersten Klosters San José in Avila erfuhr, daß man mit der Stiftung eines Klosters mit festen Einkünften, also nicht in absoluter Armut, wie sie wollte, einverstanden sei, war sie fast geneigt zuzustimmen:

»Ich war es schon ganz müde, die Mühen all derer zu sehen, die mir halfen, mehr als meine eigenen, so daß ich es nicht für unangebracht hielt, zunächst mit festen Einkünften zu gründen und dann, wenn sich die Gemüter beruhigt hätten, wieder davon zu lassen. Schlecht und unvollkommen wie ich bin, erschien mir das manchmal sogar der Wille des Herrn zu sein, denn da wir anders nicht durchkamen, neigte ich schon zu diesem Ausweg.

Nachdem die Verhandlungen schon begonnen hatten, war ich in der Nacht vor der Beschlußfassung ganz ins Gebet vertieft. Da sagte mir der Herr, das doch nicht zu tun, denn wenn wir mit festen Einkünften begännen, ließen sie es später nicht mehr zu, wieder davon zu lassen. Ich war ganz erschrocken und sagte am nächsten Tag dem Edelmann, was geschehen war, und daß man in keiner Weise beschließen solle, feste Einkünfte zu haben, sondern den Prozeß weiterführen solle.«

Bei der Gründung in Palencia 1580:

»Nachdem alle entschlossen waren, wie ich schon sagte, kein anderes Haus zu kaufen, überkam mich am nächsten Tag während der Messe eine große Unruhe, ob ich denn richtig handelte. In großer Aufregung, die mich während der ganzen Messe fast nicht mehr ruhig sein ließ, ging ich zur Kommunion; als ich dann kommunizierte, vernahm ich Worte, und zwar in einer solchen Weise, daß sie mich fest bestimmten, nicht das Haus zu kaufen, das ich dachte, sondern das ›Unserer Lieben Frau‹: ›Dieses ist das richtige!‹ Ich begann zu bedenken, wie unsinnig das doch sei, da die Verhandlungen schon so weit gediehen waren und den Erwartungen meiner Helfer, die sich damit sehr abgegeben hatten, so ganz und gar entsprachen. Da gab mir der Herr zu verstehen: ›Diese wissen nicht, wie sehr ich an diesem Ort beleidigt werde, und das Kloster wird Abhilfe bringen.‹ Da ging mir durch den Kopf, ob das nicht eine Täuschung sei, auch wenn ich es nicht glauben konnte, denn bei dem, was in mir vorging, verstand ich nur zu gut, daß es Gottes Geist ist. Da sagte er mir noch: ›Ich bin es!‹ Sofort war ich beruhigt, und die Zweifel von vorher waren weg, auch wenn ich nicht wußte, wie das bereits Geschehene wieder rückgängig gemacht werden sollte.«

Diese Anweisungen des Herrn betreffen oft konkrete Fragen und gehen sehr ins Detail:

»Die inneren Aussprachen haben nicht aufgehört, denn wenn nötig, gibt mir unser Herr einige Anweisungen, und noch hier in Palencia wäre mir zwar nicht eine Sünde, aber doch ein großer Fehler unterlaufen, wenn er nicht dadurch abgewendet worden wäre.«

»Aber der Herr, der mich niemals verließ, der mich in diesen Mühen, die ich erzählte, oft tröstete und ermutigte – es besteht kein Grund, hier alles aufzuzählen –, der Herr sagte mir damals, ich soll den Mut nicht verlieren.«

»Als ich eines Tages kommunizierte, sagte mir der Herr: ›Ich habe dir schon gesagt, so einzuziehen, wie das Haus ist‹, und in einer Art Ausruf sagte er noch: ›O Habsucht des Menschengeschlechtes! Selbst an Boden, glaubst du, könnte es dir fehlen! Wie oft schlief ich unter freiem Himmel, da ich nichts hatte, wohin ich mich legen konnte.‹«

»Der Herr hatte mir gesagt, daß es nicht angebracht sei, das Kloster den Ordensoberen zu unterstellen. Er zählte mir die Gründe auf, aus denen es auf keinen Fall zuträglich sei, das zu tun, sondern auf einem bestimmten Weg nach Rom zu schicken, den er mir auch nannte, da er es machen würde, daß von dort Abhilfe käme.«

»Als ich eines Tages den Herrn im Gebet bat, den Schwestern ein Haus zu geben, da es ja seine Bräute seien, die großes Verlangen hätten, ganz für ihn dazusein, sagte er mir: ›Ich habe euch schon gehört; überlaß mir es!‹ Ich war ganz zufrieden und glaubte, es schon zu haben, und so war es auch. Seine Majestät hinderte uns, eines zu kaufen, das allen gefiel, da es auf einem schönen Gelände stand, aber alt und schlecht war, so daß wir nur den Platz gekauft hätten, und zwar nur um etwas weniger als das Haus, das wir jetzt haben. Obwohl bereits alles abgesprochen war und nur noch der Vertragsabschluß fehlte, war ich nicht einverstanden. Mir war, als entspräche das nicht dem letzten Wort, das ich im Gebet vernommen hatte, denn dieses Wort, so wie ich es verstanden hatte, bedeutete, daß der Herr uns ein gutes Haus geben würde. Es gefiel dem Herrn, daß eben der Verkäufer, obwohl er beim Verkauf viel verdient hätte, wegen des Termins für den Vertragsabschluß Schwierigkeiten machte, so daß wir uns ohne jeden Nachteil aus dem Geschäft zurückziehen konnten. Das war eine große Gnade des Herrn, denn die Schwestern, die dort hätten wohnen sollen, wären im Laufe ihres ganzen Lebens nicht mit dem Herrichten des Hauses fertig geworden und hätten damit viel Arbeit, aber wenig Mittel dazu gehabt.«

Man könnte den Eindruck gewinnen, Teresa habe nur noch von übernatürlichen Eingebungen gelebt und die natürlichen Erkenntnismöglichkeiten vernachlässigt. Teresa bat den Herrn um Hilfe und erhielt sie auch. Nicht immer so, wie sie es sich gewünscht und vorgestellt hatte. Man kann nicht von einem übertriebenen Supranaturalismus in ihrem Verhalten sprechen. Sie legte im Gegenteil großen Wert darauf, den natürlichen Gründen entsprechend zu handeln.

»In den 14 Tagen, die seit der Gründung des Klosters in Toledo bis zum Tag vor Pfingsten vergangen waren, mußte man die Kapelle herrichten, Gitter anbringen und anderes vorsehen, was uns viel Arbeit verursachte, denn, wie ich sagte, verblieben wir fast ein Jahr in diesem Haus. Ich war es damals schon ganz müde, noch weiter mit Handwerkern zu verhandeln. Als nun endlich alles fertig war, waren wir an jenem Morgen gerade beim Essen im Refektorium; da überkam mich ein starkes Glücksgefühl, denn ich merkte, daß die Arbeit abgeschlossen war und ich mich an diesem Pfingstfest einigermaßen mit unserem Herrn erfreuen konnte. Ich konnte fast nichts essen, so sehr fühlte ich mich innerlich glücklich.

Doch konnte ich diese Freude nicht lange genießen, da sie mir gerade in diesem Augenblick sagten, daß ein Diener der Prinzessin Eboli, der Frau des Ruy Gómez de Silva, gekommen sei. Ich ging zu ihm; die Prinzessin hatte ihn zu mir geschickt, denn seit langem waren wir übereingekommen, in Pastrana ein Kloster zu gründen, doch hatte ich mir das nicht so schnell vorgestellt. Mir paßte das gar nicht, da es nicht gut war, aus dem erst vor kurzem und gegen so viel Widerspruch gegründeten Kloster so schnell wegzugehen; so entschloß ich mich, nicht zu gehen und sagte es ihm. Er sagte mir, daß das nicht gehe, denn die Prinzessin sei schon in Pastrana, wohin sie sich eigens deswegen begeben habe, so daß ich sie beleidigen würde. Trotz allem aber kam mir gar nicht in den Sinn hinzugehen, und ich sagte dem Diener, daß er einstweilen essen solle, währenddessen ich der Prinzessin schreiben würde, und mit meinem Brief solle er dann abreisen. Er war ein gutmütiger Mensch, denn nachdem ich ihm meine Gründe dargelegt hatte, willigte er doch ein, wenn auch nicht gerade begeistert.

Schließlich waren auch die für das neue Kloster bestimmten Schwestern alle gekommen, doch sah ich keinerlei Möglichkeit, es so bald schon wieder verlassen zu können. Ich begab mich zum Allerheiligsten und bat den Herrn, der Prinzessin so schreiben zu können, ohne sie damit zu verstimmen, denn das wäre für uns nicht gut gewesen, da damals gerade die Patres dort begannen, und überhaupt war es gut, sich an Ruy Gómez zu halten, da er beim König und bei allen großen Einfluß hatte. Auch wenn ich mich nun nicht daran erinnerte, ob ich damals gerade auch daran dachte, so weiß ich doch noch gut, daß ich die Fürstin nicht verstimmen wollte. Als ich all das überlegte, wurde mir von unserem Herrn mitgeteilt, ja nicht zu unterlassen, nach Pastrana zu gehen, da ich zu mehr ging als nur zu einer Gründung; ich solle außerdem die Regel und die Konstitutionen mitnehmen. Obwohl ich große Bedenken hatte hinzugehen, wagte ich, sobald mir das klar geworden war, nichts anderes zu tun, als was ich in ähnlichen Fällen zu tun gewohnt bin, nämlich dem Rat des Beichtvaters zu folgen. Ich ließ ihn also rufen, ohne ihm zu sagen, was mir im Gebet mitgeteilt worden war – das nämlich macht mich immer zufriedener. Ich bitte dann den Herrn, die Beichtväter in dem zu erleuchten, was sie auf natürlichem Weg erkennen können, und wenn Seine

Majestät will, daß etwas geschieht, dann gibt er es ihnen schon auch ein. Diese Erfahrung habe ich oftmals gemacht, und so war es auch jetzt: Er überlegte alles und meinte dann, daß ich aufbrechen solle; so entschloß ich mich zu gehen.«

Diese hier von Teresa beschriebene Weise des Vorgehens bestätigt sich auch bei der Gründung des Klosters in Segovia und bei der Unterstellung von San José unter die Jurisdiktion der Ordensoberen.

»Ich habe schon gesagt, wie mich der damalige Apostolische Kommissar, der P. Magister Pedro Fernández beauftragt hat, für drei Jahre ins Kloster der Menschwerdung nach Avila zu gehen, nachdem ich in Salamanca und in Alba Klöster gegründet hatte, aber noch bevor die Kommunität in Salamanca über ein eigenes Haus verfügte, und wie er mir dann weiterhin befohlen hat, nach Salamanca zu gehen, bis sie dort ein eigenes Haus hätten, nachdem ihm die mißliche Situation dort bekannt geworden war. Als ich dort nun gerade ins Gebet vertieft war, wurde mir von unserem Herrn gesagt, daß ich zur Gründung nach Segovia gehen solle. Mir schien das etwas Unmögliches zu sein, denn ich konnte ja gar nicht weggehen, außer sie würden es mir auftragen; dazu war mir noch klar, daß der Magister Pedro Fernández es gar nicht wolle, daß ich noch mehr gründete, wozu er ja auch allen Grund hatte, da die drei Jahre, die ich in der Encarnación verbringen sollte, noch gar nicht vorbei waren. Als ich mit diesen Gedanken umging, sagte mir der Herr, ich solle es dem Pater ruhig sagen, denn er selbst würde es dann schon machen. Er war damals gerade in Salamanca, und so schrieb ich ihm, daß er ja wisse, daß ich von unserem Hochwürdigen General den Auftrag hätte, auf keinen Fall eine Gründung auszulassen, sobald sich nur irgendwo eine Gelegenheit dazu anböte; daß in Segovia von seiten der Stadt und des Bischofs ein Kloster zugelassen sei, so daß er nur noch den Befehl zur Gründung geben müsse, und daß ich ihm das mitteilte, um dem Drängen meines Gewissens zu folgen, daß ich mich aber mit allem, was er mir auftrage, ruhig und zufrieden geben würde. Ich glaube, so ungefähr habe ich ihm geschrieben und dazu vermerkt, daß damit meiner Meinung nach Gott gedient würde. Es scheint tatsächlich so, daß Seine Majestät das so gewollt hat, denn der Pater sagte mir, daß ich gründen solle, und gab mir dazu auch die Erlaubnis. Nach dem, was ich über ihn in so einem Fall wußte, wunderte mich das sehr.«

»Als ich in dieser Zeit im Kloster in Toledo weilte, sagte mir unser Herr, daß es angebracht sei, die Schwestern von San José in Avila der Jurisdiktion des Ordens zu unterstellen, und daß ich das betreiben solle, denn wenn nicht, erschlaffe in diesem Haus bald der Ordensgeist. Da ich jedoch gehört hatte, daß es gut war, es dem Ortsordinarius zu unterstellen, schien mir das ein Widerspruch zu sein. Ich wußte nicht, was tun. Da sagte ich es meinem Beichtvater, der damals der jetzige Bischof von Osma war, ein wissenschaftlich gebildeter Mann. Er sagte mir, daß kein Widerspruch da sei, denn damals hatte das so sein müssen, nun aber ist der Fall anders; und es stellte sich heraus, daß er in vielerlei Hinsicht recht hatte, so sagte auch er, daß jenes Kloster besser mit den anderen zusammen wäre und nicht allein.«

»Normalerweise ist es so gewesen, daß mir unser Herr jedesmal, wenn es bei einer Gründung Mühen gibt, mit Wort und Tat hilft, da er weiß, wie armselig ich bin. Ich habe manchmal festgestellt, wie Seine Majestät bei Gründungen, bei denen es keine Mühen gab, mich auf überhaupt nichts hingewiesen hat.«

»Immer schaute ich darauf, daß die Klöster, die ich mit festen Einkünften gründete, so reichlich davon hätten, daß die Schwestern nicht ihre Verwandten oder sonst jemand bräuchten, sondern daß sie das Notwendigste an Essen und Kleidung im Kloster bekämen und die Kranken sehr gut versorgen könnten; denn wenn es ihnen am Nötigsten fehlt, dann gibt es viele Unzulänglichkeiten. Niemals allerdings fehlte es mir an Mut und Vertrauen, noch so viele Klöster in Armut und ohne feste Einkünfte zu gründen, da ich sicher war, daß Gott es ihnen an nichts mangeln lassen wird; doch wenn ich mit festen Einkünften, die gering waren, gründen sollte, so paßte mir das gar nicht; besser scheint es mir, dann überhaupt nicht zu gründen.«

»Gott die Sorge für das zu überlassen, was ich notwendig habe, ist nicht so zu verstehen, daß ich mich nicht darum kümmern sollte, sondern nur, daß ich mich nicht derartig darum kümmern soll, daß es mich beunruhigt.«

»Als ich einmal darüber nachdachte, mit welch größerer Reinheit man doch abseits aller Geschäfte lebt, und wie ich doch eigentlich gefährlich und mit vielen Mängeln lebe, sobald ich mich mit so etwas abgebe, da vernahm ich: ›Es kann gar nicht anders sein, Tochter; versuche in allem immer eine rechte Absicht zu haben und nicht an den Dingen zu hängen und schau auf mich, damit das, was du tust, mit dem übereinstimmt, was ich tat.‹«

Zwei Dinge sind wichtig, nach denen sich ein Mensch bei Unsicherheiten und Zweifeln fragen sollte: die rechte Absicht und die Loslösung, das Nicht-Versklavtsein, die innere Freiheit. Unter diesen Bedingungen hindern die irdischen Dinge keineswegs, mit Gott zu leben.

Diese Freiheit des Geistes ermöglicht es dann auch, Gott in allen Dingen zu finden. Die Welt wird zum Ort der Gotteserfahrung. Das bedeutet, die irdische Wirklichkeit anzunehmen, nicht als notwendiges Übel, sondern als gottgewollte Stationen auf dem Weg des Menschen zu Gott.

»All das, was uns derart gefangennimmt, daß wir dabei spüren, wie unser Verstand nicht mehr frei bleibt, sollen wir für verdächtig halten, denn niemals gewinnt man auf diese Weise die Freiheit des Geistes. Eine der Eigenschaften des Geistes ist es nämlich, Gott in allen Dingen zu finden und an sie denken zu können. Alles übrige ist nichts anderes als eine Versklavung des Geistes, welche außer dem Schaden, den sie dem Leib zufügt, auch die Seele am Wachstum hindert.«

»Es ist nicht meine Absicht noch meine Idee, daß das, was ich hier sage, so treffend ist, als daß man es als unumstößliche Regel betrachten könnte, denn das zu glauben wäre bei einem so schwierigen Thema wirklich dumm. Da es aber viele Wege gibt, auf denen der Geist sich vorwärtsbewegen kann, kann es schon sein, daß ich in dem einen oder anderen Punkt etwas Passendes sagen kann. Wenn es die nicht verstehen sollten, die nicht auf diesem Weg gehen, dann mag es daran liegen, daß sie einem anderen Weg folgen, und wenn es niemandem etwas nützen sollte, dann lasse der Herr meinen guten Willen gelten, denn er versteht ja, daß ich selbst zwar nicht alles erlebt, so aber doch in anderen gesehen habe.

Das erste, worüber ich meinem armseligen Verstand entsprechend handeln möchte, ist zu sagen, worin das Wesen des vollkommenen Gebetes liegt. Ich habe nämlich so manche getroffen, die meinen, daß alles am Nachdenken liegt, und daß sie, wenn sie ihre Gedanken ganz auf Gott richten können, selbst wenn sie sich dabei Gewalt antun, daß sie dann geistliche Menschen wären, und daß sie, wenn sie sich ablenken, weil sie nicht mehr anders können, und sei es durch etwas Gutes, ganz untröstlich sind und meinen, verloren zu sein. Einer solchen Meinung und Unwissenheit werden die studierten Theologen nicht aufsitzen, obwohl ich auch den einen oder anderen von ihnen getroffen habe, aber für uns Frauen ist es gut, daß wir vor diesen Dummheiten auf der Hut sind. Ich möchte nicht sagen, daß es keine Gnade des Herrn sei, immer über seine Großtaten nachdenken zu können, und es ist gut, sich darum zu bemühen, aber man muß bedenken, daß nicht alle von ihrer Phantasie her für so etwas veranlagt sind, aber daß alle Seelen fähig sind zu lieben. Andernorts habe ich schon die Gründe für diese Zerstreuung unserer Vorstellungskraft genannt, wenn auch nicht alle, was meiner Meinung nach unmöglich wäre, aber doch einige. Deshalb spreche ich jetzt nicht mehr darüber, sondern möchte zu verstehen geben, daß die Seele nicht lauter Nachdenken ist, und auch der Wille nicht davon kommandiert wird, was wirklich schlimm wäre, woraus hervorgeht, daß der Nutzen für eine Seele nicht im vielen Nachdenken, sondern im vielen Lieben besteht.

Wie aber erwirbt man diese Liebe? Indem man sich entschließt, etwas zu tun und zu leiden, und zwar dann, wenn es sich anbietet. Es stimmt schon, daß das Nachdenken darüber, was wir dem Herrn verdanken und wer er ist und wer wir sind, mit dazu beiträgt, daß sich eine Seele entschließt, und daß das ein großes Verdienst und für den Anfang sehr zuträglich ist, doch das gilt nur, wenn nicht der Gehorsam und der Nutzen des Mitmenschen mit im Spiel sind. Beide Verpflichtungen verlangen ihr Recht auf Kosten der Zeit, die wir so gern Gott schenken würden, und die unserer Meinung nach darin besteht, daß wir allein sind und an ihn denken und uns über die Geschenke freuen, die er uns gibt. Diese Zeit wegen einer von diesen beiden Verpflichtungen dranzugeben, ist soviel wie ihn zu erfreuen und es für ihn zu tun, was er ja selbst sagt: ›Was ihr einem von diesen Kleinen getan habt, das habt ihr mir getan‹. Und in bezug auf den Gehorsam will er sicher nichts anderes, als daß eine Seele, die ihn so sehr liebt, keinen anderen Weg als den seinen gehe, er ›der gehorsam war bis zum Tod‹. Wenn das alles stimmt, woher kommt denn dann das ungute Gefühl, das die meisten Menschen haben, wenn sie nicht den größten Teil des Tages ganz zurückgezogen und in Gott versunken gelebt haben, obwohl sie einer der beiden Verpflichtungen nachgekommen sind? Meiner Meinung nach entsteht dieses ungute Gefühl aus zwei Gründen: Der erste und wichtigere ist die Eigenliebe, die sich hier sehr fein einschleicht und deswegen nicht auffällt, das heißt, daß es uns mehr darum zu tun ist, uns zufriedenzustellen als Gott, denn es ist klar, daß eine Seele, sobald sie erst einmal begonnen hat zu verkosten, wie süß der Herr ist, mehr Geschmack daran findet, nicht zu arbeiten und auszuruhen und sich zu verwöhnen.

O Liebe derer, die diesen Herrn wirklich lieben und ihre eigene Natur gut kennen! Wie wenig Ruhe können sie sich gönnen, wenn sie sehen, daß sie auch nur ein bißchen mitarbeiten können, um auch nur eine Seele vorwärtszubringen und Gott mehr zu lieben oder ihr ein bißchen Trost zu verschaffen oder sie einer Gefahr zu entreißen! Wie schlecht wird sie ausruhen, wenn sie um dieses persönliche Ausruhen bestrebt ist! Und wenn sie nicht mit Werken helfen kann, dann bestürme sie den Herrn mit ihrem Gebet für die vielen Seelen, deren Verderben ihr leid tut. Sie selbst verliert ihre Ruhe, und sie tut gut daran, wenn sie sie verliert, denn sie denkt schon gar nicht mehr an ihre eigene Wonne, sondern nur noch daran, wie sie den Willen des Herrn besser erfüllen könnte; das gleiche gilt auch für den Gehorsam. Es wäre eine schwere Verfehlung, wenn Gott uns klar sagte, etwas zu tun, das ihm sehr am Herzen liegt, wir aber nichts anderes tun wollten, als ihn nur anzuschauen, weil uns das mehr gefällt. Eine saubere Art in der Liebe zu Gott vorwärtszukommen ist das, wenn wir ihm die

Hände binden, da wir meinen, er könne uns nur auf einem einzigen Weg voranbringen!

Wenn ich, wie ich sagte, einmal von dem absehe, was ich selbst erfahren habe, kenne ich einige Menschen, die mir diese Wahrheit zu verstehen gaben; ich dachte daran, wie ich selbst ganz traurig war, weil ich so wenig Zeit hatte, und da hatte ich Mitleid mit ihnen, da sie immer sehr beschäftigt waren und viel zu tun hatten, weil es ihnen der Gehorsam auferlegte. Ich dachte bei mir, und sagte das auch, daß bei diesem Durcheinander ein Wachstum des geistlichen Lebens wohl kaum möglich sei, und sie waren auch tatsächlich noch nicht weit fortgeschritten. Mein Herr, wie ganz anders sind doch deine Wege als unsere stümperhaften Vorstellungen, und wie willst du von einer Seele, die schon entschlossen ist, dich zu lieben, und sich dir ausgeliefert hat, nichts anderes als daß sie gehorcht und darauf schaut, was dir mehr zu Diensten ist, und das auch ersehnt! Sie braucht sich keine Wege zu suchen noch auszuwählen, denn ihr Wille ist bereits der deine. Du, mein Herr, übernimmst es, sie dorthin zu führen, wo sie besser vorankommt. Und wenn auch der Obere nicht auf das Vorwärtskommen der Seele bedacht ist, sondern sie Arbeiten verrichten läßt, die seiner Meinung nach zum Nutzen der Kommunität sind, dann führst du sie, mein Gott, und lenkst die Seele und alles so, daß wir, ohne zu verstehen wie, im geistlichen Leben voranschreiten und gefördert werden, so daß wir uns nachher nur wundern können. So erging es jemand, mit dem ich vor einigen Tagen sprach, der an die 15 Jahre aus Gehorsam so sehr mit Verwaltungs- und Leitungsaufgaben betraut war, daß er sich nicht erinnerte, in all diesen Jahren auch nur einen Tag für sich gehabt zu haben, obwohl er natürlich, so gut er konnte, darauf achtete, einige Augenblicke am Tag dem Gebet zu widmen und ein reines Gewissen zu haben. Von den Menschen, die ich gesehen habe, ist er einer, die am meisten um Gehorsam bemüht waren, und davon gibt er allen etwas mit, mit denen er zu tun hat. Es hat ihm der Herr so gut vergolten, daß er ohne zu wissen wie, jene so kostbare und ersehnte Freiheit des Geistes fand, die die Vollkommenen besitzen, in der das ganze Glück besteht, das man sich in diesem Leben nur denken kann, denn da sie nichts wollen, besitzen sie alles. Sie fürchten nichts, ersehnen aber auch nichts von dem, was es hier auf Erden gibt, Leiden beunruhigen sie nicht, und Freuden bringen sie auch nicht aus der Fassung. Letztlich kann ihnen niemand den Frieden nehmen, denn er hängt allein von Gott ab, den ihnen niemand entreißen kann. Nur die Angst, Gott zu verlieren, kann noch Anlaß zu Leid sein, alles andere, was es sonst auf dieser Welt gibt, ist ihrer Meinung nach so, als existiere es nicht, denn nichts vermag ihr Glück zu begründen noch es wegzunehmen. Glückseliger Gehorsam und glückselige Zerstreuung, die von diesem auferlegt wird, wieviel brachte er doch fertig!

Aber nicht nur diesen einen Menschen, sondern noch andere habe ich kennengelernt, denen es genauso ging. Als ich sie nach ein paar oder auch vielen Jahren wieder traf und fragte, wie es ihnen ergangen ist, erfuhr ich, daß sie die ganze Zeit über aus Gehorsam oder in Liebe gearbeitet hatten; zugleich aber stellte ich fest, daß sie im geistlichen Leben Fortschritte gemacht hatten, so daß sie mich in Erstaunen versetzten. Also, meine Töchter, es gibt keinen Grund zum Traurigsein; wenn auch der Gehorsam intensive äußere Tätigkeit abverlangt, dann wißt, daß, falls es sich um die Küche handelt, der Herr auch zwischen den Kochtöpfen zugegen ist und uns bei unseren inneren und äußeren Tätigkeiten hilft.

Ich erinnere mich, wie mir ein Ordensmann erzählte, daß er sich entschlossen und es sich zum Vorsatz gemacht hatte, bei nichts, was ihm sein Oberer aufgetragen hatte, nein zu sagen, was immer ihn das auch koste. Eines Tages fühlte er sich vor lauter Arbeit wie gerädert; es war schon Abend, und er konnte sich kaum mehr auf den Füßen halten. Da setzte er sich ein wenig hin, um auszuruhen. So traf ihn sein Oberer an und sagte zu ihm, er solle die Hacke nehmen und im Garten hacken. Er sagte nichts, obwohl er körperlich so erledigt war, daß er nicht mehr aufrecht gehen konnte, und nahm seine Hacke. Als er gerade auf einem Seitenweg in den Garten gehen wollte – ich sah viele Jahre später diese Stelle, als ich in diesem Dorf ein Kloster gründete –, erschien ihm unser Herr mit dem Kreuz auf der Schulter, so erschöpft und matt, daß dieser Ordensmann gut sehen konnte, daß sein Kreuz im Vergleich dazu nichts war...

Schaut, Schwestern, ob der Verzicht auf die Freude an der Zurückgezogenheit nicht gut vergolten wird! Ich sage euch, daß ihr wegen mangelnder Zurückgezogenheit es nicht versäumen werdet, die wahre Vereinigung, von der ich gesprochen habe, zu erreichen, die in der Übereinstimmung unseres Willens mit dem Willen Gottes besteht. Das ist die Vereinigung, die ich mir wünsche und die ich in euch allen gern gesehen hätte, und nicht wie so manche wonnigliche Verzückungen, die man Vereinigungen nennt, die es aber nur sein werden, wenn ihnen die genannten vorausgehen. Aber wenn nach solchen Entrückungen der Gehorsam noch gering, der Eigenwille aber groß ist, dann besteht die Vereinigung nicht mit dem Willen Gottes, sondern mit der Eigenliebe.

Der zweite Grund, der dieses ungute Gefühl zu verursachen scheint, ist, daß die Seele meint, ihren Weg in der Zurückgezogenheit ungefährdeter gehen zu können, da es weniger Gelegenheiten gibt, um den Herrn zu beleidigen.

Hier inmitten der Gelegenheiten gilt es, meine Töchter, zu beweisen, wie groß die Liebe ist, nicht in Schlupfwinkeln. Glaubt mir, daß unser Verdienst hier unvergleichlich größer ist, selbst wenn es Unvollkommenheiten und sogar kleine Verfehlungen gibt. Vorausgesetzt bei allem ist immer, daß man aus Gehorsam oder aus Nächstenliebe sich in die Gelegenheiten begibt, und das mögt ihr beachten, wenn ich das sage, denn wenn es nicht deswegen geschieht, dann halte ich die Zurückgezogenheit immer für besser. Was aber den Gewinn anbelangt, von dem ich spreche, so besteht er darin, daß wir erkennen, wer wir sind und wie weit unsere Tugend reicht, denn jemand, der immer zurückgezogen lebt, weiß nicht, selbst wenn er seiner Meinung nach noch so heilig ist, ob er überhaupt Geduld und Demut besitzt. Wie sollte er auch!«

JOHANNES VOM KREUZ

Geistliche Weisungen

1542–1591
Aus ärmsten Verhältnissen stammend, findet Fray Juan de Santo
Matia Aufnahme im Karmelitenkloster Santa Ana zu Medina del
Campo. Nach einer Begegnung mit Teresa von Avila reformiert er
den Orden und wird darüber zu einem der bedeutendsten Kirchenlehrer seiner Zeit. Er lebt das Leben eines Heiligen, dessen Gedichte
noch heute von ungebrochener Wirkung sind.

Weisungen an einen Ordensgeistlichen zur Erlangung der Vollkommenheit

Euer Hochwürden baten mich um vieles in wenigen Worten. Dafür wäre viel Zeit und Papier vonnöten. Da mir beides fehlt, will
ich eine Zusammenfassung darbieten und nur einige Weisungen
vorlegen, die im Ganzen viel enthalten und dem, der sie befolgt,
viel Vollkommenheit vermitteln können. Wer ein wahrhafter
Gottesdiener sein will, wer den Vorsatz hat, seine heiligen Gelübde zu erfüllen und in den Tugenden sich zu vervollkommnen
und die holden Tröstungen des Heiligen Geistes zu genießen, der
kann nicht anders, als mit größter Gewissenhaftigkeit folgende
vier Weisungen befolgen: Ergebung, Demütigung, Ausübung von
Tugenden und leibliche wie geistige Einsamkeit.

Um das erste, Ergebung, zu bewahren, muß einer so im Kloster
leben, als wäre er der einzige, der darin weilt. So möge er sich niemals in Worten oder Gedanken in die Angelegenheiten der Ge-

meinschaft oder der einzelnen einmischen; er möge ihr Gutes und ihr Schlechtes nicht vermerken wollen, noch ihre Eigenarten, nein, nichts davon vermerken, nicht sich einmischen, ginge auch die Welt unter. So wird der Friede der Seele bewahrt, im Gedenken an Lots Weib, das den Kopf nach dem Geschrei der Untergehenden wandte und deshalb zu hartem Stein wurde. Das müssen Sie mit großer Kraft durchführen; so werden Sie sich von vielen Sünden und Unvollkommenheiten freihalten und die friedvolle Stille Ihrer Seele bewahren, zu Ihrer großen Förderung vor Gott und den Menschen. Achten Sie genau darauf; denn viele Ordensleute, die dies vernachlässigten, konnten sich nicht durch andere Tugendwerke und Ordensleistungen auszeichnen, sie fielen zurück, vom Schlechten zum Schlimmeren.

Um das zweite, Demütigung, zu üben und dadurch zu wachsen, müssen Sie folgende Wahrheit beherzigen: in das Kloster sind Sie nur eingetreten, damit dort die Tugend aus Ihnen herausgemeißelt wird, nicht anders wie ein Stein behauen und geglättet werden muß, bevor er in das Gebäude eingefügt werden kann. Und so müssen Sie alle im Kloster so ansehen, als wären sie von Gott eingesetzte Werkleute, dazu bestimmt, Sie durch Demütigungen zu formen und zu glätten. Und die einen haben Sie durch das Wort auszumeißeln, durch mißliebige Ausstellungen; andere durch das Werk, indem sie Ihnen in schwer erträglicher Weise entgegenarbeiten; andere durch ihr Wesen, das Ihnen an sich lästig und beschwerlich ist, ebenso wie durch ihr Verhalten, andere durch ihre Gedanken, in denen Sie ein Fehlen von Schätzung und Liebe für Ihre Person zu erkennen glauben. Und all solche Demütigungen und Beschwerden müssen Sie mit innerer Geduld erleiden, in Schweigen aus Liebe zu Gott, in der Einsicht, daß Sie nur für dieses Zurechtmeißeln in den Orden gekommen sind, um auf diese Weise des Himmels würdig zu werden. Wäre nicht dies das Ziel, dann bliebe man besser, statt ein Ordenskleid zu nehmen, in der Welt und suchte dort seinen Trost, Ehre und Ansehen und Zwanglosigkeit.

Und diese zweite Weisung ist unabweislich für den im Orden Lebenden, will er anders seinem Stande genügen und wahre Demut, Gelassenheit und Freude im Heiligen Geiste finden. Und wenn er sich in solchem nicht betätigt, dann versteht er es nicht, ein Ordensglied zu sein, und weiß nicht einmal, warum er in den Orden eintrat; weiß vielmehr nur sich selber zu suchen, nicht Christus. Weder wird er in seiner Seele Frieden finden, noch wird er aufhören, zu sündigen und sich wieder und wieder zu verwirren. Denn niemals fehlen im Orden Gelegenheiten zum Sündigen, auch ist es nicht Gottes Wille, daß sie fehlen. Er beruft die Seelen dahin, damit sie sich erproben und läutern, wie Gold bei Feuer und Hammer; und so dürfen Prüfungen und Versuchungen durch Menschen und Dämonen, durch Feuer der Angst und Trostlosigkeit ihnen nicht fehlen. In solchen Anfechtungen soll der Mönch sich erproben und danach streben, sie mit Geduld und Angleichung an Gottes Willen zu bestehen, statt sich in der Prüfung so zu verhalten, daß er statt Gottes Billigung seinen Tadel erfährt, weil er Christi Kreuz nicht in Geduld tragen wollte. Da viele Ordensleute den Sinn ihrer Berufung nicht richtig erfassen, ertragen sie die Mitbrüder schlecht und werden zur Zeit der Rechenschaft beschämt in ihrem Selbstbetrug dastehen.

Um das dritte ins Werk zu setzen, die Ausübung der Tugenden, muß man Beständigkeit in den Aufgaben seines Ordens und im Gehorsam bezeigen, ohne Rücksicht auf die Welt, einzig Gott zuliebe. Und um das rückhaltlos durchzuführen, legen Sie nie Gewicht auf das Angenehme oder Unangenehme Ihrer Arbeit, nicht auf die Neigung, sie durchzuführen oder zu lassen; verweilen Sie bei dem guten Grunde, sie für Gott zu vollenden. So müssen Sie alles, das Wohlgefällige wie das Abstoßende, nur in der Absicht tun, Gott damit zu dienen.

Und um mit starkmütiger Beständigkeit sich zu betätigen und die Tugenden bald ans Licht zu fördern, seien Sie immer darauf bedacht, sich mehr dem Schwierigen als dem Leichten zuzuneigen, mehr dem Rauhen als dem Sanften, mehr dem Peinvollen und Widrigen einer Arbeit als dem Lustvollen und Angenehmen. Und erwählen Sie nicht das geringere Kreuz, weil es Ihnen als leichtere Last erscheint; vielmehr: je schwerer es drückt, um so leichter ist es, sofern es für Gott getragen wird. Streben Sie auch danach, den Mitbrüdern bei allen Erleichterungen den Vorrang vor sich selber zu geben. Suchen Sie sich immer den niedrigsten Platz, und das aus aufrichtigem Herzen; denn das ist die Weise im Geiste der Höhere zu sein. So sagt es Gott im Evangelium: »Wer sich erniedrigt, soll erhöht werden.« (Lk, 14,11)

Um das vierte, die Einsamkeit zu erringen, müssen Sie alle Dinge der Welt als abgetan ansehen; und wenn es unvermeidlich ist, sich mit ihnen zu befassen, dann so unbeteiligt, als wären sie nicht.

Und um die Dinge draußen kümmern Sie sich nicht; hat Gott Ihnen doch die Sorge um diese abgenommen. Das Geschäft, das eine dritte Person für Sie erledigen kann, betreiben Sie nicht selber; denn es ist gut für Sie, niemanden sehen zu wollen und von niemandem gesehen zu werden. Und halten Sie es sich gegenwärtig: wenn Gott von jedem seiner Getreuen für ein müßiges Wort genaue Rechenschaft verlangt, wie erst von einem ihm Geweihten, der ihm sein ganzes Leben und Wirken dargebracht hat, wie erst wird er von ihm für alle Worte Rechenschaft fordern!

Ich will damit nicht sagen, Sie sollten Ihr Amt und irgendein anderes, das Ihnen der Gehorsam auferlegt, nicht mit aller erforderlichen Gewissenhaftigkeit ausüben. Nur, Sie sollen es derart verwalten, daß sich Ihnen nichts Schuldhaftes anheftet; so weit zu gehen verlangt weder Gott noch der Gehorsam. Darum bemühen Sie sich, ständig im Gebet zu verweilen; und auch inmitten von körperlichen Betätigungen lassen Sie nicht davon ab. Ob Sie essen oder trinken, ob Sie mit Weltleuten oder mit irgend etwas anderem zu tun haben, bewahren Sie in Ihrem Herzen immer dabei ein Verlangen nach Gott, eine Hinneigung zu ihm in Ihrem Herzen. Das ist höchst notwendig für die inwendige Einsamkeit, darin die Seele keinen Gedanken hegen darf, der nicht Gott gälte, und alles vergessen soll, was in diesem elenden und kurzen Leben besteht und vergeht. Begehren Sie auf keine Weise anderes Wissen als wie Sie Gott mehr dienen und die Aufgaben Ihrer Gemeinschaft besser durchführen können.

Befolgen Euer Hochwürden diese vier Dinge mit Sorgfalt, dann ist das Ziel der Vollkommenheit bald erreicht. Die vier Weisungen stützen sich wechselseitig; fällt eine von ihnen aus, dann geht auch die Förderung, die durch die anderen Weisungen gewonnen werden könnte, mit verloren.

Vorsichtsregeln
(den Karmelitinnen zu Beas gegeben)

Folgende Belehrungen müssen von Gottesfreunden beherzigt werden, wenn sie in kurzer Zeit heilige Sammlung, Stille und geistliche Armut erlangen wollen, um damit die friedvolle Erquickung des Heiligen Geistes zu gewinnen, die Einigung mit Gott, die Befreiung von all den hinderlichen Geschöpfen dieser Welt, die Abwehr teuflischer Arglist und die Loslösung von sich selbst.

Wer diese Regeln mit der gewohnten Sorgfalt befolgt, wird ohne andere Anstrengung und ohne dabei eine Pflicht seines Standes zu vernachlässigen, mit großer Schnelle zu hoher Vollkommenheit voranschreiten, die Gesamtheit der Tugenden gewinnen und zum heiligen Frieden gelangen.

Als erstes ist darauf hinzuweisen, daß die Schädigungen, die von der Seele erlitten werden, durch die drei schon genannten Widersacher entstehen: durch die Welt, den Dämon und das Fleisch. Die Welt ist ein minder schwieriger Gegner. Der Dämon ist schwerer zu durchschauen. Das Fleisch ist zäher als alles, und seine Anfechtungen enden erst mit dem alten Menschen.

Soll irgendeiner dieser drei Feinde besiegt werden, dann müssen alle drei besiegt werden. Wird einer von ihnen geschwächt, dann werden es auch die anderen beiden. Und sind diese drei einmal besiegt, dann ist die Seele frei vom Krieg.

Gegen die Welt

Um dich vollkommen von dem Schaden zu befreien, den dir die Welt zufügen kann, mußt du drei Regeln befolgen.

Gegenüber allen Personen verhalte dich mit gleicher Liebe, gleichem Vergessen, sie mögen dir verwandt sein oder nicht; löse dein Herz von den einen wie von den andern. Und von den Verwandten löse dich in etwa mehr noch als von den andern, aus Furcht, daß

Fleisch und Blut bei der natürlichen Liebe, wie sie zwischen Verwandten herrscht, stärker auflebe; und diese Liebe zu dämpfen, verlangt die geistige Vollkommenheit. Verhalte dich zu ihnen wie zu Fremden. Auf solche Weise wirst du ihnen eher gerecht werden, als wenn du die Zuneigung, die Gott gebührt, auf sie überträgst. Liebe nicht den einen mehr als die anderen, dann kannst du nicht irren; denn nur der ist größerer Liebe würdig, den Gott mehr liebt, und du weißt nicht, wen Gott mehr liebt. Wenn du sie alle gleichermaßen vergißt, wie es für die Sammlung auf Gott notwendig ist, dann bist du davor behütet, durch ein Zuviel oder Zuwenig zu irren. Denke nichts über sie, weder Gutes noch Schlechtes; meide sie, soweit du es im Guten tun kannst. Wenn du das nicht beachtest, dann verstehst du es nicht, ein Gottesfreund zu sein, noch kannst du zur heiligen Sammlung gelangen, noch dich von den Unvollkommenheiten der Zerstreuung befreien. Und willst du dir darin einige Freiheiten einräumen, dann wird dich der Dämon bei dem einen oder anderen täuschen, oder du selber wirst dich durch irgendeine Verfälschung zum Guten oder Bösen betrügen. In der Befolgung des Gesagten liegt die Sicherheit; denn anders kannst du dich von den Unvollkommenheiten und Schädigungen nicht befreien, die aus dem Umgang mit Geschöpfen sich ergeben.

Die zweite Maßnahme gegen die Welt richtet sich gegen die zeitlichen Güter: willst du dich in Wahrheit von ihren Schädigungen befreien und das Übermaß des Begehrens dämpfen, dann mußt du jede Art von Besitz verabscheuen und dich um nichts Derartiges bekümmern, nicht um Speise, nicht um Kleidung, nicht um Geschaffenes, nicht um den kommenden Tag. Auf Anderes, Höheres muß deine Sorge sich richten, auf das Gottesreich, auf das Bestehen vor Gott; und alles übrige, so verheißt es der höchste Herrscher, wird uns hinzugegeben werden. Nicht wirst du von Dem vergessen werden, der sich selbst der Tiere annimmt. Damit wirst du Beschwichtigung und Frieden im Sinnenbereich erlangen.

Die dritte Mahnung ist sehr notwendig, damit du im Kloster vor jedem durch die Gemeinschaft bedingten Schaden bewahrt bleibst. Da viele sich nicht davor hüteten, verloren sie nicht nur den heilvollen Frieden ihrer Seele, sie gerieten überdies zumeist in viele Übel und Sünden. Du mußt dich mit aller Achtsamkeit davor hüten, Gedanken oder gar Worte auf die Vorgänge im Kloster zu richten, handle es sich nun um solche der Gemeinschaft oder um frühere oder jetzige bei einem einzelnen: nicht über seinen Charakter, nicht über sein Verhalten, nicht über irgend etwas von ihm, wie schwerwiegend es auch sein mag, sage irgend etwas; sage nichts unter dem Antrieb des Eiferns oder Abhelfens, es sei denn zur gegebenen Zeit dem hierfür Zuständigen. Und niemals empöre oder verwundere dich über etwas, das du sehen oder hören solltest, sondern strebe danach, all das deiner Seele fernzuhalten.

Wenn du auf Beobachtungen ausgehst, werden dir, selbst wenn du unter Engeln lebtest, viele Dinge ungut erscheinen, weil du sie verkennst. Darum nimm Lots Weib zur Warnung: weil sie sich über den Untergang der Sodomiter erregte und sich nach dem, was sich ereignete, umwandte, hat Gottes Gericht sie zur Salzsäule verwandelt. Daraus kannst du Gottes Willen ersehen. Selbst unter Dämonen müßtest du so leben, daß du den Kopf nicht zu ihrem Treiben hinwendetest, sondern sie sich selber überließest. Rein und vollständig wende deine Seele zu Gott hin, unabgelenkt durch zerstreuende Gedanken. Und darum stehe es für dich fest: niemals fehlt in Klöstern und Gemeinschaften etwas, woran Anstoß genommen werden kann; denn niemals fehlen Dämonen, die es auf den Sturz von Heiligen absehen, was Gott zu deren Läuterung und Prüfung zuläßt. Und wenn du dich nicht so zurückhältst, als ob du im Hause nicht anwesend wärest, dann kannst du trotz allen Bemühens kein echtes Ordensmitglied sein, noch kannst du die heilige Ledigkeit und Sammlung erreichen, noch den Gefahren solchen Verhaltens entgehen. Befolgst du diese Mahnung nicht, dann wirst du trotz bester Absicht und reinen Eifers in dem einen oder anderen vom Dämon gefangen werden; und schon hast du dich verfangen, wenn du deiner Seele solcherlei Zerstreuung erlaubst. Erinnere dich an die Worte des Apostels Jakobus: »Wenn jemand sich für fromm hält und seine Zunge nicht zügelt, dann ist seine Frömmigkeit eitel.« (Jk. 1,26) Das gilt ebenso für das innere Sprechen wie für das äußere.

Gegen den Dämon

Folgende Mahnungen muß der zur Vollkommenheit Strebende beherzigen, will er sich anders vom Dämon, seinem zweiten Feind befreien. Dafür ist zu beachten: Unter den vielen Ränken des Dämons, mit denen er geistliche Menschen betrügen will, ist das häufigste eine Vortäuschung von etwas Gutem, nicht von etwas Bösem; denn er weiß bereits, daß sie zu etwas Schlechtem, das sie als solches erkennen, nicht zu verleiten sind. Und so mußt du immer das, was gut erscheint, beargwöhnen, zumal, wenn es nicht durch Gehorsam gefordert wird. Sicher und richtig wirst du gehen, wenn du dem dir zugewiesenen Ratgeber folgst.

In Befolgung der ersten Regel befasse dich mit keiner Sache, es sei denn im Gehorsam; steh ab von Handlungen, sie mögen dir noch so gut und wohltätig für dich oder andere innerhalb und außerhalb des Hauses erscheinen, wenn diese Handlungen nicht im Gehorsam vollzogen werden. Damit gewinnst du Verdienste und Sicherheit. Lehne Besitz ab und du entgehst dem Dämon und unerkannten Schäden, für die du dich einst vor Gott verantworten mußt. und wenn du diese Mahnung nicht im Großen wie im Kleinen beachtest, dann magst du dich noch so sehr auf dem richtigen Wege wähnen – der Dämon wird dich im Großen oder im Kleinen mit Sicherheit irreführen. Und wäre es nur dies, daß du dich nicht in allem vom Gehorsam leiten läßt, dann irrst du bereits schuldhaft. Stellt Gott doch Gehorsam höher als Opfer. Und die Handlungen des Gottgeweihten gehören nicht ihm, sondern dem Gehorsam; und wenn du sie dem Gehorsam entwendest, werden sie als Veruntreuungen von dir zurückgefordert werden.

Die zweite Regel ist, daß dir dein geistlicher Vorgesetzter an Gottes Stelle gelten soll, nicht weniger, mag er sein, wie er will. Und wisse, hier hat der Dämon als Feind der Demut häufig seine Hand im Spiel. Stellst du deinen Vorgesetzten so hoch, wie ich sagte, dann ist der Gewinn und die Förderung groß; andernfalls ist es der Schaden, der groß ist, und der Verlust. Und darum beachte mit viel

Wachsamkeit, daß du nicht auf seine Eigenart und sein Benehmen, nicht auf sein Äußeres schaust, nicht auf andere Weisen seines Vorgehens. Sonst hast du zu deinem großen Schaden den göttlichen Gehorsam zu einem menschlichen erniedrigt. Hast du dich doch durch das am Vorgesetzten Sichtbare zu Tun oder Nichttun bewegen lassen, und nicht durch den unsichtbaren Gott, dem du in jenem dienst. Und eitel wird dein Gehorsam sein und um so unfruchtbarer, je mehr du durch die rauhe Art des Vorgesetzten gekränkt oder durch seine wohlwollende Weise erfreut bist. Wegen des Haftens an solchen Dingen sind sehr viele Ordensleute durch den Dämon um die Vollkommenheit gebracht worden. Und ihr Gehorsam ist vor Gott von geringem Wert, da sie ihn von äußeren Umständen abhängen lassen. Wenn du dich nicht dahin bringen kannst, daß dir der eine Vorgesetzte soviel gilt wie der andere, soweit es dein persönliches Gefühl angeht, dann bist du kein geistlicher Mensch und kannst deine Gelübde nicht richtig halten.

Gemäß der dritten Regel trittst du dem Dämon geradewegs entgegen, wenn du in Wort und Werk dich von Herzensgrund demütigen lernst, wenn du dich über des Nächsten Wohl wie über dein eigenes freust, und wenn du in aller Aufrichtigkeit wünschest, daß er von allen dir vorgezogen wird. Und dies wende vor allem bei jenen an, die bei dir am wenigsten Gefallen finden. Und sei gewiß: wahre Nächstenliebe wird dich ohne solche Überwindung nicht beseelen, und nicht wirst du in dieser Liebe wachsen. Und stets sei es dir lieber, daß alle dich belehren, als daß du den Geringsten unter ihnen belehrst.

Gegen das Fleisch

Weitere drei Regeln muß befolgen, wer sich selbst und seine Sinnlichkeit, seinen dritten Feind, besiegen will.

Als erstes überzeuge dich, daß du nur deshalb in das Kloster eingetreten bist, damit alle dich prüfen und abschleifen. Und um dich von den Unvollkommenheiten und Störungen zu befreien, die aus

dem Charakter und der Umgangsweise anderer Ordensleute er-
wachsen können, und um aus jedem Vorkommnis Gutes zu gewinnen, mußt du dir vorstellen, daß alle im Kloster dazu ange-
stellt sind, an dir zu arbeiten – wie es auch in Wahrheit ist. Die einen sollen dich mit Worten herausbilden, andere durch Werke,
wieder andere durch dir ungünstige Gedanken. Du aber mußt
stillhalten, wie ein Standbild dem stillhält, der es formt, und dem,
der es bemalt, und dem, der ihm Gold auflegt. Und wenn du das
nicht beachtest, dann wirst du deine Sinnlichkeit und dein Selbst-
gefühl nicht zu besiegen wissen, noch wirst du dich mit den einzelnen der Gemeinschaft gut vertragen, noch wirst du den heiligen Frieden, noch die Freiheit von manchem Anstoß und Übel erlangen.

Als zweites: Unterlaß keine Werke, die dir unangenehm und lästig sind, wenn ihre Durchführung dem Dienst unseres Herrn gemäß ist. Auch unternimm sie nicht ausschließlich, weil du Geschmack daran findest; vielmehr mußt du dich ihnen nicht anders
unterziehen, als wie du es bei den dir unwillkommenen tatest.
Ohne solches Verhalten ist es unmöglich für dich, Beständigkeit
zu gewinnen und deine Schwäche zu besiegen.

Die dritte Regel lautet: Niemals darf der geistliche Mensch bei
seinen Übungen die Aufmerksamkeit auf das Angenehme in ihnen richten und daran haften bleiben und es zum Beweggrund seines Handelns machen. Ebensowenig soll er das Herbe in seinen
Übungen fliehen; vielmehr suche er das Beschwerliche und ihm
Widerstehende. Damit zügelt er seine Sinnlichkeit. Auf keine andere Weise wirst du deine Eigenliebe ablegen und die Gottesliebe
gewinnen und empfangen.

Weisungen der Liebe

Zügle Zunge und Gedanken straff, wende deine Zuneigung stetig hin zu Gott, und dein Geist wird sich göttlich entzünden.

Weide den Geist an nichts anderem als an Gott. Lösch die Eindrücke der Dinge aus und senke friedvolle Sammlung in dein Herz.

Halte dich in geistiger Stille, mit liebevollem Hinmerken auf Gott, und wenn es nötig wird zu sprechen, dann sei es mit der gleichen friedvollen Gestilltheit.

Halte dir stets das ewige Leben gegenwärtig und auch dieses, daß die Seelen, die sich demütig für die niedrigsten halten, die höchste Herrlichkeit in Gott genießen werden.

Freue dich stets in Gott deinem Heil; und bedenke: gut ist das Leiden jeglicher Art ihm zuliebe, der gut ist.

Erwägen mögen die Schwestern, wie sehr sie ihre eigenen Feindinnen sein müssen, mit heiliger Strenge zur Vollkommenheit voranschreitend, und wie sie für jedes Wort, das sie nicht im Gehorsam gesprochen haben, vor Gott Rechenschaft ablegen müssen.

Dies sei innigster Wunsch: Gott möge der Seele das verleihen, was ihr für ihn und seine Ehre noch fehlt.

Schwester, die Seele, die im Innern wie im Äußern mit Christus gekreuzigt ist, findet schon in diesem Leben Befriedigung und Stillung, dank ihrer Geduld.

Hege ein liebreiches Hinmerken zu Gott, ohne Gelüst, etwas Vereinzeltes zu gewahren oder zu begreifen.

Ein Wandel im Vertrauen auf Gott, bei sich und bei den Mitschwestern jenes am höchsten schätzend, was Gott am höchsten schätzt: die geistigen Heilsgüter.

Versenke dich in die Tiefe deines Gemütes und wirke in der Gegenwart des Bräutigams, der immer in Zuneigung anwesend ist.

Laß in deiner Seele nichts dem Geiste Unwesentliches zu, auch wenn es nicht Sammlung und Gottinnigkeit vertreibt.

Suche Christus, den Gekreuzigten, und mit ihm leide, mit ihm ruhe; und um solchen Zieles willen vernichtige dich gegenüber allem Innerlichen und Äußerlichen.

Erstrebe immer, daß die Dinge nichts für dich sind und du nichts für die Dinge; allem enthoben verweile in deiner Entrücktheit mit dem Bräutigam.

Liebe die Mühsal und achte sie gering; so wirst du dem Bräutigam gefallen, der ohne Zögern für dich starb.

Bleibe fest in deinem Herzen gegen alle Dinge, die dich zu dem bewegen wollen, was nicht Gott ist; und sei die Freundin der göttlichen Passion.

Sei innerlich von allem losgelöst; und suche keinen Wohlgeschmack am Zeitlichen; so versenkt sich deine Seele in ewige, nieverkostete Güter.

Die liebehegende Seele ermüdet niemanden und wird selber nicht müde.

Der Arme, der entblößt ist, wird bekleidet; und die Seele, die sich von ihren Trieben, Zuneigungen und Abneigungen entblößt, wird von Gott bekleidet, mit seiner Reinheit, seinem Willen, seiner Wonne.

Es gibt Seelen, die sich gleich gewissen Tieren im Schlamm wälzen; andere fliegen gleich den Vögeln, die sich in der Luft säubern und reinigen.

Ein einziges Wort formte der Vater: seinen Sohn; und dieses Wort spricht er immer in ewigem Schweigen, und schweigend soll es von der Seele aufgenommen werden.

Die Arbeiten sind nach uns bemessen und nicht wir nach den Arbeiten.

Wer nicht das Kreuz Christi sucht, der sucht nicht die Herrlichkeit Christi.

Sucht Gott das Liebenswerte in einer Seele, dann schaut er nicht auf die Größe, sondern auf die Größe ihrer Demut.

Wer es scheut, vor den Menschen sich zu mir zu bekennen, zu dem werde auch ich mich vor meinem Vater nicht bekennen, sagt der Herr (Mt. 10,22).

Das oft gestrählte Haar ist glänzend und glättet sich leicht bei jedem wiederholten Kämmen; und die Seele, die ihre Gedanken,

Worte und Werke (die ihren Haaren vergleichbar sind) häufig prüft und alles aus Liebe zu Gott unternimmt, hat schimmerndes Haar, und der Bräutigam wird gebannt auf das Haar an ihrem Halse schauen (Hl. 4,9) und von dem einen ihrer Augen verwundet sein (Hl. 4,9) von der lauteren Gesinnung, darin sie alles wirkt. Das Haar wird von oben nach unten gestrählt, wenn es glänzen soll; und nicht anders müssen all unsere Werke bei der höchsten Gottesliebe beginnen, wenn sie lauter und leuchtend sein sollen.

Der Himmel ist beständig und nicht dem Wechsel der Geschlechter unterworfen; und auch die Seelen himmlischen Wesens sind beständig und nicht dem Erzeugen von Trieben und anderem unterworfen, vielmehr sind sie in ihrer Weise Gott vergleichbar, da sie ewig nicht wanken.

Iß nicht verbotene Früchte, solche aus dem gegenwärtigen Leben. Denn selig sind, die hungern und dürsten nach Gerechtigkeit, weil sie gesättigt werden. Was Gott erstrebt, ist uns zu Göttern durch Teilhaben zu machen, wie er Gott von Natur ist – so wie das Feuer alles in Feuer verwandelt.

All unser Gutes ist geliehen, es gehört Gott als sein eigenes Werk. Gott und sein Werk sind Gott.

Pforte zur Weisheit sind Liebe, Stillschweigen und Demütigung; große Weisheit ist es, schweigen zu können und weder Gerede noch Taten noch fremde Lebensführung zu beachten.

Alles für mich, und nichts für dich.

Alles für dich, und nichts für mich.

Laß dich belehren, laß dir befehlen, laß dich unterwerfen und verachten, und du wirst eine Vollkommene werden.

Fünf Schäden bewirkt jeder Trieb in der Seele: er beunruhigt sie, er trübt sie, er beschmutzt sie, er schwächt sie, und als fünftes verdunkelt er sie.

Die ganze Welt ist nicht einen einzigen Gedanken des Menschen wert, da ein jeder Gott geschuldet wird. Und so berauben wir Gott eines jeden Gedankens, den wir nicht auf ihn verwenden.

Seelenkräfte und Sinne sollen niemals ganz auf die Dinge verwandt werden, sondern nur soweit es unvermeidlich ist; im übrigen sollen sie ungeschäftig für Gott bereit sein.

Nicht auf fremde Unvollkommenheit achten, Schweigen und

ständigen Umgang mit Gott bewahren, das wird große Unvollkommenheiten entwurzeln und die Seele zur Herrin hoher Tugenden machen.

Der Kennzeichen innerer Sammlung sind drei: das erste, daß die Seele sich nicht mehr am Vorübergehenden erfreut; das zweite, daß sie Einsamkeit und Schweigen liebt und zu allem, was vollkommener ist, hindrängt; das dritte, daß eben das, was ihr zuvor weiterhalf, jetzt zur Störung wird, so Betrachtungen und Erwägungen und Akte. Die Seele hat jetzt einen anderen Halt gefunden, ausschließlich im Glauben und in der Hoffnung und in der Liebe.

Wenn die Seele mehr Geduld im Leiden und zunehmende Langmut bei der Entbehrung von Genüssen aufweist, so ist das ein Zeichen, daß sie in der Tugend voranschreitet.

Der Eigenschaften des einsamen Singvogels sind fünf. Die erste: er sucht sich die höchste Stelle; die zweite: er duldet keinen Gefährten, auch nicht einen seiner Art; die dritte: er dreht den Schnabel gegen den Wind; die vierte: er hat keine einheitliche Farbe; die fünfte: er sing zart. Das müssen auch die Eigenschaften der gottbereiten Seele sein: sie hat sich über alles Vergängliche zu erheben, so als ob es nicht wäre. Sie muß so sehr Freundin der stillen Einsamkeit sein, daß sie die Gesellschaft keines Geschöpfes duldet. Sie muß sich zum Wehen des Heiligen Geistes hinwenden und seinen Eingebungen entsprechen, um eines solchen Gefährten würdiger zu werden. Sie darf keine bestimmte Farbe haben, sich auf nichts festlegen außer auf Gottes Willen. Sie muß aufs zarteste singen, beim Innewerden göttlicher Liebe.

Willentliche unvollkommene Gewohnheiten, die immer wieder bekämpft werden müssen, behindern nicht nur die Vereinigung mit Gott, sondern auch das Erlangen der Vollkommenheit. Solche sind: viel Reden, unüberwundene Anhänglichkeiten etwa an eine Person, an Kleidung, Zelle, Buch, bestimmte Speisen und sonstige Unterhaltungen und Gelüstlein nach Dingen, nach Wissen, Erlauschen und anderem.

Wenn du dich einer Sache rühmen willst, ohne dabei töricht zu erscheinen, dann entferne alles von dir, was nicht dein ist; und dessen, was dir danach verbleibt, magst du dich rühmen. Aber sei gewiß: wenn du alles von dir getan hast, was nicht dein ist, dann bist du zu einem Nichts geworden; hast du doch nichts, dessen du dich rühmen kannst, ohne in Eitelkeit zu verfallen. Was aber im besondern die Gnadengaben betrifft, die den Menschen vor Gott angenehm machen, so kannst du dich ihrer ganz gewiß nicht rühmen, da du nicht weißt, ob sie dir verliehen wurden.

O wie beseligend wird deine Gegenwart für mich sein, der du das höchste Gut bist! Schweigend muß ich dir nahen mit entblößten Füßen; so mag es dir gefallen, mich dir anzuvermählen. Nicht eher werde ich frohlocken, als bis dein Umfangen mich erquickt. Und jetzt bitte ich dich, Herr, daß du mich zu keiner Zeit in meiner Sammlung allein lassest; denn ich verstehe bloß, meine Seele zu zerstreuen.

Losgelöst vom Äußeren, enteignet dem Innern, uneigennützig im Göttlichen, so versäumt sich die Seele nicht beim Günstigen, noch wird sie vom Widrigen gehemmt.

Der Dämon fürchtet die mit Gott geeinte Seele nicht anders als er Gott fürchtet.

Das lauterste Leiden bewirkt das lauterste Wissen.

Die Seele, die sich Gottes volle Hingabe wünscht, sie muß sich ihm ohne Rückhalt hingeben.

Die Seele, die in die Liebes-Einigung eingegangen ist, hat nicht einmal mehr unwillkürliche Regungen.

Gottes bewährte Freunde vergehen sich schwerlich gegen Gott; zu hoch sind sie entrückt über alles, was vergeht.

Mein Geliebter, alles Herbe und Mühselige begehre ich für mich; und alles köstliche Holde für dich.

Das Nötigste für unser Fortkommen ist, vor unserm großen Gott mit unsern Trieben und unserer Zunge stillzusein. Die Sprache, der er am meisten lauscht, ist allein verschwiegene Liebe.

Mit gelöschtem Licht mußt du Gott suchen. Das Licht, das im äußeren Raum vor dem Sturz bewahrt, verhält sich umgekehrt im Bereich des Göttlichen, derart, daß die Seele sicherer geht, wenn sie nicht sieht.

In einer Stunde wird an göttlichen Gütern mehr eingebracht als an unsern Gütern in einem ganzen Leben.

Liebe es, weder von dir noch von andern anerkannt zu sein. Und niemals vermerke fremdes Wohl, fremdes Übel.

Geh ungesellt mit Gott. Wirke inzwischen. Verbirg die Wohltaten Gottes.

Bereitsein, zu verlieren und sich von allen anderen übertreffen zu lassen, das ist die Weise des tapferen Gemütes, der großmütigen Brust, des freigebigen Herzens; sie wollen lieber gehen als empfangen, geben bis zur Hingabe ihrer selbst. Halten sie es doch für eine große Bürde, sich selbst zu besitzen; und lieber wollen sie andern zu eigen und sich selber entfremdet sein. Wir sind ja doch jenem unendlichen Gut mehr übereignet als uns selber.

Ein großes Übel ist es, mehr auf die Wohltaten Gottes zu schauen als auf Gott selber, auf Gebet und Entsagung.

Sieh hin auf dies unendliche Wissen, dies verborgene Geheimnis; welcher Friede, welche Liebe, welches Schweigen ist in diesem göttlichen Herzen beschlossen! Welch erhabene Wissenschaft ist es, die Gott in solcher Stille lehrt, die inbrünstige Erhebung des Herzens zu Gott!

Das Geheimnis des Gewissens wird sehr herabgesetzt und entwertet, sooft sein Geheimnis den Menschen preisgegeben wird; dann ist die belohnende Frucht nur der vergängliche Ruhm. 1. Sprich wenig und mische dich nicht ein, wo du nicht gefragt bist. 2. Suche stets dir Gott zu vergegenwärtigen und bewahre in dir die Reinheit, die Gott dich lehrt. 3. Entschuldige dich nicht und lehne es nicht ab, von allen zurechtgewiesen zu werden; höre mit heiterer Miene auf jeden Tadel; denke, daß es Gott ist, der ihn dir erteilt. 4. Lebe, als gäbe es in dieser Welt nur Gott und dich, damit dein Herz nicht von Menschlichem gefesselt wird. 5. Halte es für ein Erbarmen Gottes, wenn dir mitunter ein gutes Wort gesagt wird; denn du verdienst keines. 6. Vergeude niemals dein Herz, auch nicht für die Dauer eines Credo. 7. Lausche niemals auf fremde Schwachheiten; und wenn sich jemand bei dir über andere beklagt, dann gibt ihm in aller Demut zu verstehen, er möge dir nichts sagen. 8. Beklage dich über niemanden und frage nach nichts; und wenn du fragen mußt, tu es in Kürze. 9. Verweigere keine Arbeit, auch wenn sie dir nicht durchführbar scheint. Sei du gegen alle nachsichtig. 10. Widersprich nicht; in keinem Fall äußere Worte, die nicht lauter sind. 11. Wenn du sprichst, dann so, daß keiner dadurch beleidigt wird, und über Dinge, deren Verbreitung du nicht bereuen muß. 12. Verweigere nichts von dem, was dein ist, auch wenn du dessen bedürfen solltest. 13. Verschweige, was Gott dir spenden mag, und halte dir das Wort der Braut gegenwärtig: »Mein Geheimnis für mich.« (Is. 24,16) 14. Suche dein Herz in Frieden zu halten; kein Geschehnis dieser Welt darf dich beunruhigen; denk, wie alles sein Ende findet. 15. Versäume dich weder lange noch kurze Zeit mit der Frage, wer gegen dich, wer für dich sei, mühe dich immer darum, daß Gott für dich sei. Bitte ihn, daß in dir sein Wille sich vollende. Liebe ihn innig, wie er es verdient.

Zwölf Sterne, die zur höchsten Vollkommenheit hinweisen: Liebe zu Gott, Liebe zum Nächsten, Gehorsam, Keuschheit, Armut, eifriges Chorgebet, Buße, Demut, Selbstverleugnung, Gebet, Schweigen, Friede.

Niemals nimm dir als Vorbild für dein Handeln einen Menschen, so heilig er ist, der Dämon könnte dir als Vorbild dessen Unvollkommenheiten vorspiegeln. Als Vorbild nimm dir Christus, den makellos Vollkommenen, den makellos Heiligen, so wirst du niemals irren.

Sucht durch Lesung, und betrachtend werdet ihr finden. Ruft betend empor; und ihr werdet in der Beschauung Einlaß finden.

Der verehrungswürdige selige Pater Fray Juan de la Cruz wurde eines Tages gefragt, wodurch jemand zur Verzückung gelangen könne. Er antwortete: Er muß seinen Willen verleugnen und Gottes Willen tun. Denn Ekstase ist nichts anderes als der Aufschwung der Seele über sich hinaus und hinein in Gott. Das aber tut jeder, der heiligen Gehorsam übt. Denn dieser ist Aufschwung auf sich selber und dem eigenen Belieben und schwereloses Untergehen in Gott.

FRANZ VON SALES

Über die Gottesliebe

1567–1622
Er war kein weltfremder Eremit, sondern Jurist aus bestem Hause,
später Bischof von Genf und nahm – ähnlich wie sein Namensvetter
Franziskus von Assisi – aktiv am Geschehen einer bewegten Zeit teil.
Er fühlte sich als Prediger der ehemaligen Gegenreformation ver-
pflichtet.

Das Größte aber ist die Liebe

Unter den Lehren der Kirche leuchtet allüberall das Gold der heiligen Liebe hervor, deren Glanz den Heiligen Erkenntnisse verleiht,
die jedes andere Wissen übertreffen. Alles in der Kirche beruht auf
der Liebe, alles geschieht in Liebe und aus Liebe.

Die Liebe ist das spontane Wohlgefallen am Guten, darum geht
sie dem Verlangen voraus. Wie sollte man nach etwas verlangen,
was man nicht liebt? Sie geht auch der Lust voraus; könnte man
sich wohl an etwas freuen, was man nicht liebt? Auch der Hoffnung geht sie voraus, denn man hofft nur auf ein Gut, das man
liebt. Ebenso geht sie dem Haß voraus, denn wir hassen das Böse
nur wegen des Guten, das wir lieben. Gleiches gilt von allen andern Leidenschaften und Gefühlen, da sie insgesamt aus der Liebe
als ihrer Wurzel und Quelle hervorgehen.

Die Liebe beherrscht den Willen so sehr, daß er genau so wird,
wie sie ist: sinnlich, wenn sie sinnlich ist, geistig, wenn sie geistig
ist; und alle Regungen des Verlangens, der Freude, der Hoffnung,

der Furcht und der Traurigkeit sind Kinder des Bundes, den die Liebe mit dem Willen eingeht, und darum tragen sie die Züge dieser Liebe. Kurz, der Wille wird nur durch seine Neigungen bewegt, und unter diesen ist die Liebe die stärkste.

Das besagt jedoch nicht, daß der Wille nicht Herr über die Liebe wäre, denn er liebt nur, wenn er lieben will, und er kann wählen, was er lieben will. Wäre es anders, so könnte es keine verbotene und keine gebotene Liebe geben... Die Freiheit des Willens zeigt sich ja auch darin, daß er sich von einer Liebe lossagen und sich einer andern zuwenden kann. Wollen wir zum Beispiel, daß die Gottesliebe in uns lebt und herrscht, dann müssen wir die Eigenliebe bekämpfen; und können wir sie auch nicht völlig ertöten, so schwächen wir sie doch wenigstens so weit, daß sie nicht mehr das Zepter führt. Verraten wir aber die heilige Liebe um der Liebe zu den Geschöpfen willen, dann begehen wir jenen schändlichen Ehebruch, den der himmlische Bräutigam den Sündern sooft vorwirft.

Die heilige Liebe wohnt in den höchsten Bereichen des Geistes; dort bringt sie Gott ihr Ganzopfer dar. Sie kennt weder Sklaven noch Knechte, sondern bewegt alles mit unwiderstehlicher Sanftmut zum Gehorsam. Nichts ist mächtiger als die Liebe, und nichts ist liebenswerter als ihre Macht.

Die Tugenden mäßigen die Regungen der Seele; die Liebe aber als die höchste der Tugenden lenkt und mäßigt alle übrigen. Denn Gott, der den Menschen nach seinem Bilde erschaffen hat, will, daß im Menschen, so wie in ihm selber, alles von der Liebe geleitet und auf die Liebe hingeordnet sei.

Es ist nicht richtig, wenn behauptet wird, Ähnlichkeit sei eine unerläßliche Voraussetzung der Liebe. Wie könnten sonst kluge Greise kleine Kinder zärtlich lieben und von ihnen geliebt werden? Wie könnten Gelehrte unwissende Schüler lieben, und Kranke ihre Ärzte? In diesen Fällen wird die Liebe nicht durch Ähnlichkeit geweckt, sondern gerade durch die Verschiedenheit: der eine besitzt, was dem andern mangelt, und so gewinnen beide durch ihre Vereinigung. Die Begegnung des Überflusses mit dem Mangel ist beglückend, und es ließe sich kaum sagen, wessen Freude größer ist, die des Reichen, schenken zu können, oder die des Bedürftigen, zu empfangen. Doch der Herr hat gesagt: »Geben ist seliger als Nehmen.« Also ist es für Gott eine größere Freude, uns zu beschenken, als für uns, seine Gaben zu empfangen. Gottes Vollkommenheit kann zwar nicht vermehrt werden; aber wie der Mensch seine Vervollkommnung nur mit Hilfe der göttlichen Güte erreichen kann, so vermag sich die Güte Gottes nirgends so auszuwirken wie an der Menschheit. Unsere Armut ist auf den unerschöpflichen Reichtum Gottes angewiesen; die göttliche Fülle hingegen bedarf unserer Dürftigkeit nur wegen der Grenzenlosigkeit ihrer Güte.

Vorsehung

Wenn wir nach Menschenweise und in menschlichen Begriffen von göttlichen Dingen sprechen, sagen wir: Da es von Ewigkeit her in der Macht Gottes stand, die Welt zu seiner Ehre zu erschaffen, sorgte er in seiner Weisheit zunächst für die wichtigsten Glieder des Weltalls, für jene, die ihm Ehre zu erweisen vermögen: die Engel und die Menschen, damit sie das Ziel erreichen können, für das er sie bestimmte. So spendete er und spendet noch immer den vernunftbegabten Geschöpfen alles, wessen sie bedürfen, um zur ewigen Herrlichkeit zu gelangen.

Da Gott dem Menschen die natürlichen Mittel verleihen wollte, die ihn zur Verherrlichung seiner Güte befähigen, schuf er ihm Tiere und Pflanzen. Für diese trug er Sorge durch verschiedenartiges Erdreich, durch die Jahreszeiten, durch Quellen, Wind und Regen. Und für den Menschen wie auch für alles, was ihm zu eigen ist, schuf er die Naturkräfte, den Himmel und die Gestirne. Und er ordnete alles so wunderbar, daß fast alle Geschöpfe einander gegenseitig dienen.

So erstreckt sich die göttliche Vorsehung auf alles, herrscht über alles und bewirkt durch alles ihre eigene Verherrlichung.

Alles, was Gott getan und erschaffen hat, ist zum Heil der Menschen und der Engel bestimmt.

Von Ewigkeit her erkannte Gott, daß er zahllose Geschöpfe von mannigfacher Art erschaffen und sich ihnen mitteilen könne.

Nun ist aber keine Mitteilung so herrlich wie die Vereinigung der göttlichen Natur mit einem geschaffenen Wesen, durch die das Geschöpf gleichsam in die Gottheit aufgenommen wird, um zur Einheit der Person mit ihr zu gelangen. Da Gottes unendliche Güte ihn zur Mitteilung drängt, beschloß er, dies tatsächlich zu tun. Wie sich in Gott eine ewige, wesenhafte Mitteilung vollzieht, durch die der Vater dem Sohn seine unendliche und unteilbare Gottheit mitteilt, und wie der Vater und der Sohn dem Heiligen Geist, der von ihnen ausgeht, ihre Gottheit mitteilen, so sollte die unendliche Güte auch außerhalb der Gottheit einem Geschöpf so vollkommen mitgeteilt werden, daß sowohl die geschaffene Natur als auch die Gottheit ihre Eigenart bewahrten und dennoch so innig miteinander verbunden würden, daß sie nur einer einzigen Person zugehörten.

Zu dieser erhabenen Würde bestimmte Gott die hochheilige Menschheit unseres Erlösers. Und er beschloß, die Erweise seiner Huld nicht auf die Person seines geliebten Sohnes zu beschränken, sondern sie um seinetwillen auch vielen anderen Geschöpfen zu schenken. So erwählte er aus allen Geschöpfen die Menschen und die Engel gleichsam zu Gefährten seines Sohnes. Sie sollten Anteil haben an seinen Gnadengaben und an seiner Herrlichkeit, sollten ihn ewig anbeten und preisen. Die seligste Jungfrau aber wählte er aus allen Frauen, damit der Heiland durch ihre Vermittlung ein Sproß des Menschengeschlechtes werde.

Und alle übrigen Dinge, natürliche und übernatürliche, sollten nach dem Beschluß der göttlichen Vorsehung um des Erlösers willen geschaffen werden. Engel und Menschen sollten ihm dienen und dadurch Anteil an seiner Herrlichkeit gewinnen. So schuf Gott zwar Engel und Menschen mit freiem Willen, fähig, zwischen Gut und Böse zu wählen; doch als Zeichen dafür, daß er sie für das Gute und für die Herrlichkeit bestimmt hatte, schuf er sie alle in ursprünglicher Gerechtigkeit. Diese Gerechtigkeit bestand in einer beglückenden Liebe, die sie auf die ewige Seligkeit vorbereiten und dahin führen sollte.

Die göttliche Weisheit wollte jedoch, daß die Liebe dem Willen der Geschöpfe nicht Gewalt antue, sondern ihm volle Freiheit lasse. Und so sah sie voraus, daß manche Engel sich freiwillig von der Liebe abwenden und dadurch der Herrlichkeit verlustig gehen würden. Und weil die Engel nicht aus irgendeinem entschuldbaren Grund, sondern nur aus bewußter Bosheit sündigen konnten, beschloß Gott in seiner Gerechtigkeit, diese Treulosen, die ihn so schmählich verlassen hatten, auf ewig ihrem selbstgewählten Los zu überlassen.

Gott sah auch voraus, daß der erste Mensch seine Freiheit mißbrauchen und die ewige Herrlichkeit verscherzen werde; doch er wollte gegen die Menschen nicht mit solcher Strenge vorgehen wie gegen die Engel, da er wußte, wie schwach die Menschennatur ist und wie schwer die Versuchung, die ihn zu Falle bringen sollte. So erbarmte er sich der Menschen und beschloß, ihnen gegenüber Gnade walten zu lassen.

Doch zugleich mit seiner Barmherzigkeit sollte seine Gerechtigkeit kundgetan werden. Deshalb verfügte er, daß der Mensch durch ein Sühnewerk gerettet werde, das auch seiner Gerechtigkeit Genugtuung leisten sollte. Ein solches Werk aber konnte niemand vollbringen als nur sein Sohn. Und dieser sollte die Menschen nicht durch einen einzigen Liebesakt erlösen – obschon ein solcher mehr als hinreichend gewesen wäre, um Myriaden von Welten zu entsühnen –, sondern durch Taten der Liebe ohne Zahl und durch qualvolle Leiden, die er bis zum Tode erduldete, bis zum Tod am Kreuze. Denn es war der Wille des Vaters, daß der Sohn uns Gefährte in unserm Elend sei und uns einst zu Gefährten seiner Herrlichkeit mache. So offenbarte er die Grenzenlosigkeit seiner Güte in der Überfülle der Erlösungsgnaden. Nun kann keiner je mehr klagen, Gott versage auch nur einem einzigen Menschen seine Barmherzigkeit.

Wie ein Weinberg nur seiner Früchte wegen angelegt wird, obwohl Blätter und Blüten den Früchten vorausgehen, so war der Heiland das erste Ziel des ewigen Schöpfungsplanes. Um dieser Frucht willen ward der Weinberg des Weltalls angepflanzt, und die lange Reihe der Geschlechterfolgen gleicht den Blättern und Blüten, die das Heranreifen dieser wunderbaren Frucht anzukündigen und vorzubereiten hatten.

Für alle starb der Erlöser, da alle gestorben waren. Und die Macht seiner Erbarmung, durch die er das Menschengeschlecht erlöste, war wirksamer als das Verderben, das vom Fall Adams ausging; die göttliche Huld war größer als die Schuld Adams. Ja, die Sünde bewirkte sogar, daß sie sich in noch reicherer Fülle offenbarte.

Deshalb ruft die Kirche in der Osternacht staunend aus: »Wahrlich, geschehen mußte die Sünde Adams, daß Christi Sterben sie sühne! O glückliche Schuld, die einen Erlöser verdiente, so groß, so erhaben!« Der Verlust brachte uns Gewinn, denn die Menschheit empfing durch die Erlösung mehr Gnaden, als ihr je zuteil geworden wären, wenn Adam die Unschuld bewahrt hätte.

Wohl ließ Gott inmitten aller Gnadenerweise Spuren seiner strafenden Gerechtigkeit fortbestehen: Tod, Krankheiten, schwere Arbeit, den Aufruhr der Sinne. Doch das alles wendet er in seiner Güte denen zum Heil, die ihn lieben. Die göttliche Majestät, die uns befahl, wir sollten uns nicht vom Bösen überwinden lassen, sondern das Böse durch das Gute überwinden (vgl. Röm. 12,21), konnte nicht zugeben, daß die Sünde ihre Pläne durchkreuze. Denn das Erbarmen des Herrn ist grenzenlos.

Leben quillt aus Liebe

Obschon die Früchte der Erlösung jeder Seele in einzigartiger Weise zugewendet werden, ist doch die Liebe das Universalmittel unseres Heiles. Wo sie fehlt, gereicht uns nichts zum Heile. Deshalb wünscht Jesus, der uns mit seinem Blut losgekauft hat, inständig, daß wir ihn lieben und so die ewige Seligkeit erlangen. Und er wünscht, daß wir selig werden, damit wir ihn ewig lieben. »Ich bin gekommen, Feuer auf die Erde zu werfen, und was will ich anderes, als daß es brenne!« (Lk. 12,49) Um uns sein sehnliches Verlangen noch deutlicher kundzutun, befiehlt er uns: »Du sollst den Herrn, deinen Gott, lieben mit deinem ganzen Herzen, mit deiner ganzen Seele und mit deinem ganzen Gemüt. Das ist das größte und erste Gebot.« (Mt. 22,37–38)

Wäre es nicht schon eine große Gnade gewesen, wenn Gott uns gestattet hätte, ihn zu lieben? Doch er begnügte sich nicht damit, er befiehlt es uns, damit nicht die Betrachtung seiner Erhabenheit und unserer Armseligkeit, die einen unendlichen Abstand zwischen ihm und uns schaffen, uns davon abhalte. Und es gibt keinen Menschen auf Erden, dem er nicht in reichem Maße alles gewährte, wessen er zur Erfüllung dieses Gebotes bedarf.

Wie die Sonne mit ihrer Glut allem Leben und Kraft spendet, als liebte sie die Dinge hienieden, so belebt die göttliche Güte die Seelen und ermutigt die Herzen, ihn zu lieben. Und es gibt keinen Menschen, den ihre Strahlen nicht erreichten.

»Die Weisheit predigt auf offener Straße. Auf freien Plätzen läßt sie ihre Stimme erschallen. Auf den Mauern hoch ertönt ihr Ruf. Am Eingang der Tore, in der Stadt hält sie ihre Reden: ›Wie lange noch, ihr Toren, liebt ihr die Torheit, gefällt euch, ihr Spötter, der Spott, haßt ihr, ihr Unverständigen, die Einsicht? Nehmt euch meine Mahnung zu Herzen.‹« (Spr. 12,20–23)

Und die gleiche Weisheit spricht durch den Mund des Propheten Ezechiel: »So habt ihr gesprochen: ›Unsere Missetaten und unsere Sünden lasten auf uns; ihretwegen vergehen wir. Wie könnten wir noch leben?‹ Sage ihnen: ›So wahr ich lebe‹, spricht der Herr, ich habe kein Wohlgefallen am Tode des Gottlosen, sondern daran, daß sich der Gottlose von seinem Wege bekehre und lebe.‹« (Ez. 33,10) Leben aber heißt bei Gott soviel wie lieben. »Wer nicht liebt, bleibt im Tode.« (1 Joh. 3,15)

Gott begnügt sich nicht damit, an jeden seine liebevolle Einladung zu richten – er geht von Tür zu Tür und klopft an, und er versichert: »Wenn jemand mir öffnet, will ich bei ihm einkehren und das Mahl mit ihm halten und er mit mir« (Offb. 3,20), das heißt, ihm jegliche Gunst erweisen.

Hoffnung

Wenn der menschliche Verstand erwägt, was ihm der Glaube über sein höchstes Gut offenbart, dann ist der Wille von Entzücken hingerissen und sehnt sich inbrünstig nach Gott. »Wie der Hirsch nach der Wasserquelle, so lechzt meine Seele nach dir, o Gott. Meine Seele dürstet nach Gott, dem lebendigen Gott... Wann darf ich kommen, erscheinen vor Gott?« (Ps. 42,1–3)

Und diese Sehnsucht ist begründet, denn wer sollte sich nicht nach einem so begehrenswerten Gut sehnen? Doch unser Verlangen wäre vergeblich, ja es würde uns zu einer ständigen Qual, besäßen wir nicht die Verheißung, daß es dereinst gestillt wird. Was hätte der Psalmist getan, der klagend bekennt, Tränen seien seine Speise bei Tag und bei Nacht, da man ihn täglich fragte: »Wo ist nun dein Gott?« (Vgl. Ps. 42,4) Was hätte er getan, wenn ihn nicht die Hoffnung aufrechterhalten hätte, er werde einst in den Besitz des Gutes gelangen, das er so heiß ersehnte?

Weinend und klagend in Liebesweh irrt die Braut im Hohenlied umher, da sie ihren Geliebten sucht und nicht sogleich findet (vgl. Hl. 5,8). Die Liebe zu ihrem Bräutigam hat Sehnsucht in ihr geweckt, die Sehnsucht aber drängt sie, ihn unermüdlich zu suchen. Sie würde vergehen vor Leid, lebte nicht die Hoffnung in ihr, ihn wiederzufinden.

Doch die Unruhe und das schmerzliche Sehnen, die mit dem Verlangen nach der Liebe verbunden sind, sollen uns nicht entmutigen und zur Verzweiflung treiben. Darum hat der Herr, der will, daß wir so inbrünstig nach ihm verlangen, uns tausendfach die Verheißung gegeben, daß wir das ersehnte Gut leicht erlangen können, wenn wir nur die Mittel gebrauchen, die er uns zur Erreichung dieses Zieles bereitgestellt hat. Durch die Versicherung, daß der Himmel unser Anteil ist, vermehrt Gott unser Verlangen danach und sänftigt zugleich unsere Unruhe. Der Wille aber, der im Glauben Gewißheit findet, daß er einst in den Besitz des höchsten Gutes gelangen wird, wenn er nur die entsprechenden Mittel anwendet, erweckt zwei Tugendakte: durch den einen erwartet er den Besitz Gottes, durch den andern erstrebt er die beseligende Vereinigung mit ihm.

Hoffen und Streben aber unterscheiden sich darin, daß wir erhoffen, was wir durch die Hilfe anderer erwarten, und erstreben, was wir aus eigener Kraft zu erreichen vermögen. Und obgleich wir nur durch die Gnade zur Anschauung Gottes gelangen, will Gott dennoch, daß wir mit der Gnade mitwirken. Wer hoffen wollte, ohne zu streben, würde wegen seiner Trägheit verworfen; doch wer strebte, ohne zu hoffen, wäre stolz und vermessen. Wir aber sollen strebend hoffen und hoffend streben. Beides hat seinen

Ursprung in der sehnenden Liebe, die dem höchsten Gut gilt, das um so inniger geliebt wird, je zuversichtlicher man es erhofft.

Die Liebe, die der Hoffnung entspringt, richtet sich zwar auf Gott, aber sie sucht auch den eigenen Vorteil. Sie strebt nach der höchsten Vollkommenheit, will aber auch ihre Befriedigung darin finden. Nicht, daß Gott in sich selber unendlich gut ist, zieht sie an, sondern vielmehr, daß er unendlich gütig gegen uns Menschen ist. So darf man diese Liebe zwar Liebe nennen, aber es ist eine selbstsüchtige Liebe. Ich will nicht etwa sagen, daß wir durch diese Liebe Gott nur um unseretwillen liebten; das wäre ein furchtbares Sakrileg. Es ist ein großer Unterschied, ob ich sage: Ich liebe Gott wegen des Guten, das ich von ihm erwarte, oder: ich liebe Gott nur wegen des Guten, das ich von ihm erwarte. Es ist etwas wesentlich anderes, ob ich Gott liebe, weil ich mich nach der Vereinigung mit ihm sehne, oder ob die Befriedigung meiner Eigenliebe das Ziel meiner Gottesliebe ist. In der Liebe, die der Hoffnung entspringt, lieben wir uns selbst und Gott zugleich; doch wir ziehen uns ihm nicht vor und stellen uns ihm nicht gleich. Obwohl hier unsere Gottesliebe mit Selbstliebe vermischt ist, hat doch die Gottesliebe den Vorrang. Immerhin ist die Liebe der Hoffnung nicht als vollkommene Liebe zu betrachten, und niemand könnte durch die Liebe allein das ewige Leben erwerben, wenn sie nicht von der vollkommenen Liebe begleitet wäre.

Gute Werke

Das Glas Wasser oder das Stück Brot, das eine fromme Seele aus Liebe zu Gott einem Armen reicht, ist gewiß etwas Unbedeutendes, kaum der Rede wert; und doch vergilt es Gott und schenkt zum Lohn Wachstum in der Liebe. Ob er uns dieses Wachstum verleiht, hängt davon ab, wie wir seine Gnaden gebrauchen. In der Heiligen Schrift heißt es: »Wer hat (das heißt, wer die empfangene Gnade gut gebraucht), dem wird gegeben, und er wird im Überfluß haben.« (Mt. 13.12) Darum mahnt uns auch der Heiland: »Sammelt Schätze für den Himmel« (Lk. 12,33), fügt zu euren früheren guten Werken neue hinzu. Dieser Schatz aber besteht in Fasten,

Gebet und Almosen. So wie die zwei Heller der armen Witwe (Lk. 21,2) als Vermehrung des Tempelschatzes gewertet wurden – ein Schatz wächst ja tatsächlich, wenn kleine Münzen hinzukommen –, so sind auch armselige gute Werke in den Augen Gottes nicht wertlos.

So groß ist die Liebe Gottes zu uns, so groß sein Verlangen, daß wir in der Liebe zu ihm wachsen. In göttlicher Milde wendet er uns alles zum Besten und läßt uns auch die geringsten und armseligsten Werke zum Nutzen gereichen.

Beharrlichkeit

Wie eine liebevolle Mutter, die ihr kleines Kind führt, ihm hilft und es stützt, wo es notwendig ist; es auf ungefährlichem und ebenem Weg ein paar Schritte allein tun läßt; es bald an der Hand faßt, dann wieder es trägt – so sorgt der Herr ständig für seine Kinder, nämlich für jene, die in der Liebe leben. Durch den Mund des Propheten Isaias (41,13) spricht er: »Ich bin der Herr, dein Gott, der deine Rechte erfaßt, der zu dir spricht: Fürchte dich nicht, ich bin dein Helfer.« Deshalb sollen wir guten Mutes sein und fest auf Gott und seine Hilfe vertrauen. Denn wenn wir uns der Gnade nicht verschließen, wird er das gute Werk, das er in uns begonnen (vgl. Phil. 1,6) – unser Heil –, vollenden, er, der das Wollen und das Vollbringen gibt (vgl. Phil. 2,13).

Gottes Liebe führt unsere Seele von den Anfängen der Liebe bis zu jener Vollendung, die erst im Tode erreicht wird. Darin besteht die Gnade der Beharrlichkeit, die uns der Herr als Unterpfand der ewigen Glorie schenkt: »Wer ausharrt bis ans Ende, wird gerettet werden.« (Mt. 10,22)

Die Beharrlichkeit ist die kostbarste Gabe, die wir in diesem Leben erhoffen dürfen, und wir können sie nur von Gott empfangen. Deshalb sollen wir ihn unablässig darum bitten und uns der Mittel bedienen, die er dafür bestimmt hat: Gebet, Fasten, Almosengeben, Empfang der heiligen Sakramente, Umgang mit guten Menschen, Anhören und Lesen des Wortes Gottes und frommer Bücher.

Da allen, die den göttlichen Eingebungen willig folgen, die Gabe des Gebetes und der Frömmigkeit verliehen wird, steht es in unserer Macht, auszuharren bis ans Ende. Zwar bedürfen wir der Gnade, um die Beharrlichkeit auch nur zu wollen; doch unser Wille ist frei, und wenn er tut, was er vermag, wird es ihm nie an der Gnade gebrechen. So können wir mit dem Apostel sprechen: »Weder Tod noch Leben, weder Engel noch Herrschaften, weder Hohes noch Niederes vermag uns von der Liebe Gottes zu scheiden, die da ist in Christus Jesus.« (Röm. 8,38–39)

Gott hat den Himmel ohne Zweifel nur für jene bereitet, von denen er voraussah, daß sie ihm zu eigen sein werden. Es hängt aber von uns ab, ob wir sein eigen sind. Denn wenn es auch eine Gnade ist, ihm anzugehören, so ist es doch eine Gnade, die er niemandem versagt, der bereit ist, sie anzunehmen.

Da Gott so inbrünstig wünscht, daß wir ihm gehören, wurde er ganz unser, schenkte uns sein Sterben und sein Leben: sein Leben, damit wir nicht dem ewigen Tode verfallen, sein Sterben, damit wir das ewige Leben erlangen. Bleiben wir also im Frieden und dienen wir Gott, auf daß wir in diesem sterblichen Leben und noch mehr im ewigen Leben sein eigen seien.

Das Ziel

Unaufhörlich strömen die Flüsse ins Meer und kehren dahin zurück, woher sie kamen (vgl. Pred. 1,7). Das Meer, die Stätte ihres Ursprungs, ist auch die Stätte ihrer Ruhe; alle ihre Bewegung erstrebt die Vereinigung mit ihrem Ursprung.

»Für dich hast du uns erschaffen, o Gott, und unruhig ist unser Herz, bis es ruht in dir« (hl. Augustinus). »Was habe ich im Himmel, was verlange ich auf Erden außer dir, mein Gott? Du, Herr, bist der Gott meines Herzens, mein Anteil du in Ewigkeit...« (Vgl. Ps. 72,25.26) Doch diese Vereinigung, die unser Herz ersehnt, kann im Erdenleben nicht zur Vollendung kommen. Wir können in dieser Welt beginnen, Gott zu lieben, vollkommen lieben werden wir ihn erst in der anderen.

Die vollkommene Vereinigung der Seele mit Gott ist dem Himmel vorbehalten, wo die Hochzeit des Lammes gefeiert wird (vgl. Offb. 19,9). In diesem Leben ist die Seele die Braut des Lammes, aber sie ist doch nicht mit ihm vermählt. Deshalb hat sie immer die Möglichkeit, sich von ihm loszusagen. Erst im Himmel wird das Band, das unser Herz mit unserem Schöpfer vereint, unzerreißbar sein. Was für eine Vereinigung wird das sein, wenn wir, deren Sehnsucht nach dem höchsten Gut auf Erden nie gestillt wurde, dereinst den Quell des Lebens finden! Als beglückte Kinder Gottes werden wir uns dort an der göttlichen Wesenheit laben, die unsere Seele durch das Erkenntnisvermögen aufnehmen wird. Und Gott, unser Vater, wird sich nicht damit begnügen, unserm Verstande seine Wesenheit mitzuteilen, das heißt, ihm seine Gottheit zu offenbaren; er wird sich vielmehr in unendlicher Güte mit unserem Geiste vereinigen, damit wir seine Wesenheit nicht mehr nur durch ein Bild oder eine Vorstellung erkennen, sondern in sich und durch sich selbst. Dann werden sich die göttlichen Verheißungen wunderbar erfüllen: »In die Einöde will ich sie führen und dort zu ihren Herzen reden.« (Os. 2,14) »Freut euch mit Jerusalem und jubelt... Trinkt euch satt an ihrer trostreichen Brust! Schlürft, labt euch an ihrer Herrlichkeit Fülle... Auf den Armen wird man euch tragen, auf den Knien liebkosen...« (Is. 66,10–12)

Dies wird eine unendliche Glückseligkeit sein! Und sie ist uns nicht nur verheißen, sondern wir besitzen bereits den Unterpfand dieser Seligkeit in der Eucharistie, dem immerwährenden Gastmahl der göttlichen Gnade. Hier wird uns die Gnade der Vereinigung mit der göttlichen Wesenheit nur verschleiert, unter den Gestalten des Sakramentes zuteil; im Himmel aber wird sich uns Gott unverhüllt schenken, und wir werden ihn von Angesicht zu Angesicht schauen, »so wie er ist« (1 Joh. 3,2).

Der geschaffene Geist kann das Wesen Gottes nur dann ohne Vermittlung eines Bildes oder einer Vorstellung schauen, wenn er durch außerordentliche Erleuchtung dazu befähigt wird. Denn wie die Sehkraft der Eule gerade ausreicht, um das schwache Licht einer heitern Nacht zu ertragen, nicht die Helle des Mittags, so ist unser Geist zwar stark genug, um natürliche Wahrheiten und im Licht des Glaubens sogar übernatürliche Dinge zu erkennen, doch er vermag sich nicht zur Anschauung der göttlichen Wesenheit zu erheben; dazu reicht weder die natürliche Erkenntnis noch die Glaubenserkenntnis hin.

Darum hat die ewige Weisheit in ihrer Güte angeordnet, daß unser Geist nicht mit ihrer Wesenheit vereinigt wird, ehe sie ihn dafür vorbereitet, gestärkt und befähigt hat. Wie Gott uns das Licht der Vernunft gegeben hat, durch das wir ihn als Urheber der Natur erkennen, und das Licht des Glaubens, in dem wir ihn als Ursprung der Gnade betrachten, so wird er uns einst das Licht der Glorie verleihen, das ihn uns als Urquell der Seligkeit und des ewigen Lebens zeigen wird. Ist die Seele einmal in den Ozean der göttlichen Wesenheit versenkt, dann wird Gott das Licht der Glorie in ihren Geist ergießen, und dieses Licht wird sie in den Abgrund des »unzugänglichen Lichtes« (1 Tim. 6,16) erleuchten, so daß sie durch die Klarheit der Glorie die Klarheit Gottes zu schauen vermag. Denn »der Quell des Lebens ist ja bei dir. In deinem Lichte schauen wir das Licht.« (Ps. 35,10)

Im Himmel schauen alle seligen Geister die göttliche Wesenheit, doch keiner vermag sie in ihrer Unermeßlichkeit zu schauen. Das erschaffene Licht der Sonne, das doch begrenzt und endlich ist, wird ja auch von allen gesehen, und doch vermag keiner es in seiner ganzen Stärke zu sehen. So werden wir im Himmel zwar die ganze Wesenheit Gottes schauen und uns ihrer freuen, doch in alle Ewigkeit wird keiner der Seligen sie jemals in ihrer ganzen Herrlichkeit zu schauen und zu genießen vermögen. Die Gottheit ist unendlich viel erhabener und herrlicher, als wir es je werden erfassen können. Und es wird eine unaussprechlich beglückende Erkenntnis für uns sein, daß es auch dann, wenn alle Sehnsucht unseres Herzens gestillt ist und wir im Besitz des höchsten Gutes so große Seligkeit genießen, als wir nur aufzunehmen vermögen, in Gott noch unendliche Vollkommenheiten gibt, die er allein kennt.

Gottvereinigung

Glücklich die Seele, die in der Ruhe ihres Herzens das Wissen um die Gegenwart Gottes liebend bewahrt. Ihre Vereinigung mit der Ewigen Güte wird immer inniger, auch wenn sie es nicht wahrnimmt, und allmählich wird ihr ganzes Wesen von der heiligen Liebe durchdrungen werden. Ich spreche jedoch nicht von der Gegenwart Gottes, die sich dem Gefühl kundtut, sondern von jener, die dem höchsten Bereich des Geistes vorbehalten ist, wo die göttliche Liebe herrscht und wirkt.

Diese Vereinigung vollzieht sich zuweilen ohne unsere unmittelbare Mitwirkung. Es genügt, wenn wir uns widerstandslos der göttlichen Güte überlassen wie ein liebendes Kindlein, das sich freut, wenn die Mutter es an ihre Brust drückt, aber zu schwach ist, um sich anschmiegen zu können.

Manchmal hingegen tragen wir selbst zu dieser Vereinigung bei: wenn wir, von der Gnade angeregt, uns bemühen, der sanften Macht der göttlichen Liebe zu folgen, die uns an sich zieht.

Zuweilen scheint es uns, als ginge die Vereinigung mit Gott von uns aus, da wir nur unsere eigene Tätigkeit wahrnehmen, nicht aber das Wirken Gottes. Dieses kommt uns jedoch immer zuvor, auch wenn wir es nicht erkennen. Denn wenn Gott sich nicht mit uns vereinigte, vermöchten wir uns niemals mit ihm zu vereinigen. Er ist's, der uns erwählt und Besitz von uns ergreift, bevor wir ihn erwählen und besitzen. Folgen wir seinem Werben, obwohl es vom Gefühl nicht wahrgenommen wird, und streben wir nach der Vereinigung mit ihm, dann bewirkt er selber, daß diese Vereinigung immer inniger wird und uns endlich unaussprechlich beglückt.

Ursprünglich hatte Gott sich der Menschheit durch die Gnade geschenkt. Nachdem aber diese Gemeinschaft durch die Sünde Adams zerstört war, verband er durch die Inkarnation die menschliche Natur für immer und ewig auf das engste mit der Gottheit. Und damit nicht nur die Menschennatur als solche, sondern auch jeder einzelne Mensch der innigsten Vereinigung mit ihm teilhaft werde, setzte er das heiligste Altarssakrament ein, durch das wir alle den Erlöser wirklich und wesenhaft aufnehmen können. Die sakramentale Vereinigung aber drängt uns und hilft uns, die geistige Vereinigung mit dem Herrn zu erstreben.

Manche nähern sich dem Herrn, um seinen Worten zu lauschen, wie Maria Magdalena es tat; andere, wie das blutflüssige Weib, um von ihm geheilt zu werden; manche kommen gleich den Weisen aus dem Morgenland, um ihn anzubeten; viele, um ihm zu dienen wie Martha; andere, um ihren Unglauben zu überwinden wie der Apostel Thomas. Die Braut im Hohenlied aber sucht den Geliebten einzig und allein, um ihn zu finden. Und hat sie ihn gefunden, so verlangt sie nichts, als ihn festzuhalten. Jakob will Gott nicht lassen, bevor er seinen Segen empfangen hat; die bräutliche Seele aber sucht nicht den Segen Gottes, sondern den Gott des Segens. Mit David spricht sie: »Was habe ich im Himmel und was suche ich auf Erden außer dir? Du bist der Gott meines Herzens, mein Anteil du in Ewigkeit.« (Ps. 62,25–26)

Was könnte es wohl einem Menschen nützen, wenn er zuweilen im Gebet in Verzückung geriete, im Alltagsleben aber niederen Neigungen nachgäbe? Welchen Wert hätte es, in frommen Gefühlen über sich hinauszuwachsen, im Leben und Handeln aber unter sich selbst hinabzusinken; im Gebet einem Engel, im Lebenswandel aber einem Tier zu gleichen? Es wäre nur ein sicherer Beweis dafür, daß diese Verzückungen nichts sind als ein Blendwerk des bösen Geistes.

Selig sind, die ein übernatürliches Leben führen, mögen sie auch niemals eine Verzückung erleben. Im Himmel gibt es viele Heilige, die auf Erden keine Ekstasen kannten; doch es gab noch nie einen Heiligen, der nicht sich selbst und seine natürlichen Neigungen überwunden hätte. Denn unser alter Mensch ist mit Christus ans Kreuz geschlagen (vgl. Röm. 6,6), und wir sind mit ihm der Sünde gestorben. Wir sind aber auch mit ihm auferstanden und sollen gleich ihm in einem neuen Leben wandeln, sollen ferner nicht mehr Knechte der Sünde sein (vgl. Röm. 6,6.2.4.20). Wer immer zu diesem neuen Leben gelangen will, muß sein

Fleisch mit all seinen Lastern und Begierden kreuzigen und es begraben in den Fluten der Taufe oder der Buße.

Ist ein Mensch zu diesem neuen Leben auferstanden, dann lebt er nicht mehr in sich und für sich, sondern für seinen Erlöser und in seinem Erlöser. Das meint der heilige Paulus, wenn er schreibt: »Nicht mehr ich lebe, Christus lebt in mir.« (Gal. 2,20)

Christus ist für uns gestorben. Durch seinen Tod hat er uns das Leben gegeben. Wir leben nur, weil er gestorben ist. Darum gehört unser Leben nicht mehr uns selber, sondern ihm, der es uns durch seinen Tod erworben hat.

Die entscheidende Wahl

Wir sind frei, das Gute oder das Böse zu wählen. Wählen wir aber das Böse, dann mißbrauchen wir unsere Freiheit. Verzichten wir darum auf diese verhängnisvolle Freiheit und unterwerfen wir unsern freien Willen für immer der göttlichen Liebe! Ihre Sklaven sind glücklicher als alle Könige der Erde. Wer in dieser Welt aus Eigenliebe seine Freiheit bewahren will, der wird sie in der jenseitigen verlieren. Wer sie aber auf Erden um der Gottesliebe willen verliert, wird sie in Ewigkeit besitzen. Dort wird die Freiheit sich in Liebe, die Liebe aber in Freiheit verwandeln, in eine unendlich beglückende Freiheit.

Wie sehr müssen wir doch Gott lieben, da er in seiner grenzenlosen Güte seinen Sohn zur Erlösung der Welt dahingab! Für alle gab er ihn, doch vor allem für mich, der ich der größte unter den Sündern bin (vgl. 1 Tim. 1,15). Er hat mich geliebt, mich, so wie ich bin, und hat sich für mich hingeopfert (vgl. Gal. 2,20).

Nie werden wir unsern Schöpfer genug lieben können, ihn, der von Ewigkeit her beschlossen hatte, uns zu erschaffen, zu erhalten, zu lenken, zu erlösen und uns zur ewigen Herrlichkeit zu führen.

Wer war ich denn, als ich noch nicht war? Gott aber hegte in seiner Ewigkeit schon Gedanken des Heiles über mich (vgl. Jr. 29,11). Er bestimmte die Stunde meiner Geburt und meiner Taufe, er plante alle Wohltaten, mit denen er mich beschenken wollte. Läßt sich eine größere Güte denken?

An mich dachte der Erlöser in seinen Leiden. Meine Sünden nahm er auf sich, ihretwegen erduldete er alle Qualen und selbst den Tod, damit ich nicht verlorengehe, sondern lebe.

Kalvaria ist der Berg der Liebenden. Alle Liebe, die nicht im Leiden des Herrn ihren Ursprung hat, ist eitel und gefährlich. Im Leiden des Herrn aber sind Liebe und Tod so eng verbunden, daß sie auch in unserm Herzen nicht getrennt werden können. Auf Kalvaria gibt es kein Leben ohne die Liebe, und keine Liebe ohne den Tod des Erlösers. Ewiger Tod oder ewige Liebe: alle christliche Weisheit besteht darin, eine gute Wahl zu treffen.

O ewige Liebe, nach dir verlangt meine Seele. Dich erwählt sie auf ewig. Komm, Heiliger Geist, entflamme mein Herz mit deiner Liebe! Lieben oder sterben! Sterben oder lieben! Sterben jeder andern Liebe, um dir allein zu leben, o Jesus, auf daß ich nicht ewig sterbe, sondern in deiner Liebe lebe und dich ewig preise.

JACOB BÖHME

Aus den
seraphinischen Blumengärtlein

1575–1624
Der Schlesier wurde auch »Philosophus Teutonicus« genannt, weil
er der erste in deutscher Sprache schreibende Mystiker war. Der
Schuhmacher schaute nicht nur in später erfolgender willentlicher
Kontemplation Geheimnisse innerer Welten, sondern erfuhr in jungen Jahren, daß er mit offenen Augen im Alltag die Natur, den Himmel und die Geschöpfe mit anderen Augen sah, durchlichtet, erfüllt,
göttlich bewegt. Seine Schriften beeinflußten den deutschen Idealis-
mus und die Romantik sowie das europäische Denken nachhaltig.

Das umgewandte Auge

Die Seele ist ein Auge in dem ewigen Ungrunde, eine Gleichnis
der Ewigkeit, eine ganze Figur und Bildnis nach dem ersten Prinzipio, und gleich Gott dem Vater nach seiner Person, nach der ewigen Natur. Ihre Essenz und Wesenheit (wo sie pur in sich alleins
ist) ist erstlich das Rad der Natur, mit den ersten vier Gestalten.
Der Seele Wesen mit ihrem Bildnis ist an der Erde, in einer schönen Blume, so aus der Erde wächset, und dann am Feuer und Licht
zu ersinnen: als man siehet, wie die Erde ein Zentrum ist, aber
kein Leben; sondern sie ist essentialisch, und daraus wächset eine
schöne Blume, welche nicht der Erde ähnlich siehet, hat auch
nicht ihren Geruch und Geschmack, viel weniger ihre Figur, und
ist doch die Erde der Blumen Mutter. Also auch ist die Seele aus
dem ewigen Centro Naturä, aus der ewigen Essenz mit dem Verbo

Fiat im Willen Gottes erblicket und im Fiat gehalten worden, daß sie ist also als ein Feuerauge und Gleichnis des ersten Prinzipii erschienen, in einer kreatürlichen Gestalt und Wesen; und aus demselbigen Auge ist der Glanz ihres Feuers ausgegangen, wie das Licht aus dem Feuer, und in demselben Glanz ihres eigenen Feuers ist das ewige Bildnis (so in Gottes Weisheit ist ersehen, und mit dem Willen des Herzens Gottes im andern Prinzipio ergriffen worden, verstehet, mit dem Verbo Fiat des andern Prinzipii) in der Liebe und Kraft der heiligen Dreifaltigkeit, in welcher der heilige Geist ausgehet. Weil aber die Seele essentialisch ist, und ihr eigen Wesen ein Begehren ist, so ist's erkenntlich, daß sie in zweien Fiat stehet: eines ist ihr körperlich Eigentum, und das andere ist des andern Prinzipii, aus dem Willen Gottes, der in der Seele stehet. Indem sie Gott zu seiner Bildnis und Gleichnis begehret, so ist Gottes Begehren als ein Fiat in dem Seelencentro, und schöpfet immerdar der Seele Willen entgegen dem Herzen Gottes; denn Gottes Lust will die Seele haben, so will sie das Zentrum in Feuersmacht auch haben, denn das Leben der Seele urständet im Feuer. Also wohnet die rechte Bildnis Gottes im Lichte des Seelenfeuers, welches Licht die feurige Seele muß in Gottes Liebebrunnen, in der Majestät schöpfen durch ihre Imagination und Einergebung. Und so das die Seele nicht tut, sondern imaginiert in sich selber in ihre grimmige Gestalt zur Feuersqual, und nicht in den Brunn der Liebe im Lichte Gottes: So geht ihre eigene Qual ihrer Strengigkeit, Herbigkeit und Bitterkeit auf, und wird der Bildnis Gottes Turba, und verschlinget das Gleichnis Gottes im Grimm.

Von sechs theosophischen Punkten

Das Leben ist der Essentien Sohn, und der Wille, darinnen des Lebens Figur stehet, ist der Essentien Vater, denn keine Essenz mag ohne Willen entstehen; denn im Willen wird das Begehren geurständet, in welchem die Essentien urständen. So denn der erste Wille ein Urgrund ist, zu achten als ein ewig Nichts: so erkennen wir ihn gleich einem Spiegel, darin einer sein eigen Bildnis siehet, gleich einem Leben, und ist doch kein Leben, sondern eine Figur des Lebens und des Bildes am Leben. Denn wie das Wesen der Gottheit keinen Grund hat, daraus es urstände und herkomme: also hat auch der Willengeist keinen Grund, Stätte oder Ziel, da er möchte ruhen; sondern er heißt Wunderbar: und sein Wort oder Herz, da er von ausgehet, heißt ewige Kraft der Gottheit; und der Wille, der das Herz und die Kraft in sich erbieret, heißt ewig Rat. Also ist das Wesen der Gottheit an allen Enden und Orten in der Tiefe des Ungrundes, gleich als ein Rad oder Auge, da der Anfang immer das Ende hat, und ist ihm keine Stätte erfunden, denn er ist selber die Stätte aller Wesen und die Fülle aller Dinge, wird doch von nichts ergriffen oder gesehen. Und in dem Lichte wohnet nun der Wille des Vaters und des Sohnes, und der heilige Geist ist das Leben darinne, der eröffnet nun die Kraft der sanften Wesenheit im Lichte, das sind Farben, Wunder und Tugenden. Und dasselbe heißt die jungfräuliche Weisheit, denn sie ist keine Gebärerin, eröffnet auch selber nichts, allein der heilige Geist ist Eröffner ihrer Wunder.

Das ist ein Prinzipium, da sich ein Leben und Beweglichkeit findet, da keines ist; das Feuer ist ein Prinzipium mit seiner Eigenschaft, und das Licht ist auch ein Prinzipium mit seiner Eigenschaft; denn es wird aus dem Feuer erboren, und ist doch nicht des Feuers Eigenschaft: es hat auch sein eigen Leben in sich, aber das Feuer ist Ursach daran, und die grimmige Angst ist eine Ursach der beiden. So erkennen wir das dritte Prinzipium, als die Qual dieser Welt, mit den Sternen und Elementen für ein Geschöpf aus den Wundern der ewigen Weisheit. Des Feuers Prinzipium ist die Wurzel, das wächst in seiner Wurzel, es hat in seiner Eigenschaft Herbe, Bitter, Grimm und Angst; und das wächst in seiner Eigenschaft, in Gift und Tod, in das ängstliche strenge Leben, das in sich Finsternis gibt, wegen der Strengheit Einziehen. Seine Eigenschaften machen Sulphur, Mercurium und Sal, wiewohl des Feuers Eigenschaft nicht Sul machet im Sulphur, sondern der Wille der Freiheit machet das Sul im Phur, indem das Prinzipium vor sich gehet.

Zum andern hat das Prinzipium sein Gewächs und gibt seine Frucht in das dritte Prinzipium in gemein, als in den Geist der großen Welt, daß der äußern und innern Turbä gewehret wird. Es dringet durch, und gibt Fruchtbarkeit; es wehret dem Grimm der Sterne, und zerbricht die Konstellation beides, der Geister und auch des firmamentischen Himmels; es widerstehet dem Grimm des Teufels und den Anschlägen der boshaftigen Menschen, sofern aber auch Heilige gefunden werden, so es wert sind.

Also macht das Feuer eine Vereinigung aller drei Prinzipien, und ist einem jeden die Ursach des Wesens. Kein Prinzipium streitet wider das andre, sondern die Essenz eines jeden begehret nur sein Eigenes, und ist immer im Streit; und so das nicht wäre, so wäre alles ein stilles Nichts. Ein jedes Prinzipium gibt dem andern seine Kraft und Gestalt, und ist ein steter Friede zwischen ihnen. –

Ein Ding, das eins ist, das nur einen Willen hat, streitet nicht wider sich selber. Da aber viel Willen in einem Dinge sind, so werden sie streitig; denn ein jeder will seinen gefaßten Weg gehen. So es aber ist, daß einer des andern Herr ist, und ganz volle Macht über die andern alle hat, daß er die mag zerbrechen, so sie ihm nicht gehorsamen: so bestehet des Dinges Vielheit in einem Wesen, denn die Viele der Willen geben sich alle in Gehorsam ihres Herrn. –

Also sind drei Prinzipia ineinander, und keines begreift das andre, und kann das ewige Leben von nichts ergriffen werden, es falle denn in den Tod, und gebe seine Essenz freiwillig dem Feuer der Natur, und gehe mit seinem essentialischen Willen aus sich selber aus ins Licht, und gebe sich dem Lichte ganz heim; und begehre nichts zu wollen und zu tun, sondern gebe seinen Willen dem Lichte heim, daß das Licht sein Wollen sei. Gott stehet allem Wesen gegenwärtig, aber nicht alles Wesen empfängt ihn in seine Essenz, sondern als wie im Spiegel des Anblicks in der Sonne Kraft; denn die Sonne rühret her aus der achten Zahl. Ihre Wurzel, daraus sie ihren Schein empfängt, ist das ewige Feuer, aber ihr Corpus stehet in dieser Welt. Ihr Begehren ist ganz in diese Welt gerichtet, darum scheint sie in die Welt; aber ihre erste Wurzel siehet in die erste Welt, ins Feuer Gottes. Diese Welt gibt ihrem Begehren Wesen, und sie gibt ihre Kraft dem Wesen, und erfüllet also alles Wesen dieser Welt, gleichwie Gottes Licht die göttliche Lichtwelt; und wenn Gottes Feuer nicht mehr brennete, so erlö-

schete die Sonne und auch die göttliche Lichtwelt. Denn Gottes
Feuer gibt beiden Essenz, und ist ein Prinzipium derer beider. Und
wenn die finstere Welt nicht wäre, diese beiden wären auch nicht;
denn die finstere Welt gibt die Ursache zu Gottes Feuer.

Schwingen wir uns mit unserm Willen in die Welt außer dieser
Welt, so fängt die Lichtwelt unsern Willen, und wird Gott unser
Herr, und lassen das irdische Leben dieser Welt, und nehmen mit
uns mit, was aus der Lichtwelt ist gekommen, in uns, verstehe in
Adam, das wird mit dem Willen, der mit Gott ein Geist wird, aus
dieser Welt ausgeführet. So nun das Wasser mit der Erde vermischt wird, so fähet es der Sonne Licht nicht mehr: also fähet
auch der menschliche Geist oder Seele nicht Gottes Licht, er
bleibe denn rein und setze sein Begehren in das Reine, als in das
Licht; denn wonach das Leben imaginieret, das fähet es. Das Leben des Menschen ist beider innern Welt Gestaltnis. Begehret das
Leben Sulphur in sich, so ist das Phur aus dem Sul seine Verfinste-
rung; begehret's aber allein Sul, so empfähet's des Lichtes Kraft,
und in der Kraft das Licht mit seiner Eigenschaft; denn im Phur,
als in der grimmen Natur, mag das Leben nicht helle als ein Spiegel bleiben, aber im Sul wohl: denn des Menschen Leben ist ein
wahrhafter Spiegel der Gottheit, da sich Gott inne schauet. Er gibt
seinen Glast und Kraft in den menschlichen Spiegel, und findet
sich im Menschen, sowohl in Engeln und in den Gestalten der
Himmel.

Die rechte wahre menschliche Essenz ist nicht irdisch, noch
aus der finstern Welt; sie wird bloß in der Lichtwelt erboren, sie
hat keine Gemeinschaft mit der finstern, noch äußern Welt; es ist
ein großer Schluß, als der Tod, dazwischen. Zu derselben Zeit,
wenn ein Kind im Mutterleibe das Leben hat bekommen, so glimmet alsbald göttliche oder höllische Essenz aus dem ersten Ursprung und Herkommen. Und weil nur ein klein Moder oder Zunder der göttlichen Essenz rege ist, so ist das Kind der Taufe fähig.
Und ob's gleich stürbe, und nicht getaufet würde, so ist der Moder
oder Zunder in Gottes Mysterio, und glimmet in Gottes Reich,
und wird im Feuer Gottes angezündet, denn es stirbt im Mysterio
des Vaters, und glimmet auf im Mysterio des Sohns, der Mensch
ward.

Von sechs mystischen Punkten

Gott ist von Ewigkeit alles allein; sein Wesen teilet sich in drei ewige Unterscheide. Einer ist die Feuerwelt, der andre die finstere Welt, und der dritte die Lichtwelt. Und ist doch nur ein Wesen ineinander, aber keines ist das andre. Die drei Unterscheide sind gleich ewig und ungemessen, und in keine Zeit noch Stätte eingeschlossen. Ein jeder Unterschied schleußt sich in sich selber in ein Wesen; und nach seiner Eigenschaft ist auch seine Qual, und in seiner Qual ist auch seine Begierde, als das Zentrum der Natur. Das menschliche Leben ist der Angel zwischen Licht und Finsternis: welchem es sich einergibet, in demselben brennet es. Gibet sich's in die Begierde der Essenz, so brennet's in der Angst, im Finsternis-Feuer. Gibt sich's aber in ein Nichts, so ist's begierdelos, und fället dem Lichtfeuer heim, so kann es in keiner Qual brennen; denn es führet kein Wesen in sein Feuer, daraus ein Feuer brennen kann. So denn keine Qual in ihm ist, so mag auch das Leben keine Qual fahen, denn es ist keine in ihm: itzt ist's der ersten Magiä heimgefallen, die ist Gott in seiner Dreiheit.

Ein Ding, das eins ist, das hat weder Gebot noch Gesetz. So sich's aber mit einem andern mischet, so sind zwei Wesen in einem, und sind auch zween Willen, da einer wider den anderen laufet: allda urständet Feindschaft. Es ist die Liebe und Feindschaft nur ein Ding, aber ein jedes wöhnet in sich selber, das macht zwei Dinge: der Tod ist zwischen ihnen das Scheideziel, und ist doch kein Tod, ohne daß das Gute dem Bösen abstirbt, wie das Licht des Feuers Qual erstorben ist und fühlet das Feuer nicht mehr. So ist uns nun im menschlichen Leben die Sünde zu ergründen. Denn das Leben ist einig und gut; so aber ein ander Qual als gut darin ist, so ist's eine Feindschaft wider Gott, denn Gott wohnet im höchsten Leben des Menschen. So kann nun kein Ungründliches in einem Gründlichen wohnen; denn sobald das rechte Leben Qual in sich erwecket, so ist's dem Urgrund nicht gleich, darinnen keine Qual ist, so bald trennet sich eines vom andern. Denn das Gute oder Licht ist als ein Nichts; so aber etwas darein kommt, so ist dasselbe etwas, ein anderes als das Nichts, denn das Etwas wohnet in sich, in Qual: denn wo Etwas ist, da muß eine Qual sein, die das Etwas macht und hält. Ein Wille hat nur eine Imagination; so machet oder begehret doch die Imagination nur dasjenige, was sich mit ihr gleichet: also ist uns auch vom Widerwillen zu verstehen. Gott wohnet in allem, und nichts begreift ihn, es sei denn mit ihm eins. So es aber aus dem Einen ausgehet, so gehet es aus Gott in sich selber, und ist ein andres als Gott, das trennet sich selber. Allda entstehet das Gesetz, daß es wieder aus sich selber soll ausgehen in das Eine, oder von dem Einen getrennet sein soll. Also ist erkenntlich, was Sünde sei, oder wie es Sünde sei: als nämlich der menschliche Wille, sich von Gott trennet in ein Eigenes und erwecket sein eigenes Feuer, und brennet in eigener Qual. Aber das Lebens Wille muß in Streit wider sich selbst gerichtet sein; denn er muß dem Grimm entfliehen und den nicht wollen; er muß die Begierde nicht wollen, die doch sein Feuer will, und auch haben muß, darum heißet's: Im Willen neu geboren werden.

Magia ist die Mutter der Ewigkeit, des Wesens aller Wesen, denn sie macht sich selber; und wird in der Begierde verstanden. Sie ist in sich selber nichts als ein Wille; und derselbe Wille ist das große Mysterium aller Wunder und Heimlichkeit, und führet sich aber durch die Imagination des begierigen Hungers in das Wesen. Sie ist der Urstand der Natur, ihre Begierde machet eine Einbildung, die Einbildung ist nur der Wille der Begierde. Die Begierde aber machet in dem Willen ein solch Wesen, als der Wille in sich selber ist. Die rechte Magia ist kein Wesen, sondern der begehrende Geist des Wesens. Sie ist eine unsubstantialische Matrix, und offenbaret sich aber im Wesen. Magia ist Geist, und Wesen ist ihr Leib, und sind doch alle beide nur eines, gleichwie Leib und Seele nur eine Person ist. Magia ist die größte Heimlichkeit, denn sie ist über die Natur; sie machet die Natur nach der Gestalt ihres Willens: sie ist das Mysterium der Dreizahl, verstehet, den Willen in der Begierde zum Herzen Gottes. Sie ist die Formung in der göttlichen Weisheit, als eine Begierde in der Dreizahl, in der sich das ewige Wunder der Dreizahl begehret mit der Natur zu offenbaren. So ist sie die Begierde, die sich in die finstere Natur einführet, und durch die Natur in Feuer, und durchs Feuer, durch das Sterben oder Grimm, ins Licht zur Majestät. Sie ist nicht Majestät, sondern die Begierde in der Majestät. Sie ist die Begierde der göttlichen Kraft, nicht die Kraft selber, sondern der Hunger, oder das Begehren in der Kraft; sie ist nicht die Allmacht, sondern die Führerin in der Kraft und Macht. Das Herz Gottes ist die Kraft, und der heilige Geist ist die Eröffnung der Kraft. Sie ist aber die Begierde in der Kraft und auch im führenden Geiste; denn sie hat in sich das Fiat. Was der Willengeist in ihr eröffnet, das führet sie in ein Wesen durch die Herbigkeit, welche das Fiat ist, alles nach dem Modell des Willens; wie es der Wille in der Weisheit modelt, also nimmt's die begehrende Magia ein, denn sie hat in ihrer Eigenschaft die Imagination, als eine Lust. In der Magia liegen alle Gestalten des Wesens aller Wesen; sie ist eine Mutter in allen drei Welten, und machet ein jedes Ding nach dem Modell ihres Willens. Sie ist nicht der Verstand, sondern sie ist eine Macherin nach dem Verstande, und lässet sich brauchen zum Guten oder Bösen. Die Sinne sind ein solch subtiler Geist, daß sie in alle Wesen eingehen, und laden ein alle Wesen in sich. Aber der Verstand probieret alles in seinem Feuer, er verwirft das Böse, behält das Gute, alsdann nimmt's Magia in ihre Mutter und bringet's in ein Wesen. Magia ist die Mutter zur Natur, und der Verstand ist die Mutter aus der Natur. Magia führet in ein grimmig Feuer, und der Verstand führet seine eigene Mutter, die Magiam, aus dem grimmigen Feuer in sein eigen Feuer. Denn der Verstand ist das Kraftfeuer, und Magia das brennende; und ist doch nicht für Feuer zu verstehen, sondern die Macht oder Mutter zum Feuer: das Feuer heißet Prinzipium, und die Magia Begierde. Durch Magiam wird alles vollbracht, Gutes und Böses. Ihre eigene Wirkung ist Nigromantia, und teilet sich aber aus in alle Eigenschaften. In dem Guten ist sie (die Magia) gut, und in dem Bösen ist sie böse. Sie dienet den Kindern zu Gottes Reich, und den Zauberern zu des Teufels Reich; denn der Verstand kann aus ihr machen, was er will; sie ist ohne Verstand, und begreift doch alles, denn sie ist der Begriff aller Dinge. Man kann ihre Tiefe nicht aussprechen, denn sie ist von Ewigkeit ein Grund und Halter aller Dinge; sie ist ein Meister der Philosophiä und auch eine Mutter derselben. Aber Philosophia führet die Magiam, ihre Mutter, nach ihrem Gefallen. Gleichwie die göttliche Kraft, als das Wort (oder Herz Gottes) den strengen

Vater in Sanftmut führet: also auch führt Philosophia (als der Verstand) ihre Mutter in eine sanfte göttliche Qual. Magia ist das Buch aller Schüler. Alles was lernen will, muß erst in der Magia lernen, es sei eine hohe oder niedrige Kunst. Auch der Bauer auf dem Acker muß in die magische Schule gehen, will er seinen Akker bestellen. Magia ist die beste Theologia; denn in ihr wird der wahre Glaube gegründet und gefunden. Und ist der ein Narr, der sie schilt; denn er kennet sie nicht, und lästert Gott und sich selber, und ist mehr ein Gaukler, denn ein verständiger Theologus. Gleich einem, der vor einem Spiegel ficht, und weiß nicht, was der Streit ist; denn er ficht von außen: also siehet auch der ungerechte Theologus Magiam durch einen Spiegelglast an und verstehet nichts von der Kraft: denn sie ist göttlich, und er ungöttlich, wiewohl auch teuflisch, nach jedes Prinzipii Eigenschaft. In Summa: Magia ist das Tun im Willengeiste.

Mysterium ist anders nichts, als der magische Wille, der noch in der Begierde stecket; der mag sich im Spiegel der Weisheit bilden, wie er will. Und wie er sich in der Tinktur bildet, also wird er in der Magia ergriffen und in ein Wesen gebracht. Denn Mysterium Magnum ist nichts als die Verborgenheit der Gottheit, mit dem Wesen aller Wesen, daraus gehet je ein Mysterium nach dem andern; und ist jedes Mysterium des andern Spiegel und Vorbild, und ist das große Wunder der Ewigkeit, darein ist alles eingeschlossen und von Ewigkeit im Spiegel der Weisheit gesehen worden, und geschieht nichts, daß nicht wäre von Ewigkeit im Spiegel der Weisheit erkannt worden.

Vom irdischen und himmlischen Mysterium

Der Ungrund ist ein ewig Nichts, und machet aber einen ewigen Anfang, als eine Sucht; denn das Nichts ist eine Sucht nach etwas: und da doch auch nichts ist, das etwas gebe; sondern die Sucht ist selber das Geben dessen, das doch auch nichts ist als bloß eine begehrende Sucht. Und das ist der ewige Verstand der Magiä, welche in sich machet, da nichts ist; sie machet aus nichts etwas, und das nur in sich selber, und da doch dieselbe Sucht auch ein Nichts ist, als nur bloß ein Wille. Er hat nichts, und ist auch nichts, das ihm etwas gebe, und hat auch keine Stätte, da er sich finde oder hinlege. So denn also eine Sucht im Nichts ist, so machet sie in sich selber den Willen zu etwas, und derselbe Wille ist ein Geist, als ein Gedanke, der gehet aus der Sucht, und ist der Sucht Sucher; denn er findet seine Mutter als die Sucht. Itzt ist derselbe Wille ein Magus in seiner Mutter; denn er hat etwas gefunden in dem Nichts, als seine Mutter, und so er dann seine Mutter gefunden hat, so hat er itzt eine Stätte seiner Wohnung. Und verstehet hierinnen, wie der Wille ein Geist ist, und ein andres als die begehrende Sucht. Denn der Wille ist ein unempfindlich und unerkenntlich Leben; aber die Sucht wird vom Willen funden, und ist im Wollen ein Wesen. Itzt wird erkannt, daß die Sucht eine Magia ist, und der Wille ein Magus, und daß der Wille größer ist als seine Mutter, die den gibt; denn er ist Herr in der Mutter, und wird die Mutter für stumm erkannt, und der Wille für ein Leben ohne Ursprung; und da doch die Sucht eine Ursach des Willens ist, aber ohne Erkenntnis und Verstand, und der Wille ist der Verstand der Mutter. Also geben wir euch in kurzem zu entsinnen die Natur, was von Ewigkeit ohne Urstand gewesen ist, und befinden also, daß der Wille, als der Geist, keine Stätte seiner Ruhe habe; aber die Sucht ist ihre eigene Stätte, und der Wille ist ein Band daran und wird doch auch nicht ergriffen. So denn also der ewige Wille frei ist von der Sucht, aber die Sucht nicht frei von dem Willen, denn der Wille herrschet über die Sucht; so erkennen wir den Willen für eine ewige Allmacht. Denn er hat nichts seinesgleichen, und die Sucht ist zwar ein Bewegen vom Ziehen oder Begehren, aber ohne Verstand, und hat ein Leben, aber ohne Witz. Itzt regieret der Wille das Leben der Sucht, und tut mit dem, was er will: und ob er etwas tut, so wird's doch nicht erkannt, bis sich dasselbe Wesen mit dem Willen offenbare, daß es ein Wesen werde in des Willens Leben: so wird erkannt, was der Wille hat gemacht. Und erkennen also den ewigen Willengeist für Gott und das regende Leben der Sucht für Natur. Denn es ist nichts ehers, und ist beides ohne Anfang, und ist je eines eine Ursache des andern, und ein ewig Band. Und also ist der Willengeist ein ewig Wissen des Ungrundes, und das Leben der Sucht ein ewig Wesen des Willens. So denn also die Sucht ein Begehren ist, und dasselbe Begehren ein Leben ist, so geht dasselbe begehrende Leben in der Sucht vor sich, und ist immer der Sucht schwanger. Und der dreifaltige Geist ohne Wesen ist sein Meister und Besitzer, und da er doch das Naturwesen nicht besitzet, denn er wohnet in sich selber. Das Wort ist sein Zentrum oder Sitz, und stehet inmitten als ein Herz, und der Geist des Worts, welcher im ersten ewigen Willen urständet, eröffnet die Wunder des essentialischen Lebens, daß also zwei Mysteria sind, eines im geistlichen und eines im essentialischen Leben, und wird das Geistleben für Gott erkannt, und auch recht also genannt; und das essentialische Leben für Naturleben, welches keinen Verstand hätte, wenn nicht der Geist oder das Geistleben begehrend wäre. In welchem Begehren das göttliche Wesen, als das ewige Wort und Herz Gottes, immer und von Ewigkeit immer erboren wird, von dem der begehrende Wille ewig ausgehet, als sein Geist in das Naturleben, und eröffnet alldarinnen das Mysterium aus den Essentien und in den Essentien, daß also zwei Leben sind, und auch zwei Wesen, aus und in einem einigen, ewigen, ungründlichen Urstande. Und also erkennen wir, was Gott und Natur ist, wie es alles beides von Ewigkeit, ohne einigen Grund und Anfang ist, denn es ist ein immer ewigwährender Anfang. Es anfänget sich immer und von Ewigkeit in Ewigkeit, da keine Zahl ist, denn es ist der Ungrund. So denn also von Ewigkeit zwei Wesen sind gewesen, so können wir nicht sagen, daß eines neben dem andern stehe und eine Trennung sei. Nein, sondern also erkennen wir, daß das Geistleben in sich hinein gewandt stehet, und das Naturleben aus sich und vor sich gewandt stehe. Da wir's denn zusammen einem runden Kugelrade vergleichen, das auf allen Seiten gehet, wie das Rad in Ezechiel andeutet. Und ist das Geistleben eine ganze Fülle des Naturlebens, und wird doch nicht ergriffen von dem Naturleben; und das sind zwei Prinzipia in einem ewigen Urstande, da jedes sein Mysterium hat und seine Wirkung. Denn das Naturleben wirket bis zum Feuer, und das Geistleben bis zum Licht der Glorie und Herrlichkeit; da wir denn im Feuer verstehen den Grimm der Verzehrung der Wesenheit der Natur, und im Licht die Gebärung des Wassers, welches dem Feuer die Gewalt nimmt. Und ist uns also erkenntlich eine ewige Wesenheit der Natur, gleich dem Wasser und Feuer, welche also gleichwie ineinander vermenget stehen, da es dann eine lichtblaue Farbe gibt, gleich dem Blitz des Feuers; da es dann eine Gestalt hat, als ein Rubin mit Kristallen in ein Wesen gemenget, oder als gelbe, weiß, rot, blau in dunkel Wasser gemenget, da es als blau in grün ist, da jedes doch seinen Glanz hat und scheinet, und das Wasser also nur ihrem Feuer wehret, daß kein Verzehren allda ist, sondern also ein ewig Wesen in zweien Mysterien ineinander, und doch der Unterschied zweier Prinzipien als zweierlei Leben. Und also verstehen wir hierinnen das Wesen aller Wesen, und dann, daß es ein magisch Wesen ist, da sich kann ein Wille in dem essentialischen Leben selber schöpfen, und also in eine Geburt treten, und in dem großen Mysterio eine Quelle erwecken; sonderlich im Feuerurstand, die zuvor nicht offenbar war, sondern lag im Mysterio als ein Glast in der Vielheit der Farben verborgen, als wir dessen einen Spiegel an Teufeln und an aller Bosheit haben, und auch also erkennen, wovon alle Dinge böse und gut urständen, als nämlich von der Imagination in das große Mysterium, da ein wunderlich essentialisch Leben sich selber gebieret. Und ist uns hocherkenntlich, wie daß die Imagination der ewigen Natur also die Turbam mit in der Sucht im Mysterio hat, aber unaufwecklich: die Kreatur, als der Spiegel der Ewigkeit, wecke es denn selber auf, als den Grimm, der in der Ewigkeit im Mysterio verborgen liegt. Ein jeder Wille begehret eine Reinigkeit ohne Turba in dem andern Wesen, und hat doch selber die Turbam in sich, und ist auch des andern Ekel. Itzt fähret die Macht des Größern über das Kleinere, und hält das im Zwang, es entfliehe ihm denn; sonst herrschet das Starke über das Schwache, also laufet das Schwache auch, und suchet das Ziel des Treibers, und will des Zwangs los sein, und wird also von allen Kreaturen das Ziel gesuchet, welches im Mysterio verborgen stehet. Und also und daher urständet alle Gewalt dieser Welt, daß je eines über das andre herrschet, und ist nicht am Anfang vom höchsten Gut geboten und geordnet worden; sondern ist aus der Turba gewachsen, da es hernach die Natzur für ihr Wesen erkannt hat, welches aus ihr geboren ist worden, und hat dem Gesetze gegeben, sich also im gefasseten Regiment weiter zu gebären. Und dieweil dieselbe Sucht ist im Anfange ein Regiment gewesen, und sich aber in der Zeit nach den Essentien in viel geteilet; so suchet die Vielheit wieder das eine, und wird gewiß erboren in der sechsten Zahl der Krone, als im sechstausenden Jahr in der Figur: nicht am Ende, sondern in der Stunde des Tages, da die Schöpfung der Wunder ist vollendet worden. Das ist: Da die Wunder der Turbä am Ende stehen, wird ein Herr geboren, der die ganze Welt regieret, aber mit vielen Aemtern. In dem Tage und Stunde, als die Schöpfung im Mysterio ist vollbracht und ins Mysterium (als ein Spiegel der Ewigkeit) in die Wunder gesetzet worden. Das ist am sechsten Tage über den Mittag, da stehet das Mysterium mit den Wundern offen, und wird gesehen und erkannt. Da dann die Reinigkeit wird die Turbam austreiben eine Zeit, bis der Anfang ins Ende tritt, alsdann ist das Mysterium ein Wunder in Figuren. So denn im Mysterio der ewigen Natur ist ein solch Arcanum gelegen, davon alle Kreaturen böse und gut sind erboren und geschaffen worden; so erkennen wir's für ein magisch Wesen, da je eine Magia die andere hat durch Lust erwecket und ins Wesen bracht, als da sich alles Ding hat selber erhöhet und in die höchste Gewalt geführet. Denn der Geist Gottes ist kein Macher in der Natur, sondern ein Eröffner und Sucher des Guten. Also hat sich das Böse als durch magische Sucht immer selber im Mysterio gesuchet und gefunden, und ist mit eröffnet worden, ohne göttlichen Fürsatz, denn der Grimm ist eine Strengigkeit, und herrschet über das Alberne. Also ist alles gewachsen aus seinem eigenen Baume ohne Vorbedacht. Denn der erste Eröffner, als Gott, der hat nicht die Bosheit geordnet zum Regiment, sondern die Vernunft und Witze, die sollte die Wunder eröffnen und eine Führerin des Lebens sein. Und entgegnet uns allhier das große Geheimnis, so im Mysterio ist von Ewigkeit gelegen, als das Mysterium mit seinen Farben, welcher vier sind, und die fünfte ist nicht dem Mysterio der Natur eigentümlich; sondern das Mysterii der Gottheit, welche Farbe im Mysterio der Natur als ein lebend Licht leuchtet. Und sind dies die Farben, da alles inne lieget, als 1. blau, 2. rot, 3. grün und 4. gelb; eine die 5. als weiß, gehöret Gott zu, und hat doch auch ihren Glast in der Natur. Aber sie ist die fünfte Essentia, ein reines unbeflecktes Kind, als in Gold und Silber zu ersinnen ist, sowohl an einem weißen hellen Steine, als Kristallsteine, der auch im Feuer bestehet. Denn das Feuer ist aller

Farben Proba, darinnen denn keine bestehet, als die weiße, dieweil sie ein Glast von Gottes Majestät ist. (Die schwarze Farbe gehöret nicht ins Mysterium, sondern sie ist der Deckel als die Finsternis, da alles innen lieget.) Auch finden wir hierinnen den Baum der Zungen, als der Sprachen, auch mit vier Alphabeten: als eines mit den Charakteren des Mysterii bezeichnet, darinnen die Natursprache lieget, welche in allen Sprachen die Wurzel ist: und wird doch in der Ausgeburt der Vielheit, oder der vielen Sprachen, nicht erkannt, als von ihren eigenen Kindern, welchen Verstand das Mysterium selber gibt, denn es ist ein Wunder Gottes. (Dieses Alphabet der Natursprache lieget in der schwarzen Farbe unter allen verborgen, denn die schwarze Farbe gehöret nicht in die Zahl der Farben, sie ist Mysterium und unverstanden, als nur von dem, der die Natursprache hat, dem sie eröffnet wird vom heiligen Geist.) Und das andere Alphabet ist das Hebräische, welches das Mysterium eröffnet, und den Baum mit den Aesten und Zweigen nennet. Das dritte ist das Griechische, welches den Baum mit der Frucht und aller Zierde nennet, welches erst recht die Witze ausspricht. Und das vierte ist das Lateinische, da sich viele Völker und Zungen mit behelfen, welches den Baum mit seiner Kraft und Tugend ausspricht. Und das fünfte ist Gottes Geist, der aller Alphabete Eröffner ist; und dasselbe Alphabet mag kein Mensch erlernen, es eröffne sich selber im Menschengeiste. Also urständen diese Alphabete von den Farben des großen Mysterii, und teilen sich fürder aus in der Summa in 77 Sprachen, da wir doch nur fünfe für die Hauptsprachen erkennen, und 72 für die Wunder, darinnen Babel verstanden wird, als ein Mund eines gewirreten Wesens: da die Vernunft seinen Führer hat verlassen und hat wollen alleine gehen, und in das Mysterium steigen. Als solches bei den Kindern Nimrod am Turme zu Babel zu erkennen ist, da sie waren von Gottes Gehorsam gefallen in eigene Vernunft, daß sie ihre eigene Sprache nicht begriffen. Also sehen wir hier den Ursprung zweierlei Religionen, daraus Babel eine Abgöttin ist erboren, und das an den Heiden und Juden. Denn in beiden ist Babel, und sind zwei Geschlechter in einem: eines, welches auf seiner Vernunft (als aus dem Naturleben und Geiste) vor sich gehet, und suchet sich selber zu erhöhen; das machet ihm einen Weg in seinem Wesen; denn

sein Wille gehet aus seiner eigenen Sucht und suchet seine Magiam, als eine große Zahl zu seinem Regiment, eine Vielheit, und
gehet schlechts aus sich, vor sich hin; sein Wille bleibet in seiner
Vielheit und ist seiner Vielheit Gott und Führer. Und ob ihm der
freie Wille Gottes entgegentritt und strafet, so heuchelt der Ab-
gott doch nur dem freien Willen, als dem Geiste Gottes, mit dem
Munde, und ehret seinen eigenen Willen in der Zahl der Vielheit.
Denn derselbe Wille ist aus seinem Schatz und aus seiner Magia
erboren, er begreifet nicht den freien Willen Gottes, und darum ist
er aus Fleisch und Blut, aus seiner eigenen Natur geboren, und ist
ein Kind dieser Welt, und hält seinen Schatz vor seine Liebe; also
ist er itzt ein Heuchler und eine verwirrete Babel. Denn die Zahl
der Vielheit, als seine eigene Magia, verwirren ihn, daß er aus einer Zahl ausgehet in viel; itzt ist diese Vielheit eine verwirrete Babel, und sein heuchlerischer Mund, damit er dem Geiste der Einigkeit gute Worte gibt und viel gelobet, ein Antichrist und Lügner.
Denn anders redet er, und anders tut er, sein Herz ist eine Sucht,
und seines Herzens Geist hat sich in die Sucht eingewendet. Und
die andere Part des freien Willens Gottes gehet mit ihrem magi-
schen Willen aus; aus sich selber in die Freiheit, als in den einigen
ungreiflichen Willen Gottes, die stehen rücklings in der magi-
schen Figur gewandt. Ihr Leben suchet Brot, und gehet vor sich,
und ihr Wille ist nicht im Brot, sondern gehet aus sich aus der
Sucht in Gott. Und die leben mit dem Willen in Gott, in einer
Zahl; die sind der ewigen rechten Magiä Kinder. Denn Gottes
Geist wohnet in ihrem Willen und eröffnet ihnen die ewigen
Wunder Gottes, und ihr Lebensgeist die Wunder dieser Welt. Und
die sind von Babel und dem Antichrist frei, und wenn sie ihm
gleich in den Schooß säßen. Denn die rechte Bildnis Gottes stehet
in dem Willengeist, der aus dem Seelengeiste geboren wird. So
denn also zwo Magiä ineinander sind, so sind auch zween Magi,
die sie führen, als zween Geister. Einer ist Gottes Geist, und der
andre ist der Vernunftgeist, darein sich der Teufel flicht; und in
Gottes Geist die Liebe der Einigkeit. Und kann sich der Mensch
nicht besser probieren, als daß er mit Ernst merke, wozu ihn seine
Begierde und Lust treibet, denselben hat er zu einem Führer und
desselben Kind ist er auch. So hat er doch itzt Macht, daß er den-

selben Willen breche und ändere, denn er ist magisch und hat die Gewalt. Aber es muß Ernst sein: denn er muß den Sternengeist zähmen, der in ihm herrschet; dazu gehöret ein nüchtern stilles Leben, mit steter Einwerfung in Gottes Willen. Denn den Sternenquell zu bändigen tut's keine Weisheit noch Kunst; sondern Mäßigkeit des Lebens, mit steter Ausgehung aus den Einflüssen. Die Elementa schmeißen ihm immer die Sternensucht in den Willen. Darum ist's nicht so ein leicht Ding, ein Kind Gottes zu werden; es gehöret große Arbeit mit viel Mühe und Leiden dazu.

ANGELUS SILESIUS

Aus dem
»Cherubinischen Wandersmann«

1624–1677
Johannes Scheffler, so sein ursprünglicher Name, war Sohn wohlha-
bender polnischer Eltern, der aus Polen fortging und sich in Breslau
niederließ. 1653 trat der Lutheraner zur katholischen Kirche über, da
er im Protestantismus kein genügendes Verständnis für seine mystischen Offenbarungen und Schriften fand. Angelus Silesius begriff
Gott und Seele als eine einzige Einheit. Er widmete sich in hohem
Maße guten Werken, für die er ein beträchtliches Vermögen ausgab.

Du mußt, was Gott ist, sein.
Soll ich mein letztes End' und ersten Anfang finden,
So muß ich mich in Gott und Gott in mir ergründen
Und werden das, was er: Ich muß ein Schein im Schein,
Ich muß ein Wort im Wort, ein Gott in Gotte sein.

Ich bin wie Gott und Gott wie ich.
Ich bin so groß wie Gott, er ist als ich so klein;
Er kann nicht über mich, ich unter ihm nicht sein.

Der Mensch ist Ewigkeit.
Ich selbst bin Ewigkeit, wenn ich die Zeit verlasse
Und mich in Gott und Gott in mich zusammenfasse.

Du mußt nichts sein, nichts wollen.
Mensch, wo du noch was bist, was weißt, was liebst und hast,
So bist du, glaube mir, nicht ledig deiner Last.

Der allerseligste Tod.
Kein Tod ist seliger als in dem Herren sterben
Und um das ew'ge Gut mit Leib und Seel' verderben.

Der Tod ist's beste Ding.
Ich sage, weil allein der Tod mich machet frei,
Daß er das beste Ding aus allen Dingen sei.

Gleichschätzung macht Ruhe.
Wenn du die Dinge nimmst ohn' allen Unterscheid,
So bleibst du still und gleich in Lieb' und auch in Leid.

Das vermögende Unvermögen.
Wer nichts begehrt, nichts hat, nichts weiß, nichts liebt, nichts
will,
Der hat, der weiß, begehrt und liebt noch immer viel.

Die Ruhe ist's höchste Gut.
Ruh' ist das höchste Gut, und wäre Gott nicht Ruh',
Ich schlösse vor ihm selbst mein' Augen beide zu.

Die Gleichheit Gottes.
Wer unbeweglich bleibt in Freud', in Leid, in Pein,
Der kann nunmehr nicht weit von Gottes Gleichheit sein.

Die Liebe.
Die Lieb' ist unser Gott; es lebet all's durch Liebe.
Wie selig wär' ein Mensch, der stets in ihr verbliebe!

Der Mensch war Gottes Leben.
Eh' ich noch etwas ward, da war ich Gottes Leben;
Drum hat er auch für mich sich ganz und gar gegeben.

Nichts wollen macht Gott gleich.
Gott ist die ew'ge Ruh', weil er nichts sucht noch will.
Willst du ingleichen nichts, so bist du eben viel.

Gott trägt vollkommene Früchte.
Wer mir Vollkommenheit, wie Gott hat, ab will sprechen,
Der müßte mich zuvor von seinem Weinstock brechen.

Der tote Wille herrscht.
Dafern mein Will' ist tot, so muß Gott, was ich will;
Ich schreib ihm selber vor das Muster und das Ziel.

Eins hält das Andre.
Gott ist so viel an mir, als mir an ihm gelegen;
Sein Wesen helf ich ihm, wie er das meine hegen.

Das Ein' ist in dem Anderen.
Ich bin nicht außer Gott und Gott nicht außer mir;
Ich bin sein Glanz und Licht, und er ist meine Zier.

Die Rose.
Die Rose, welche hier dein äuß'res Auge sieht,
Die hat von Ewigkeit in Gott also geblüht.

Du selbst mußt Sonne sein.
Ich selbst muß Sonne sein; ich muß mit meinen Strahlen
Das farbenlose Meer der ganzen Gottheit malen.

Nichts Süßes in der Welt.
Wer etwas in der Welt mag süßes und lieblich nennen,
Der muß die Süßigkeit, die Gott ist, noch nicht kennen.

Der Geist bleibt allzeit frei.
Schließ mich, so streng du willst, in tausend Eisen ein,
Ich werde doch ganz frei und ungefesselt sein.

Zum Ursprung mußt du geh'n.
Mensch, in dem Ursprung ist das Wasser rein und klar;
Trinkst du nicht aus dem Quell, so stehst du in Gefahr.

Du mußt's hinwieder sein.
Gott ist dir worden Mensch; wirst du nicht wieder Gott,
So schmähst du die Geburt und höhnest seinen Tod.

Es gilt Gott alles gleich.
Gott hat nicht Unterscheid, es ist ihm alles ein,
Er machet sich soviel der Flieg' als dir gemein.

Das Böse entsteht aus dir.
Gott ist ja nichts als gut; Verdammnis, Tod und Pein
Und, was man böse nennt, muß, Mensch, in dir nur sein.

Je mehr du aus, je mehr Gott ein.
Je mehr du dich aus dir kannst austun und entgießen,
Je mehr muß Gott in dich mit seiner Gottheit fließen.

In dir ist, was du willst.
Der Himmel ist in dir und auch der Hölle Qual;
Was du erkiest und willst, das hast du überall.

Die Menschheit soll man lieben.
Daß du nicht Menschen liebst, das tust du recht und wohl;
Die Menschheit ist's, die man im Menschen lieben soll.

So viel du in Gott, so viel er in dir.
So viel die Seel' in Gott, so viel ruht Gott in ihr.
Nichts minder oder mehr, Mensch, glaub es, wird er dir.

Nichts verlangen ist Seligkeit.
Die Heil'gen sind darum mit Gottes Ruh' umfangen
Und haben Seligkeit, weil sie nach nichts verlangen.

Gott findet man mit Nichtsuchen.
Gott ist nicht hier noch da. Wer ihn begehrt zu finden,
der lass' sich Händ' und Füß' und Leib und Seele binden.

Die Gaben sind nicht Gott.
Wer Gott um Gaben bitt', der ist gar übel dran.
Er betet das Geschöpf und nicht den Schöpfer an.

Der Löhner ist nicht Sohn.
Mensch, dienst du Gott um Gut, um Seligkeit und Lohn,
So dienst du ihm noch nicht aus Liebe wie ein Sohn.

Der Mensch, der macht die Zeit.
Du selber machst die Zeit, das Uhrwerk sind die Sinnen;
Hemmst du die Unruh' nur, so ist die Zeit von hinnen.

Das Himmelreich ist der Gewaltsamen.
Nicht Gott gibt's Himmelreich; du selbst mußt's zu dir zieh'n
Und dich mit ganzer Macht und Eifer drum bemüh'n.

Wirken und Ruhen ist recht göttlich.
Fragst du, was Gott mehr liebt, ihm wirken oder ruh'n?
Ich sage, daß der Mensch, wie Gott, soll beides tun.

Das göttliche Sehen.
Wer in dem Nächsten nichts als Gott und Christum sieht,
Der siehet mit dem Licht, das aus der Gottheit blüht.

Gott lobt man in der Stille.
Meinst du, o armer Mensch, daß deines Munds Geschrei
Der rechte Lobgesang der stillen Gottheit sei?

Das stillschweigende Gebet.
Gott ist über all's, daß man nichts sprechen kann;
Drum betest du ihn auch mit Schweigen besser an.

Die Kreaturen sind Gottes Widerhall.
Nichts weset ohne Stimm'; Gott höret überall
In allen Kreatur'n sein Lob und Widerhall.

Dem Spötter taugt nichts.
Ich weiß, die Nachtigall straft nicht des Kuckucks Ton;
Du aber, sing ich nicht wie du, sprichst meinem Hohn.

Gottes ander Er.
Ich bin Gotts ander Er, in mir find't er allein,
Was ihm in Ewigkeit wird gleich und ähnlich sein.

Die Ichheit schafft nichts.
Mit Ichheit suchest du bald die, bald jene Sachen.
Ach, ließest du's doch Gott nach seinem Willen machen!

Seine Gebote sind nicht schwer.
Mensch, lebst du in Gott und stirbest deinem Willen,
So ist dir nichts so leicht, als sein Gebot erfüllen.

Die gelassene Schönheit.
Ihr Menschen, lernet doch von Wiesenblümelein,
Wie ihr könnt Gott gefall'n und gleichwohl schöne sein!

Ohne warum.
Die Ros' ist ohn' Warum; sie blühet, weil sie blühet;
Sie acht' nicht ihrer selbst, fragt nicht, ob man sie siehet.

Wenn man vergottet ist.
Mensch, wenn dich weder Lieb' berührt noch Leid verletzt,
So bist du recht in Gott und Gott ist in dich versetzt.

Gott ist ohne Willen.
Wir beten: »Es gescheh, mein Herr und Gott, dein Wille!«
Und sieh, er hat nicht Will', er ist ein' ew'ge Stille.

Das Himmelreich ist inwendig in uns.
Christ ist mein, wo läufst du hin? Der Himmel ist in dir!
Was suchst du ihn denn erst bei eines andern Tür?

Das Höchste ist, stille sein.
Geschäftig sein, ist gut, viel besser aber, beten;
Noch besser: Stumm und still vor Gott, den Herren, treten.

Erheb dich über dich!
Der Mensch, der seinen Geist nicht über sich erhebt,
Der ist nicht wert, daß er im Menschenstande lebt.

Die Freiheit.
Wer Freiheit liebt, liebt Gott. Wer sich in Gott versenkt
Und alles von sich stößt, der ist's, dem Gott sie schenkt.

Zufall und Wesen.
Mensch, werde wesentlich! Denn wenn die Welt vergeht,
So fällt der Zufall weg; das Wesen, das besteht.

Der gute Tausch.
Mensch, gibst du Gott dein Herz, er gibt dir seines wieder.
Ach, welch ein wert'rer Tausch! Du steigest auf, er nieder.

Das Untere schadet nicht.
Wer über Berg und Tal und dem Gewölke sitzt,
Der achtet's nicht ein Haar, wenn's donnert, kracht und blitzt.

Die Mittelwand muß weg.
Weg mit dem Mittelweg! Soll ich mein Licht anschauen,
So muß man keine Wand vor mein Gesichte bauen.

Die Liebe sucht nicht Lohn.
Mensch, liebst du Gott, den Herrn, und suchest Lohn dabei,
So schmeckest du noch nicht, was Lieb' und lieben sei.

Mit Schweigen wird's gesprochen.
Mensch, so du willst das Sein der Ewigkeit aussprechen,
So mußt du dich zuvor des Redens ganz entbrechen.

Der wesentliche Mensch.
Ein wesentlicher Mensch ist wie die Ewigkeit,
Die unverändert bleibt von aller Äußerheit.

Die Geduld.
Geduld ist über Gold. Sie kann auch Gott bezwingen
Und, was er hat und ist, ganz in mein Herze bringen.

Göttliche Gleichheit.
Ein Gott ergeb'ner Mensch ist Gotte gleich an Ruh'
Und wandelt über Zeit und Ort in jedem Nu.

Gottes Eigenschaft.
Was ist Gott's Eigenschaft? Sich ins Geschöpf ergießen,
Allzeit derselbe sein, nichts haben, wollen, wissen.

Der Schönste im Himmelreich.
Die Seele, welche hier noch kleiner ist als klein,
Wird in dem Himmelreich die schönste Göttin sein.

Das Allergöttlichste.
Kein Ding ist göttlicher, im Fall du es kannst fassen,
Als jetzt und ewiglich sich nicht bewegen lassen.

Die Gleichheit schaut Gott.
Wem Nichts wie Alles ist und Alles wie ein Nichts,
Der wird gewürdiget des liebsten Angesichts.

Der Mensch ist das Würdigste.
Gott, weil er wird ein Mensch, zeigt mir, daß ich allein
Ihm mehr und werter bin, als alle Geister sein.

Der Himmel wird zur Erden.
Der Himmel senket sich, er kommt und wird zur Erden.
Wann steigt die Erd' empor und wird zum Himmel werden?

Jetzt mußt du blühen.
Blüh auf, gefror'ner Christ, der Mai ist vor der Tür!
Du bleibest ewig tot, blühst du nicht jetzt und hier.

Das Werteste.
Kein Ding ist auf der Welt so hoch und wert zu achten
Als Menschen, die mit Fleiß nach kleiner Hoheit trachten.

Der Weg zum Schöpfer.
Du armer Sterblicher, ach, bleib doch nicht so kleben
An Farben dieser Welt und ihrem schnöden Leben!
Die Schönheit des Geschöpfs ist nur ein bloßer Steg,
Der uns zum Schöpfer selbst, dem Schönsten, zeigt den Weg.

Der Leib ist Ehren wert.
Halt deinen Leib in Ehr'n; er ist ein edler Schrein,
In dem das Bildnis Gott's soll aufbehalten sein.

Der Weisen Stein ist in dir.
Mensch, geh nur in dich selbst! Denn nach dem Stein der Weisen
Darf man nicht allererst in fremde Lande reisen.

Der gerade Weg zum Leben.
Wenn du willst grades Wegs ins ew'ge Leben geh'n,
So laß die Welt und dich zur linken Seite steh'n?

Der Mundtrank Gottes.
Der Trank, den Gott, der Herr, am allerliebsten trinkt,
Ist Wasser, das vor Lieb' aus meinem Augen dringt.

Ein Herz umschließt Gott.
Gar unausmeßlich ist der Höchste, wie wir wissen,
Und dennoch kann ihn ganz ein menschlich Herz umschließen.

Das königliche Leben.
Gib deinen Willen Gott! Denn wer ihn aufgegeben,
Derselbe führt allein ein königliches Leben.

Gott ist mein Punkt und Kreis.
Gott ist mein Mittelpunkt, wenn ich ihn in mich schließe;
Mein Umkreis dann, wenn ich aus Lieb' in ihm zerfließe.

Die Gottheit.
Die Gottheit ist ein Brunn'. Aus ihr kommt alles her
Und läuft auch wieder hin. Drum ist sie auch ein Meer.

Die Buße.
Die Buß' ist wie ein Strom; sie dämpft mit ihren Wellen
Den größten Gotteszorn und löscht das Feu'r der Höllen.

Vom ewigen Bewegen.
Du suchst mit solchem Fleiß das ewige Bewegen,
Und ich die ew'ge Ruh'. Woran ist mehr gelegen?

Eins muß verlassen sein.
Mensch, anders kann's nicht sein; du mußt's Geschöpf lassen,
Wo du den Schöpfer selbst gedenkest zu umfassen.

Auf Hoffnung säet man.
Man wirft das Weizenkorn auf Hoffnung in die Erden;
So muß das Himmelreich auch ausgestreuet werden.

Gott gibt gern große Gaben.
Gott, weil er groß ist, gibt am liebsten große Gaben.
Ach, daß wir Armen nur so kleine Herzen haben!

Man achtet das Ewige nicht.
Ach weh! Um eitle Lust verscherzt man Gut und Blut,
Und um die ewige fast niemand werben tut!

Die geheime Himmelfahrt.
Wenn du dich über dich erhebst und läßt Gott walten,
So wird in deinem Geist die Himmelfahrt gehalten.

Der Mensch.
Das größte Wunderding ist doch der Mensch allein;
Er kann, nachdem er's macht, Gott oder Teufel sein.

Der Himmel allenthalben.
In Gott lebt, schwebt und regt sich alle Kreatur.
Ist's wahr? Was fragst du dann erst nach der Himmelsspur?

Hier muß man Bürger werden.
Streb nach der Bürgerschaft des Himmels hier auf Erden,
So kann er dir danach dort nicht versaget werden.

Das geistliche Sterben.
Stirb, ehe du noch stirbst, damit du nicht darfst sterben,
Wenn du nun sterben sollst; sonst möchtest du verderben.

Der Arzt hält sich zum Kranken.
Warum pflegt doch der Herr mit Sündern umzugeh'n?
Warum ein treuer Arzt den Kranken beizusteh'n?

Die Liebe.
Die Liebe dieser Welt will all's für sich allein,
Die Liebe Gottes macht dem Nächsten all's gemein.
Die wird ein jeder Mensch für Liebe wohl erkennen,
Jen' aber soll man Neid und keine Liebe nennen.

Der Weise.
Der Weise suchet Ruh' und fliehet das Getümmel,
Sein Elend ist die Welt, sein Vaterland der Himmel.

Im Himmel sind auch Tiere.
Man sagt, es kann kein Tier zu Gott, dem Herrn, eingeh'n.
Wer sind die viere dann, die nah bei ihme steh'n?

Der allerlieblichste Ton.
Es kann in Ewigkeit kein Ton so lieblich sein,
Als wenn des Menschen Herz mit Gott stimmt überein.

Das Meer in einem Tröpflein.
Sag an, wie geht es zu, wenn in ein Tröpfelein,
In mich, das ganze Meer, Gott, ganz und gar fließt ein?

Die Zeit begreift nicht die Ewigkeit.
Solange dir, mein Freund, im Sinn liegt Ort und Zeit,
So faßt du nicht, was Gott ist und die Ewigkeit.

Gott ist in allen wie die Einheit in Zahlen.
Gleich wie die Einheit ist in einer jeden Zahl,
So ist auch Gott, der Ein', in Dingen überall.

Ein wachendes Auge siehet.
Das Licht der Herrlichkeit scheint mitten in der Nacht.
Wer kann es seh'n? Ein Herz, das Augen hat und wacht.

Gott sieht man nicht mit Augen.
Wenn du denkst, Gott zu schau'n, bild dir nichts Sinnlich's ein!
Das Schau'n wird inner uns, nicht außerhalb uns sein.

Gott schaut auf den Grund.
Gott schätzt nicht, was du Gut's, nur wie du es getan;
Er schaut die Früchte nicht, nur Kern und Wurzel an.

Je mehr Erkenntnis, je weniger Verständnis.
Je mehr du Gott erkennst, je mehr wirst du bekennen,
Daß du je weniger ihn, was er ist, kannst nennen.

Nach Gott ist alles gebildet.
Gott ist von Anbeginn der Bildner aller Dinge
Und auch ihr Muster selbst; drum ist ja keins geringe.

Wenn du willst, wirst du selig.
Gott läßt dich jede Zeit gar gern in' Himmel ein;
Es stehet nur bei dir, ob du willst selig sein.

Warum wenige zur Tür des Lebens eingehen.
Daß nach der Himmelstür so wenig Menschen greifen!
Es will sich keiner dran den alten Balg abstreifen.

Im Reinen erscheinet Gott.
Mensch, denkst du, Gott zu schau'n dort oder hier auf Erden,
So muß dein Herz zuvor ein reiner Spiegel werden.

Der Schöpfer im Geschöpf.
Die Schöpfung ist ein Buch. Wer's weislich lesen kann,
Dem wird darin gar fein der Schöpfer kundgetan.

Gott kann nicht zürnen.
Gott zürnet nie mit uns, wir dichten's ihm nur an;
Unmöglich ist es ihm, daß er je zürnen kann.

Der Mensch ist zwei Menschen.
Zwei Menschen sind in mir. Der eine will, was Gott,
Der andre, was die Welt, der Teufel und der Tod.

Das Innere bedarf nicht des Äußeren.
Wer seine Sinne hat ins Innere gebracht,
Der hört, was man nicht red't, und siehet in der Nacht.

Der Weise grämt sich nie.
Der Weise wird sich nie in Pein und Unglück grämen;
Er bitt' Gott nicht einmal, daß er's von ihm soll nehmen.

Dem Weisen gilt alles gleich.
All's gilt dem Weisen gleich; er sitzt in Ruh' und Stille;
Geht es nach seinem nicht, so geht's nach Gottes Wille.

Der Weise fehlt nie des Zieles.
Der Weise fehlet nie, er trifft allzeit das Ziel;
Er hat ein Augenmaß, das heißet: »Wie Gott will.«

Wer Friede sucht, muß viel übersehen.
Mensch, wenn du so genau das Deine willst beschützen,
So wirst du nimmermehr im wahren Frieden sitzen.

Wer viel begehrt, dem mangelt viel.
Wer g'nugsam reich, hat all's. Wer viel begehrt und will,
Der gibet zu versteh'n, daß ihm noch mangelt viel.

Der Reiche ist wahrhaftig arm.
Der Reiche, wenn er viel von seiner Armut spricht,
So glaub es ihm nur gern! Er lügt wahrhaftig nicht.

Was man liebt, in das verwandelt man sich.
Mensch, was du liebst, in das wirst du verwandelt werden.
Gott wirst du, liebst du Gott und Erde, liebst du Erden.

Die neue und alte Liebe.
Die Liebe, wenn sie neu, braust wie ein junger Wein;
Je mehr sie alt und klar, je stiller wird sie sein.

Wie Gott gefunden wird.
Wer Gott recht finden will, muß sich zuvor verlier'n,
Und bis in Ewigkeit nicht wieder seh'n noch spür'n.

Der Mensch steckt in einem Tier.
Kriech doch heraus, mein Mensch! Du steckst in einem Tier.
Wo du darinnen bleibst, kommst du bei Gott nicht für.

Wenn der Mensch Gott ist.
Eh' als ich noch war, da war ich Gott in Gott;
Drum kann ich's wieder sein, wenn ich nur mir bin tot.

Das Mein und Dein verdammt.
Nichts ander's stürzet dich in' Höllenschlund hinein
Als das verhaßte Wort – merk's wohl! – das Mein und Dein.

Die Liebe ist's höchste Gut.
Es ist vom höchsten Gut viel Redens und Geschrei.
Ich schwöre, daß dies Gut allein die Liebe sei.

Gott will, was er ist.
Gott ist die Liebe selbst und tut auch nichts als lieben;
Drum will er auch, daß wir die Liebe stets soll'n üben.

Die Tugend ohne Liebe gilt nichts.
Die Tugend, nackt und bloß, kann nicht vor Gott besteh'n;
Sie muß mit Liebe sein geschmückt, dann ist sie schön.

Weisheit ohne Liebe ist nichts.
Mensch, wo du weise bist und liebst nicht Gott dabei,
So sag ich, daß ein Narr dir vorzuziehen sei.

Das Schnellste.
Die Lieb' ist's schnellste Ding, sie kann für sich allein
In einem Augenblick im höchsten Himmel sein.

Wie Gott so allgemein.
Wie allgemein ist Gott! Er hat der Bauernmagd
Die Kunst, wie man ihn küßt, sowohl als dir gesagt.

Der nächste Weg zu Gott.
Der nächste Weg zu Gott ist durch der Liebe Tür;
Der Weg der Wissenschaft bringt dich gar langsam für.

Was Gott nicht tut, gefällt ihm nicht.
Gott muß der Anfang sein, das Mittel und das Ende,
Wo ihm gefallen soll'n die Werke deiner Hände.

Wo der Mensch hinkommt, wenn er in Gott vergeht.
Wenn ich in Gott vergeh, so komm ich wieder hin,
Wo ich von Ewigkeit vor mir gewesen bin.

Das Zeitliche ist Rauch.
All's Zeitlich' ist ein Rauch; läßt du es in dein Haus,
So beißt es dir fürwahr des Geistes Augen aus.

Einen Dunst umfassen, ist töricht.
Wie töricht tut der Mann, der einen Dunst umfaßt,
Wie töricht, der du Freud' an eitler Ehre hast!

Der Weise sucht keinen äußeren Ehrenstand.
Der Weise strebet nicht nach äußer'm Ehrenstand;
Es ist ihm Ehr' genug, daß er Gott nah verwandt.

Nicht umsonst.
Niemand hat was umsonst. Wie bild'st du dir denn ein,
Daß auch das Himmelreich umsonst wird deine sein?

Gib, wie du begehrst.
Mensch, wo du begehrst von Gott das ganze Himmelreich.
Bitt' man von dir ein Brot, so wirst du blaß und bleich.

Wer wahrhaftig reich.
Viel haben macht nicht reich. Der ist ein reicher Mann,
Der alles, was er hat, ohn' Leid verlieren kann.

Im Meer werden alle Tropfen Meer.
Das Tröpflein wird das Meer, wenn es ins Meer gekommen,
Die Seele Gott, wenn sie in Gott ist aufgenommen.

Der Reichtum muß inner uns sein.
In dir muß Reichtum sein; was du nicht in dir hast,
Wär's auch die ganze Welt, ist dir nur eine Last.

Alles begehren ist nichts haben.
Mensch, glaube dies gewiß: Hast du nach all'm Begier,
So bist du bettelarm und hast noch nichts in dir.

Die verlorene Schildwacht.
Die Schildwach' ist verlor'n, die sich in Schlaf versenkt;
Die Seel' ist gänzlich hin, die nie an Feind' gedenkt.

Die kluge und törichte Schönheit.
Die kluge Jungfrau hat ihr'n Schmuck in sich allein;
Die Törin denkt sich schön in schönen Kleidern sein.

Das Äußerliche macht nicht werter.
Mensch, all's, was außer dir, das gibt dir keinen Wert.
Das Kleid macht keinen Mann, der Sattel macht kein Pferd.

Was man inwendig ist, sucht man nicht auswendig.
Mann, wer in Tugenden von innen reich und schön,
Der wird von außen nicht nach Schmuck und Reichtum steh'n.

Anders tun als glauben, ist närrisch.
Christ, bist du nicht ein Narr? Du glaubst die Ewigkeit
Und hängst mit Leib und Seel' verblendet an der Zeit?

Der Weise stirbt nicht.
Der Weise stirbt nicht mehr, er ist zuvor schon tot,
Tot aller Eitelkeit, tot allem, was nicht Gott.

Gott nicht sehen, ist nichts sehen.
Du reisest, vielerlei zu seh'n und auszuspäh'n.
Hast du nicht Gott erblickt, so hast du nichts geseh'n.

EMANUEL SWEDENBORG

Die Geisterwelt oder der Zustand des Menschen nach dem Tode

1688–1772
Der schwedische Naturphilosoph, Theologe und Theosoph genoß einen eigenen Zugang zu den inneren Welten. Goethe nannte ihn den »gewürdigten Seher unserer Zeiten«, Balzac sah in ihm gar den »Buddha des Nordens«, und Strindberg versicherte: »Er hat mir auf alle meine Fragen geantwortet, wie sehr sie mich auch bedrängen mochten. Unruhevolle Seele, gequältes Herz, nimm und lies!«

Was in diesem Werke vom Himmel, von der Geisterwelt und der Hölle gesagt ist, wird für alle dunkel sein, die keine Lust haben, geistige Wahrheiten zu erkennen, hell dagegen für jeden, der das Wahre um des Wahren willen liebt; denn was man liebt, dringt mit Licht in die Vorstellung ein, vor allem, wenn man das Wahre liebt, denn alles Wahre ist im Licht.

Die Geisterwelt ist weder der Himmel noch die Hölle, sondern ein Mittelort oder Mittelzustand zwischen beiden. Dorthin gelangt der Mensch zuerst nach dem Tode; dann, nach vollbrachter Zeit, wird er gemäß seinem Leben in der Welt entweder in den Himmel erhoben oder in die Hölle gestürzt. Es wurde mir offenbar, daß die Geisterwelt ein Mittelort ist, weil sich die Reiche des Himmels oberhalb, die der Hölle unterhalb von ihr befinden; desgleichen, daß sie einen Mittelzustand darstellt, weil der Mensch, so lange er dort lebt, noch nicht im Himmel und auch nicht in der Hölle weilt. Der Zustand des Himmels im Menschen ist die Verbindung des Guten mit dem Wahren, der Zustand der Hölle die

413

Verbindung des Bösen mit dem Falschen. Ist bei einem geistigen Menschen das Gute mit dem Wahren verbunden, so gelangt er in den Himmel, denn diese Verbindung bedeutet den Himmel in ihm; ist das Böse mit dem Falschen verbunden, so gelangt er in die Hölle, denn diese Verbindung bedeutet die Hölle in ihm. Die Verbindung selbst vollzieht sich in der Geisterwelt, denn hier befindet er sich im Mittelzustand. Es ist gleichbedeutend, ob man sagt: Verbindung des Verstandes und Willens oder: Verbindung des Guten mit dem Wahren.

Dem Menschen ist Verstand und Wille gegeben; der Verstand nimmt die Wahrheiten auf und bildet sich aus ihnen; der Wille nimmt das Gute auf und entwickelt sich aus ihm. Darum hält man alles, was man wissentlich denkt, für wahr, und was man willentlich denkt, für gut. Man kann auf Grund seines Verstandes erkennen, daß etwas gut und auch wahr ist, ohne es auf Grund seines Willens zu erkennen: wenn man es nämlich nicht will und doch tut. Erst wenn man es will und kraft seines Willens tut, besteht es sowohl im Verstande wie im Willen, also auch im Menschen; denn weder der Verstand allein macht den Menschen aus noch der Wille allein, sondern die Vereinigung von beiden; erst das, was beiden gemeinsam ist, wurzelt im Menschen und gehört zu ihm. Die Möglichkeit, daß man mit dem Verstande, getrennt vom Willen, denken kann, dient zum Zwecke der Umwandlung des Menschen; denn durch die Wahrheiten wird ein Mensch umgewandelt, und diese zu erkennen, ist Aufgabe des Verstandes. Seinem Willen nach wird man in alles Böse hineingeboren und will keinem wohl außer sich selbst. Wer nur an sich denkt, freut sich über jedes Unheil, das andern zustößt, besonders wenn es um seinetwillen geschieht; er will die Güter seiner Mitmenschen, ihre Würden und Reichtümer, an sich bringen und frohlockt, je mehr es ihm gelingt. Damit dieser Wille verbessert und geläutert werde, ist der Mensch befähigt, die Wahrheiten zu erkennen, um durch sie den Trieb zum Bösen, der aus seinem Willen entspringt, zu zügeln. So kommt es, daß er die Wahrheiten mit dem Verstande nicht zu erkennen, sondern auch bekennen und ausführen kann; keineswegs aber vermittelt ihm der Wille diese Erkenntnis, bevor er die Wahrheiten nicht aus sich, das heißt, aus seinem Herzen heraus will und tut. Erst, wenn der Mensch dahin gelangt ist, dann ist alles, was er mit dem Verstande erkennt, Gegenstand seines Glaubens, und was er mit Willen erkennt, Gegenstand seiner Liebe, und es verbinden sich Glaube und Liebe in ihm, wie Verstand und Wille. Soweit nun die Wahrheiten des Verstandes mit dem Guten des Willens im Einklang sind, jemand also das Wahre will und auch tut, hat er den Himmel in sich, weil die Verbindung des Wahren mit dem Guten, wie wir wissen, den Himmel darstellt; soweit das Falsche des Verstandes mit dem Bösen des Willens verbunden ist, hat er die Hölle in sich, denn die Verbindung des Bösen mit dem Falschen bedeutet die Hölle. Besteht jedoch keine Verbindung zwischen beiden, so befindet er sich im Mittelzustand. Fast jeder Mensch lebt heutzutage in diesem Zustand, daß er die Wahrheiten kennt, sie vermöge seines Wissens und Verstandes zu erfassen vermag, dabei viel, oder wenig, oder gar nichts mit ihnen anfängt, oder aus Liebe zum Bösen und dem daraus entspringenden Glauben an das Falsche sogar ihnen entgegen handelt. Damit er nun entweder zum Himmel oder zur Hölle gelange, wird er nach dem Tode zuerst in die Geisterwelt geführt, wo bei denen, die zum Himmel erhoben werden, die Verbindung des Guten mit dem Wahren, bei denen, die in die Hölle stürzen, die Verbindung des Bösen mit dem Falschen stattfindet. Weder im Himmel noch in der Hölle darf jemand ein zwiespältiges Gemüt haben, nämlich etwas anderes erkennen und etwas anderes wollen; sondern was er will, soll er auch erkennen, und was er erkennt, soll er auch wollen. Wer daher im Himmel das Gute will, soll das Wahre begreifen, und wer in der Hölle das Böse will, soll das Falsche erfassen. Darum wird den Guten das Falsche genommen, und es werden ihnen die mit ihrem Guten übereinstimmenden, gleichgerichteten Wahrheiten verliehen; den Bösen dagegen werden die Wahrheiten genommen, und es wird ihnen das mit ihrem Bösen übereinstimmende Falsche verliehen. So wird offenbar, was die Geisterwelt bedeutet.

Die Geisterwelt erscheint wie ein Tal zwischen Bergen und Felsen, das hier und dort sich senkt und hebt. Die Tore und Pforten zu den himmlischen Gemeinschaften sind nur denen sichtbar, die zum Himmel vorbereitet werden; von den anderen werden sie nicht gefunden. Zu jeder Gemeinschaft führt aus der Geisterwelt ein Eingang und dahinter ein Weg, der, aufsteigend, sich in mehrere teilt. Die Tore und Eingänge zur Hölle werden auch nur denen sichtbar, die sie betreten sollen; ihnen werden sie aufgetan. Sind sie geöffnet, so zeigen sich finstere, wie mit Ruß bedeckte Höhlen, schräg abwärts in die Tiefe führend, wo wieder mehrere Eingänge sind. Aus jenen Höhlen dunsten scheußliche Dämpfe und ekelerregende Gerüche auf, vor denen die guten Geister voll Abscheu fliehen, während die bösen sich gierig daran weiden, weil sie ihnen Genuß bereiten. So wie jemand in der Welt am Bösen seine Lust hatte, erfreut er sich nach dem Tode an dem üblen Geruch, dem sein Böses entspricht; darin kann man ihn mit Raubvögeln und wilden Tieren, Raben, Wölfen und Schweinen vergleichen, die, den Dunst witternd, sich auf Aas und Mist stürzen. Ich hörte jemand wie aus innerem Schmerz laut aufschreien, als ihn ein aus dem Himmel strömender Hauch berührte, dagegen blieb er still und heiter, als ihn der aus der Hölle schwelende Dunst traf. Jeder Mensch hat gleichsam zwei Pforten: die eine tut sich zur Hölle auf für das Böse und Falsche, die andere zum Himmel für das Gute und Wahre. Die Pforten der Hölle sind in denen geöffnet, die im Bösen und deshalb im Falschen leben; nur oben durch die Spalten fließt etwas Licht aus dem Himmel herein, durch dessen Einfluß der Mensch denken, folgern und reden kann. Die Pforten des Himmels sind in denen geöffnet, die im Guten und deshalb im Wahren leben. Es gibt zwei Wege, die den Menschen zur Vernunft führen: einen oberen oder inneren Weg, durch den Gutes und Wahres von Gott her eindringt; einen unteren oder äußeren, durch den Böses und Falsches von der Hölle her eindringt. Die Vernunft selbst, zu der beide Wege führen, liegt in der Mitte. Soweit nun das Licht vom Himmel einströmt, ist jemand vernünftig; soweit es nicht einströmt, ist er unvernünftig, was er sich auch einbilden mag. Dies mußte erläutert werden, um das Verhältnis des Menschen zum Himmel und zur Hölle klarzustellen. Unter Geistern werden die Bewohner der Geisterwelt, unter Engeln die des Himmels verstanden.

Wer überlegt, erkennt, daß nicht der Körper denkt, weil er Materie ist, sondern die Seele, weil sie Geist ist. Die Seele des Menschen, über deren Unsterblichkeit viele geschrieben haben, ist sein Geist, dessen Wesen unsterblich ist und als geistige Kraft im Körper denkt; denn das Geistige nimmt Geistiges auf und lebt geistig, das heißt, es denkt und will. Daher gehört alles geistige Leben, das im Körper entsteht, zum Geist und nicht zum Körper. Der Körper ist Materie, und die Materie, dem Körper eigentümlich, dient nur als Hülle, gewissermaßen als Ausdrucksmittel des Geistes, damit dieser Geist ein natürliches Leben führen und sich nützlich in der Welt auswirken kann, deren sämtliche Dinge materiell, das bedeutet, an sich leblos sind. Da nun das Materielle nicht lebt, sondern nur das Geistige, so gehört offenbar alles, was im Menschen lebt, zum Bereich seines Geistes, dem der Körper dienstbar ist, wie ein Werkzeug einer lebendigen Kraft. Man sagt zwar von einem Werkzeug, es bewirkt, bewegt oder treibt; würde man aber diese Tätigkeit dem Werkzeuge zuschreiben und nicht der Kraft, die das Ganze vollbringt, so wäre es eine Täuschung.

Alles, was im Körper lebt und aus diesem Leben wirkt und fühlt, gehört zum Geist und nicht zum Körper; daraus folgt, daß der Geist der eigentliche Mensch ist, oder mit andern Worten: daß der Mensch, an sich betrachtet, Geist ist, und daß dieser Geist auch die gleiche Gestalt hat. Wenn alles, was im Menschen lebt und empfindet, zu seinem Geist gehört, und vom Scheitel bis zur Sohle nichts in ihm entstehen kann, was nicht lebt und empfindet, so muß bei der Trennung von Geist und Körper, die man Sterben heißt, der Mensch noch Mensch bleiben und leben. Ich vernahm aus dem Himmel, daß einige während des Sterbens, wenn sie auf der Totenbahre liegen und noch nicht auferweckt sind, in ihrem erkalteten Körper weiterdenken, in der Meinung, sie lebten noch; nur mit dem Unterschied, daß sie kein einziges materielles Teilchen ihres Körpers bewegen können.

Niemand kann denken oder wollen ohne eine Substanz als Vermittler. Ohne ein Organ als Vermittler seines Gesichtes kann niemand sehen, ohne ein Organ als Vermittler seines Gehöres niemand hören, sonst wären Gesicht und Gehör ein Nichts, eine Unmöglichkeit. Das gleiche gilt für das Denken, als das innere Sehen, und die Bewußtseinstätigkeit, als das innere Hören; hätten sie nicht zur Vermittlung Substanzen, aus organischen Formen gebildet, so könnten sie nicht ins Dasein treten. Daraus folgt, daß der vom Körper losgelöste Geist des Menschen eine Gestalt hat, die eine menschliche sein muß; daß er die gleichen Sinne und Sinnesorgane besitzt, wie während seines Aufenthaltes im Körper; daß alles Leben des Auges, des Ohres, kurz, der Sinne, nicht zum Körper, sondern zum Geist gehören und sich bis ins kleinste in ihm abspielt. Daher sehen, hören und empfinden die Geister ebenso wie die Menschen, nur nach der Trennung vom Körper nicht mehr in der körperlichen, sondern in der geistigen Welt. Solange ein Geist im Körper lebte, empfand er körperlich durch die ihm anhaftende Materie; doch empfand er auch da schon geistig, sooft er dachte und wollte.

Andersgläubige denken gewöhnlich, die Tiere lebten und empfänden genauso; sie hätten also etwas Geistiges wie der Mensch, nur daß es mit dem Körper stürbe. Doch ist das Geistige der Tiere von anderer Art. Der Mensch besitzt etwas, was die Tiere nicht haben, nämlich einen inneren Sinn, in den das Göttliche einströmt. Infolgedessen hat er vor den Tieren voraus, daß er über Gott und die göttlichen Dinge nachdenken, Gott lieben und mit ihm vereinigt werden kann. Was mit dem Göttlichen vereinigt wird, kann nicht zerfallen; was aber nicht mit ihm vereinigt werden kann, zerfällt. Ich weiß aus vielen Erfahrungen, daß der Mensch seinem Innern nach Geist ist; wollte ich sie alle anführen, so könnte ich, wie man zu sagen pflegt, Bände füllen. Ich sprach mit den Geistern als Geist und sprach mit ihnen als Mensch im Körper. Sprach ich mit ihnen als Geist, so waren sie der Meinung, ich sei selber ein Geist, genau wie sie in menschlicher Gestalt; solange ich als Geist sprach, erschien ihnen nämlich mein Inneres, während mein materieller Körper nicht erschien.

Wird der Mensch von seinem Körper getrennt, was mit dem Tode eintritt, so lebt er trotzdem als ein Mensch weiter. Um mich in dieser Anschauung zu bestärken, wurde ich in die Lage versetzt, mit allen zu reden, die ich in ihrem körperlichen Leben gekannt hatte; mit einigen stundenlang, mit einigen wochen- und monatelang, mit manchen jahrelang, um alles bezeugen zu können. Ich muß hinzufügen, daß jeder Mensch, während er noch im Körper lebt, sich geistig, ohne es zu wissen, in Gemeinschaft mit Geistern befindet, und zwar der Gute in Gemeinschaft von Engeln, der Böse in höllischer Gemeinschaft: jeder in der Gemeinschaft, in die er nach dem Tode gelangt. Um zu beweisen, daß der Mensch seinem Innern nach Geist ist, will ich aus meiner Erfahrung berichten, wie man aus dem Körper entrückt und vom Geist an einen anderen Ort versetzt wird. Der erste Vorgang, nämlich die Entrückung aus dem Körper, ereignet sich folgendermaßen. Man wird in einen Zustand mitten zwischen Schlafen und Wachen versetzt. In diesem Zustand glaubt man, völlig wach zu sein; alle Sinne sind so wach, wie beim völligen Wachsein des Körpers, sowohl Gesicht wie Gehör wie merkwürdigerweise auch das Gefühl, das dann sogar feiner ist, als es im wachen Körper möglich wäre. In diesem Zustand sind Geister und Engel leibhaftig von mir gesehen, gehört und, was das Sonderbarste ist, auch berührt worden; dabei war mein Körper fast völlig unbeteiligt. Dies ist der Zustand sogenannter körperlicher Entrückungen, in dem man nicht weiß, ob man innerhalb oder außerhalb des Körpers ist. Ich bin höchstens drei- oder viermal in diesen Zustand versetzt worden, lediglich um ihn kennenzulernen. Auch der zweite Vorgang, nämlich die vom Geiste bewirkte Entrückung an einen anderen Ort, ist mir durch die lebendige Erfahrung vermittelt worden, aber auch nur zwei- bis dreimal. Ich will nichts als meine Erfahrung schildern. Durch Gefilde und die Straßen einer Stadt im Gespräch mit Geistern wandelnd, glaubte ich, ebenso wach und klar zu sein wie immer. Ohne mich zu verirren, ging ich dahin und hatte währenddessen ein Gesicht; ich sah Haine, Ströme, Paläste, Häuser, Menschen und vieles andere mehr. Nachdem ich stundenlang so gewandelt war, sah ich plötzlich wieder mit den Augen des Körpers und fand mich an einem anderen Ort. Darüber war ich sehr betroffen, bis ich merkte, ein Zustand hatte mich befallen, ähnlich wie Menschen, von denen es heißt: sie wurden vom Geist an einen anderen Ort entrückt. Solange dieser Zustand währt, achtet man nicht des Weges, wenn es auch meilenweit ginge, und nicht der Zeit, wenn es auch Stunden und Tage dauerte, noch fühlt man irgendeine Ermattung; man wird auf Wegen geführt, die man selber nicht kennt, ohne sich zu verirren, bis an sein Ziel.

Wenn der Körper seine Verrichtungen in der materiellen Welt, die den Gedanken und Neigungen seines Geistes in der geistigen Welt entsprechen, nicht mehr erfüllen kann, so sagt man, er stirbt; das geschieht, wenn die Atemzüge der Lunge und die Pulsschläge des Herzens versagen. Trotzdem stirbt der Mensch nicht, er wird nur vom Verstandlichen getrennt, das ihm in der Welt zum Gebrauch diente. Ich behaupte, der Mensch selbst lebt weiter, weil er nicht durch den Körper, sondern durch den Geist Mensch ist; es ist der Geist, der in ihm denkt, und Denken und Neigung machen ihn zum Menschen. So kommt es, daß der Mensch im Zustand des Sterbens nur von einer Welt in die andere übergeht, weshalb der Tod in des Wortes innerstem Sinn Auferstehen und Fortleben bedeutet.

Der Geist steht in inniger Gemeinschaft mit Atmen und Herzschlag; das Denken mit dem Atem, und die Liebesneigung mit dem Herzen. Wenn diese beiden Bewegungen im Körper aufhören, erfolgt sofort die Trennung; denn diese beiden, das Atmen der Lunge und der Pulsschlag des Herzens, sind die eigentlichen Bande, nach deren Zerreißen der Geist sich selbst überlassen bleibt, und der Körper, des lebendigen Geistes beraubt, erkaltet und verwest. Ist die Trennung erfolgt, so verharrt der Geist des Menschen noch eine Zeitlang im Körper, doch nicht länger als bis zum völligefn Stillstand des Herzens, der verschieden eintritt, je nach der Krankheit, an der jemand stirbt. Bei einigen hält die Bewegung des Herzens lange an, bei anderen bricht sie früher ab. Sobald sie erlischt, wird der Mensch auferweckt, was nur durch Gott geschehen kann. Unter Auferweckung ist das Geleit des menschlichen Geistes aus dem Körper und seine Einführung in die geistige Welt zu verstehen, gewöhnlich Auferstehung genannt. Daß der menschliche Geist nicht eher vom Körper getrennt wird, als bis die Bewegung des Herzens erlischt, kommt daher, weil das Herz der Liebesneigung entspricht, die der Inbegriff des menschlichen Lebens ist; denn aus der Liebe empfängt jeder seine Lebenswärme.

Ich will auf Grund meines Erlebnisses berichten, wie die Auferweckung vor sich geht. Ich wurde in einen Zustand der Empfindungslosigkeit meiner körperlichen Sinne versetzt, der dem von Sterbenden gleichkam; dabei blieb mein inneres Leben und mein

Denken unbeeinflußt, so daß ich wahrnehmen und mir einprägen konnte, was mit denen, die von den Toten auferweckt werden, geschieht. Ich fühlte, wie das Atmen des Körpers allmählich aufhörte, wie nur ein inneres, geistiges Atmen, verbunden mit dem leisen und schwachen Atmen des Körpers, zurückblieb. Zunächst offenbarte sich die Gemeinschaft des Herzschlags mit dem himmlischen Reich, das dem menschlichen Herzen entspricht. Es erschienen auch Engel aus diesem Reich, einige in der Ferne und zwei nahe zu meinen Häupten, wo sie sich niederließen. Darauf verlor ich alle Gemütserregung, nur Denken und Bewußtsein blieb mir. In diesem Zustand verharrte ich mehrere Stunden. Jetzt entfernten sich die Geister, die mich umgeben hatten, in der Meinung, ich sei gestorben, und wie von einem einbalsamierten Leichnam erhob sich ein aromatischer Duft. Sind himmlische Engel in der Nähe, dann wird die Verwesung wie Wohlgeruch empfunden, der die Geister, die ihn wittern, fernhält; so werden auch böse Geister vom Geiste des Menschen ferngehalten bei seinem Geleit in das ewige Leben. Die Engel, die zu meinen Häupten saßen, waren schweigsam; sie brachten nur ihre Gedanken in Berührung mit den meinen. Wenn diese Gedanken aufgenommen werden, wissen die Engel, der menschliche Geist ist bereit, aus dem Körper geleitet zu werden. Die Übertragung ihrer Gedanken geschah dadurch, daß sie mir ins Antlitz sahen; denn so vollzieht sich im Himmel die Mitteilung der Gedanken. Da ich denken und wahrnehmen konnte, um das Erlebnis der Auferweckung im Gedächtnis zu behalten, kam mir zu Bewußtsein, daß die Engel zuerst meine Gedanken erforschten, ob sie denen von Sterbenden glichen, die an das ewige Leben denken; mit solchen Gedanken suchten sie mich zu beschäftigen. Später wurde ich belehrt, der menschliche Geist muß beim Verscheiden des Körpers so lange bei seinem letzten Gedanken verharren, bis er zu denen zurückkehrt, die seiner wesentlichen Neigung in der Welt entspringen. Vor allem empfand ich, daß eine Anziehung, gleichsam Loslösung meines Innern, und zwar des Geistes aus dem Körper, stattfand und erkannte, daß sie von Gott kam und also die Auferstehung war.

Wenn die Engel des Himmels den Auferweckten empfangen,

verlassen sie ihn nicht, weil sie jeden lieben; ist der Geist aber nicht fähig, ihren Umgang zu ertragen, so sehnt er sich selber von ihnen fort. Dann nahen Engel aus dem geistigen Reiche, durch die er des Lichtes teilhaftig wird, denn bis dahin hatte er nichts gesehen, sondern nur gedacht. Die geistigen Engel leisten dem neuen Geiste sämtliche Dienste, die er sich im Zustand des Lichtes wünschen kann; sie machen ihn mit allen Dingen des andern Lebens vertraut, soweit er sie begreift. Zeigt er sich diesem Unterricht nicht gewachsen, dann sehnt er sich fort; trotzdem verlassen ihn die Engel nicht, sondern er trennt sich von ihnen. Darauf wird er von guten Geistern aufgenommen, und auch hier werden ihm alle Dienste erwiesen; war sein weltliches Leben aber derart, daß er nicht in ihrer Gemeinschaft weilen kann, dann sehnt er sich auch von den Guten fort. Das geschieht so oft und so lange, bis er zu jenen kommt, die mit seinem Leben in der Welt genau übereinstimmen; hier findet er endlich eine Lebensmöglichkeit und führt merkwürdigerweise dasselbe Leben wie in der Welt.

Der Mensch ist Mensch kraft seines Geistes, und die Gestalt des Geistes ist menschlich, weil der Mensch geistig nach dem Bilde des Himmels geschaffen ist. Der gesamte Himmel mit seinen Gesetzen ist der menschlichen Seele eingepflanzt; daher ihre Fähigkeit, Einsicht und Weisheit aufzunehmen. Wenn der Geist in die Geisterwelt eingeht, so hat er zunächst dasselbe Antlitz und denselben Tonfall wie in der Welt; er befindet sich noch im äußeren Zustand, und das Innere ist noch nicht aufgedeckt. Dann aber verändert sich sein Antlitz völlig; es nimmt den Ausdruck der Liebe und Neigung an, die sein Inneres in der Welt, das heißt, den Geist im Körper beherrschten. Das Antlitz des Geistes ist nämlich vom Antlitz des Körpers grundverschieden; das erste stammt von den Eltern, das zweite ist von seiner Neigung geprägt, zu deren Abbild es wird. Dies Gesicht nimmt der Geist nach dem körperlichen Leben an, wenn das Äußere abgestreift, und das Innere enthüllt ist.

Die Gestalt des Menschen nach dem Tode ist um so schöner, je inniger er die göttlichen Wahrheiten geliebt und nach ihnen gelebt hat. Gemäß dieser Liebe und diesem Leben wird das Innere jedes Menschen erschlossen und gestaltet; je inniger seine Neigung, desto schöner das Antlitz, desto ähnlicher dem Bilde des Himmels. Daher sind die Engel im innersten Himmel die schönsten, denn sie sind die Verkörperungen der himmlischen Liebe. Jene aber, die nur äußerlich die göttlichen Wahrheiten geliebt und nach ihnen gelebt haben, sind minder schön; es bleibt im Vergleich mit den anderen etwas Dunkles in ihrem Antlitz zurück, das nicht erhellt ist vom Glanze des inneren Lebens. Alle Vollkommenheit wächst, je innerlicher, und nimmt ab, je äußerlicher ein Mensch ist, und mit ihr wächst und schwindet die Schönheit. Ich sah Engelsgesichter im dritten Himmel, die so schön waren, daß kein Maler mit all seiner Kunst so viel Leben in Farben ausdrücken oder auch nur ein Tausendstel des Lichtes widerspiegeln könnte, das in diesen Gesichtern erschien.

Der Mensch behält in der geistigen Welt alle seine Eigenschaften, mit Ausnahme des irdischen Körpers; er sieht wie vorher, hört, redet, riecht und schmeckt, hat Gefühle, Wünsche und Gedanken und Überlegung. Seine Liebe und seine Neigungen bleiben dieselben; wer Freude an den Wissenschaften hatte, liest und schreibt wie früher, als ob er von einem Leben zum anderen gelangt sei, wie von einem Orte zum andern. Er behält sein Gedächtnis, die Erinnerung alles dessen, was er in der Welt gelernt, gesehen und erfahren hat von der ersten Kindheit bis zum Lebensende. Da die natürlichen Bilder des Gedächtnisses in der geistigen Welt nicht in Erscheinung treten können, so ruhen sie, wie bei einem Menschen, bei dem sie in Vergessenheit geraten sind; doch können sie jederzeit zum Vorschein kommen, wenn es Gott gefällt. Zwischen dem Leben des Menschen in der geistigen und in der natürlichen Welt besteht ein großer Unterschied, hinsichtlich der inneren wie der äußeren Sinneseindrücke. Die im Himmel Weilenden sehen und hören viel schärfer und denken weiser als die in der Welt, denn sie sehen mit Hilfe des himmlischen Lichtes, das bei weitem das irdische überstrahlt, und hören mittels der geistigen Atmosphäre, die weit vollkommener als die weltliche ist. Die Verschiedenheit dieser äußeren Sinne ist so groß, wie der Unterschied zwischen Helle und Nebel, zwischen Licht am Mittag und Schatten am Abend. Das Licht des Himmels, als das göttlich Wahre, befähigt die Engel, das Geringste zu sehen und zu unterscheiden; ihr äußeres Sehen entspricht ihrem inneren Schauen oder ihrem Verstande, und beide fließen ineinander und wirken zusammen als Einheit. Ähnlich ist der Unterschied zwischen den Bewohnern der Hölle und denen der Welt; so vollkommen die Sinne der Engel im Himmel sind, so unvollkommen sind sie bei den Wesen der Hölle.

Ich habe viele Beweise erhalten, daß der Mensch sein irdisches Gedächtnis beibehält; einige davon will ich mitteilen. Es gab solche, die ihre in der Welt begangenen Verbrechen und Schandtaten leugneten. Damit sie nicht schuldlos erschienen, wurde alles enthüllt und vom ersten bis zum letzten Lebensalter aus ihrem Gedächtnis der Reihe nach aufgezählt; hauptsächlich Ehebrüche und Verbrechen der Unzucht. Andere hatten gestohlen oder mit Hilfe listiger Kniffe betrogen; auch ihre Schlauheiten und Betrügereien wurden eine nach der andern aufgedeckt, darunter manches, was außer ihnen kaum jemand in der Welt wußte. Sie gestanden auch alles ein, denn es trat gleichsam im Licht zutage, und jeder Gedanke, jede Absicht, Freude und Furcht, die sie damals bewegt hatten, kehrten wieder. Andere hatten Geschenke angenommen und aus dem richterlichen Amt eine Erwerbsquelle gemacht; auch ihr Gedächtnis wurde geprüft, und alles vom ersten bis zum letzten Tag ihrer Amtsführung aufgedeckt: Zahl und Art der Bestechungen, Zeit, Absicht und Gelegenheit; alles wurde ihnen ins Gedächtnis zurückgerufen und sichtbar dargestellt. Seltsamerweise wurden sogar ihre Tagebücher, in die sie Aufzeichnungen gemacht hatten, aufgeschlagen. Andere hatten Jungfrauen zur Unzucht verführt und ihre Keuschheit verletzt; sie wurden vor ein ähnliches Gericht gestellt, dabei wurden sämtliche Einzelheiten in ihrem Gedächtnis heraufbeschworen und aufgezählt. Sogar die Gestalten der Frauen und Jungfrauen an Ort und Stelle, Worte und Begierden kamen plötzlich zum Vorschein. Die Enthüllungen dauerten manchmal stundenlang. Jemand hatte sich kein Gewissen daraus gemacht, andere anzuschwärzen; ich hörte die Flut der Verleumdungen mit seinen eigenen Worten wiedergegeben, über wen und vor wem sie gesagt waren, obwohl er sie ängstlich in der Welt geheimgehalten hatte. Ein anderer hatte unter betrügerischen Vorspiegelungen seine Verwandten um ihre Erbschaft gebracht; er wurde genauso überführt und gerichtet; merkwürdigerweise wurde sogar ihr Briefwechsel vor meinen Ohren verlesen, wobei sich herausstellte, daß kein Wort fehlte. Derselbe hatte kurz vor seinem Tode heimlich seinen Nachbar mit Gift ermordet; das wurde folgendermaßen enthüllt: er schien unter seinen Füßen eine Grube zu graben, aus der ein Mann, wie aus einem Grabe, aufstieg. Dieser Mann rief ihm zu: »Was hast du mir angetan?« Darauf wurde alles offenbar: wie der Giftmischer freundlich zu ihm geredet und ihm den Becher gereicht, was er vorher gedacht, und was sich nachher ereignet hatte, und als das Ganze enthüllt war, wurde er zur Hölle verurteilt. Mit einem Worte: alle bösen und ruchlosen Taten, Raub, List und Betrug, werden im Gedächtnis jedes bösen Geistes lebendig, und er wird von ihnen überführt; ihm bleibt keine Möglichkeit mehr zum Leugnen, denn alle Vorgänge erscheinen gleichzeitig. So nimmt der Mensch sein ganzes Gedächtnis mit hinüber, und nichts ist in der Welt so verborgen, daß es nicht nach dem Tode offenbar würde.

Nach dem Tode erwartet jeden sein Leben, und jeder wird nach seinen Werken und Taten gerichtet. Doch ist unter Werken und Taten nicht das äußere Geschehen, sondern das innere Wesen zu verstehen; denn jedes Werk und jede Tat entspringt dem Wollen und Denken des Menschen, sonst wären es nur Bewegungen von Automaten und Marionetten. Ist der Wille und Gedanke gut, dann sind auch die Werke und Taten gut; ist der Wille und Gedanke aber böse, dann sind auch die Werke und Taten böse.

Tausend Menschen mögen das gleiche tun, das heißt, die gleiche Handlung begehen, so völlig übereinstimmend, daß äußerlich kaum ein Unterschied besteht, und doch ist jede, an sich betrachtet, von der anderen verschieden, weil die Beweggründe verschieden sind. Das läßt sich an der gerechten und aufrichtigen Handlungsweise gegen einen Mitmenschen beweisen. Der eine kann aufrichtig gegen ihn handeln sich selbst und seiner Ehre zuliebe; ein zweiter der Welt und seines Vorteils wegen; ein dritter in der Hoffnung auf Wiedervergeltung, es möge ihm als Verdienst angerechnet werden; ein vierter aus Freundschaft; ein fünfter aus Furcht vor dem Gesetz und aus Angst, seinen guten Ruf und sein Amt zu verlieren; ein sechster, um einen andern für seine Zwecke, auch für die bösen, zu gewinnen; ein siebenter in betrügerischer Absicht, und so fort. Doch die Taten der Betreffenden sind böse, sie mögen noch so gut erscheinen – denn gerecht und aufrichtig gegen seinen Mitmenschen handeln, ist gut –, weil sie nicht um der Gerechtigkeit und Aufrichtigkeit willen, sondern aus Selbstsucht und Weltliebe geschehen. In seinen Werken und Taten offenbart sich der ganze Mensch. Wollen und Denken oder Liebe und Glaube, die Eigenschaften des inneren Menschen, wären nicht vollkommen, fänden sie nicht ihren Ausdruck in den Werken und Taten des äußeren Menschen. Durch sie erhalten sie ihre letzten Begrenzungen, ohne die sie das Unendliche wären, das noch nicht vorhanden ist, folglich im Menschen nicht sein kann. Denken und Wollen, ohne zu handeln, obwohl man dazu imstande ist, gleicht einer Flamme, die, eingeschlossen in einem Gefäß, erlischt, oder einem Samenkorn, das, in den Sand geworfen, nicht aufgeht und mit allen Keimen verderben muß. Denken und Wollen aber, und danach handeln, ist wie ein Feuer, das ringsum Licht und Wärme verbreitet; wie ein Same im Erdreich, der zum Baum oder zur Blume erwächst. Wollen und nicht handeln, obwohl man dazu imstande ist, gilt als nicht wollen; lieben und nicht das Gute tun, obwohl man dazu imstande ist, als nicht lieben. Das Denken ist nur die Voraussetzung von Lieben und Wollen, etwas Abstraktes, das schwindet und vergeht. Die Liebe und der Wille sind die eigentliche Seele der Taten; sie formen den Leib des Menschen auf Grund seiner gerechten und aufrichtigen Werke. Der geistige Leib oder der Leib des Menschengeistes gestaltet sich nur durch das, was jemand aus Liebe oder mit Willen tut; sein ganzes menschliches und geistiges Wesen äußert sich in seinen Werken und Taten.

Der Mensch ist nach dem Tode ein Geschöpf seiner Liebe und seines Willens. Der gesamte Himmel ist in Gemeinschaften nach den Abstufungen des Guten in der Liebe eingestellt, und jeder Geist, der zum Himmel erhoben und Engel wird, gelangt zur Gemeinschaft seiner Liebe. Hier fühlt er sich heimisch, wie in dem Hause, wo er geboren ist, und gesellt sich zu seinesgleichen. Entfernt er sich von dort in andere Gegenden, dann spürt er ein dauerndes Widerstreben und sehnt sich zu seinesgleichen zurück. So bilden sich Gemeinschaften im Himmel und in der Hölle auf

Grund von Neigungen, nur daß die Neigungen im Himmel denen der Hölle entgegengesetzt sind. Kein Geist vermag sich seiner herrschenden Liebe zu entziehen; das sind die Bande, die ihn fesseln, durch die man ihn leiten, von denen er sich nicht lösen kann. Der Geist wird eins mit dieser Liebe, weil er alles ihr Gemäße anzieht und alles ihr Fremde abstößt. Wie ein Mensch seiner Liebe nach beschaffen ist, so bleibt er nach dem Tode in Ewigkeit, und keines Menschen Liebe kann jemals verändert werden, denn die Liebe eines Geistes verändern, hieße, sein Leben vernichten.

Jedes Lustgefühl des Menschen erwächst aus seiner Liebe; man empfindet nur da Freude, wo man liebt. Die Freuden sind verschiedenartig; sie pflegen ebenso mannigfaltig zu sein wie Menschen, Geister und Engel. Die Liebe des einen gleicht keineswegs der des andern, daher hat auch niemand die gleiche Gesichtsform; denn das Antlitz des Menschen ist das Abbild seiner Gesinnung, in der geistigen Welt das Ebenbild seiner Liebe. Die Art der geistigen Freuden, in die sich die natürlichen eines jeden nach dem Tode verwandeln, geht aus der Lehre vom Zusammenhang zwischen Geistigem und Natürlichem hervor, das sich gegenseitig entspricht. Wer diese Lehre beherrscht und sich seiner Liebe bewußt ist, weiß von seinem Zustand nach dem Tode; er braucht nur seine Liebe zu kennen, aus der alle Triebe stammen. Diese Liebe jedoch zu erkennen, ist jedem versagt, der von Eigenliebe beherrscht wird, seine bösen Taten gutheißt und das Falsche, das er begünstigt, für wahr hält. Ein solcher Mensch kann sein Wissen nur aus der Weisheit der andern schöpfen, weil diese sehen, was er nicht sieht; vorausgesetzt, er steckt nicht so tief in Eigenliebe, daß er im voraus jede andere Weisheit ablehnt. Wer Teil an der himmlischen Liebe hat, nimmt Belehrung an, und das Böse seiner Geburt, in das er verstrickt ist, wird ihm durch die Wahrheiten offenbart. Die Wahrheit des Guten lehrt jeden die Falschheit des Bösen erkennen, nicht aber umgekehrt; denn das Falsche ist der Schatten des Bösen und entspricht ihm auch. Deshalb gleichen die Bösen den Blinden, die das Licht nicht sehen und vor ihm fliehen wie Nachteulen; die Guten dagegen sehen mit offenen Augen und sind imstande, Licht und Schatten zu unterscheiden.

Wie die irdischen Freuden eines jeden sich nach dem Tode in

das Entsprechende verwandeln, geht zwar aus der Lehre von den Entsprechungen hervor; da diese Lehre aber noch unbekannt ist, will ich den Vorgang durch bestimmte Beispiele aus meiner Erfahrung erhellen.

Wer das Falsche geliebt und die Wahrheit gehaßt hat, stürzt in unterirdische Höhlen mit finsteren Eingängen, in Felsenklüften verborgen; denn das Falsche entspricht der Finsternis, wie die Wahrheit dem Licht. Dasselbe geschieht mit allen, die Vergnügen an heimlichen Ränken und versteckten Bosheiten hatten; auch sie leben in unterirdischen Höhlen, raunen sich in die Ohren und verkriechen sich in Gewölben von solcher Dunkelheit, daß keiner den andern sieht; so vollzieht sich die Umwandlung ihrer Erdenfreuden. Wer die Wissenschaften studiert hat, nur um gelehrt zu erscheinen, dabei ungebildet geblieben und nichts in seinem Dünkel behalten hat, liebt sandige Orte, die er sich vor Feldern und Gärten aussucht; denn das Sandige entspricht seinen Studien. Wer die Gebote der Religion gekannt und nicht auf sein Leben angewandt hat, wohnt an felsigen Orten zwischen Steinhaufen und meidet bebaute Plätze, die ihm ein Greuel sind. Wer alles nur der Natur oder seiner eigenen Klugheit zugeschrieben und durch allerhand Kniffe Würden und Reichtümer erworben hat, ergötzt sich im anderen Leben an Zauberkünsten, die ein Mißbrauch der göttlichen Ordnung sind. Wer die göttlichen Wahrheiten zu seinen Gunsten verdreht und verfälscht hat, liebt das Harnhafte, weil das den Reizen einer solchen Liebe entspricht. Wer ein schmutziger Geizhals war, haust in Kellern, liebt den Unflat der Schweine und die aus dem Unverdauten des Magens aufsteigenden Dünste. Wer sein Leben in Vergnügungen verpraßt, Bauch und Gaumen gefrönt und darin das höchste Lebensgut erblickt hat, weidet sich nach dem Tode an Exkrementen und Kloaken; denn solche Vergnügungen sind geistiger Schmutz. Ein derartiger Mensch flieht vor reinen und sauberen Orten, weil sie ihm zuwider sind. Wer seine Lust am Ehebruch hatte, hält sich in Bordellen auf, wo alles schamlos und unzüchtig ist; er liebt diese Häuser und meidet anständige, in deren Nähe ihm die Sinne schwinden; sein größter Genuß ist, Ehen zu zerstören. Rachgierige mit einer rohen und grausamen Natur lieben das Aashafte und leben auch in derartigen Höllen. Und so fort.

Hingegen verwandeln sich die Freuden derer, die in der Welt in himmlischer Liebe gelebt haben, in die entsprechenden Freuden des Himmels und seiner Sonne; alles erscheint im Licht dieser Sonne, was in sich das Göttliche birgt. Wer die Gebote der göttlichen Wahrheit um der Wahrheit willen geliebt hat, weilt im andern Leben im Licht auf erhabenen Orten, wie auf Bergen, in einem ewigen Himmelsglanz. Für ihn gibt es keine Finsternis gleich den Nächten der Welt; in der Wärme des Frühlings grünen vor seinen Augen Äcker, Ernten und Weinberge; die Gegenstände in seinem Hause schimmern wie Edelsteine; die Fenster, durch die er blickt, sind klar wie Kristall. Diese Freuden des Auges gleichen den Freuden der Seele, weil sie dem Göttlichen entsprechen, denn die Worte der Wahrheit, die er geliebt hat, entsprechen den Ernten, Fenstern und Weinbergen, den Edelsteinen und dem Kristall. Wer die Lehren der Religion im Leben befolgt hat, weilt im innersten Himmel. Mehr als alle im Genuß der Weisheit, erblickt er in jedem Gegenstand die göttliche Herkunft; er sieht zwar die Gegenstände, aber das Göttliche, dem sie entsprechen, strömt sogleich in seine Seele und erfüllt sie mit solcher Seligkeit, daß alles in seiner Empfindung vom Glanze des lachenden Lebens umspielt ist. Wer die Wissenschaften studiert, Einsicht und Bildung erworben und das Göttliche anerkannt hat, dessen Freude wird im anderen Leben in geistige Lust verwandelt, zur Erkenntnis des Wahren und Guten; er wohnt in Gärten, schön bepflanzt mit Beeten und Rasen und rings umfriedet von Alleen mit Bäumen und Laubgängen. Die Bäume und Blumen wechseln von einem Tage zum andern; der Anblick des Ganzen bietet die Freude des Gesamteindrucks, während die Mannigfaltigkeit im einzelnen die Freude ständig noch steigert; so werden, entsprechend den göttlichen Dingen, immer neue Erkenntnisse zu immer höherer Vollendung vermittelt. Die Freude an den Gärten, Beeten, Blumen und Rasen entspricht der Freude an der Wissenschaft und ihren Werken. Wer alles der göttlichen Vorsehung zuschrieb und ihr gegenüber die Natur als etwas Totes, nur dem Geistigen Dienstbares ansah und fest davon überzeugt war, lebt im himmlischen Licht. Was vor seinen Augen erscheint, ist von diesem Licht umflossen und wird durchsichtig, und in der Durchsichtigkeit offenbaren sich die unendlichen Wechselspiele des Lichtes, die das innere Schauen gleichsam unmittelbar aufsaugt, so daß die Freuden im Innern empfunden werden. Die Gegenstände seines Hauses sind wie Diamanten, in denen sich das Strahlenspiel widerspiegelt; es wurde gesagt, die Wände seien wie Kristall, also ebenfalls durchsichtig, und gleich bewegten Gestalten steigen himmlische Erscheinungen in ewigem Wechsel in ihnen auf. Diese Durchsichtigkeit entspricht dem von Gott erleuchteten Verstande, wenn die Schatten der natürlichen Welt von seiner Liebe und seinem Glauben genommen sind. Das und unendlich viel mehr ist es, von dem die Bewohner des Himmels sagen, sie hätten gesehen, was nie ein Auge sah, und durch die göttliche Offenbarung gehört, was nie ein Ohr hörte. Wer nichts verheimlichen, sondern alles, was er dachte, offen zeigen wollte, soweit es im bürgerlichen Leben möglich ist, hat im Himmel ein strahlendes Antlitz, denn er dachte gerecht und aufrichtig im göttlichen Sinne. Durch die Kraft dieses Lichtes erscheinen in seinem Antlitz die einzelnen Gefühle und Gedanken wie gestaltet; seine Reden und Taten sind gleichsam Ebenbilder seiner Liebe, und so wird er mehr als alle andern geliebt. Wenn er redet, verdunkelt sich sein Antlitz etwas; aber nach vollendeter Rede wird alles, was er gesagt hat, zugleich in seinem Antlitz völlig sichtbar, und seine ganze Umwelt, die seinem Innern entspricht, tritt so in Erscheinung, daß jedem ihr Sinn und ihre Bedeutung offenbar wird. Geister, welche Heimlichkeiten lieben, fliehen schon in der Entfernung vor ihm und scheinen sich wie Schlangen vor ihm zu verkriechen. Wer den Ehebruch für ein Verbrechen hielt und in keuscher Ehe lebte, hat mehr als alle andern die Harmonie des Himmels in sich; daher schmückt ihn die Schönheit und Blüte einer ewigen Jugend; die Wonnen seiner Liebe, in die sich alle Freuden des Himmels ergießen, sind unaussprechlich und wachsen unaufhörlich. So verwandeln sich die Freuden der Menschen nach dem Tode in die ihnen entsprechenden, und nur die Liebe währt in Ewigkeit: nämlich die eheliche Liebe, die Liebe zur Gerechtigkeit und Aufrichtigkeit, zum Guten und Wahren, die Liebe zur Wissenschaft und Erkenntnis, zur Einsicht und Weisheit, und so fort. Aus dieser Liebe entspringen die Freuden wie Ströme aus ihrer Quelle; auch sie verbleiben, doch werden sie zu einer höheren Stufe erhoben bei ihrem Übergang aus der natürlichen in die geistige Welt.

Der Mensch durchlebt drei Zustände nach dem Tode, bevor er in den Himmel oder die Hölle gelangt. Der erste ist der Zustand seines äußeren Wesens, der zweite der seines innern Wesens und der dritte der Zustand der Vorbereitung; diese drei Zustände durchlebt er in der Geisterwelt. Doch gibt es Ausnahmen: Menschen, die gleich nach dem Tode entweder in den Himmel erhoben oder in die Hölle gestürzt werden. Die ersten sind in der Welt wiedergeboren und so für den Himmel vorbereitet worden, daß sie nur die natürlichen Unreinigkeiten mit ihrem Körper abzustreifen brauchen, um gleich von Engeln emporgeleitet zu werden; ich sah, wie einige nach der Todesstunde dorthin erhoben wurden. Die andern dagegen, die im Innern böse und nach außen scheinbar gut waren, also voll List in ihrer Bosheit Güte vorgetäuscht hatten, wurden sofort in die Hölle gestürzt; ich sah einen Erzgauner mit dem Kopf nach unten und den Füßen nach oben in die Hölle fahren.

Der erste Zustand des Menschen nach dem Tode gleicht seinem Zustand in der Welt, weil er das äußere Wesen darstellt; er besitzt die gleiche Gesichtsform, die gleiche Rede- und Ausdrucksweise, also auch das gleiche moralische und bürgerliche Leben. Deshalb wähnt er, noch auf der Welt zu sein, wofern er nicht darauf achtet, was mit ihm vorgeht, und was ihm die Engel bei der Auferweckung gesagt haben, daß er jetzt ein Geist sei. So folgt ein Leben aus dem andern, und der Tod ist nur ein Übergang. Deshalb wird auch jeder, der ins andere Leben eingeht, dort von seinen Freunden und Bekannten, die er in der Welt hatte, wiedererkannt; die Geister erkennen ihn nicht nur an seinem Antlitz und seiner Sprache, sondern an seiner Lebenssphäre, wenn sie ihm nahe kommen. Freunde freuen sich über ihr Wiedersehen, und je nach der Art ihrer Freundschaft in der Welt, reden sie und treten in Verbindung miteinander. Meist kommen Ehegatten wieder zusammen und begrüßen sich voll Glück; sie bleiben auch beisammen, länger oder kürzer, je nach der Harmonie ihres Zusammenlebens in der Welt. Wenn aber die wahre eheliche Liebe, die eine geistige Gemeinschaft auf Grund der himmlischen Liebe ist, nicht ihre Seelen verbunden hatte, scheiden sie nach kurzem Zusammensein wieder. Waren sie uneinig, voll inneren Widerstrebens, so bricht ihr Streit in offene Feindschaft aus; trotzdem trennen sie sich nicht eher, als bis sie den zweiten Zustand erreicht haben, von dem im folgenden die Rede ist. Der erste Zustand dauert bei manchen tagelang, bei manchen monatelang, bei manchen ein Jahr; selten aber länger als ein Jahr, je nachdem das innere Wesen mit dem äußeren übereinstimmt oder nicht; das äußere muß erst geklärt werden, damit es dem inneren als Grundlage dienen kann.

Der zweite Zustand des Menschen nach dem Tode bedeutet sein inneres Wesen; er wird in das Innere versenkt, das seine geistigen Kräfte, sein Denken oder Wollen, enthält, während das äußere des ersten Zustandes in Schlaf sinkt. Dies innere Wesen, in das nach vollendetem erstem Zustand der Mensch als Geist versinkt, ist das gleiche wie in der Welt, wenn er, sich selbst überlassen, frei und schrankenlos dachte. Er gleitet, ohne es zu wissen, in diesen Zustand hinein, in dem er sich selber, das heißt, sein Leben offenbart; denn frei aus eigener Neigung denken, ist das eigentliche Leben, ist der Mensch selbst. In diesem Zustand offenbart sich, wie ein Mensch in der Welt war. War er gut, so handelt er vernünftig und weise, ja viel weiser als in der Welt, denn er ist jetzt von den Fesseln des Körpers und damit von irdischen Dingen befreit, die ihn wie eine dunkle Wolke umschatteten. War er böse, so handelt er töricht und unverständig, ja viel törichter als in der Welt, weil er jetzt frei und durch keine Hemmungen mehr gebunden ist. Solange er in der Welt lebte, war er nach außen hin vernünftig, um als verständiger Mensch zu gelten; nun aber das Äußere von ihm genommen ist, kommen seine Tollheiten an den Tag. Böse Geister pflegen, weil sie in alle Arten des Bösen verrannt sind, häufig und schwer gestraft zu werden. Es gibt viele Strafen in der Geisterwelt, ohne Ansehen der Person, ob einer König oder Knecht in der Welt war. Jede Bosheit führt ihre Strafe mit sich, beide sind miteinander verknüpft. Wer böse ist, dessen Strafe ist auch böse, dabei wird keiner für die in der Welt begangenen Bosheiten bestraft, sondern für das Böse, das er jetzt tat. Es ist gleichbedeutend, ob man sagt: sie büßen die in der Welt begangenen bösen Taten oder: die Bosheiten, die sie im andern Leben begehen, denn nach dem Tode kehrt jeder zu seinem Leben, folglich zu seinen bösen Taten zurück. Sie werden bestraft, weil Furcht vor Strafe das einzige Mittel ist, ihre Bosheit zu zähmen; nichts vermag Ermahnung, Belehrung, noch Angst vor Gesetz oder üblem Ruf; jeder handelt nach seiner Natur, die nur durch Strafen gebändigt werden kann. Gute Geister dagegen werden nie gestraft, selbst wenn sie Böses in der Welt taten; ihre bösen Taten kehren nicht wieder, denn ihr Ursprung ist ein anderer; nicht aus Vorsatz gegen das Wahre, nur aus einem ererbten bösen Herzen wurden sie in blinder Lust mitgerissen. Der böse Geist stürzt sich selbst in die Hölle zu seinesgleichen, und im Fall erscheint er dem Auge wie einer, der rücklings mit dem Kopf nach unten und den Füßen nach oben hinabstürzt. Das kommt daher, weil er eine verkehrte Ordnung hat; er hatte die höllischen Dinge geliebt und die himmlischen verworfen. Im zweiten Zustand erfolgt die Trennung der bösen von den guten Geistern; im ersten sind sie beisammen, denn hier führen sie ein äußeres Leben wie in der Welt. Anders dagegen, wenn sie in das innere Wesen versenkt werden, und jeder seiner Natur oder seinem Willen überantwortet wird.

Der dritte Zustand des Menschen nach dem Tode oder seines Geistes ist der Zustand der Belehrung; er wird denen zuteil, die in den Himmel gelangen und Engel werden, nicht aber denen, die in die Hölle stürzen, da diese unbelehrbar sind. Keiner kann für den Himmel ohne Kenntnis des Guten und Wahren vorbereitet werden; keiner kann wissen, was im geistigen Sinne gut und wahr, und das Gegenteil davon, böse und falsch ist, wenn er sich nicht belehren läßt. Die geistigen Wahrheiten lernt er nicht durch die Welt, sondern durch den Himmel kennen. Ihre Belehrungen erfolgen durch Engel mehrerer Gemeinschaften, besonders der nördlichen und südlichen Regionen, denn ihnen ist die Einsicht und Weisheit dieser Erkenntnis verliehen. Die Orte der Belehrung liegen gen Norden; sie sind verschieden und haben nach Art und Gattung des himmlischen Guten eine bestimmte Einteilung, so daß jeder dort nach seiner Anlage und Aufnahmefähigkeit unterrichtet werden kann. Die Orte selbst dehnen sich rings in weitem Umkreis aus. Die Belehrung im Himmel unterscheidet sich von der auf Erden dadurch, daß die Lehren nicht dem Gedächtnis erteilt, sondern lebendig werden, denn das Gedächtnis der Geister ist zugleich ihr Leben, weil sie alles, was mit ihrem Leben übereinstimmt, in sich aufnehmen, alles andre dagegen ausschalten; die Geister bestehen aus Neigungen, und so haben sie eine ihren Neigungen ähnliche Menschengestalt. Sobald sie an den erwähnten Orten durch Belehrung für den Himmel vorbereitet sind, was nicht lange dauert, weil sie vieles zugleich in geistigen Begriffen umfassen, werden sie mit weißen Engelsgewändern wie aus zartester Leinwand bekleidet und auf den Weg geleitet, der zum Himmel emporführt. Dort werden sie Hüter-Engeln anvertraut und dann von andern Engeln aufgenommen und in Gemeinschaften zu vielen Seligkeiten geführt.

Manche glauben, es sei schwer, ein geistiges Leben zu führen, um in den Himmel zu kommen, denn sie haben gehört, man müsse der Welt entsagen, die sogenannten fleischlichen und körperlichen Begierden ablegen und als geistiger Mensch leben. Darunter verstehen sie die Abkehr von irdischen Dingen, vor allem von Würden und Reichtümern, eine ständige, fromme Betrachtung über Gott, das Heil und die Ewigkeit, und ein Leben voll von Gebeten und der Lektüre erbaulicher Schriften. Das, glauben sie, hieße, der Welt entsagen und nicht im Fleische, sondern im Geiste leben. Die Sache ist aber ganz anders, wie ich aus vielen Erfahrungen und Unterhaltungen mit den Engeln weiß. Wer auf diese Weise der Welt entsagt und geistig lebt, schafft sich ein trauriges Leben, unempfänglich für himmlische Freude, denn jeden erwartet später sein Leben. Vielmehr soll man gerade in der Welt in Ämtern und Stellungen wirken, um durch ein bürgerliches und moralisches Leben das geistige in sich aufzunehmen; das ist die einzige Möglichkeit, sich durch Geistesbildung für den Himmel vorzubereiten. Ein inneres Leben führen ohne ein äußeres, bedeutet soviel, wie in einem Hause wohnen, das keinen Grund hat, das allmählich sich senkt, Risse bekommt, aufklafft und schwankt, bis es zusammenfällt.

Betrachtet und erforscht man das menschliche Leben vom Standpunkt der Vernunft, so findet man, daß es dreifach ist: geistig, moralisch und bürgerlich. Diese drei Arten unterscheiden sich voneinander. Es gibt Menschen, die ein bürgerliches, aber kein moralisches und geistiges Leben führen; es gibt solche, die ein moralisches, aber kein geistiges führen; es gibt solche, die zugleich ein bürgerliches, moralisches und geistiges Leben führen. Die letzten führen ein Leben des Himmels, die andern dagegen ein vom Himmel entferntes Weltleben. Schon daraus folgt, daß ein geistiges Leben nicht vom natürlichen oder weltlichen getrennt, sondern mit ihm verbunden ist wie die Seele mit dem Leib. Würde man beide trennen, so ergäbe sich der oben erwähnte Vergleich mit dem Wohnhaus, das keinen Grund hat. Das moralische und bürgerliche Leben ist nämlich der tätige Teil des geistigen Lebens; Aufgabe des geistigen ist es, das Gute zu wollen; Aufgabe des moralischen und bürgerlichen, es auszuführen. Wird das eine vom andern getrennt, so besteht das geistige Leben nur aus Denken und Reden, und der Wille tritt zurück, weil er keinen Boden hat; dabei ist der Wille das eigentlich Geistige im Menschen.

Es ist nicht so schwer, als man glaubt, ein Leben des Himmels zu führen. Wer sollte nicht ein moralisches und bürgerliches Leben führen können? Schon als Kind wird jeder dazu angehalten und kennt es aus dem Leben der Welt. Auch führt ja jeder dies Leben, der Böse wie der Gute; denn wer möchte nicht aufrichtig erscheinen, und wer nicht gerecht? Fast alle üben nach außen hin Gerechtigkeit und Redlichkeit so gewissenhaft, daß es den Anschein erweckt, als seien sie wirklich im Herzen so und handelten danach. Genauso soll der geistige Mensch leben, was er ebenso leicht vermag wie der natürliche, mit dem einzigen Unterschied, daß der geistige an das Göttliche glaubt und gerecht und aufrichtig nicht nur nach bürgerlichen und moralischen, sondern auch nach göttlichen Gesetzen handelt. Indem er bei seinen Handlungen an das Göttliche denkt, tritt er in Gemeinschaft mit den Engeln des Himmels, und mit zunehmender Gemeinschaft wird sein innerer Mensch erschlossen, der an sich geistig ist. In diesem Zustand wird er von Gott an Kindes Statt angenommen und ohne sein Wissen geleitet, so daß er die gerechten und aufrichtigen Taten seines bürgerlichen und moralischen Lebens dann aus geistigem Ursprung begeht. Die Gesetze des geistigen, bürgerlichen und moralischen Lebens werden auch in den zehn Geboten des Dekalogs gelehrt, und zwar in den ersten drei die Gesetze des geistigen, in den folgenden vier die Gesetze des bürgerlichen und in den letzten drei die Gesetze des moralischen Lebens. Der rein weltliche Mensch lebt äußerlich nach denselben Gesetzen wie der geistige; er ehrt in gleicher Weise das Göttliche, geht zur Kirche, hört die Predigten, legt sein Gesicht in andächtige Falten, tötet nicht, begeht keinen Ehebruch, stiehlt nicht, legt kein falsches Zeugnis ab und beraubt seine Mitmenschen nicht ihrer Güter. Alles das aber tut er nur sich und der Welt zuliebe zum Schein; im Innern ist er genau das Gegenteil von dem, was er äußerlich vortäuscht. Im tiefsten Herzen verwirft er das Göttliche, beim Gottesdienst spielt er den Heuchler, unbeobachtet in seinen Gedanken lacht er über die heiligen Lehren der Religion und hält sie für eine Fessel der einfältigen Masse. So kommt es, daß er, vom Himmel geschieden, weder ein geistiger, moralischer, noch ein bürgerlicher Mensch ist. Zwar tötet er nicht, doch haßt er jeden, der ihm widerstrebt, und brennt vor Haß und Rachgier; er würde auch töten, hielten ihn nicht bürgerliche Gesetze und äußere Hemmungen zurück, vor denen er Angst hat. In seinen Begierden ist er ein fortwährender Mörder und ständiger Ehebrecher; denn, selbst wenn er den Ehebruch nicht begeht, hält er ihn doch für erlaubt und begeht ihn in Gedanken, sobald sich eine Gelegenheit bietet. Er stiehlt nicht, dabei gelüstet ihn nach den Gütern der andern; List und Betrug sind keine Verbrechen in seinen Augen, und so wird er ständig in seiner Gesinnung zum Dieb.

Jeder möge wissen, daß Lauf und Richtung der Gedanken von den Absichten eines Menschen bestimmt werden. Das Denken ist nämlich das innere Sehen des Menschen, das, genau wie das äußere, in einer gegebenen Richtung verläuft. Wird das innere Sehen oder Denken der Welt zugewandt und haftet an ihr, muß er weltlich werden; richtet es sich auf das eigene, eitle Ich, muß es fleischlich werden; erhebt es sich aber zum Himmel, muß es himmlisch werden. Das selbstsichere Denken wird vom Himmel abgelenkt und ins Fleischliche versenkt, und das gleiche geschieht mit dem weltlichen Denken: es zersplittert sich in den Dingen, die vor Augen sind. Die Liebe eines Menschen bestimmt seine Absicht; sie verleiht dem inneren Sehen oder Denken die Richtung; diese Absicht ist sein Wille. Was jemand will, beabsichtigt er, und was er beabsichtigt, denkt er. Richtet sich seine Absicht auf den Himmel, so zielt auch sein Denken dahin, wie sein ganzes Wesen, das dann am Himmel teilnimmt. Von hier aus blickt er auf die Dinge der Welt herab, als lägen sie unter ihm wie Häuser, von der Höhe eines Daches gesehen. So kommt es, daß jeder, dessen Inneres erschlossen ist, das Böse und Falsche an sich selber sehen kann, weil es unterhalb seines Geistes liegt; umgekehrt aber jemand, dessen Inneres nicht erschlossen ist, das Böse und Falsche nicht sieht, weil er nicht darüber, sondern darin steht. Das ist die Erklärung, wie ein Mensch zur Weisheit oder Torheit gelangt und wie er nach dem Tode beschaffen sein muß, wenn es ihm überlassen bleibt, seinem Innern gemäß zu wollen, zu denken, zu handeln und zu reden.

Es ist nicht so schwer, als man glaubt, ein Leben des Himmels zu führen. Sooft man einer Unredlichkeit und Ungerechtigkeit begegnet, zu der man sich hingezogen fühlt, braucht man nur daran zu denken, man darf sie nicht begehen, weil es gegen die göttlichen Gebote verstößt. Wer sich an diesen Gedanken gewöhnt, erlangt durch die Gewohnheit eine gewisse Macht und wird so allmählich mit dem Himmel verbunden. Das Böse kann nicht eher beseitigt werden, als bis man es durchschaut; diesen Weg beschreitet der Mensch nach eigener Wahl, und wer sollte nicht freiwillig sich diesen Gedanken zu eigen machen? Doch muß man sich klar sein, daß die Schwierigkeit, so zu denken und dem Bösen zu widerstehen, in dem Maße wächst, je mehr man das Böse mit Willen tut; man gewöhnt sich dann so daran, daß man es schließlich nicht mehr sieht und zuletzt liebt; man entschuldigt es, weil es einem Freude macht, begründet es mit allerhand Trugschlüssen und hält es am Ende für gut und erlaubt. Das ist bei denen der Fall, die sich in der Jugend zügellos ins Böse stürzen und gleichzeitig das Göttliche aus ihrem Herzen verbannen.

Einst wurde mir der Weg sichtbar, der zum Himmel und auch zur Hölle führt. Es war ein breiter Weg, nach links oder Norden gerichtet, und viele Geister erschienen, die ihn gingen. In der Ferne aber, wo der breite Weg endete, sah man einen ziemlich großen Stein, von dem zwei Pfade abzweigten; einer nach links und der andere in entgegengesetzter Richtung nach rechts. Der Pfad, der nach links bog, war eng und schmal und führte über Westen nach Süden ins Licht des Himmels; der Pfad, der nach rechts bog, war breit und geräumig und führte schräg abwärts in die Hölle. Zunächst schienen alle denselben Weg zu gehen bis zu dem großen Stein am Scheidewege; dort angekommen, trennten sie sich. Die Guten wandten sich zur Linken und gingen den schmalen Pfad, der zum Himmel führte; die Bösen dagegen sahen den Stein am Scheidewege nicht, stolperten über ihn, verletzten sich und liefen, nachdem sie aufgestanden waren, den rechten Pfad weiter, der zur Hölle führte. Später wurde mir erklärt, was das alles zu bedeuten habe. Durch den ersten, breiten Weg, den viele, Gute und Böse zugleich, wandelten, wobei sie sich ohne Unterschied wie Freunde unterhielten, wurden jene veranschaulicht, deren äußeres Leben gerecht und aufrichtig ist, so daß man sie sichtbar nicht unterscheiden kann. Durch den Stein am Scheideweg oder den Eckstein, über den die Bösen stolperten, um dann auf dem Pfade weiterzulaufen, der zur Hölle führte, wurde das göttlich Wahre veranschaulicht, das die zur Hölle Gekehrten leugnen; im höchsten Sinne ward durch diesen Stein das Göttlich-Menschliche Gottes dargestellt. So zeigt sich wiederum, daß die Bösen äußerlich dasselbe Leben führen wie die Guten. Die Gedanken der Menschen, die ihrer Absicht oder ihrem Willen entspringen, werden im andern Leben durch Wege veranschaulicht; wirklich treten dort Wege zutage, ähnlich wie Gedanken in einer Absicht, und jeder wandelt nach seinen Gedanken. Deshalb kann man die Geister und ihre Gedanken an ihren Wegen erkennen.

Ich war in der Lage, mit einigen im andern Leben zu reden, die sich in der Welt von ihren Beschäftigungen zurückgezogen hatten, um fromm und heilig zu leben; auch sprach ich mit solchen, die sich auf manche Art kasteit hatten, in dem Glauben, das hieße, der Welt entsagen und die Lüste des Fleisches zähmen. Da viele von ihnen sich ein trauriges Leben geschaffen und von der tätigen Liebe entfernt hatten, die man nur in der Welt ausüben kann, so konnten sie nicht mit den Engeln vereinigt werden, denn das Leben der Engel ist fröhlich aus Seligkeit und besteht aus Werken des Guten und der Liebe. Außerdem brennen alle, die sich vom weltlichen Leben zurückgezogen haben, vor Gier nach Verdiensten; unablässig verlangen sie nach dem Himmel und betrachten die himmlische Freude als einen Lohn, ohne im geringsten zu wissen, was himmlische Freude bedeutet. Ebensowenig gelangen jene in den Himmel, die nach außen hin heilig gelebt, ständig in Kirchen und Gebeten gelegen, an ihre Brust geschlagen und dabei stets von sich gedacht hatten, sie müßten vor allen andern geachtet und nach ihrem Tode als Heilige verehrt werden: denn sie taten es nur um ihrer selbst willen. Weil einige von ihnen die göttlichen Wahrheiten durch ihre Eigenliebe entweiht und herabgezogen haben, verfallen sie in solchen Wahnsinn, daß sie sich für Götter halten; sie kommen deshalb zu ihresgleichen in die Hölle. Andere sind schlaue Betrüger und kommen in die Höllen der Betrüger, nämlich solche, die durch geschickte Kunstgriffe etwas vorgetäuscht haben, wodurch sie das gemeine Volk zu dem Wahne verleiten, daß göttliche Heiligkeit in ihnen wohne.

Dies ist gesagt worden, damit man erkenne: nicht ein weltabgewandtes Leben führt zum Himmel, sondern ein Leben in der Welt. Ein Leben der Frömmigkeit ohne Nächstenliebe, die nur in der Welt möglich ist, führt niemals dorthin, wohl aber ein Leben der tätigen Liebe, welche darin besteht, daß man in jedem Beruf, in jedem Geschäft, in jedem Werk gerecht und aufrichtig nach seinem Innern, also aus göttlichem Ursprung handelt.

JAKOB LORBER

Die geistige Sonne

1800–1864
Der Grazer Mystiker gilt als ein neuzeitlicher Prophet, aus dem der
Geist Gottes sprach, den er als eine innere Stimme empfand und
hörte. Von 1840 bis zu seinem Tode empfing Lorber eine Reihe von
»Neu-Offenbarungen«, von denen er selbst sagte, daß sie die Bibel
nicht überflüssig machten, sondern deren Enthüllung darstellten.

Die geistige Sonne –
ein Gnadenfunke aus dem Herrn

Bevor wir uns in die eigentliche geistige Sonne begeben können,
müssen wir zuvor wissen, wo diese ist, wie sie mit der naturmäßigen Sonne zusammenhängt und wie sie beschaffen ist.

Um von der ganzen Sache sich einen möglichst vollkommenen
Begriff machen zu können, muß zuerst bemerkt werden, daß das
Geistige alles dasjenige ist, welches das Allerinnerste und zugleich wieder das Allerdurchdringendste, demnach das Alleinwirkende und Bedingende ist.

Nehmt z. B. irgendeine Frucht; was ist wohl deren Innerstes?
Nichts als die geistige Kraft im Keime. Was ist denn die Frucht
selbst, die mit all ihren Bestandteilen für die Deckung und Erhaltung des innersten Keimes da ist? Sie ist im Grunde wieder nichts
anderes als das von der Kraft des Keimes durchdrungene äußere
Organ, welches sich in allen seinen Teilen notwendig wohltätig
wirkend zum vorhandenen Keime verhält.

Daß die äußere Frucht ein von der geistigen Kraft des Keimes bedingtes Organ ist, geht ja auch schon aus dem hervor, daß nicht nur die Frucht, sondern der ganze Baum oder die ganze Pflanze aus dem geistigen Keime hervorgeht.

Was ist demnach das Geistige? Das Geistige ist fürs erste die innerste Kraft im Keime, durch die der ganze Baum samt Wurzeln, Stamm, Ästen, Zweigen, Blättern, Blüten und Früchten bedingt ist. Und wieder ist es das Geistige, das all diese genannten Teile des Baumes wie für sich selbst oder für die eigene Wohltat durchdringt.

Das Geistige ist sonach das Inwendigste, das Durchdringende und somit auch das Allumfassende. Denn was da ist das Durchdringende, das ist auch das Umfassende.

Daß solches richtig ist, könnt ihr an so manchen Erscheinungen in der Natur beobachten. Nehmet fürs erste eine Glocke. Wo ist wohl der Sitz des Tones in ihr? Werdet ihr sagen: mehr am äußeren Rande oder mehr in der Mitte des Metalles oder mehr am inneren Rande? Es ist alles falsch. Der Ton ist das inwendigste in den materiellen Hülschen verschlossene geistige Fluidum.

Wenn nun die Glocke angeschlagen wird, so wird der Schlag von dem inwendigsten Fluidum, welches als ein geistiges Substrat höchst elastisch und dehnbar ist, als ein seine Ruhe störendes Etwas wahrgenommen. Dadurch wird das ganze geistige Fluidum in ein freiwerdenwollendes Bestreben versetzt, was sich dann in anhaltenden Schwingungen zu erkennen gibt. Wird die äußere Materie mit einer andern Materie bedeckt, welche von nicht so leicht erregbaren geistigen Potenzen durchdrungen ist, so wird diese Vibration der erregbaren geistigen Potenzen, vielmehr ihr freiwerdenwollendes Bestreben, bald gedämpft. Eine solche Glocke wird bald ausgetönt haben. Ist aber die Glocke frei, so dauert die störende Schwingung noch lange fort. Umgibt sie noch dazu von außen ein sehr erregbarer Körper, etwa eine reine, mit Elektrizität gefüllte Luft, so wird dadurch das Tönen noch potenzierter und breitet sich weit in einem solchen miterregbaren Körper aus.

Wenn ihr nun dieses Bild ein wenig betrachtet, so wird euch daraus notwendig klar werden müssen, daß hier wieder ein Geistiges das Inwendigste, das Durchdringende und das Umfassende ist. Wir wollen aber noch ein Beispiel nehmen.

Nehmet ein magnetisiertes Stahleisen. Wo ist in dem Eisen die anziehende oder abstoßende Kraft? – Sie ist im Inwendigsten, d. h. in den Hülschen, welche eigentlich die beschauliche Materie des Eisens darstellen. Als solche inwendigste Kraft durchdringt sie die ganze Materie, die für sie kein Hindernis ist, und umfaßt dieselbe allenthalben. Daß dieses magnetische Fluidum die Materie, der es innewohnt, auch äußerlich umfaßt, kann ein jeder leicht aus dem Umstande erkennen, wenn er sieht, wie ein solches magnetisches Eisen ein ferne gelegenes Stückchen ähnlichen Metalles anzieht. – Wäre es nicht ein umfassendes und somit auch ein über die Sphäre der Materie wirkendes Wesen, wie könnte es einen ferne liegenden Gegenstand ergreifen und denselben an sich ziehen?

Wir wollen zum Überfluß noch ein paar kurze Beispiele anführen. Betrachtet einen elektrischen Konduktor oder eine elektrische Flasche. Wenn ein solcher Konduktor oder eine solche Flasche mit elektrischem Feuer von einer geriebenen Glastafel aus angefüllt wird, so durchdringt dieses Feuer die ganze Materie und ist sodann zugleich ihr Inwendigstes und ihr Durchdringendes. Wenn ihr euch aber einer solchen Flasche oder einem Konduktor nur ein wenig zu nahen anfanget, so werdet ihr alsbald durch ein leises Wehen und Ziehen gewahr, daß dieses Fluidum die ganze Materie der Flasche und des Konduktors umfaßt.

Und noch ein sprechenderes Beispiel gibt sich euch in matten Umrissen wohl bei jedem Menschen wie auch bei anderen Wesenheiten kund; am augenscheinlichsten aber wird es bei den Somnambulen. Wie weit nämlich ein Magnetiseur und eine von ihm behandelte Somnambule sich gegenseitig rapportieren können, werden schon so manche von euch die lebendigsten Erfahrungen gemacht haben. Wäre nun der Geist ein bloß inwendigstes und nicht zugleich auch ein durchdringendes Wesen, so wäre fürs erste schon keine sogenannte Magnetisierung möglich; und wäre der Geist nicht auch zugleich das Umfassende und das alles Ergreifende, saget, wie wäre da wohl ein ferner Rapport zwischen einem Magnetiseur und einer Somnambule möglich? – Ich meine, wir haben der Beispiele genug, um aus denselben zu entnehmen, wo, wie und wiegestaltet das Geistige sich überall, somit auch sicher in, durch und bei der Sonne ausspricht.

Die geistige Sonne ist somit das Inwendigste der Sonne und ist ein Gnadenfunke aus Mir. – Dann durchdringt das Geistige mächtig wirkend die ganze Materie der Sonne, und endlich ist es auch das die ganze Wesenheit der Sonne Umfassende. Solches demnach zusammgenommen ist die geistige Sonne. Diese Sonne ist die eigentliche Sonne, denn die sichtbare materielle Sonne ist nichts als nur ein von der geistigen Sonne bedingtes, ihr selbst wohltätiges Organ, welches in all seinen Teilen so beschaffen ist, daß sich in und durch dieselben das Geistige äußern und sich eben dadurch selbst wieder in seiner Gesamtheit völlig ergreifen kann.

Wer demnach *die geistige Sonne* schauen will, der sehe zuvor ihre äußere Erscheinlichkeit an und bedenke dabei, daß alles dieses von der geistigen Sonne in allem einzelnen wie im gesamten durchdrungen und umfaßt ist, so wird er dadurch schon zu einer schwachen Vorstellung der geistigen Sonne gelangen.

Denke er sich aber noch hinzu, daß alles Geistige ein vollkommen Konkretes ist oder ein sich allenthalben völlig Ergreifendes, während das Naturmäßige nur ein Teilweises, Getrenntes, sich selbst gar nicht Ergreifendes ist. Wenn es als zusammenhängend erscheint, so ist es das nur durch das innewohnende Geistige. Dadurch wird die Anschauung einer geistigen Sonne schon heller werden, und es wird sich der Unterschied zwischen der naturmäßigen und der geistigen Sonne immer deutlicher aussprechen.

Damit ihr jedoch solches stets klarer einsehen möget, so will Ich euch wieder durch einige Beispiele zu einer klaren Anschauung verhelfen. – Nehmet allenfalls eine kleine Stange edlen Metalles. Wenn ihr sie im rohen Zustande betrachtet, so ist sie dunkel und rauh. So ihr aber dieselbe Stange schleifet und sie dann fein polieret, wie sehr wird sie sich jetzt in einem ganz anderen Lichte denn zuvor zeigen und ist doch noch immer dieselbe Stange. Was ist wohl der eigentliche Grund der Verschönerung dieser Stange? Ich sage euch, ein ganz einfacher. Durch das Schleifen und Polieren sind die Teile an der Oberfläche der Stange näher aneinandergerückt und gewisserart miteinander verbunden worden. Dadurch wurden sie ebenfalls mehr konkret und sich gegenseitig mehr ergreifend und auch gewisserart, wenn ihr es so nehmen wollet, wie völlig gleich gesinnt. Im ehemaligen rohen Zu-

stande, der da noch ein getrennter war, standen sie sich wie feind-
selig gegenüber. Ein jedes also getrennte Teilchen wucherte für
sich selbst mit den nährenden Strahlen des Lichtes, verzehrte dieselben nach seiner möglichen Begierde und ließ dem Nachbar
nichts übrig. Im polierten Zustand, der ein geläuterter oder gerei-
nigter genannt werden kann, haben sich diese Teile ergriffen.
Durch dieses Ergreifen werden die auffallenden Strahlen des Lichtes zu einem Gemeingut, indem nun kein einzelnes Teilchen dieselben mehr für sich behalten will, sondern schon den kleinsten
Teil allen seinen Nachbarn mitteilt. Was geschieht dadurch? –
Alle haben des Lichtes in übergroßer Menge, so daß sie den Reichtum bei weitem nicht aufzuzehren imstande sind; und der Überfluß dieses nun allgemeinen Strahlenreichtums strahlt dann als
ein herrlicher harmonischer Glanz von der ganzen Oberfläche der
polierten Goldstange zurück.

Verspürt ihr schon etwas, woher diese Herrlichkeit rührt? Von
der Einigkeit oder von der Einswerdung. Wenn demnach das Geistige ein Vollkommenes, in sich Einiges ist, um wie viel größer
muß da die Herrlichkeit des Geistigen sein, als die seines Organes,
welches nur ein Teil- oder Stückweises ist, und eben dadurch auch
ein Selbstsüchtiges, Eigennütziges und somit Totes!

Betrachten wir ein anderes Beispiel. Ihr werdet sicher schon den
rohen Kiesstein gesehen haben, woraus das Glas verfertigt wird.
Läßt solcher rohe Kies die Strahlen so wie sein Kind, das Glas, ungehindert durchpassieren? O nein; solches wißt ihr recht gut.
Warum aber läßt ein solch roher Kiesstein die Strahlen nicht
durchpassieren? Weil er in seinen Teilen noch zu getrennt ist und
viel zu wenig einig in sich. Wenn die Strahlen auf ihn fallen, verzehrt jedes seiner Teilchen die Strahlen für sich und läßt entweder
gar nichts oder nur höchstens gewisserart den Unrat der aufge-
nommenen Strahlen seinem allfälligen Nachbar übrig. Wie ist es
demnach aber, daß sein Kind, das Glas, also freigebig wird? Sehet,
der Kiesstein wird fürs erste klein zerstoßen und zermalmt. Dadurch hat gewisserart ein jedes Teilchen dem andern absterben
müssen oder es hat müssen von ihm völlig getrennt werden. Darauf wird solcher Kiesstaub gewaschen. Ist er gewaschen, dann
wird er getrocknet, mit Salz vermengt, kommt in den Schmelztie-

gel, wo die einzelnen getrennten Stäubchen durch das Salz und den gerechten Grad der Feuerhitze gegenseitig völlig vereinigt werden.

Was will diese Arbeit mit anderen Worten sagen? – Die selbstsüchtigen Geister werden durch die Materie gewisserart zermalmt, so daß sie voneinander völlig getrennt sind. In dieser Trennung werden sie dann gewaschen oder gereinigt. Sind sie gereinigt, kommen sie erst ins Trockene, welcher Zustand da entspricht der Sicherheit. In solchem Zustande werden sie erst mit dem Salze der Weisheit gesalzen und endlich also vorbereitet im Feuer Meiner Liebe vereinigt. Verstehet ihr dieses Beispiel? – Ihr versteht es noch nicht ganz; aber sehet, Ich will es euch noch näher beleuchten.

Die äußere materielle Welt in allen ihren Teilen ist (entsprechend) der rohe Kies; die Trennung desselben ist das Ausformen in die verschiedenen Wesen. Das Waschen dieses Staubes ist das Reinigen oder stufenweise Aufsteigen zu höheren Potenzen der Geister in der Materie. Das Trocknen besagt das freie Darstellen oder das Sichern der Geister in einer Einheit, die sich schon im Menschen ausspricht. Das Salzen ist die Erteilung des Gnadenlichtes an den Geist im Menschen. Das endliche Zusammenschmelzen durch die Hitze des Feuers im Tiegel ist die Einung der Geister sowohl unter sich als auch mit dem Feuer Meiner Liebe. Denn wie sich die Materie in dem Schmelztiegel nicht eher ergreifen kann, bis ihr nicht derselbe Grad der Hitze innewohnt, den das Feuer selbst besitzt, so können auch die Geister untereinander nicht eher einig und somit für ewig verträglich werden, als bis sie von Meiner Liebe gleich Mir Selbst völlig durchdrungen werden. Also heißt es ja auch im Worte: »Seid vollkommen, wie euer Vater im Himmel vollkommen ist!« (Matth. 5,48) Und wieder heißt es: »Auf daß sie eins werden, wie *Ich* und *Du* eins sind.« (Johs. 17) Sehet, aus diesem wird das Beispiel doch sicher klarwerden.

Wodurch aber spricht sich hernach bei dem Glase das Einswerden aus? – Dadurch, daß alle Teile nun auf eine und dieselbe Weise den Strahl aus der Sonne aufnehmen, durch und durch völlig erleuchtet, also überaus lichtgesättigt werden. Dennoch können sie das aufgenommene Licht ganz ungehindert durch sich gehen lassen. Sehet, also lehren euch schon eure Fensterscheiben, wie die himmlischen Verhältnisse geartet sind, und zugleich lehren sie euch auch wieder um eine bedeutende Stufe näher die geistige Sonne beschauen. – Wir wollen uns aber mit diesem Beispiel noch nicht begnügen, sondern wollen bei einer nächsten Gelegenheit noch einige anführen und durch sie dann ganz auf die leichteste Weise uns völlig auf die geistige Sonne selbst schwingen und allda beschauen die unaussprechlichen Herrlichkeiten!

Die ganze Natur –
ein Evangelium der Ordnung Gottes

Wie Ich euch schon so manchesmal gesagt habe, also sage Ich es euch zum wiederholten Male wieder: Die ganze Natur und auch jede mögliche Verrichtung sowohl von Tieren als ganz besonders von Menschen kann ein Evangelium sein und durch seine Verhältnisse die wunderbarsten Dinge Meiner ewigen Ordnung zeigen und erschließen. Ja, es braucht da ein oder das andere Ding für ein vergleichendes Beispiel durchaus nicht gesucht zu werden. Ihr könnt nach was immer für einem zunächstliegenden, noch so unscheinbaren Dinge greifen, es wird sicher dasjenige Evangelium in sich tragen, das zur Beleuchtung eines was immer für geistigen Verhältnisses also vollkommen taugt, als wäre es von Ewigkeit her lediglich für diesen Zweck erschaffen worden. – Also habe Ich gesagt, daß wir noch mehrere Beispiele vonnöten haben, um durch sie uns völlig auf die geistige Sonne schwingen zu können. Darum wollen wir auch gar nicht heiklig sein, sondern ein nächstes bestes hernehmen.

Nehmet ein Wohnhaus an. Woraus wird dieses wohl gebaut? Wie ihr wisset, gewöhnlich aus ganz roher, unförmlicher, klumpenhafter Materie. Diese Materie findet sich wie selbstsüchtig geteilt allenthalben vor. Sie ist der Ton, aus dem die Ziegel bereitet werden, dann eine gewisse Gattung Steine, aus denen da gebrannt wird der Kalk, dann der Sand und unförmliches Holz. Wir bringen nun ein solch rohes Material auf irgendeinem Felde zusammen. Da liegt ein kleiner Berg von aufgeworfener Tonerde, wieder ein anderer Haufen von Kalksteinen, wieder ein chaotischer Haufen von Bäumen, welche aber noch nicht behauen sind, und wieder ein tüchtiger Sandhaufen. In einiger Entfernung davon befindet sich ein kleinerer Haufen rohen Eisenerzes; wieder etwas von diesem Haufen weg ein Haufen von Kiessteinen und nicht ferne davon eine tüchtige Wasserlache. Sehet, da haben wir das rohe Material zu einem Hause haufenweise beisammen. Saget Mir aber, wer aus euch wohl so scharfsichtig ist und erschaut sich aus all diesen rohen Materiehaufen ein wohlgeordnetes stattliches Haus heraus? Alles dieses sieht doch so wenig einem Hause ähnlich als etwa eine Fliege einem Elefanten oder wie eine Faust dem menschlichen Auge, und dennoch hat dieses alles die Bestimmung zur Erbauung eines stattlichen Hauses.

Was muß aber nun geschehen? Über den Tonhaufen kommen Ziegelmacher. Der lose Ton wird angefeuchtet, dann tüchtig durchgeknetet. Hat er sich gehörig ergriffen und ist hinreichend zähe geworden, so wird er zu den euch wohlbekannten Ziegeln geschlagen. Damit sich die Tonteile in den Ziegeln noch inniger und haltbarer ergreifen, wird ein jeder solcher Ziegel noch im Feuer gebacken, bei welcher Gelegenheit er mit dem Erhalt der größeren Festigkeit auch gewöhnlich die euch wohlbekannte Farbe bekommt. – Was geschieht mit den Kalksteinen? Sehet, alldort in einiger Ferne werden schon mehrere Öfen errichtet, wo diese Kalksteine gebrannt werden. Was mit dem gebrannten Kalk geschieht, wisset ihr doch sicher. Sehen wir weiter! Auch über den Holzstamm-Haufen haben sich Zimmerleute hergemacht und behauen die Bäume für den baulichen Bedarf, und bei dem Erzhaufen haben sich Schmiede eingefunden, schmelzen das Erz, ziehen das brauchbare Eisen heraus und bearbeiten dasselbe zu allerlei baulichen Erfordernissen. Weiter sehet ihr andere die Kiessteine zerstampfen und zermalmen und auf die euch schon bekannte Weise zu reinem Glase umstalten.

Nun haben wir das rohe Material in der Umgebung schon kultiviert. Daher kommt auch schon der Baumeister und steckt seinen Bauplan aus. Der Grund wird gegraben, die Maurer und ihre Helfer tummeln sich nun emsig, und wir sehen die rohe Materie sich unter den Händen der Bauleute zu einem geregelten Bau gestalten.

Allmählich wächst das stattliche Haus über dem Boden empor und erreicht die vorbestimmte Höhe. Nun legen die Zimmerleute die Hand ans Werk, und in kurzer Zeit ist das Gebäude mit vollkommener Dachung versehen. Bei dieser Gelegenheit haben sich auch unsere früheren rohmateriellen Haufen völlig verloren; nur einen Teil des Sandhaufens sehen wir noch und einen Teil gelöschten Kalkes, aber es geht soeben an das sogenannte Verputzen und Verzieren des Hauses. Bei dieser Gelegenheit schwinden auch noch die zwei letzten materiellen Reste. Sehet, das Haus ist nun völlig verputzt von außen wie von innen. Aber jetzt kommen noch eine Menge kleinerer Handwerksleute. Da haben wir einen Schreiner, dort einen Schlosser, wieder da einen Zimmermaler, allda einen Hafner und wieder dort einen Fußbodenlackierer. Diese Kleinhandwerker tummeln sich noch eine Zeit, und das Haus steht förmlich Ehrfurcht einflößend da.

Wenn ihr nun eure Gefühle vergleichen könnt, vom Anblick der rohesten Materie angefangen bis zur gänzlichen Vollendung dieses stattlichen Gebäudes, so werdet ihr darin doch sicher einen ganz gewaltigen Unterschied finden. Wodurch aber wurde denn dieser Unterschied hervorgebracht? Ich sage euch: Durch nichts anderes als durch die zweckmäßige und gerechte Ordnung und Einung der getrennten rohen Materie zu einem Ganzen. Wenn ihr früher unter den rohen Materienhaufen herumgewandelt seid, war es euch unbehaglich zumute, und eure Gefühle wälzten sich chaotisch durcheinander. Als ihr wieder die ganze rohe Materie durch das Feuer und durch die Handwerkszeuge der Zimmerleute mehr ordnen und tauglich machen sahet, da ward es euch schon heimlicher; denn ihr sahet jetzt schon mehr Möglichkeit voraus, daß aus solch einer geordneten Materie ein Haus werden kann. Aber noch immer konntet ihr zu keiner völligen Vorstellung des Hauses gelangen.

Als ihr aber vom Baumeister den Bauplan habt ausstecken sehen, waret ihr gewisserart schon mehr befriedigend überrascht in eurem Gefühle, denn ihr konntet da schon sagen: Ei, siehe da! Das wird ein ganz großartiges Gebäude! Als ihr aber dann das Gebäude schon im Rohen völlig ausgebaut erblicktet, da sehntet ihr euch nach der Vollendung des Gebäudes. Als das Gebäude vollendet dastand, betrachtetet ihr dasselbe mit großem Wohlgefallen, und als ihr erst in die schönen und zierlichen Gemächer des Hauses eingeführt wurdet, da verwundertet ihr euch hoch und sagtet: Wer hätte solches der vor kurzem noch ganz roh daliegenden Materie angesehen?!

Nun sehet, also verhält es sich auch mit allem dem, was wir bis jetzt in der naturmäßigen Sonne gesehen haben. Es sind rohe Materialklumpen, welche in diesem Zustande ohne Zusammenhang und ohne Einung erschienen. So jemand die Bewohner der Sonne und alle ihre Einrichtungen nacheinander betrachtet, kann er daraus keinen Zusammenhang und kein Aufeinanderbeziehen herausfinden. Also erst in dem Geistigen werden diese noch ganz rohen Klumpen mehr und mehr geordnet. Und aus dieser Ordnung kann dann schon ersehen werden, zu welch einer höheren Bestimmung sie demzufolge da sind, da sie in ihrem Inneren alle auf ein Wesen hindeuten, in welchem erst ihre endliche und völlige Ordnung zu einem vollkommenen Ganzen bewerkstelligt werden kann.

Wir werden daher das vollends fertige Gebäude erst in der geistigen Sonne erschauen, in welcher sich alles dieses ergreifen und in übergroßer Herrlichkeit als ein Ganzes dartun wird.

Sehet nun, wie dieses alltägliche Beispiel ein herrliches Evangelium in sich faßt und dem inneren Betrachter eine Ordnung erschließt, von welcher sich kein Sterblicher noch etwas hat träumen lassen. Aus diesem Beispiel will Ich euch auf etwas dem Geistigen sich mehr Annäherndes aufmerksam machen, und das zwar namentlich an der Sonne selbst.

Ihr habt die verschiedene Einrichtung der ganzen Sonne nun beschaut und auch alles, was auf ihr und in ihr ist. Es ist sicher von zahlloser und beinahe unaussprechlicher Mannigfaltigkeit. Wie spricht sich aber am Ende alle diese sicher denkwürdige Einrichtung der Sonne aus?

Die Antwort erteilt euch ein jeder Blick, den ihr nach der Sonne sendet, nämlich in einem allgemeinen überaus intensiven Licht- und Strahlenkranze.

Sehet, wie das beinahe endlos Mannigfaltige sich allda vereinigt und als so Vereinigtes in nahe endlose Raumfernen hinauswirkt.

Es wird nicht nötig sein, alle die zahllos wohltätigen Wirkungen des Sonnenlichtes darzustellen, denn ein jeder Tag beschreibt und besingt dieselben auf eurem kleinen Erdkörper schon zahllosfältig. Würde die Sonne ohne diese Lichteinung über sich mit all ihren zahllosen Teilen auch solche wunderbare Wirkungen hervorbringen? O sicher nicht! Fraget nur eine recht derbe Nacht, und sie wird euch buchstäblich sagen und zeigen, wozu eine lichtlose Sonne tauglich wäre. Doch wir brauchen uns nicht nur mit diesem noch immer etwas harten Beispiel zu begnügen, denn es gibt noch eine Menge bessere.

Damit ihr aber dabei auch desto überzeugender ersehet, wie uns ein jedes Ding unserem Zwecke näherführen kann, wenn wir es nur vom rechten Standpunkte aus betrachten, so sollet ihr für ein nächstes Beispiel selbst einen allernächsten und somit auch allerbesten Stoff wählen, und wir wollen dann sehen, inwieweit er sich für unsere Sache wird brauchen lassen oder nicht. Ich meine aber, es dürfte euch ziemlich schwerfallen, in dieser Hinsicht einen unbrauchbaren Stoff zu wählen, denn was liegt an der Klumpenform eines vorgefundenen Erzbrockens? Nur in den Schmelzofen damit, und der gerechte Hitzegrad wird ihm schon seine sichere Bestimmung geben! Daher suchet auch ihr nicht mühsam einen Stoff, denn wie Ich euch sage, Ich kann gleich einem Packeljuden alles recht gut brauchen! Und so lassen wir die Sache für heute bei dem bewendet sein!

Die Uhr – ein Entsprechungsbild der Sonne

Ihr habt eine Uhr gewählt. Dieses Beispiel ist besser, als ihr es zu denken vermöget, denn auch Ich hätte einen Zeitmesser genommen. Daher wollen wir nun dieses Beispiel sogleich etwas kritisch durchnehmen, und es wird sich dann alsbald zeigen, ob es uns um eine Stufe höher denn das vorige bringen wird.

Wenn ihr also eine Uhr betrachtet, so erblicket ihr auf diesem kleinen zeitmessenden Werkzeug lauter kultivierte Materie. Ihr sehet einen wohlberechneten Mechanismus, der also beschaffen ist, daß ein Triebrad mit seinen Zähnen in die Zähne eines anderen Rades greift. Ihr sehet, wie das ganze Rädertriebwerk mittels einer verhältnismäßig starken Kette mit der elastischen Feder verbunden ist, die das ganze Werk durch ihre innewohnende Kraft in die zweckmäßige Bewegung setzt. Wenn wir dieses ganze Werkchen noch näher in Augenschein nehmen, so entdecken wir noch eine Menge Ristchen und Häkchen im selben. Alles ist berechnet und hat seine Bestimmung.

Haben wir das innere Werk recht beschaut, so können wir uns zur Besichtigung der äußeren Gestalt verfügen. Was erblicken wir da? Ein flaches Zifferblatt und ein paar ganz einfache Zeiger darüber. – Was verrichten diese Zeiger auf dem ganz einfachen Zifferblatt? – Sie zeigen, wie ihr wißt, die Stunden des Tages und der Nacht an und messen somit die Zeit. Die Zeit, die von diesen Zeigern gemessen wird, ist doch sicher etwas Allumfassendes und ist auch etwas alles Durchdringendes und ist auch das Zentrum allenthalben, wo ihr nur immer hinblicken wollet. Denn es kann niemand sagen: Ich bin am Ende der Zeit, oder: Die Zeit hat mit mir nichts zu schaffen, oder: Die Zeit umgibt mich nicht. Denn sooft jemand etwas tut, so tut er es in der Mitte der Zeit. Warum denn? Weil er von der Zeit allezeit durchdrungen und allenthalben gleich umfaßt wird. Solches zeigt uns auch die Uhr. Im Zentrum des Zifferblattes sind die Zeiger angebracht und beschreiben mit ihren Enden einen genauen Kreis. Da sie aber vom Zentrum aus bis zu dem beschriebenen Außenkreise ununterbrochen als eine konkrete Materie fortlaufen, so beschreiben sie vom Zentrum aus eine zahllose Menge von stets größer werdenden Kreisen. Also ist es ja klar und ersichtlich, daß solche Kreisbeschreibung vom Zentrum des Stiftes daran die Zeiger befestigt sind, ausgeht, sonach die ganze Zifferblattfläche durchdringt und am Ende von derjenigen Zeit, die sie mißt, wie von einem endlos großen Kreise umfaßt wird.

Gehen wir aber wieder zurück auf unser inneres Uhrwerk. Da werden wir eine unbewegliche Ober- und Unterplatte und unbewegliche Säulchen entdecken, durch welche die Ober- und Unterplatte miteinander befestigt sind. So werden wir auch eine Menge unbeweglicher Stiftchen, Häkchen und Stellschräubchen entdecken. Liegt wohl in diesen unbeweglichen Dingen auch schon etwas von der endlichen Bestimmung des Werkzeuges, welche sich über dem Zifferblatte ausspricht? Ja, auch in diesen unbeweglichen Teilen liegt die endliche Bestimmung wie stumm ausgesprochen zugrunde.

Wenn wir aber ferner in das Uhrwerk blicken, so sehen wir ein verschiedenartiges Bewegen der Räder; fürs erste ein munteres Perpendikelchen, sodann sein nächstes Rad. Das Perpendikelchen ist noch sehr ferne von der Hauptbestimmung, denn es mag noch keinen vollständigen Kreis beschreiben, sondern es wird stets hin- und hergetrieben und kommt trotz seiner im ganzen Werke schnellsten Bewegung dennoch nicht weiter. Das nächste Rad, welches offenbar von dem sich viel zu schaffen machen wollenden Perpendikel beherrscht wird, lauert die lustigen Sprünge des Perpendikels ab und schlüft bei jedem Sprunge eine Stufe weiter in seinem Kreise, und macht darum schon eine wenn auch noch ziemlich schnelle, aber dennoch fortwährende Kreisbewegung. Man merkt dieser Bewegung wohl noch das Hüpfen des Perpendikels an, aber dieses schadet der Sache nichts. Die kreisförmige Bewegung ist dennoch gewonnen. Das nächste Rad nach dem Perpendikelrade bewegt sich schon viel gleichartiger, beschreibt einen ruhigen Kreis und ist der Hauptbestimmung um vieles näher. Das diesem nächste Rad bewegt sich noch viel langsamer, gleichartiger und ruhiger und ist der Hauptbestimmung darum auch schon um vieles näher, ja es greift schon völlig in dieselbe. Das letzte Rad ist an der Bestimmung selbst, drückt dieselbe in seiner mechanischen Bestimmung schon aus; nur kann diese in dem Mechanismus noch nicht erkannt werden.

Aber eben hier, wo sich gewisserart verborgenermaßen die Hauptbestimmung schon im materiellen Mechanismus ausspricht, dringt aus dem Zentrum des Mechanismus eine Spindel hinaus über das Zifferblatt. Auf dieser Spindel sind die Zeiger angebracht, die in ihrer größten Einfachheit endlich die einige Bestimmung des ganzen künstlich zusammengesetzten mechanischen Werkes ausdrücken.

Sehet ihr nicht schon recht klar, wohinaus sich die ganze Sache drehen will? Alles noch so Mannigfaltige und Zusammengesetzte zeigt in sich ja die endliche Einung zu einem Hauptzwecke; und ein unansehnliches Stiftchen darf nicht fehlen, wenn der letzte Zweck vollends erreicht werden soll. –

Nun gehen wir wieder auf unsere Sonne über. Sehet an diese große goldene Uhr als Messer von für euch undenklichen Zeiten. Wir haben den verschiedenartigen Mechanismus dieser riesigen Uhr gesehen, wir sahen, daß auch hier Meine Liebe die allmächtige lebendige Triebfeder ist, welche innerhalb der zwei großen Platten, die da Ewigkeit und Unendlichkeit heißen, dieses große Werk in Bewegung setzt. Wir haben alle die zahllosen Triebräder gesehen und alle die Stiftchen und Säulchen, wir kennen nun das mechanische Werk. Aber aus der Verschiedenartigkeit von dessen Teilen läßt sich die endliche Hauptbestimmung ebensoschwer erkennen, als so jemand wollte ohne Beachtung des Zifferblattes bloß nur durch die Betrachtung der verschiedenartigen Bewegung des Räderwerkes die stundenweisen Abschnitte der Zeit genau bestimmen. Solches wäre richtig und läßt sich nichts dagegen einwenden, möchte so mancher sagen, aber die Frage geht nun dahin: Wie kommen wir denn bei diesem großen Mechanismus auf die Zentralspindel, die sich aus dem Materiellen erhebt und hinausragt über das große Zifferblatt der endlichen einigen großen Bestimmung? Ich sage euch: Des sei uns nicht bange, denn nichts ist leichter zu bewerkstelligen als gerade das, wenn man schon ein Werk zuvor also durchblickt hat, daß einem alle Bestandteile im wesentlichen bekannt sind. Da wir aber schon einmal die Uhr als ein gutes Beispiel gewählt haben, so wollen wir eben auch mit diesem Beispiel uns zur großen Oberfläche erheben.

Wer je eine Uhr betrachtet hat, der wird zumeist gefunden haben, daß drei Dinge in derselben eine nahe ganz gleiche Bewegung haben. Das erste Ding ist das Kapselrad, in dem die Triebfeder verschlossen ist, das zweite ist dann das Haupttriebrad, welches mittels der Kette mit dem Federkapselrad verbunden ist, und das dritte ist das Zentralspindelrad, welches die Zeiger über dem Zifferblatte in Bewegung setzt.

Wollen wir aufs große Zifferblatt hinausgelangen, so müssen wir sehen, wem diese drei Räder entsprechen. Wem entspricht denn das Federkapselrad? Das ist ja mit den Händen zu greifen, daß solches der *Liebe* entspricht, daß die Feder die Liebe vorstellt, indem sie verschlossen ist und gewisserart von innen aus das Leben des ganzen Werkes bewirkt. Also liegt demnach in der Liebe schon die ganze Hauptbestimmung des Werkes ganz einig und vollkommen zugrunde.

Wem entspricht denn das zweite Rad von gleicher Bewegung, das mit dem Federrad mittels einer Kette verbunden ist? Dieses Rad entspricht der *Weisheit,* die aus der Liebe ihr Leben empfängt und somit auch mit derselben in engster Verbindung steht. Wem entspricht das Hauptzentralspindelrad? Der *ewigen Ordnung,* die aus den erstbenannten zwei Rädern lebendig hervorgeht und das ganze Werk in all seinen Teilen also einrichten läßt, daß endlich alles sich zur Erreichung desjenigen Hauptzweckes fügen muß, der sich aus der Liebe und Weisheit eben in dieser Ordnung ausspricht. Sehet, jetzt haben wir schon das Ganze. Das Spindelrad ist gefunden, es heißt die Ordnung. Auf dieser Spindel wollen wir demnach auch aufwärtsklettern und erschauen die große endliche Bestimmung der Dinge, wie sich dieselbe genau entsprechend der ewigen Liebe, Weisheit und der aus diesen zweien hervorgehenden Ordnung gemäß ausspricht.

Nun hätten wir ja mit dem Beispiel vollkommen unseren Zweck erreicht. Wir befinden uns darum auch schon auf der geistigen Sonne, ohne daß ihr es noch ahnt und einsehet wie und auf welche Art. Ich aber sage euch: Gehet nur einmal flüchtig die gegebenen Beispiele durch, und ihr werdet es vom Anbohren der Bäume angefangen bis endlich zur Uhr leicht finden, daß wir uns gewisserart inkognito eben mit diesen Beispielen auf der geistigen Sonne recht munter herumbewegen, während ihr noch immer harret, auf dieselbe zu gelangen. Wir sind schon am Zifferblatt und brauchen somit nicht mehr an der Spindel heraufzuklimmen.

Aber ihr fraget: Wie denn? Die Sache klingt wie ein Rätsel. Ich aber sage: Wo die Bedeutung der Dinge, wenn auch noch mehr im Allgemeinen denn im Sonderheitlichen, gezeigt wird, wo gezeigt wird, wie endlich alles auf die Einung ankommt, wo sogar diese Einung durch allerlei anschauliche Beispiele dargestellt wird, da scheint nicht mehr die naturmäßige, sondern die geistige Sonne. Die Folge aber wird es in das klarste Licht stellen und wir werden daraus ganz klar ersehen, daß wir uns schon auf der geistigen Sonne befinden.

So jemand eine Fackel in der Hand hält, so wird er doch auch wissen, wozu die Fackel gemacht ist. Wenn er noch in der Dunkelheit wandelt, was ist wohl leichter, als sich im Besitze einer Fackel zu helfen? Man zündet nur die Fackel an, und sobald wird die Dunkelheit in Blitzesschnelle verschwinden. Wir aber haben ja die Fackel in der Hand. Die gegebenen Beispiele sind die Fackel; was braucht es hernach mehr, als diese hell leuchtende Fackel mit einem kleinen Funken der Liebe anzuzünden, und das große bedeutungsvolle Zifferblatt der geistigen Sonne wird sobald erhellt sein. Darum werden wir auch für die nächste Gelegenheit nichts anderes tun, als unsere gute Fackel mit der scintilla amoris (Liebefünklein) anzünden und bei diesem herrlichen Lichte beschauen die große Bedeutung der Dinge auf der geistigen Sonne. Und so denn lassen wir es wieder heute bei dem bewendet sein! –

Die natürliche und die geistige Sonne – Unterschied ihrer Erscheinlichkeit

Ihr fraget und saget: Es wäre ja gut, die Fackel mit dem Liebesfünklein anzuzünden, aber wo werden wir dieses wohl hernehmen? Ich kann euch darauf wahrlich nichts anderes sagen, als daß wir es gerade dahier nehmen werden, woher es eigentlich zu nehmen ist. Wäre es nicht gerade lächerlich zu nennen, wenn wir mit der ganzen, sehr starken feurigen Sonne nicht imstande wären, das bißchen Fackeldocht anzuzünden?! Denn unter dem Liebesfünklein verstehe Ich ja eben die Sonne, die wir nun nach der Länge, Dicke und Breite in unseren Händen haben. Und wenn ihr imstande seid, durch ein talergroßes Brennglas ein Stück Schwamm an den Sonnenstrahlen anzuzünden, während diese in naturmäßiger Hinsicht doch über zweiundzwanzig Millionen Meilen entfernt ist, so wird die nun ganz nahe Sonne wohl auch imstande sein, unseren Fackeldocht brennen zu machen.

Und so denn wollen wir diesen kinderleichten Versuch wagen, unseren Fackeldocht mit dem Feuer der Sonne in Berührung zu bringen. Seht doch, wie leicht die Sache war!

Der Fackel Licht brennt nun, und sehet, für den Geist unübersehbare Gefilde erstrahlen vom Lichte einer ewigen Morgenröte, das diesem Fackellichte entstammt.

Ich Selbst bin die Fackel und leuchte ein gerechtes Licht; wer in diesem Lichte schauet, der sieht allenthalben die Wahrheit und kein Trug darf seinen Augen begegnen!

Was Wunder, saget ihr; in der naturmäßigen Sonne haben wir Riesen geschaut und große Verschiedenheiten in allen Dingen; hier auf der lichten Sphäre ist alles gleich. Nicht eines sehen wir das andere überragen. *Es ist ein Licht, es ist eine Größe, und die Liebe spricht sich allenthalben in unnennbarer Anmut aus.* Wir sehen fast lauter ebenes Land; wo sind die naturmäßigen Berge der Sonne?

Die endlos zufriedenen Geisterengelwesen wandeln auf den Lichtgefilden umher und machen keinen Unterschied, ob da ist ein Land oder ein Wasser. Leicht erheben sie sich in den lichten Äther empor und schweben, wonnetrunken eine Seligkeit um die andere atmend, im selben herum. Wir sehen nur ganz niedliche Bäumchen; wo sind die Riesenbäume des Naturbodens? Auch sehen wir in all den niedlichen Gewächsen eine wunderbare Übereinstimmung. Aus einem jeden haucht ein unaussprechliches Wonnegefühl, hoch entzückend jeden Geist, der sich demselben naht. Ja, aus jedem Bäumchen, aus jeder zarten Grasspitze strömt ein anders geartetes Wonnegefühl; und doch sehen wir in den Bäumchen, in all den anderen Gewächsen wie an dem Grase *nur eine Form und eine gänzliche Einheit im Unzähligen.*

Wir wandeln über die endlosen Gefilde. Uns begegnen zahllose Heere von seligsten Engelsgeistern, doch entdecken wir nirgends eine Wohnung. Keiner sagt uns: Dieser Grund ist mein und dieser meines Nachbars, sondern wie überaus fröhlich Reisende auf einer Landstraße ziehen sie allenthalben einher, frohlocken und lobsingen. Wohin wir uns auch nur immer wenden, sehen wir nichts als Leben durch das Leben wallen. Lichte Gestalten begegnen sich, und von allen Seiten her ertönt ein großer Freudenruf!

Doch wir sind da wie gänzlich Laien und wissen nicht, wo aus und wo ein. Wo ist diese lichte Welt, die wir jetzt schauen? Ist dies die geistige Sonne? Also fragt ihr erstaunten Blickes und erstaunten Herzens.

Allein Ich sagte euch ja, daß die geistige Sonne an und für sich betrachtet dem Zifferblatte einer Uhr vollkommen gleicht, allda sich der ganze Zweck des kunstvollen mechanischen Werkes ausspricht. Ihr saget etwas verdutzt: Ist das alles von der geistigen Sonne? Es ist wohl sehr wunderbar erhaben schön, überaus lebendig, aber dabei dennoch sehr einfach. Auf der eigentlichen Sonne haben wir so unnennbar verschiedenartiges Große, ja Wunderbare geschaut. Hier aber kommt es uns vor, als wäre diese ganze unendlich scheinende Fläche eine ebensogroße Landstraße für Geister, auf welcher zwar kein Staub zu entdecken ist. Aber in allem Ernste gesprochen, was die Einförmigkeit, das gewissemart ewig scheinende Einerlei dieser überaus lichten Welt betrifft, in diesem Punkte hätten wir im voraus zufolge der großartigen Vorerscheinungen auf der naturgemäßen Sonne etwas ganz Außerordentliches erwartet.

Ihr habt ja die Uhr zum Muster. Wenn ihr in dem ineinandergreifenden Räderwerk herumwandelt, was müßtet ihr euch denken, welche Effekte dieser Verwunderung erregende Mechanismus bewirken wird, so ihr noch nie ein Zifferblatt einer Uhr gesehet hättet! Werdet ihr da nicht sagen, so ihr das Räderwerk besehet: Wenn das Mittel schon so wunderbar aussieht, von welch unbeschreiblich wunderbarer Art muß da erst der Zweck sein! Und ihr werdet zum Meister des Uhrwerkes sagen: Herr! Unnennbar kunstvoll und überaus wohlberechnet ist dieses Räderwerk; wie groß und überaus kunstvoll muß da erst der Zweck dieses wunderbaren Mechanismus sein! Laß uns daher doch auch dahin sehen, wo sich der sicher große Zweck dieses wunderbaren Mechanismus ausspricht. Und der Uhrmacher vergehäuset das Werk und zeigt euch nun – das Zifferblatt!

Ihr machet schon wieder große und verdutzte Augen und saget: Was?! Ist dies das Ganze, wofür das innere Kunstwerk geschaffen ist? Nichts als ein weißlackiertes rundes Blatt mit zwölf Ziffern; und ein Paar zugespitzte Zeiger schleichen in unmerklicher Bewegung immerwährend auf dieselbe Art die zwölf Ziffern durch. Nein, da hätten wir uns ganz etwas anderes vorgestellt: Ich sage: Etwa ein künstliches Marionettentheater oder etwa sonst eine großartige Kinderspielerei?

O Meine Lieben! Da sind eure Vorstellungen von aller geistigen Welt noch sehr mager. Habt ihr denn aus den gegebenen Beispielen nicht ersehen, wie das ganze Äußere in all seiner Zerstreutheit sich endlich in der Einung aussprechen muß? Ihr habt solches bei der Darstellung eines Baumes gesehen, bei der Polierung einer edlen Metallstange, bei der Verfertigung des Glases, bei der Erbauung eines Hauses und endlich handgreiflich bei der Betrachtung einer Uhr.

Wenn es sich, in das Geistige übergehend, darum handeln würde, dasselbe noch mehr zu zerstreuen, als es zerstreut ist in der äußeren Naturmäßigkeit, wie ließe sich da wohl eine ewige Dauer und ein ewiges Leben denken?! So aber muß ja der wahren innern lebendigen Ordnung gemäß in dem Geistigen sich alles einen, um dadurch kräftig, mächtig und lebendig dauerhaft zu werden für ewig. Ihr saget hier: Solches ist ersichtlich, vollkommen richtig und wahr, dessen ungeachtet aber haben wir bei so manchen Gelegenheiten von den großen Herrlichkeiten der himmlischen Geisterwelt gehört; darum wissen wir nun nicht, wie wir so ganz eigentlich daran sind. Wir können zwar gegen die einfach geschaute Herrlichkeit der geistigen Sonne im Grunde nichts einwenden, aber sie kommt uns auf unsere früheren Begriffe von einer himmlischen Welt gerade so vor wie ein schöner Sommertag, an dem wir in der Luft eine zahllose Menge von den sogenannten Ephemeriden in den Sonnenstrahlen bunt durcheinanderschwärmen sehen, und keine kann uns Bescheid geben, woher sie kam, wohin sie geht und warum sie so ganz eigentlich die strahlenerfüllte Luft in allen erdenklichen Richtungen durchkreist.

Euer Einwurf ist zwar in einer Hinsicht richtig; allein wie diese Einfachheit der von euch geschauten geistigen Sonne mit den von euch schon zu öfteren Malen vernommenen wundervollsten Herrlichkeiten des Himmels zusammenhängt, solches kundzutun ist noch nicht an der Zeit, da wir erst die Grundlage kennenlernen müssen. Wenn ihr bisher nur Ephemeriden geschaut habet, so tut das der Hauptsache keinen Eintrag, denn der Erfolg wird es schon zeigen, was es mit der Einfachheit dieser von uns nun geschauten geistigen Sonne für eine Bewandtnis hat. Solches also beachtet und denket bei euch selbst ein wenig nach. In der nächsten Fortsetzung wollen wir diese Einfachheit mit ganz anderen Augen betrachten und somit gut für heute!

Vom Reiche Gottes im Menschen

Wenn ihr je auf einem hohen Berge eine Zeitlang verweilen würdet, und das an einem vollkommen schönen und reinen Tage, was würdet ihr da wohl bemerken? Mancher aus euch würde wohl eine Zeitlang ganz entzückt sein, denn das großartige romantische Naturgemälde würde durch seine vielfach abwechselnden Formen einen hinreichenden Stoff zur erheiternden Betrachtung bieten. Ein anderer würde aber dabei ganz anders denken und würde aus diesen seinen Gedanken sagen: Was, ist denn das so etwas Außerordentliches? Man sieht weit und breit, was denn? Nichts als einen Berg um den anderen; mancher ist höher, mancher wieder niederer; hier und da sind die höchsten Spitzen überschneit, auf einigen anderen Punkten ragen wieder einige plumpe Felsspitzen empor, und diejenigen Berge, die am weitesten davon entfernt sind, nehmen sich darum auch am passabelsten aus, während die näheren nichts als Spuren über Spuren der stetigen Zerstörung aufzuweisen haben. Das ist das immerwährende Einerlei dieser berühmten Gebirgsaussicht. Ein Dritter befindet sich auch in der Gesellschaft auf der hohen Bergesspitze. Dieser, wie ihr zu sagen pfleget, ein Hasenfuß, bereut schon nahe weinend, daß er sich solch eine Mühe genommen hat, die Gebirgshöhe zu besteigen. Fürs erste, sagt er, sieht er hier nichts anderes als auf einem gesunden ebenen Boden in der Niederung, fürs zweite friere es ihn noch obendrauf für solche Strapaze, und fürs dritte möchte er vor Hunger in die Steine beißen, und wenn er gar noch bedenkt, daß er den schauerlichen Rückweg wird machen müssen, so fangen ihm alle Sinne zu schwinden an.

Hier hätten wir also drei Gebirgsbesteiger. Warum findet der erste für sein Gemüt so viel Erhebendes, der zweite nichts als abstrakte plumpe Formen, und der dritte ärgert sich sogar, für solchen Spottpreis sich eine solche Mühe gemacht zu haben? Der Grund liegt einem jeden sehr nahe, weil er in ihm selbst liegt. Wie denn also? Der erste ist mehr lebendigen und geweckten Geistes; nicht die Formen und der Berge hohe Zinnen sind es, die ihn selig stimmen, sondern diese Stimmung ist ein Rapport des höheren Lebens in entsprechender Form über solchen hohen Bergen. Denn wir haben schon bei anderen Gelegenheiten zur Genüge vernommen, welch ein Leben sich auf den Bergen kündet. Und eben von diesem Leben hängt ja das Wonnegefühl desjenigen Besuchers der Höhen ab, welcher selbst mit gewecktterem und lebendigerem Geiste dieselben betritt. Der Geist des anderen ist noch in tiefem Schlafe, darum gewahrt er auch nichts anderes, als was seine fleischlichen Augen sehen und sonach sein irdisch trockener Verstand bemißt. Wenn ihr ihn zahlet und gebet ihm dann seinen Kenntnissen als Geometer angemessen mathematische Meßwerkzeuge in die Hand, so wird er euch auf alle Gebirgsspitzen hinaufklettern und ihre Höhen recht wohlgemut bemessen. Ohne diesen Hebel aber dürfte es euch kaum gelingen, ihn wieder auf eine Gebirgsspitze hinaufzubringen. Was den Geist des dritten betrifft, so läßt sich davon nahe gar nichts reden, denn bei ihm lebt nur der Tiermensch, der alle seine Seligkeit im Bauche findet. Wollet ihr ihn wieder einmal auf eine Gebirgshöhe bringen, müßt ihr fürs erste dafür sorgen, daß er ohne alle Beschwerde hinaufkommt, und fürs zweite, daß er in der Höhe etwas Gutes zu essen und zu trinken bekommt. So wird er auch noch einmal eine Gebirgshöhe besteigen, wenn schon nicht mit eigenen, so doch mit den Füßen eines wohlabgerichteten Saumtieres. Da wird er sagen: Bei solchen Gelegenheiten bin ich schon dabei, denn die Gebirgsluft ist vermöge ihrer Reinheit der Verdauung ja viel günstiger als die dumpfe Luft der Täler.

Sehet, aus diesem Beispiel können wir die große und wichtige Lehre ziehen, welche genau auf unsere einfache geistige Sonne paßt. Und diese Lehre stimmt auf ein Haar genau mit dem Text des Evangeliums überein, welcher also lautet: Wer da hat, dem wird es gegeben, daß er in der Fülle besitze, wer aber nicht hat, der wird noch das verlieren, was er hat (Matth. 13,5). In diesem Schrifttext steckt noch ein anderer, der mit dem obigen Beispiele noch mehr übereinstimmt, und dieser Text lautet also: Das Reich Gottes kommt nicht mit äußerem Schaugepränge; denn siehe, es ist in euch! (Luk. 17,21) Merket ihr jetzt, was es mit der einstweiligen Einfachheit der geistigen Sonne für eine Bewandtnis hat? Ihr saget: Wir merken zwar etwas, aber noch nicht völlig klar, was damit gesagt und angezeigt sein soll. Ich aber sage euch: Nur eine kleine Geduld, und die Sache wird sogleich mit wenig Worten so klar wie die Sonne am hellen Mittage leuchtend auftreten. Warum sahet ihr die geistige Sonne also einfach? Weil ihr nur die eigentliche Außenseite gesehen habet. Ich aber sage euch: Es gibt auf derselben eine unendlich großartige und wunderbare Mannigfaltigkeit, von der ihr euch bis jetzt durchaus noch keinen Begriff machen könnet. Diese Mannigfaltigkeit liegt aber nicht auf der geistigen Sonne, sondern sie liegt im Inwendigen der Geister. Wenn ihr somit dieselben erblicken wollet, da müsset ihr mit reingeistigen Augen in die Sphäre eines oder des andern seligen Geistes blicken, und ihr werdet die sonst einförmige geistige Sonnenwelt alsbald in zahllose Wunder übergehen sehen. Denn solches müßt ihr wissen, daß wohl jedem Geiste eine und dieselbe Unterlage gegeben wird, welche da ist pur Meine Gnade und Erbarmung, und diese spricht sich gleichmäßig in der von euch geschauten geistigen Sonne aus. Was aber dann die Ausstaffierung dieser gegebenen Unterlage betrifft oder die eigentliche bewohnbare Welt für den Geist, so hängt diese lediglich von dem Inwendigen eines Geistes ab, welches da ist die Liebe zu Mir und die aus dieser Liebe hervorgehende Weisheit. Damit ihr solches noch klarer ersehen möget, will Ich euch noch ein recht anschauliches Beispiel hinzufügen. Einer oder der andere aus euch befände sich auf irgendeinem weiten ebenen Felde; auf diesem Felde trifft er nichts als in der Mitte einen Baum, unter dessen Schatten ein üppiges Gras wächst. Auf dieses Gras legt sich der Wanderer nieder, schläft ruhig ein und stärkt sich dadurch. Aber in diesem süßen und stärkenden Ruhezustande hat sich ein wunderbarer Traum seiner bemächtigt. In diesem Traume ist der einsame und einfache Wanderer in den herrlichsten Palästen mit lauter Fürsten beschäftigt, verkehrt mit ihnen und genießt dadurch eine überaus große Seligkeit. Ich frage euch nun: Wie kommt denn dieser Mensch auf diesem öden leeren Felde zu solch einer innern Gesellschaft?

Sehet, alles dieses ist ein Angehör seines Geistes und ist im Geiste selbst vorhanden. Es ist eine Schöpfung durch die Kraft der Liebe seines Geistes und ist geordnet nach der Weisheit, die hervorgeht aus solcher Liebe. Wenn ihr nun dieses Beispiel ein wenig durchdenket, so wird es euch sicher klar, *wie dereinst im Geiste ein jeder nach seiner Liebe und der daraus hervorgehenden Weisheit der Schöpfer seiner eigenen für ihn bewohnbaren Welt sein wird, und diese Welt ist das eigentliche Reich Gottes im Menschen.* –

Wer daher die Liebe Gottes in sich hat, dem wird auch die Weisheit in demselben Grade zukommen, in welchem er die Liebe hat. Und also wird es dem gegeben, der da hat, nämlich die Liebe. Wer aber diese nicht hat, sondern allein seinen trockenen Weltverstand, den er als die Weisheit ansieht, dem wird alsdann auch dieser benommen werden, und das zwar auf die allenatürlichste Weise von der Welt, wenn ihm das Weltliche oder sein Leibesleben genommen wird.

Sehet, also verhalten sich die Sachen. Der eine Gebirgsbesteiger geht mit Liebe auf die Berge, und die Liebe ist auf den Höhen die Schöpferin seiner Seligkeit. Wer aber mit seinem Verstande nur auf die Berge geht, der wird sicher keine beseligende Zahlung finden, sondern er wird durch seine Mühe noch in seinem Verstande gewaltig beeinträchtigt werden, indem ihm dieser da oben spottwenig oder gar nichts abwerfen wird. Und der dritte, der gar nichts hat, der wird in der Höhe von allem ledig werden, denn der Tote kann am Leben doch kein Vergnügen finden, indem er stumm für dasselbe ist. Also ist auch ein Stein schwer auf eine Höhe zu bringen; aber wenn er in der Höhe losgemacht wird, stürzt er mit desto größerer Heftigkeit in die Tiefe des Todes hinab. Wenn ihr alles dieses nun genau zusammenhaltet, so wird euch die geistige Sonne sicher nicht mehr so einfach vorkommen wie ehedem. Was alles aber auf derselben sich noch kündet, werden wir durch die nächsten Fortsetzungen klärlichst erfahren. Daher gut für heute.

Die ureigentümliche Gott-Sonne
Erklärung der persönlich
wesenhaften Allgegenwart des Herrn
Vorbereitung zum Vatertisch

Da sieh einmal empor und betrachte diese von hier aus gar nieder stehende Sonne. *In dieser Sonne bin Ich ureigentümlich vollkommen zu Hause. Diese Sonne befindet sich im ewigen unverrückten Zentrum Meines göttlichen Seins. Die Strahlen, die aus dieser Sonne ausgehen, erfüllen in ihrer Art die ganze Unendlichkeit und sind in sich selbst nichts anderes als Mein Liebewille und die aus demselben ewig gleichfort ausgehende Weisheit. Diese Strahlen sind demnach allenthalben vollkommen lebendig und sind allenthalben vollkommen gleich Meiner Wesenheit.*

Wo immer demnach ein solcher Strahl hinfällt, da bin Ich Selbst also wie in der Sonne ganz vollkommen gegenwärtig, nicht nur allein wirkend, sondern auch persönlich; und diese Persönlichkeit ist demnach auch allenthalben eine und dieselbe. Wo du hier nur immer hingehen willst, da wirst du Mich auch allenthalben vollkommen zu Hause antreffen. Gehe in welches dieser dir sichtbaren kleinen Wohnhäuser du nur immer willst, und du kannst versichert sein, daß du Mich in einem jeden als einen vollkommenen *Hausherrn* antreffen wirst.

Du sagst zwar jetzt, auf diese Weise sei Ich denn doch nicht der eigentliche Grund-Christus, der da auf der Erde gewandelt und gelehrt hatte, sondern nur ein lebendiges und vollkommenes Abbild desselben und wohne an und für sich dennoch im unzugänglichen Lichte. Du sagst noch ferner: Wenn es sich mit der Sache also verhält, so kommt da ja offenbar eine Vielgötterei heraus.

Höre, mein lieber Freund, Bruder und Sohn! Du denkst in dieser Hinsicht noch naturmäßig; wenn du aber erst vollends inwendig geistig denken wirst, so wird dir diese Sache ganz anders vorkommen. Damit du aber aus deinem naturmäßigen Denken desto leichter in das geistige eingehst, so will Ich dich durch naturmäßige Beispiele dahin leiten. –

Siehe, auf der Welt sahst du nur eine Sonne, wenn du aber gegen die Sonne einen Spiegel hieltest, so war dieselbe Sonne auch im Spiegel, und du kannst unmöglich behaupten, daß die im Spiegel vorhandene Sonne eine andere war als diejenige, die am Himmel leuchtet. Wenn du aber mehrere tausend solcher Spiegel aufgestellt hättest, hättest du da nicht in einem jeden Spiegel eine vollkommene Sonne erblickt, welche ein ebenso starkes Licht und eine ganz gleiche Wärme dich verspüren ließe?

Du sagst, solches müsse allerdings der Fall sein. – Ich will dir aber ein noch stärkeres Beispiel geben.

Du wirst auf der Erde öfter von der Wirkung der sogenannten großen Hohlspiegel gehört haben. Du sprichst: O ja, ich war selbst einmal im Besitze eines solchen. – Wenn du die Strahlen der Sonne mit einem solchen Spiegel auffängst, so werden sie in ihrer Widerstrahlung aus dem Spiegel oft ums mehr als das Tausendfache heftiger wirkend denn die eigentlichen Strahlen aus der wirklichen Natursonne.

Wenn du von solchen Spiegeln auch mehrere Tausende der Sonne gegenüber aufstellst, so wirst du bei dieser Gelegenheit von einem jeden einzelnen dieselbe heftige Wirkung wahrnehmen. Solches ist sicher und vollkommen wahr.

Was wirkt denn aber aus all diesen Spiegeln? Siehe, nichts anderes als stets eine und dieselbe Sonne, welche du durch diese bedeutende Spiegelanzahl vervielfältigt hast.

Nun aber frage Ich dich: Ist durch diese Vervielfältigung wohl im Ernste die Sonnee vervielfältigt worden oder nur deren Wirkung? Du sagst nun: Allerdings nur die Wirkung. Gut, sage Ich dir. Wieviel Sonnen aber hattest du demnach in deinen Spiegeln? Du sprichst: Dem *Spiegel* nach genommen so viele, als da Spiegel waren; aber der *Sonne* nach genommen hatte ich immer *nur eine* und *dieselbe*. –

Nun siehe, was da dieses naturmäßge Beispiel zeigt, das stellt sich hier in der größten lebendigen Wirklichkeit und Fülle dar.

Du sagst zwar in dir: Solches sehe ich jetzt wohl ein; wenn man aber dessenungeachtet jede Spiegelsonne untersuchen und ihr näherkommen wollte, um eben die Sonne in ihrem eigentümlichen Wesen kennenzulernen, so werden einem aber dabei all die Spiegelsonnen nichts nützen, und der Sonne eigentliche Wesenheit bleibt dem forschenden Auge dennoch völlig fremd.

Solches ist richtig; was hättest aber du samt der Erde dabei gewonnen, wenn sich die eigentliche Sonne der Erde und dir also genähert hätte, wie du sie dir mittels des Spiegels genähert hast? Siehe, da wäre wohl die ganze Erde samt dir augenblicklich wie ein kleiner Wassertropfen auf einem weißglühenden Eisen aufgelöst worden. Was hätte dir dann die Annäherung der wirklichen Sonne genützt?

Siehe, bei weitem mehr ist solches mit dieser Meiner Sonne der Fall. Sie muß *ewig in einem unzugänglichen Zentrum* stehen, dem sich *kein Wesen über die bestimmte Ordnung nahen* kann; denn jede Annäherung über das bestimmte Maß würde jedem Wesen die *völlige Vernichtung* bringen. Solches wurde auch dem Moses gesagt, als er Gottes Angesicht schauen wollte; denn unter »Schauen« mußt du hier nicht das Wahrnehmen mit den Augen verstehen, sondern *das sich völlige Nahen dem Grundwesen der Gottheit.*

Siehe nun, wenn Ich aber Einer und Derselbe bin, wie Ich bin in der Sonne, und bin aber vor dir also, daß du dich Mir vollkommen nahen kannst, wie ein Bruder dem andern – ist solches nicht mehr wert? Und ist das nicht mehr Liebe und Erbarmung, als so du dich dieser Sonne wirklich nahen könntest, von ihr aber dann bei deiner Annäherung völlig vernichtet würdest?

Ferner, wie unvollkommen glücklich wärest du und Ich, wenn es Mir nicht möglich wäre, Mich Selbst als *Vater* überall hin in Meiner ganzen Fülle *persönlich wesenhaft* zu versetzen, wo immer nur Meine Kinder sind.

Siehe, der Himmel ist unendlich! Wäre Mir eine solche wesenhafte, Meiner Einheit völlig unbeschadete endlose Vervielfachung nicht möglich, wie *verwaist* wären da *Meine Kinder* und *wie allein dastehend wäre Ich Selbst* mitten unter ihnen?

Daß Ich aber vollkommen Derselbe bin und habe dasselbe lebendige göttliche Bewußtsein und alle die göttliche Liebe, Weisheit und Machtfülle, solches kannst du ja daraus entnehmen, daß Ich dich persönlich wesenhaft hierher geführt und habe dir gezeigt auf diesem Wege die Macht Meiner Liebe, Meiner Weisheit und

Meines vollkommenen göttlichen Wollens. Wenn dir dieses alles noch nicht genügen sollte, so denke dir, was du willst, und Ich will es, daß es sogleich als erschaffen vor dir erscheine.

Siehe, du wolltest eine dir bekannte Erdgegend. Da sieh hin vor dich; Ich habe sie schon, dir sichtbar und fühlbar, geschaffen!

Du sprichst jetzt: Wahrlich, solches kann nur der alleinige Gott tun! – Gut, sage Ich dir; also wirst du aber auch einsehen, daß Ich, der Ich hier vor dir stehe und dir die Wunder Meines Seins enthülle, *vollkommen Derselbe* bin, *der* Ich *dort urwesentlich ewig bin in jener Sonne!*

Du sprichst: Ja, solches glaube ich nun völlig. Aber wenn ich nun zu einem andern Hause ginge, Du aber hier bliebest, und ich träfe dort offenbar ein zweites Wesen, mit Dir eines und desselben Ursprunges, wird dasselbe wohl vollkommen mit Dir eins sein und wird es Dir gleichen in allem?

Ich sage dir: Das kommt von deiner Seite nur auf einen Versuch an. Ich will denn machen, daß du gedankenschnell dort in tiefer Ferne von hier dich bei einem Hause, wie das da ist, befindest. Ich aber werde hier verweilen, und deine Gesellschaft soll dir davon Zeugnis geben bei deiner Rückkunft; und du magst es Mir dann kundgeben, ob du Mich dort vollkommen wiedergefunden hast oder nicht. – Und so denn – sei dort! – – –

Nun siehe, Mein lieber Freund, Bruder und Sohn! Du bist nun hier, wie du siehst, im tiefen Morgen; das kannst du erkennen, wenn du dich nach allen Seiten umsiehst und nichts anderes mehr erblickst, auch deine Gesellschaft nicht, als nur den endlos weit gedehnten Morgen mit seinen Wohnungen. – Sage Mir nun, bin Ich hier nicht ganz Derselbe?

Siehe, also muß es ja sein; und wäre es nicht also, da wäre sogar nie etwas erschaffen worden, und kein Mensch wäre als solcher denkbar! Denn das Leben eines jeden Menschen ist ja eben auch nur ein *Mir vollkommen ebenbildliches.* Und wenn ein Mensch nach Meinem Worte gelebt hat, oder wenn Millionen also gelebt haben, kann da nur einer aus ihnen sagen: Christus lebt in mir, oder können das nicht alle zahllosen Gerechten sagen? Wenn aber alle solches sagen können, bin Ich darum ein geteilter Christus in ihnen oder ein ewig ungeteilter?

Ich bin ewig immer Einer und Derselbe in eines jeden Menschen Herzen. Und wenn Millionen und Millionen ihre Herzen mit Mir erfüllt haben, und zwar ein jeder für sich vollkommen, so hat deswegen nicht ein jeder für sich einen eigentümlichen, anderen Christus, sondern in eines jeden Herzen wohnt ein und derselbe Christus vollkommen! – Nun, was sagst du jetzt? Bin Ich hier nicht vollkommen derjenige, als den du Mich dort bei deiner Gesellschaft verließest?

Du sprichst: Ja Herr! Du bist vollkommen Ein und Derselbe und ist da kein Unterschied weder in der Gestalt noch im Worte noch in diesem göttlichen Wollen; und ich kann mir nichts anderes denken, als Du wärest in gleicher Schnelligkeit mit mir hierher gezogen! – Ja, so erscheint es dir wohl; aber wie Ich dir gesagt habe, daß dir bei deiner Zurückkunft deine Gesellschaft über Meine dortige beständige Gegenwart Zeugnis geben wird, also wirst du es auch sogleich erfahren. Ich sage dir daher: Sei wieder dort! – Nun siehe, du bist ja schon wieder hier; nun sage Mir, wie du Mich denn dort gefunden?

Du sprichst: Du warst ja selber dort, wie Du hier bist, und war nicht der leiseste Unterschied. Ich sage dir: Das ist richtig; aber nun frage auch deine Gesellschaft, ob Ich Mich unterdessen von hier entfernt habe? Siehe, die Gesellschaft spricht: Nicht im geringsten, im Gegenteil hat der Herr zu uns gesprochen, wie es dir nun dort ergeht. Nun siehe, du machst jetzt große Augen und verwunderst dich darüber. Ich sage dir aber, daß solches nichts weniger als wunderbar ist, sondern es ist vollkommen geordnet.

Wärest du auf der Welt ein Optiker gewesen, so wäre dir solches noch anschaulicher begreiflich. – Wie kommt es denn, daß mehrere Menschen für sich einen und denselben Gegenstand nur als einen erschauen, und dennoch sieht ein jeder einzelne nur den seinigen? Siehe, das liegt im Auge des Menschen. Von dem Gegenstand gehen nach allen Richtungen Strahlen aus, und ein jeder nimmt das Strahlenbild in sein Auge auf. Ein jeder beschaut dann in sich nur dieses aufgenommene Strahlenbild, welches in allem dem beschauten Gegenstande vollkommen ähnlich ist.

Ist deswegen der Gegenstand vervielfacht oder zerrissen worden, wenn ihn jeder als denselben in sich erschaut? Du sprichst:

Mitnichten. – Siehe, also ist es auch hier der Fall lebendig, was auf der Welt nur naturmäßig und somit auch tot erscheinlich ist.

Du sollst aber dieses Wunder noch tiefer beschauen. Zuvor jedoch mußt du dieses dir bis jetzt Kundgegebene als ein wahres Himmelsbrot ein wenig verdauen.

Ich aber will unterdessen in diese Meine Wohnung gehen, allda durch Meine Diener Meinen Tisch bestellen lassen, damit du samt deiner ganzen Gesellschaft zum ersten Male vollkommen mit Mir zu Tische sitzen sollest und genießen allda das Brot deines wahren himmlischen Vaters! – Und so verharre du denn ein wenig hier, bis Ich wiederkomme und dich führe in Mein Haus!

Das Geheimnis des wahren Fortschritts

Sehet, wir sind am Ufer des euch schon wohlbekannten großen Gewässers, wie werden wir diesmal hinüberkommen? Ich sage euch: Bei solch einem Anführer darf uns darum nicht bange werden; denn Er versteht das Wasser so plötzlich in festes Land zu verwandeln, daß ihr etwas Ähnliches noch nie erfahren habt. Daher seht nur hin, wie der Prior, Ihm am nächsten, fragt und sagt: O Du ewige Liebe! Mein geliebter Jesus Christus! Was werden wir bei diesem endlos weiten Meere machen? Der Herr spricht: Lieber Freund und Bruder in Meiner Liebe, wir werden darüberwandeln.

Der Prior spricht: O Du meine Liebe, wird uns das Wasser wohl auch tragen? – Der Herr spricht: Wie kannst du an Meiner Seite darnach fragen? Weißt du denn nicht, daß Mir alle Dinge möglich sind, und daß Ich auch ein Herr aller Gewässer bin? Siehe, Ich will, daß aus diesem großen Gewässer alsbald festes Land werde, als solches so lange bleibe und uns trage, bis wir alle darüberkommen werden. Sobald wir aber die bestimmte Fläche des jenseitigen Festlandes erreicht haben werden, soll das feste Land wieder auftauen in sein wogend Element. Also geschehe! Siehst du nun noch ein Wasser?

Der Prior spricht: O Du meine allmächtige, heilige Liebe! Du guter, heiliger Vater! Wie ist denn solches möglich? Wie schnell hat sich doch alles verändert! Die schaurig wogende, endlos weitgedehnte Fläche ist ein trockenes Land geworden, und wir können darüberwandeln ohne Furcht und Zagen! Wie sollen wir Dir danken, darum Du Dich so wunderbar allmächtig liebevoll vor uns gezeigt hast?

Der Herr spricht: Mein lieber Freund und Bruder, der einzig und allein Mir teure und wertvoll angenehme Dank ist ein Mich allzeit über alles liebendes Herz. Ich sage dir, kein Dankesopfer, kein Dankgebet, kein Dankgelübde, keine Dankprozession, kein Te Deum laudamus, kein Jubelfest und keine große Dankzeremonie ist Mir angenehm, sondern Ich habe davor einen Ekel wie vor einem stinkenden Aase oder wie vor dem Moderfleische in den Gräbern, welches ist voll Gestank und Pestilenz. Aber ein demütiges, Mich allzeit liebendes Herz ist Mir ein unschätzbar köstlicher Edelstein in der unendlichen Krone Meiner ewigen göttlichen Macht und Herrlichkeit und ist Mir auch wie ein Balsamtropfen in Mein liebeheißes Vaterherz gegossen, der Mich über die Maßen erquickt und die Freude Meiner ganzen unendlichen Gottheit ums für dich und vor dir Unaussprechliche erhöht!

Daher bleibe du in deiner Liebe zu Mir und suche ewig nichts anderes, so bist du Mir alles, was du sein sollst, und Ich werde dir auch alles sein, was Ich dir nur immer als dein Gott, Schöpfer und ewig liebevollster Vater sein kann! *Liebe ist das einzige Band zwischen Mir und dir; sie ist die allein wunderbar allmächtige Brücke zwischen Mir, dem ewig allmächtigen, unendlichen Schöpfer, und dir, Meinem endlichen Geschöpfe.* Auf dieser Brücke kann Ich zu dir und du zu Mir kommen, wie da kommt ein lieber Vater zu seinen Kindern und die Kinder zu ihrem lieben Vater.

Die Liebe ist auch dein wahres Auge, wie sie in Mir das ewig allein wahre Auge ist. Mit diesem Auge ist es dir allein möglich, Mich, deinen Gott und Schöpfer, so zu schauen, wie da ein Bruder den andern schaut. Für jedes andere Auge bin Ich in dieser Meiner Wesenheit für ewig unschaubar. Die Liebe ist ferner der rechte Arm an deinem Wesen, mit dem du Mich wie einen Bruder umfassen kannst. Also ist die Liebe auch das rechte Ohr, welches allein Meine Vaterstimme gewinnt; kein anderes Ohr wird solches ewig je vermögen.

Die Liebe ist ein unendlich weitgestecktes Ziel, das nie ein Verstand und eine Weisheit erreichen können. Aber die Liebe fängt an diesem Ziele an, wonach der Verständige und Weise vergebens ihre Segel spannen. Ja, die Liebe ist des Geistes inwendigste und schärfste Schauwaffe, mit dieser du in Meine göttlichen Wundertiefen allein blicken kannst, während der Verstand und die Weisheit nicht einmal den Saum Meines auswendigsten Kleides anzurühren imstande sind. Daher seid ihr auch selig, du und deine Brüder, da ihr die Liebe in euch habt, und diese Liebe hat Mich zu euch geführt, und sie hat nun dieses Gewässer zu einer festen Brücke umgestaltet, über welche Ich euch nun führen will als der allein wahre Führer und als euer allein wahrer Vater und Bruder in eurer Liebe zu Mir wie in Meiner Liebe zu euch. Und so denke du ewig nimmer an eine andere Danksagung; denn deine Liebe ist alles in allem, wie Ich in Meiner Liebe zu dir und euch allen alles in allem bin! Und so denn wollen wir uns nun über diese Brücke bewegen; folget Mir daher!

Nun sehet, der Zug geht hurtig vorwärts. Und ich kann es euch versichern, obschon es euch vorkommt, als ginge man Schritt zu Schritt, daß wir uns dennoch mit einer für euch unbeschreiblichen Schnelligkeit vorwärtsbewegen. An der Seite des Herrn ist, geistig und materiell genommen, *ein* Schritt ausgiebiger, als wenn ihr in irdisch entsprechender Form Schritte von Sonne zu Sonne machen würdet.

Ihr müßt aber die Sache wohl verstehen, was für ein Unterschied ist zwischen weltlichen und solchen rein geistigen Fortschritten. Denn diese Bewegung hier deutet nicht nur auf ein erschauliches Vorwärtskommen hin, sondern die Bedeutung ist vielmehr diese, daß derjenige, der sich durch die Liebe des Herrn leiten läßt, in seiner innern Erkenntnissphäre eben auch in einem Augenblicke, oder entsprechend in einem Schritte, eine unaussprechlich größere Erfahrung und in der Wahrheit in einem solchen Schritte eine endlos größere und weitgedehntere, allerhellste Beschauung macht als ein Verstandes- und Weisheitsforscher in vielen tausend Erdenjahren.

Noch verständlicher für euch gesprochen: Ein Schritt unter der Leitung des Herrn ist mehr wert denn Milliarden unter der Leitung eines noch so erleuchteten Geistes! Oder: *Ein Wort aus dem Munde des Herrn ist mehr wert als alle Worte, die auf allen Weltkörpern eigenmündig von den Wesen sind vom Uranbeginn gesprochen und geschrieben worden und noch gesprochen und geschrieben werden.* – Mehr brauche ich euch in dieser Hinsicht doch wohl nicht zu sagen.

Wir aber sind unterdessen über unser Gewässer gekommen; denn sehet euch nur ein wenig um, so werdet ihr sobald statt des festen Bodens wieder unser unübersehbares Meer erschauen. Und sehet, der Herr macht die Ihm Nachfolgenden eben auch darauf aufmerksam und spricht zum Prior: Da sieh dich einmal um! Siehe, wir haben unser Plätzchen schon erreicht. Wie gefällt es dir hier?

Der Prior spricht: O Herr und Vater! Du meine ewige Liebe; wo Du bist, da gefällt es mir überall unaussprechlich wohl. Ohne Dich aber wäre es hier, wie sicher überall, ewig zum Verzweifeln!

Der Herr spricht: Mein lieber Sohn, Freund und Bruder! Du hast wohl gesprochen; also ist es und nicht anders. *Mit Mir vermöget ihr alles, ohne Mich aber nichts!* Also ist es bei Mir auch allzeit gut sein! Außer Mir aber gibt es nirgends ein Sein, das da wäre von Bestand, denn Ich allein nur bin der Weg, die Wahrheit und das Leben! Wer in Mir verbleibt durch die Liebe und Ich in ihm, der hat das Licht, die Wahrheit und das Leben. Daher folget Mir weiter, und Ich will euch einen andern Platz zeigen und sehen, wie es euch dort gefallen wird. Werdet ihr dort Behagen finden, so könnet ihr euch dort eine Wohnstätte wählen. Und wird es euch dort nicht gefallen, so wollen wir wieder einen andern suchen. Und so folget Mir!

Sehet, der Zug bewegt sich zwischen Morgen und Mittag hin, und dort hinter jenem leuchtenden Gebirge werden wir in einer unaussprechlich schönen Gegend wieder eine Station machen. Allda werden unsere Gäste eine ziemlich starke Probe auszuhalten haben, denn es ist noch ein verborgener Knoten in ihnen, nämlich die Weiberliebe, der zufolge sie dem Zölibat entweder selbst feind waren oder es doch wenigstens gezwungenermaßen sein mußten. Sie taten zwar als Zölibater ihre Pflicht und Schuldigkeit, und nicht einer von ihnen hat sich auf der Erde je mit einem Weibe in fleischlich liebender Hinsicht abgegeben.

Es liegt aber eben darin nicht so viel Verdienstliches; denn der Ort auf der Erde, wo sie ihr Klosterleben hatten, war hinsichtlich der weiblichen Schönheiten in mehrfacher Hinsicht sehr stiefmütterlich bestellt. Zudem haben sich zu diesen Klöstern nur die alten Weiber zur Beichte begeben, denn für das jüngere Weibervolk war dieser Orden bekanntermaßen viel zu strenge. Also konnte bei solchen Aspekten eine antizölibatische Reizung wohl nicht leichtlich stattfinden, und der Sieg über dieselbe von seiten dieser Zölibater war dann auch nicht zu denjenigen zu rechnen, von welchen noch spätere Generationen Sprache führen sollten. Daher müssen sie auch im Angesichts des Herrn noch diese Probe bestehen.

Ich sage euch, in dieser nächsten Station werden wir daher selige weibliche Geister zu sehen bekommen, bei deren Betrachtung euch selbst zu schwindeln anfangen wird. Dazu aber wird auch der Ort so himmlisch schön sein, wie ihr mit Ausnahme der heiligen Stadt bis jetzt noch keinen gesehen habt, und es wird sich dann gar bald auf die Waage stellen, wie die Liebe zum Herrn in diesen nun Geretteten bestellt ist. Doch solches soll erst das nächstemal der Gegenstand unserer Betrachtung sein.

Das Reich Gottes

Des Weltgewühles laute Stimme schweigt. – –
Wir schau'n empor zu stillen Geisterhöhen,
und des Gemüts verklärte Blicke sehen,
wie sich der Wahrheit Reich zur Erde neigt.
Um unsre Seele spielt sein Himmelslicht,
durch unser Wesen strömt sein heilig Feuer.
Und aus des Herzen tiefsten Quellen bricht
das ew'ge Leben zu des Bundes Feier.

Wie wundergroß ist Gottes Reichsgebiet!
Es dehnt sich aus in aller Zeiten Ferne,
umschlingt die Erd und zahllos viele Sterne
und ist, wo nur ein Herz fürs Gute glüht!
Wer hat in ihm die Bürgerzahl erspäht?
Wer kennet seiner Kräfte Füll' und Regen,
die Saaten all, unendlich hier gesät,
und des Gedeihns und Reifens goldnen Segen?

Hier wehet der Geist des Vaters, still und rein!
Hier ist in vollster Kraft der Freiheit Walten!
Die Hoffnung blüht, und Glaubens Lichtgestalten
ergehn sich in der Liebe Frühlingsschein.
Das Hochvertrau'n blickt zur Vollendung hin,
die Demut in ihr eignes Licht, errötend.
In tiefstem Frieden ruht versöhnter Sinn.
Es kniet die Andacht, hochbegeistert betend.

Des Reiches Sonne ist des Vaters Geist!
Wie sich die ew'gen Geister um Ihn schwingen,
sich stets Ihm nah'n in engern Ringen,
bis ganz ihr Leben in das Seine fleußt!
Wer wird nicht seiner Kindschaft sich bewußt?
Wer fühlt nicht schmerzlich, was im Staub ihm fehle?
Ein tiefes Heimweh glüht in unsrer Brust,
nach ihrem Urquell lechzt die durst'ge Seele.

Quellennachweis

AUGUSTINUS: Gebet zu Gott der Wahrheit, aus: Augustinus, *Bekenntnisse und Menschesstaat,* ausgewählt von Joseph Bernhart. © o. D. by Alfred Kröner Verlag, Leipzig/Stuttgart.

DIONYSIUS AREOPAGITAS: Vom Guten, vom Licht, von der Liebe und der Ekstase, aus: Dionysius Areopagitas, *Von den Namen zum Unnennbaren,* ausgewählt und eingeleitet von Endre von Ivánka. © 1990[3] by Johannes Verlag, Einsiedeln, Freiburg.

BERNHARD VON CLAIRVAUX: Aus den Predigten über das »Hohelied« (Titel d. Hrsg.), aus: Bernhard von Clairvaux, *Gotteserfahrung und Weg in die Welt,* herausgegeben, eingeleitet und übersetzt von Bernardin Schellenberger. © 1982 by Walter-Verlag, Olten.

FRANZ VON ASSISI: Ermahnungsworte, aus: *Die Schriften des Heiligen Franziskus von Assisi,* übersetzt und mit Anmerkungen versehen von P. Maternus Rederstorff O. F. M. © 1910 by Verlag Friedrich Pustet, Regensburg/Rom/New York.

HILDEGARD VON BINGEN: Wisse die Wege – Aus Briefen und »Scivias«, S. 63–75 aus: Hildegard von Bingen, *Briefwechsel,* übersetzt und erläutert von Adelgundis Führkötter O. S. B. © 1965 by Otto Müller Verlag, Salzburg; S. 75–109 aus: Hildegard von Bingen, *Wisse die Wege – Scivias,* übersetzt und bearbeitet von Maura Böckeler. © 1987[8] by Otto Müller Verlag, Salzburg.

MECHTHILD VON MAGDEBURG: Das fließende Licht der Gottheit, aus: Mechthild von Magdeburg, *Das fließende Licht der Gottheit,* eingeführt von Margot Schmidt, mit einer Studie versehen von Hans Urs von Balthasar. © 1955 by Benzinger Verlag, Einsiedeln/Zürich/Köln.

MECHTHILD VON HACKEBORN: Das Wandlungswunder der Liebe, aus: Mechthild von Hackeborn, *Das Buch vom strömenden Lob,* ausgewählt, eingeführt und übersetzt von Hans Urs von Balthasar. © 1955[2] by Johannes Verlag, Einsiedeln.

THOMAS VON KEMPEN: Aufruf der Seele, aus: Thomas von Kempen, *Nachfolge Christi*, neu übersetzt von Hermann Endrös. © 1949/1986 by Verlag Schnell & Steiner, München/Zürich.

IGNATIUS VON LOYOLA: Wir sollen in allen Dingen Gott suchen und finden (Titel d. Hrsg.), S. 314–315 aus: Hugo Rahner, *Ignatius von Loyola – Briefwechsel mit Frauen*. © 1956 by Verlag Herder, Freiburg/Br.; S. 315–316 aus: Ignatius von Loyola, *Geistliche Briefe*, eingeführt von Hugo Rahner (Menschen der Kirche, Bd. 2). © 1956 by Benzinger Verlag, Zürich; S. 316–317 aus: Ignatius von Loyola, *Geistliche Übungen und erläuternde Texte*, übersetzt und erläutert von Peter Knauer S. J. © 1987 by St. Benno-Verlag, Leipzig.

NIKLAUS VON FLÜE: Wir sind nur Gast auf Erden, aus: Bruder Klaus von Flüe, *Rat aus der Tiefe*, ausgewählt, übersetzt und kommentiert von Anselm Keel. © 1987² by Benzinger Verlag, Zürich.

TERESA VON AVILA: Gotteserfahrung und Leben in der Welt, aus: Teresa von Avila, *Gotteserfahrung und Leben in der Welt*, herausgegeben, eingeleitet und übersetzt von Ulrich Dobhan. © 1987⁴ Walter-Verlag, Olten/Freiburg/Br.

JOHANNES VON KREUZ: Geistliche Weisungen, aus: Johannes vom Kreuz, *Die lebendige Flamme*, übertragen von Irene Behn. © 1964/1988³ Johannes Verlag, Einsiedeln, Trier.

FRANZ VON SALES: Über die Gottesliebe, aus: Franz von Sales, *Über die Gottesliebe*. © 1978 by Benzinger Verlag, Zürich/Einsiedeln.

JAKOB BÖHME: Aus den seraphinischen Blumengärtlein, aus: Jakob Böhme, *Seraphinische Blumengärtlein*, nach der Amsterdamer Originalausgabe von 1700 neu herausgegeben und vermehrt von A. v. d. Linden. © 1918 by Hermann Barsdorf Verlag, Berlin.

ANGELUS SILESIUS: Aus dem »Cherubinischen Wandersmann«, aus: Angelus Silesius, *Aus dem Cherubinischen Wandersmann*, ausgewählt und eingeleitet von Erich Haring. © 1971 by Philipp Reclam jun., Stuttgart.

EMANUEL SWEDENBORG: Die Geisterwelt oder der Zustand des Menschen nach dem Tode, aus: Emanuel Swedenborg, *Himmel, Hölle, Geisterwelt*. © 1925 by Verlag die Schmiede, Berlin.

JAKOB LORBER: Die geistige Sonne, aus: Jakob Lorber, *Die gei-*

GOLDMANN

Die Botschaften des Geistwesens Seth

Der Weg zu Seth   12080

Überseele Sieben   12163

Lehrzeit   12164

Zeitmuseum   12165

Goldmann · Der Taschenbuch-Verlag

GOLDMANN

Schutzgeister und Engel
Trost aus dem Jenseits

Warum Engel fliegen können   12117

Lichtvolle Wege
zu deinem Engel   11201

Niemand stirbt für alle Zeit   11729

Botschaften der Hoffnung   12131

Goldmann · Der Taschenbuch-Verlag